Zweites Tegernseer Lesebuch

Kultur – Geschichte – Bayerisches

Beiträge:

Beni Eisenburg, Zeno Mayr, Otto Lederer, Hermine Kaiser u.a.

Das „Erste Tegernseer Lesebuch“ ist noch vorrätig bei den Buchhandlungen:

Buchhandlung Kolmannsberger
(Hubert von Scheven)
Nördl. Hauptstraße 21
83700 Rottach Egern
Tel. 0 80 22/61 92
Fax 0 80 22/51 19

Buchhandlung Ilmberger
Münchenerstraße 17a
83707 Bad Wiessee
Tel. 0 80 22/8 17 14
Fax 0 80 22/9 92 71

und beim
Kur- und Verkehrsverein
Bad Wiessee
Tel. 0 80 22/6 61 80

Das „Zweite Tegernseer Lesebuch“ist erhältlich bei:

- **Tourist-Information Gmund** im Rathaus, Tel. 0 80 22/75 05 27
- **Tourist-Information Bad Wiessee**, Tel. 0 80 22/8 60 30
  und bei der
- **Tegernseer Zeitung**, Rosenstrasse 2, Tel. 0 80 22/9 16 80

Auskunft auch unter: Tel. 0 80 22/6 61 80 und 0 80 22/8 35 54

Gesamtherstellung Kleinmaier Druck, Oberaudorf
Printed in Germany – Oberbayern
Herausgeber Hermine Kaiser
Bad Wiessee (Adresse letzte Seite)

ISBN 3-00-017238-6

Bayern, das geliebte Land.

Bayern ist unsere geliebte Heimat. Es mußte durch harte Zeiten gehen, musste schier Unerträgliches ertragen und doch blieb ihm so manches erspart. **Bayerns Stammesgeschichte** reicht zurück in die wirre Zeit der Völkerwanderung, die Landesgeschichte führt noch weiter zurück bis zu den Römern, Kelten und Indogermanen. Bayern ist **Deutschlands ältester Staat.**

Eingebettet in dieses Land ist **unser Tegernseer Tal**, von dem hier einige beinahe vergessene Geschichten wieder aufgefrischt, festgehalten, und ergänzt werden.

Dieses zweite Buch ist wie das erste voller Geschichten und Überraschungen. Man kann schmunzeln, lernen, staunen und Bilder anschauen. Bitteres wird auch schon mal mit Humor gewürzt, damit es verdaulicher wird.

Zu erfahren, wie es **zur „Mordweihnacht" von Sendling 1705** gekommen ist, zu diesen tragischen Stunden der Wittelsbacher, lohnt, dieses Zweite Tegernseer Lesebuch in der **Hausbibliothek** zu haben.

Allzuvieles verschwindet aus der Erinnerung unserer Jugend. Ein Mann, der sich bei Kriegsende maßgeblich für die kampflose Übergabe der Lazarettorte einsetzt hat und dabei sein Leben riskierte, sagte damals:

„Wir sind nicht auf dieser Welt, um so zu leben, wie es uns gefällt, sondern wir haben auch eine Pflicht zu erfüllen und zwar zuallererst an unserer Familie, dann an den Menschen unseres Ortes, an unserer bayerischen Heimat, und an unserem ganzen Land. (Er sagte damals Staat.)

Dieses Wort habe ich im Herzen behalten und will mit all den anderen heimattreuen Menschen auch meinen Teil zum Allgemeinen beitragen, um etwas zurückzugeben als Dank für alles, was uns und unseren Vorfahren unsere Heimat seit jeher gewesen ist. Sie ist der Hintergrund der Menschenschicksale, und so wird dies Buch dem Leser einen Teil des Lebens zeigen. Die verborgenen Teile unserer Landesgeschichte gibt es als Dreingabe. Viel Freude beim Lesen! Und möge es allen Lesern wieder Dinge ins Bewußtsein heben, die abgesunken sind und die bewahrt sein wollen.

Danksagung

Weil auf das „Erste Tegernseer Lesebuch“ soviel positive Resonanz aus den verschiedensten Kreisen kam, wurde ich ermutigt, weite schlummernde Geschichten vor dem Vergessen zu bewahren. So ist dieses „Zweite Tegernseer Lesebuch“, ein herzliches „Vergelt´s Gott“ an die Leser und unsere Heimat.
Wieder wurde mir vielfache Hilfe zuteil, und so bedanke ich mich ganz herzlich für die Fotos, die lustigen, weniger heiteren und sogar etwas bitteren, ungeschönten Zeitgeschichten. Besoderer Dank gebührt Dr. Sixtus Lampl, Beni Eisenburg, Zeno Mayr, Waldemar Rausch, Dir. Reuther, Emilie und Josef Schwarz-Engesberger, Karl Kölbl, Otto Lederer, Christel Ritter, Fanz Grodl, allen Heimatkundigen vom Tegernseer-Tal-Museum, besonders Dr. Roland Götz für seine Vorträge, Herrn Pfarrer Hamberger, Toni Wagner (Löbl), Werner Kohles, Maria Heiß, Rudi Herden, Ingrid Wiesberger und vielen stillen Helfern die hier ungenannt, aber nicht vergessen sind.
Zugleich danke ich der **Vorstandschaft „der Wallberger“**, die mit vielen Geleichgesinnten, so treu den alten Brauch und die bayerische Tradition bewahren. Sie überließen mir das **Titelbild** von der **„Brieflesenden jungen Tegernseerin“.**

Viel Freude beim Lesen!

Beni Eisenburg ist Heimatpfleger von Gmund. Er sammelt, schreibt, liest forscht und veröffentlicht seit vielen Jahren.

Zeno Mayr Kaminkehrermeister, ist seit beinahe einem halben Jahrhundert freier G´schichtlschreiber und Hirschbergler.

Benigna Daniels 3/4 Bayrische, oft am Tegernsee, hat uns wieder sehr unterstützt.

Otto Lederer Bankkaufmann i.R. ist bekannt durch seine Führungen, Dichterlesungen und Lichtbildervorträge.

Hermine Kaiser war bei Dir. Sebastian Daimer im Redaktionsstab des Tegernseer-Tal-Verlags; Mitarbeiterin bei Hambachers großem Heimatbuch u.a.

Kathrin, Ulla und Hedy von der Druckerei Kleinmaier, wirkten wieder still und tüchtig, und halfen uns wie früher die Schwierigkeiten zu meistern.

Bad Wiessee, im Sonnwinkel, 29. Sept. 05

Inhaltsverzeichnis

Eine alte Liebeserklärung

1838, just in demselben Jahr, in dem die Französin Henriette d'Angeville als **erste Alpinistin**, den Montblanc bestieg, hatte ein forschender, heimatliebender Mann, ein Buch herausgebracht, worin er neben vielen anderen Dingen auch die besonderen Schönheiten des Tegernseer Tales beschrieben hat.
In allen Orten um den Tegernsee gab es seinerzeit schlechtere Straßen, weniger Häuser, mehr Wiesen, härtere Arbeit, sowohl im Forst als auch in der Landwirtschaft. Aber auch damals feierte man, wie heute, fröhliche Feste.
Dieser Mann hieß **Dr. Josef von Hefner**. Er beobachtete Land und Leute recht aufmerksam und beschrieb sie. Obwohl er längst verstorben ist, freut uns sein Büchlein immer noch und läßt uns schmunzeln und er bewahrt Dinge der Vergangenheit. Mittlerweile merkt man ja schon ganz offiziell, dass wir ohne Wurzeln haltlos sind, wie der bekannte Nachrichtensprecher **Peter Hahne** in seinem kleinen Buch: Schluss mit lustig schreibt. Zu unseren **Wurzeln** gehören unser **Brauchtum, Sitte** und die **Landesgeschichte**. Etwas drastisch sagte Hans Magnus Enzensberger: Schriftsteller, Lyriker u. Essayist: Wer nur die Gegenwart kennt, muss- -oh,oh, verblöden.
(Das kann man im „Schluss mit lustig" - Büchlein, S.70 lesen.)

Die Söhne des Gebirges (v.Hefner)

„Die Bewohner dieser Landschaft sind, wie überall die Söhne des Gebirges, ein schöner, kräftiger Menschenschlag. Ihre Gestalt ist hoch, der Gliederbau schlank und von schönen Verhältnissen. Die Muskulatur ist voll und derb, die Gesichtszüge sind heiter und verständig. Das Auge ist offen und die Haltung des Körpers leicht u. frei." Das war, wohlgemerkt, die Aussenansicht, die Hefner da beschrieb. Eigentlich könnte man im Hinblick auf den Sohn des Gebirges sagen- einen besseren find'st du nicht. Stellt man sich diese Gebirgler nun als freien Bauern, als Holzknecht oder Förster, als tüchtigen Handwerker oder liebenswürdigen, tüchtigen Gastwirt vor, dann könnte man sich doch gleich auf der Stell' bayrisch verlieben, auch wenn man keinen Doppelgänger vom Jennerwein Girgl erwischt. Aber von ihm werden wir noch lesen, und dann versuchen wir, uns auch mal eine Innenseite unter die Lupe zu nehmen.

Das weibliche Geschlecht, wie es früher war

Mit dem nächsten Satz verrät uns Hefner, dass es hier anscheinend schon immer **„Emanzen"** gegeben hat, nur waren sie von ganz anderem Schrot und Korn als wir sie heutzutage antreffen. Sie suchten damals nicht die „Selbstverwirklichung" und das eigene Vergnügen, lauschten nicht drauf, was ‚der Bauch', also das Gefühl meinte, sondern sie fügten sich damals selbständig in die bestehende Ordnung ein und übernahmen ihre Pflichten. Es waren mehr oder weniger tüchtige Frauen und Mädchen, die ziemlich schnell erfassten, dass hier im ländlichen Bereich, die Frauen schon immer ihren Mann stehen mussten und das auch wollten, zum Wohle des Ganzen. Sie wussten, daß das Leben nicht nur Sonnentage hat.
Sie arbeiteten selbständig als **Sennerinen, Kellnerinnen**, und **Schifferinnen**, doch bevorzugt als tüchtige **Hausfrauen**, **Bäuerinnen** und **Mütter**. Sie achteten auf Sitte und Tradition und fühlten sich dabei keineswegs als Mägde und Bedienstete, sondern ahnten irgendwie die unsichtbaren Kräfte, die sie von der langen Kette ihrer Ahnen mitbekommen haben und weiterzugeben hatten.
Hefner gefielen diese Tegernseerinnen anscheinend überaus gut und deshalb beschrieb er sie wie folgt:
„Das weibliche Geschlecht teilt die Vorzüge des männlichen. Die Gebirgsländerin ist schlank, leicht, hoch, von vollen Formen, weisser Hautfarbe und lebendiger Röte des Gesichts."

Der Charakter

Das Aussehen ist also äußerst erfreulich, doch dann kommt noch eins drauf! Der Charakter. Von dem redet heutzutage kaum noch jemand. Vermutlich denkt man, in einem schönen Körper wohnt auch ein guter Charakter. Na, wenn das nur stimmt. Früher schaute man mehr auf die Kraft, wie einer im Leben steht und mit den Pflichten umgeht und sie meistert. Man konnte doch tatsächlich noch einen schlaffen und einen edlen Charakter unterscheiden. Heut gibt's bestenfalls noch gute Manieren. VHS-eingeübte. Und das ist schon was! Der Charakter an sich ist in unserer modernen Zeit durch die Freizügigkeit ziemlich untergepflügt worden.
„Ein guter Charakter hindert einem am Vorwärtskommen" hat einmal irgendwer aus der politischen Richtung der jüngeren politischen ‚grünen', Steinzeit gesagt, (5.-Mark pro Liter Benzin fürs Auto und einen Multi- Kulti- Mix für unsere Kranken- pardon, Sozialkassen). Dieser „Irgendwer" hatte schon einige Monate hinter sich auf dem Weg zur (geordneten Abgeordneten) Pension, die beim Normalbürger als Rente genau ausgerechnet wird, nach der Höhe des Gehalts und nach Anzahl der Jahre. Hoch lebe die Freiheit, Gleichheit und Brüderlichkeit.

Aber 1838 hieß es noch ganz altmodisch:
„Die Hauptzüge des Charakters sind treue Biederkeit, gutmütige Ehrlichkeit, feste Anhänglichkeit an Religion und Regierung, eine handfeste, nie die Gefahr berechnende Schlagfertigkeit, stille, einträchtliche Häuslichkeit und sittige Scham, die aber leider in neuerer Zeit an manchen Orten eine Erschütterung erlitten hat."

(Wo wird er denn da gewesen sein, der Hefner? / Merke: Es heißt „sittig" und nicht etwa sittlich. Vielleicht war er auf einer Zeitreise in die Zukunft und saß an einem Waldfestbiertisch, wo die feschen Stadtmädchen in gelbledernen Hirschhäuten vorbeiwalken und die eigenen Busen und fremden Gamsbärte zum zittern bringen, wer weiß.)
Ja der Herr Hefner wird doch nicht wie Aldous Huxley in seiner ‚schönen neuen Welt' die Zukunft erahnt haben! Hat er denn etwa schon die katholischerseits erduldete Schwulendemo von 2004 im Wallfahrtsort Altötting vorausgesehen?

Ein Vorbild an Versöhnlichkeit

Nach Hefners Beobachtungen ist der Hochländer von munterer Natur, gesellig, witzig, gegenüber Gästen höflich und zuvorkommend, ja, er benimmt sich offen, heiter und froh. Er hasst geradezu Heuchelei, Kriechen und Feigheit. Gibt es wirklich einmal Zerwürfnisse, ist er leicht versöhnbar und trägt nichts nach.

Eine Vision zur derzeitigen Lage: 2004
(Dieses Muster des **bayerischen Hochländers** vom alten Schlag wäre für die UN geradezu ein Vorbild an **Christlichkeit**. Auch fürs **alte** und **neue** Europa. Und für die amerikanische, islamische und die restliche Welt. Präsident Bush, USA, hat ja die Vaterländer von Europa sortiert. So teilte er 2004, Frankreich, Deutschland, kurz die Irak- Kriegsgegener dem alten Europa zu und die braven Irak-Kriegsunterstützer wie England, Spanien, Polen, Italien etc. dem ‚neuen'. Das sei hier festgehalten.
Dieser bayerische Hochländer würde sich gut für die **Gerechtigkeit** eignen. Als Vorbild und auch dann, wenn's um die Geldverteilung aus Brüssel ginge. Und fürs Heilige Land könnte man ihn als friedliebenden Boten einsetzen, damit die UNO-Resolutionen und Verträge von beiden Seiten, also von Israeli's und Arabern eingehalten werden.
„In Gefahren ist der Oberbayer keck", schreibt Dr. Hefner, aber sonst lebt er friedlich und zurückgezogen im Kreis seiner Familie. Er hält am Glauben seiner Väter fest, zeigt jedoch einen freieren Sinn und mehr Duldsamkeit, als sein Nachbar, der Tiroler." (Der gütige Leser glaube nur das, was er glauben kann!)

Jagd und Wilderei

Sodann wird als „Hauptneigung der Oberbayern" die Jagd angeführt und auch die Wilderei, für die er die größten Strapazen und Gefahren auf sich nimmt, die aber in keinem Verhältnis zur erlegten Beute stehen.

(Hier hat Hefner vergessen, dass die Wilderei nicht nur verbotener „Sport" war, sondern auch ‚wichtige Proteine' lieferte; denn immer Topfnnockerl und Kraut war in Familien halt eine langweilige Kost. Fleisch war auf anderem Wege, von Tagelöhnern und nachgeborenen Bauernsöhnen aber schwer ‚zu verdienen'. Die Wilderer der Vergangenheit verfügten, durch ihre tiefe Naturverbundenheit über intuitive Erkenntnisse.
Wie man heute durch wissenschaftliche Forschungsergebnisse, betreffs der armen,

ausgehungerten, afrikanischen Volksstämme weiß, führt Proteinmangel zu nachlassender Denkfähigkeit und das musste man damals, besonders in Bayern, vermeiden.)

Das Seerennen der Urbevölkerung

Ja, wirklich. Da nennt er, der Dr. von Hefner, die Einheimischen glatt **,Urbevölkerung'**. Er merkte schon damals, dass wir eine mehr und mehr zurückgedrängte Bevölkerungsschicht sind. Hätte er moderner geschrieben, hätte er uns ,aborigines', ,natives' oder ,original inhabitants' genannt. Aber wir wissen ja, dass er uns meinte. Schon 1838 führt er das **,eigentümliche Seerennen'** als Hauptbelustigung der Urbevölkerung an, dazu die freudigen Tänze, den speziellen ,Schuhplattler', das Musizieren, Jodeln und Singen.

„Beim Seerennen zeigen die Mädchen genauso wie die Männer ihre **Geschicklichkeit** beim Rudern und Lenken der Schiffe; denn im Gebirge sind die Beschäftigungen und die Charaktere des weiblichen Geschlechts weniger als auf dem flachen Land von denen des männlichen verschieden.
„Die Mädchen des Hochlandes sind ebenso furchtlos, gewandt, keck und unerschrocken in Gefahren wie die Männer, schreibt er." Das heißt also, daß wir früher ganz anders waren, als die Leute auf dem flachen Land und in der Stadt. Vielleicht sollten wir uns darauf besinnen. Heutzutage sausen beiderlei Geschlecht auf den Rollerblades um den See herum, auch furchtlos, gewandt und ausdauernd und trainieren die Geschicklichkeit in Sporthallen und Indoorkletterwänden.
Obwohl der bayerische Hochländer heiter und witzig ist, ist er dennoch feinfühlig. So lehnt er plumpe Witze meist ab und prahlt nicht gern. Grosse Freude aber empfindet er, wenn er in geselliger Runde einem ahnungslosen Ortsfremden einen ordentlichen Bären aufbinden kann. Hilfsbereit zeigte er früher dem Uneingeweihten, wo es die schönsten Erdbeerschläge gibt, wo man den Kuckuck hören kann, wo man am leichtesten Forellen erwischt und wo die feuchten Gräben in den Wäldern sind, in denen man in einer günstigen Neumondnacht mit einem Kartoffelsack ausgerüstet einen Kreissl fangen kann.
(Das geht heutzutage nur noch mit Leichtgläubigen, die vom vielen Biertrinken schon glasige Augen haben. Früher war es eine organisierte Gaudi auf Kosten von sportlichen Gästen.)

Die Natur ist ein großer Erzieher

Bleibt nur noch festzustellen, dass der Oberbayer gegen die Obrigkeit furcht- und respektlos sein kann, wenn es sein muss. Nie aber ist er anmaßend. Er liebt sein Land und die Gerechtigkeit. Er hat ein enges Verhältnis zur Natur, schützt sie und weiß, dass sie ein großer Erzieher ist.
Wer Vorfahren hat, die mit den Naturgewalten wie Steinschlag, Lawinen, Gewitter und reissenden Hochwasserbächen, mit weggerissene Strassen und verdorbenen Ernten zu tun hatten, und mit ihnen fertig werden mussten, hat eine Sensibilität ererbt, die auch heute in der Zeit der Bequemlichkeit und Vermassung noch nicht ganz verschwunden ist.

So lebt der Oberbayer mit seinen Angehörigen in seinem Dorf, nimmt die Schwächen der Mitmenschen oft als belustigende Abwechslung hin, ohne es allzusehr zu verübeln, weil er auch selbst auf Nachsicht hofft und weiß, was es heißt, auf dieser unberechenbaren, buckligen Welt ein Mensch zu sein und der Hilfe anderer zu bedürfen.

Wie sich die Zeiten, die Menschen und vor allem „die Oberbayern" inzwischen geändert haben, ja sich ändern mussten, um bestehen zu können, das sehen wir selber, wenn wir mit offenem Sinn und geschärfter Beobachtungsgabe im täglichen Leben stehen, in die Kirche und in die Supermärkte gehen oder die Zeitung lesen.
Den Fortschritt in materieller Hinsicht nennen wir Wohlstand. Er ist nicht zu übersehen und wird zurecht begrüßt. Den Fortschritt auf dem Gebiet der Moral nennen wir Freizügigkeit.
Hoffen wir, dass wir als Menschen vor lauter Fortschritt den Sinn für die Pflichten nicht vergessen, und dass wir seelisch nicht verkümmern. Sonst erkennt man eines Tages nicht mehr, dass wir von den Bayerischen Hochländern abstammen.

Hans Sollacher zum Gedenken

(7.12.1926 -7.12.03)

Steht nicht an meinem Grab und weint.
Ich bin nicht hier, ich schlafe nicht.

Ich bin die tausend Winde,
das Diamantglitzern auf dem Schnee,
ich bin der Sonnenschein auf reifem Korn,
ich bin der sanfte Herbstregen.

Wenn Ihr aufwacht in der Morgensonne,
bin ich der schnelle Flügelschlag
stiller Vögel im kreisenden Flug.
Ich bin der Stern, sein mildes Licht in der Nacht.

Steht nicht an meinem Grab und weint,
Ich bin nicht hier.

-Ken Wilber-

So steht es auf der Danksagungskarte. Weise Worte brauchen kein Dazutun. Alles was man sagen will, über ihn, den Sollacher Hans, ist zu wenig. Er war Leiter der Gemeinde- und Kurverwaltung in Rottach- Egern, ging als Oberamtsrat in den Ruhestand und schrieb in einem der beliebten Dorfschreiberbücher, in seiner ihm eigenen Art, seinen Lebenslauf selbst auf:

Da Sollacher Hans waar i,
z'Kreuth geboren bin i,
Anno 26 hot ma gschriem,
is ma nix anders überbliem.
Nach der Schui Stift auf da Gmoa
wos sollst anders a doa.
Zum Barras müassn,
im voraus Sünden abbüassn,
troffn worn,
s'zwoatmoi geborn.
Als Schreiber im Rathaus,
meistens rechts grodaus,
g'sogt wias is,
ohne vui Gschieß.
Öfter an Dreck einiglangt,
sich wieder derfangt
d'Liab ned vergessen,
d'Hörndl abgstössen
Familie gründet
z'Rottach hint.
Inzwischen Opa scho lang
u. Arwat,daß i mi gar ned derfang
sogar für de Dorfschreiberei
kaam no dawei.

Er war seit 1948 freier Mitarbeiter bei der Tegernseer Zeitung (Münchner Merkur), später Autor und Schriftleiter der Kulturzeitschrift **„Tegernseer Tal"**, ausgezeichnet mit der **„Schmeller Medaille"** für Verdienste um die bayerische Sprache. Im Jahr 2003 verstarben noch zwei seiner Brüder. Uns allen, die ihn kannten, bleibt er unvergessen.

Beni Eisenburg

Sicherlich mag er es nicht, dass diese Zeilen über ihn geschrieben werden; denn er denkt, dass das, was er für unsere Heimat und für d'Leut macht, ganz selbstverständlich ist. Für ihn ist das so, aber generell sind Menschen wie er doch recht dünn gesäht.
Drum sei festgehalten, dass der Eisenburg Beni offiziell in seinen Ruhestand getreten ist, doch zugleich vom Gmunder Bürgermeister Georg von Preysing und dem Gemeinderat zum **Heimat- und Archivpfleger** ernannt wurde, was allein schon wert ist, dass man ihm von ganzem Herzen gratuliert.
Die andere Sache ist noch die, dass er bei meinem 1.Teg.Lesebuch so bereitwillig und unkompliziert geholfen hat, dass ich wieder Mut fasste, als ich dachte, „das" kann ich nicht bewältigen.
In seiner Bescheidenheit muss er hier lesen, dass er ein **Lokalforscher** und Schriftsteller von ganz besonderem Format ist, der Sachen ausgräbt, die dem Vergessen anheim gegeben wären, wenn er nicht so fündig wäre. Robert Münster hat

ihm einen langen Artikel gewidmet in „Bildnis der Heimat", aus dem ich nun ein wenig abschreibe:
Seit mehr als 40 Jahren ist der Beni als Tanzmeister hochgeschätzt und gefragt. Er begeistert die Leute für den traditionellen Volkstanz und das weit über die Grenzen des Tegernseer Tales hinaus. Er wirkt vom Chiemgau bis ins Allgäu, von Bayrischzell bis Ingolstadt und wirkt so ganz im Sinn des unvergessenen **Forstmeisters Georg von Kaufmann.**
Beni Eisenburg wurde durch seine langjährigen Beiträge in Zeitung, Gemeindeboten etc. über Land und Leute, heimisches Brauchtum und zurückliegende Ereignisse gerade so bekannt, wie durch seine Kurzbiografien, die jetzt in gebundener Form durch die Gmunder Heimatfreunde mit ihrem Initiator Rektor Waldemar Rausch erschienen sind.
Mit Marlene Rösch und Jürgen Heid hat Beni Eisenburg 1989 die Dokumentation „Gräber rund um den Tegernsee" herausgebracht, die ab Heft 129 (1999) in der kulturellen Zeitschrift „Tegernseer Tal" ergänzt wird. Auch für den „Führer durch das Tegernseer Heimatmuseum" war er ein kenntnisreicher Mitarbeiter. Seine Themenwelt ist weit gespannt. Man kennt ihn in Sänger- und Musikantenkreisen hier gerade so gut wie in Südtirol und Österreich. Er ist ein Vortragskünstler mit einer unverfälschten eigenen Art, die jeden Zuhörer zu fesslen vermag und oft, vomThema her, erheitert.
Da wir nicht alles aufzählen können, was den Beni auszeichnet, wollen wir zum Schluss erwähnen, dass ihm von der Hanns Seidel-Stiftung in Kreuth der „Ehrenpreis für besonderen Verdienste um die Bayerische Volksmusik" verliehen wurde und von der Bayerischen Akademie der Wissenschaften die Johann Schmeller-Medaille. Als besondere Auszeichnung aber wurde ihm vor ca. drei Jahren das Bundesverdienstkreuz verliehen.
Wir alle wünschen ihm und allen um ihn herum, Freude und Erfolg bei allen weiteren Aufgaben, die er sich gestellt hat und Gottes Segen für seine ehrenvolle Tätigkeit.

HK

Zum Muttertag

Alle Mütter gehen neben dem ganz gewöhnlichen, sichtbaren Weg des alltäglichen Lebens, den sie wie alle anderen Menschen mehr oder weniger erfolgreich gehen, sei es an der Seite eines Mannes, in der Familie, oder allein, noch zusätzlich den geheimen Weg der inneren Freuden und Leiden, den niemand sehen kann. Mütter sind einfach da. Selbstverständlich sind sie da. Sie fallen nicht auf und doch denken wir irgendwie immer an sie. Unbewusst.
Der Muttertag im Mai gibt uns eine Gelegenheit zu zeigen, dass wir unseren Müttern innig und von ganzem Herzen danken. Wenige nur fragen, woher denn diese kleinen Seelen, zu denen auch wir zählen, kommen, die dem Ruf der Liebe gefolgt

sind und sich in langen Monaten ihren Leib von der Mutter haben schenken lassen. Wenige nur erfassen es, und wollen es oft gar nicht wissen, dass sich dereinst im Tod Leib und Seele wieder trennen und jeder hat so seine eigene Vorstellung davon, wo diese Seelen dann hingehen.
Kinder sind, und wir gehören dazu, solange wir es nicht besser wissen, Geschenke des Himmels, oder Geschenke Gottes, je nachdem wie es der Einzelne eben auffassen kann. Wie er in der Lage ist, es zu sehen. Und der erste Schrei eines neuen Erdenbürgers ist nicht nur für die Mutter ein Wunder, aber besonders für sie.
Nach kurzer Zeit in der Zeitlosigkeit, die der Himmel den Müttern schenkt, schleicht leis und sacht doch unerbittlich die alte, verscheuchte Hektik wieder daher. Die Mutter und ihr Kind schauen sich gerade noch an, wissen was die Seligkeit des Himmels ist, dann gehts schon los: Zuerst sollen die Milchzähne kommen, dann fallen sie aus, irgendwann werden einige plombiert und während all dieser Alltäglichkeiten passierte einer anderen Mutter dann folgendes:

Immer wenn's Zeugnisse gab, lag das Gegenteil von Freude und Sonnenschein schwer über der gesamten Familie. Mit Unruhe wartete nicht nur die Mutter auf diesen Tag, der die schulische Klarheit brachte. Weihnachten war vorbei, Neujahr und Hl. 3 König auch. In der Faschingszeit, ging man auf den Sportlerball, zu den Seegeistern ins Gmunder Maximilian oder auf den Sonnenbichl zum Skiclubball. Fasching ist halt alter Brauch.
Da erfuhr man dann lustige Geschichten über andere Leute aus dem gesamten Tal, die man oft gar nicht glauben konnte. Lustig war's immer und zudem war man einmal raus aus dem Alltag. Man tanzte und lachte und viele Sorgen waren leichter zu ertragen. Auch die der Zeugnisse.
Ein besonderes Gelächter gab es damals, als ein guter Erzähler zu später Stunde die Sache von der noblen Hochzeit eines gut eingesäumten (vermögenden) Mannes erzählte, der ein „Prestige-Jäger" war, wie man so sagte. Die Geschichten wurden immer aufgebauscht und gehörig übertrieben. Zuerst wurden die engen Dirndlkleider mit den halbentblößten hochquellenden Busen der weiblichen Hochzeitsgäste geschildert und das unter dem Tisch vonstatten gehenden „fuasseln", während „sie" zugleich dem Angehimmelten feurige Blicke zuwarf, um ihn „anzuzünden", und als man sich mit stets neu gefüllten Gläsern schon ausgiebig zugeprostet hatte, verriet der Erzähler, dass die „pfundige 3-Mann-Musi" aus Bayrischzell, die damals so schmissig zur Abendunterhaltung aufspielte, ein Hochzeitsgeschenk von einem guten ‚Spezi' für den Hochzeiter war. Der Hochzeiter mit dem Jagdschein wusste aber nicht, dass ihm da drei heimliche „Wuidara" aufspielten.
Wenn aber heimliche Wilderer einem Jäger zur Hochzeit aufspielen und er das nicht weiß, ist die Freude darüber bei den Hochzeitsgästen genauso groß, wie über ein gut zubereitetes Spanferkel.

Eine andere Geschichte war die von einer Ehefrau, die vom g'schlamperten Verhältnis ihres Mannes erfahren hatte. Als sie erfuhr wo „das Fräulein" wohnte, konnte sie in einer Nacht sein Auto vor der Türe ihrer Nebenbuhlerin wegfahren und

verstecken, da sie einen Zweitschlüssel hatte. Darüber lachte man dann gemeinsam recht herzlich, voll Mitgefühl und Verständnis und vergaß sogar die Schulnoten.
Auf den Faschingsbällen konnten damals neue Gelegenheitspärchen, in einer schummrigen Bar verschwinden, und die edlen Getränke glasweise bestellen; denn eine ganze Flasche überstieg meist die finanziellen Möglichkeiten. Aber auch glasweise kam dann auf leisen Sohlen dieses unerklärliche Gefühl der ewigen Sehnsucht daher und schubste die armen Faschingsseelen auf den berühmten, breiten Weg, der eminent befreiend empfunden wird, aber laut Bibel doch ins Verderben führt. Wenn dann die Faschingszeit vorbei war, war meistens wieder Ruhe im Dorf und jeder wandte sich erneut dem Ernst des Lebens und des Brotverdienens zu. Früher dachte man eben wirklich, die Welt sei wohlgeordnet, oder komme wieder in Ordnung, oder zumindest wieder ins Gleichgewicht, was man heutzutage doch wirklich bezweifelt.

Auch was die Schulnoten betraf, dachte man, dass es bald wieder gut sein werde und tatsächlich blieb damals das Damoklesschwert bei der Zeugnisausgabe oben hängen. Alle waren froh. Die Versetzung war geschafft, für diesmal. Aber im Nachbarhaus gab es einen anderen Kummer. Und weil sich die beiden Nachbarinnen schon lange kannten, rückte die eine mit ihrem Kummer heraus und sagte, daß sie jetzt schon über zwei Jahre verheiratet sei und so gerne ein Kind hätte, aber der ersehnte Nachwuchs wolle und wolle sich nicht einstellen.
Beide Ehefrauen vermieteten „Zimmer mit Frühstück" an Sommergäste und das hieß, dass von Mai bis Anfang Oktober kein freier Tag zur Verfügung stand. Früh raus, Gästefrühstück, Putzen, Ankunft und Abreise, Wäsche, Geschirr, Familie, Mittagessen, Ehemann, Garten, Buchhaltung, und abends müde ins Bett. Wie's halt damals so zuging, ohne Ferienappartements. Aber nachmittags, wenn die Stunde der Ruhe kam, setzten sich die Beiden, manchmal für eine Stunde nebeneinander auf eine Bank, strickten und ratschten, und besprachen ohne psychologische Kenntnisse ihre Probleme.
Dazu gehörten die drei Buben. Der eine war aufgeweckt, hilfsbereit, flink, geschickt. Wenn irgend etwas gebraucht wurde, fuhr er schnell mit dem Radl zum Milchladen oder zum Lebensmittelgeschäft; denn den Tengelmann gabs damals noch nicht. Er war jedoch nur ein mittelfleißiger Lerner, was die Sprachen betraf und als das 3. Jahr und die 2. Fremdsprache zu bemeistern waren, sackte er total ab. Die Mutter hatte wieder einmal die größten Sorgen, die sich beim Näherkommen der Schulaufgabe auch noch steigerten. „Aber gesund sinds wenigstens" sagte sie dann.

Bei der Nachbarin war das anders. Sie hatte seit einiger Zeit ziemlich gerötete Augen und alles deutete auf eine hartnäckige Bindehautentzündung hin und obwohl die Mutter so voller Schulsorgen war, redete sie der Freundin ins Gewissen, doch endlich zum Augenarzt zu gehen. Doch weder die Bindehautentzündung noch die Noten besserten sich. Da beschlossen beide, im Herbst zur heiligen Maria nach Birkenstein zu gehen, um eine Kerze anzuzünden, zu beten und sie um Hilfe anzuflehen; denn Wallfahrten sind meist das Ergebnis vom ganz alltäglichen Leben, das seit alters her manchmal so ist, als könne man es nicht mehr ertragen.

Birkenstein bei Fischbachau

Wenn man in Bayern ein Anliegen hat, eins, das die Menschen sowieso nicht erfüllen können, so geht man nicht gleich zur höchsten himmlischen Instanz. Nein, so plump packt man das nicht an; denn wenns da eine Ablehnung gäbe, dann könnte man ja gar nichts mehr machen. Das macht man in Bayern anders. Zuerst versucht man mit seinem Schutzengel oder Namenspatron Verbindung aufzunehmen; denn ein guter Fürsprecher ist schon eine gewaltige Verstärkung. Man kann sie dann auch ohne Telefon immer wieder anrufen.

Und so muß man das auch mit der „Himmelmutter" sehen. Sie ist allgegenwärtig. **Zumindest für Mütter**. Auf der ganzen Welt von Europa bis Mexiko und USA wenden sich alle die beladenen und traurigen Mütter voller Hoffnung und innerer Hingabe an sie, flehend und vertrauend darauf, daß sie es recht macht und hilft und eventuell bei der höchsten Instanz ein gutes Wort einlegt.

Es war Herbst geworden. Ein rechter Föhn-Oktober war's. Kirchweih stand kurz bevor. Der Weg nach Birkenstein war herrlich. Es war einer jener bayerischen Tage, die man für einmalig hält. Ein Morgen mit dieser samtenen Luft und einem strahlenden Himmel, den die Sonne verzaubert, mit Wind und Geraschel in den Blättern und leisen Vogellauten.

Von Enterrottach zum Kühzagl führte der Weg, der schon mit abgefallenem Laub bestreut war. Immer weiter hinauf gings. Oben lag an den schattigen Stellen bereits Schnee und beide waren froh,

daß sie feste Stiefel angezogen hatten. Geredet wurde nicht viel; denn dieser Tag war so völlig anders; als die vergangenen Sommertage. Es war den beiden gar feierlich zumute. Und da kam die Stelle, die man Wasserscheide nennt. Da ging es allmählich bergab. Wegweiser zeigten die Richtungen zur Bodenschneid, Raineralm, Dürnbach und Fischhausen. Diese Häuser lagen schon beim Schliersee. Doch von da an zog sich der Weg bis Fischbachau sehr, sehr in die Länge. Aber endlich zweigte der Weg ab, hinauf nach Birkenstein.
Im Klosterladen kauften sie dann die Kerzen, gingen die Holzstiege hinauf, tauchten die Finger ins Weihwasser, machten das Kreuzzeichen und knieten nieder. Nie zuvor war ihnen diese kleine Kapelle so golden und doch so anheimelnd vorgekommen wie an jenem Tag.
Im Strahlenkranz stand sie da, die Muttergottes mit dem Jesusknaben im Arm auf einer Mondsichel. So steht sie immer da. -Überirdisch, —nah und mystisch.
Wolken, Engel Putten Kerzen Licht und Glitzer, wirkten wie Balsam auf die trostsuchenden, andächtigen Beter in den Bänken. Die Anliegen, mit denen Maria bestürmt wurde, waren eingehüllt in die große Stille, die nur durch einige Räusperer unterbrochen wurde. Junge Gesichter, gebeugte Rücken, verarbeitete Hände. Alle legten ihr, der großen Trösterin, ihre Anliegen zu Füßen, oder ans Herz oder in den Kranz des Lichts, der sie umgab. Von ihr kam Hoffnung. Und diese geschenkte Hoffnung konnte eine Menschenseele wieder aufrichten und soweit kräftigen, daß sie fähig wurde, eine weitere Wegstrecke das schwere Gepäck, das sie zur Zeit aufgeladen bekam, weiterzutragen.

Draußen am Umgang konnte man an den alten Bildern die Geschichte dieses gesegneten Ortes ablesen. Man kannte sie ja schon in- und auswendig, ja eigentlich kannte man sie ganz genau. Alle wissen, wie dieser Wallfahrtsort auf einem heruntergestürzten Fels vom Breitenstein entstanden ist und weiß es schließlich immer wieder doch nicht.
Plötzlich taten den beiden Frauen die Füße weh, die sie bis hierher überhaupt nicht gespürt hatten. Und jetzt nochmal den ganzen Weg zurück? dachten wohl beide, aber nur eine sagte: „..und jetzt geh'n wir 'nüber zum Winkelstüberl".
„Ja, das machen wir"
Beide waren sich sofort einig.
Vorher aber füllten sie sich noch Birkensteiner Wasser ab, das aus einem Fisch-Speier floss, wenn die Frau im Kiosk den Hahn aufdrehte. Diesem Wasser sagte man immer schon eine besondere Heil- und Reinigungskraft nach, für den ganzen Leib und besonders für die Augen.
Dann gingen sie zum Wiesenweg. Das Cafe Winkelstüberl war nicht weit und es war seit langem berühmt weils da so große Tortenstücke voller Schlagsahne gibt. Kaffee und Kuchen geniessen und in einer gemütlichen Stube sitzen, das war halt schön, besonders mit den müden Füssen.
„Du, jetzt telefonieren wir nachhause, und lassen uns holen".
So kam es dann. Einer der Ehemänner holte die Wallfahrerinnen ab.

Und ehe noch ein Jahr vergangen war, mußte der gefährdete Bub das Gymnasium verlassen und die Schwester der Nachbarin bekam ein Kind von ihrem Mann und heiratete ihn später. Die roten Augen wurden erst gut, als die heimlichen Tränen nicht mehr flossen. Was soll man dazu sagen.
(Und trotzdem könnte ich drei Votivbilder malen lassen mit dem Schriftzug „Maria hat geholfen." Sie hilft halt so, wie sie es für richtig hält.)

HK

Der arme Seppi!

Der Winter draußen stürmt und fegt
da rücken wir näher zusammen.
Der Schnee an die Fenster rieselt und schlägt
nun schürt im Kamin die Flammen.
Da bitten die Kinder den Vater so sehr:
„Erzähl uns vom armen Seppi noch mehr."
Arm Seppi war von Tür Tür,
von Haus zu Haus gegangen
und hatte weder dort noch hier
ein freundlich Wort empfangen.
Da klagt er: „Ach, alles ist mir verwehrt,
und heut wird der heilige Christ beschert
und ich muß hinaus in den Winter."
Draußen lag weit über das Feld
ein weißes Tuch gebreitet —
Hier find ich wohl mein Bett bestellt,
mein Lager mir bereitet.
Die Englein schütteln ihr Bettlein aus

Frau Helga Mayer hatte in Bad Wiessee neben dem Rathaus einen Blumenladen und eine zahlreiche Kundschaft, von der sie sehr vermisst wird. Von ihr ist „der arme Seppi", der nun der Allgemeinheit nicht verloren geht. Ihr Mann, Gärtnermeister Albert Mayer hatte die Gärtnerei Wendt, Ringbergstraße.

es fliegen die Federlein all heraus
hier will ich heut ruhen und schlafen.
Im Walde stand ein Tannenbaum,
da legte der Knabe sich nieder,
da hörte er hoch im Himmelsraum
die festlichen Weihnachtslieder.
Und wie er schaut in den Baum hinein,
da flimmerts und schimmerts in hellem Schein
die goldenen Stern in den Zweigen.
„Wie freu ich mich Du heiliger Christ
nun wird er auch mir bescheret
der glänzende Weihnachtsbaum hier ist
mit reichen Geschenken beschweret."
Der Knabe schlief ein auf kaltem Bett,
die Sterne gingen unter,
da kamen zu seiner Lagerstätt
vier liebliche Englein herunter.
Sie nahmen den Knaben wohl auf den Arm
und trugen ihn weich gebettet und warm
hinauf in den himmlischen Garten.

Die alten Kalköfen an Rottach und Isar

Der letzte freistehende Kalkofen, den wir in der Nähe betrachten können, befindet sich in Bad Tölz unten „am Kalkofen" (Jager). Den anderen finden wir im Isarwinkel, in Lenggries auf dem linken Isarufer nahe der Brücke. Besichtigen kann man ihn von April bis Oktober von 9-17 Uhr. Das zur Info. Er ist ungefähr aus der Zeit der Sendlinger Bauernschlacht. Obwohl Kalköfen seit 1347 nachgewiesen sind, gibt es sie dort schon viel länger. 70 Kalköfen soll es allein an der Isar gegeben haben
Im Tegernseer Tal Museum standen am 14.7.04 an der Kasse drei Herren aus Tölz. Die Rede kam auf die Bilder der Steinsammlerinnen, die im **Tölzer Heimatmuseum** als Kostbarkeiten hängen. Einer der Herren hieß Katzameier oder ähnlich und wuß-

te sehr gut Bescheid. „Ja" sagte er, „die Bilder san vom Kunstmaler **Josef Wenglein!**"
„Habts denn koa Foto, des i kriag'n kannt"?
„Naa, do gibt's koans. Und überhaupt hat der Jager, der da letzte Kalkbrenner war und erst vora 25 Jahr aufg'hört hat, g'sogt, es hod übahaupt **nia Weiber** geb'n, de des g'macht hab'n." So hat er gesagt. Aber da gibt es ältere Geschichten.

Denn natürlich gab es diese **Steinklauberinnen**, und zwar in einer Zeit, als noch die Kraxentager und Hausierer mit ihren ‚Bedarfsartikeln' von Hof zu Hof gingen und es viel weniger Möglichkeiten zum Geldverdienen (und ausgeben) gab, als heute und als auch noch keine geteerten Straßen von Dorf zu Dorf führten. Ein alter Bekannter, der 1900 geboren war, hat diese Steinklauberinnen zwar nicht mehr selber gesehen, aber dessen 1875 geborener Vater.

Kalköfen wurden generell bei einem **Kalkstein- oder Kreidebruch**, so, wie z.B. in Arzbach, aufgebaut und in Betrieb gehalten; denn die Kalkherstellung war, wie die Holzgewinnung eine der wichtigen, mühsamen **Erwerbsarbeiten**, der ansässigen Bevölkerung. Den Kalk aus unseren „Kalkvoralpen" konnte man gut verkaufen. Die größten Lieferanten von Kalksteinen waren einige Bachbette und Flußläufe, wie die **Isar** und die **Rottach**.
Man weiß, **dass das gesamte Holz** für den Bau der Münchner Frauenkirche mit Isarflößen nach München transportiert wurde und auch für die Mauern des **Stephansdom in Wien** verwendete man Kalk aus den Kalkbrennereien an der Isar. Dieser gotische Neubau wurde **1304** begonnen, das Langhaus wurde ca. 1350 erbaut, 1469 wurde er Bischofskirche. **Die Münchner Frauenkirche** wurde **1468** in Auftrag

1912. Alte Kalköfen in Tölz v. Keller u. Rehm.
abgebrochen 1914.
Tölz

Sammlung F. Grodt, Tegernsee

Isarwinkel auf Flößen nach München gebracht wurde. Sicher auch der Kalk.
Die Flöße, die den Kalk transportierten, waren von anderen **Floßtypen** leicht zu unterscheiden, da sie „gedeckt", das heißt, mit einem Dach versehen waren, damit der kostbare Kalk nicht der Nässe ausgesetzt wurde.
Nicht die Flößer selbst, aber die Kalk- und Kohlenbrenner gehörten meist zu den heute so genannten **„Nebenerwerbsbauern"**. Sie hatten 2 oder 3 Kühe und ein kleines Häusl.
Bis in die Zeit vor dem Bau des **Sylvensteinspeichers (1954 -59)** war die Isar durch jedes Hochwasser spezieller Lieferant von Geröll und Geschiebe für die Kalköfen. Und zwar in unbegrenzter Menge.

Die **Kalksteine**, die ausgesuchten **„Bachbummerl"** wurden in den **Kalkofen** gebracht und zum Haufen aufgerichtet. Sodann brauchte man viel Brennholz.
Für eine Wagenladung Kalk (Truhenwagen) brauchte man ungefähr 10 Kubikmeter Brennholz. Zweimal in der Woche wurde gebrannt und dabei lief folgende chemische „Reaktion" ab:

Der Kalkstein wird auf ca. **1000 Grad** erhitzt wobei das Kohlendioxid entweicht. Übrig bleibt der **Branntkalk**. Wer schon mal ungelöschten Kalk in einer Mörtelpfanne „gelöscht" hat, weiß, daß er sich erwärmt und dabei blubbert. Dieses Stadium des Kalks ist ätzend, und unser Nachbar, Malermeister Xaver Karg hat ein Auge durch einen Kalkspritzer bei dieser Tätigkeit verloren; denn er hat seinen Sumpfkalk, der durch lange Lagerung immer besser wird, in seiner Kalkgrube immer selber „gelöscht." Wir Kinder wurden weggejagd und durften nur aus sicherem Abstand zuschauen.
Obwohl ich nichts von Chemieformeln weiß, habe ich das Glück folgendes ‚abschreiben' zu dürfen:
CaCO3 - CO2 = CaO (Branntkalk) mit Wasser gelöscht = Ca(OH)
Kalkmörtel, also der biologische, **alte Baustoff** entsteht, wenn man Sand mit Kalk mischt. Wenn der Putz dann trocken ist, hat man rein chemisch gesehen wieder den Ausgangsstoff, nämlich CaCO3.
Dieser Kalkmörtel (Sumpfkalk) ist auch die Grundlage für die Freskomalerei, die im oberbayerischen Raum **„Lüftlmalerei"** genannt wird.

Das Jagdflieger-Lazarett und das Gesicht der Kalkbrennerin

Bevor wir uns mit der Geschichte der Steinklauberin befassen, soll kurz an die verbrannten Gesichter der abgestürzten Flieger in einem Rottacher Lazarett erinnert werden; denn ohne dieses Erlebnis hätte ich mir die Kalkbrennerin-Geschichte sicher nicht gemerkt, die mir mein Großvater erzählt hat.
Immer habe ich mir vorgestellt, daß sie in **Kalkofen**, bei Hagrain passiert sein müsste, zwischen Rottach und Enterrottach, wo heute das **Bergwachtheim,**

Enzianstüberl und **„beim Kalkofen"** stehen. Im Winter gab es da die vielen Holzfuhrwerke, die zur Tuftensäge wollten und die eingespannten Pferde hatten Glöckchen an den Geschirren. Ab **1944**, sind wir in kleinen Singgruppen der „Jungmädchen" in die **Lazarette** gegangen und haben den Verwundeten bayerische Lieder vorgesungen und den Gehunfähigen die Hand gegeben und „Grüß Gott" gesagt. In einem Lazarett lagen die **abgestürzten Flieger**, die z.T. völlig verbrannte Gesichter hatten und eines davon werde ich nie vergessen; denn nicht nur die Augenlider sondern auch die Nase war weg und man sah nur die Nasenlöcher im verbrannten Gesicht.
Bei einem anderen Soldaten war der linke Arm so festgebunden, daß die linke Hand an der rechten Schulter lag. Vom linken Oberarm war ein Hautstreifen abgetrennt, der an der Nasenwurzel anheilen sollte, aber zum Teil auch noch am Arm verblieb, anscheinend wegen der Durchblutung der Haut. Eine **Rotkreuzschwester** erklärte uns, daß man diesem Soldaten auf diese Weise eine neue Nase machen wolle. Heute heißt das „Plastische Chirurgie". An diese verbrannten Soldatengesichter im Rottacher Lazarett erinnere ich mich lebhaft, wenn ich an die Steinklauberin denke.

Auch **Johannes Steinhoff**, Jahrgang 1913, (General) war dort in diesem Lazarett. Er war einer der erfolgreichsten **Jagdflieger**, und damals gerade 30 Jahre alt. 7 Jahre nach Kriegsende, 1952 wurde er in das Amt Blank berufen und beteiligte sich am Aufbau der Bundeswehr. Er wurde Inspekteur der Luftwaffe, Vertreter der BR Deutschland im Nato-Militärausschuß und zuletzt ihr Vorsitzender.

rt/ HK

Die Steinklauberin

Da war dieser seichte Bergbach, der große Schleifen durchs Land vor dem Wallberg machte, weil er noch nicht in sein künstliches Bachbett gezwängt worden war und ganz in der Nähe stand ein großer Kalkofen, wie er an geeigneten Stellen am Fuß der Berge oft zu finden war.
Die Kiesbänke lagen trocken da, denn es lief nur wenig Wasser in der ausgespülten Rinne. Da lagen hintereinander starke Holzbretter, vom Ufer weg zu den Steinbänken.
Eine Gestalt in Hosen und Kopftuch suchte Steine aus, nahm sie und ließ sie, einen nach dem andern, in einen hölzernen Schubkarren fallen. Dann nahm sie mit ihren nervigen Armen die Griffe, hob die Karre hoch und radelte sie über die Bretter hinüber zum Kalkofen.
Sie tat das schon den ganzen Tag lang und weil die Sonne so herunterbrannte, rann ihr der Schweiß übers Gesicht.
Sie trug ein rotes, dünnes Baumwollkopftuch, das ihren Scheitel verhüllte, aber das Gesicht war frei und dieses Gesicht schaute entsetzlich aus. Sie hatte keine Brauen mehr und ihre Stirne, die Wangen und das Kinn waren von entsetzlichen Narben entstellt und trotzdem hatte sie Runzeln und Falten, wie es eben das Alter mit sich bringt.

Beim Gasthaus

Dort wo der Weg etwas aufwärts führte war ein Gasthaus direkt am Wald. Im beschatteten Garten saß ein Jäger und ein Sommergast, der hier rastete. Die Wirtin bediente selbst und als der Fremde die Wirtin freundlich ansprach, und so nebenbei fragte, wer den die häßliche alte Hexe beim Kalkofen sei, antwortete sie sehr bestimmt: „das ist die Burgl, und die is keine Hexe, ganz im Gegenteil, aber sie ist sicher ein verbitterter und unglücklicher Mensch und außerdem kann sie nichts dafür, daß sie so entsetzlich ausschaut und dass sich viele vor ihr fürchten." Da lenkte der Gast ein und beschäftigte sich mit seiner Brotzeit und seinem Bier.

Der Jäger kannte ihre Geschichte

Da setzte sich der Jäger zu ihm an den Tisch und sagte: „Wollens der Burgl ihre Geschichte hören?"

Der Fremde nickte zustimmend. Aber der Jäger ließ sich Zeit.

„Wissen S', andere wären längst verzweifelt mit so einem Leben, wenn einem das Schicksal so übel mitspielt. Aber die Burgl hat bis jetzt alles ertrag'n,- wär'n nur mehr Menschen, so wie die Burgl. Sie is stark, sie is einsam, aba doch wia a Heilige." Damit schwieg er wieder.

„So ein Leben!" sagte er und dann fing er an, den Lebenslauf der Kalkbrennerin zu erzählen.

Die alten Kalkbrennerleut hießen Wandler und hatten 5 Kinder. Die Burgl war die zweitälteste und als Mädchen mußte sie schon früh im Haus und ums Haus herum helfen. Als sie dann aus der Werktagsschule kam, hieß es wie bei allen ärmeren Familien: „Jetzt mußt' dir dein Brot selber verdienen, jetzt bist du alt genug."

So war das damals. Die Burgl kam deshalb gleich als Hüterdirndl zu einem Bauern auf einen Einödhof. Weil sie fleißig und bescheiden war, hatten es die Bauersleut richtig gern, fast wie ein eigenes Kind und Weihnachten bekam sie eine neue Schürze und ein paar ordentliche Schuhe.

Aber eines Tages begannen die Kühe zu schmatzen und sonderten Geifer ab. Dann bekamen sie Fieber und die Milch versiegte. Sie wollten nicht mehr fressen und begannen zu lahmen. Alle bekamen Blasen an Maul und Zunge und die Jungtiere verendeten. Da nahm der Bauer vom Viehhändler Geld zu leihen. Er wollte Holz schlagen und damit die Schulden zurückzahlen. Aber irgendetwas mit der ganzen Geschichte lief schief und ein Unglück kommt selten allein. Es wurde schlimmer und so stand einestages der Hof auf der Gant.

Als der schreckliche Tag der Versteigerung unmittelbar bevorstand, brach in derselben Nacht ein Feuer im Heustock aus und äscherte den gesamten Hof ein.

Der Hofbrand

Nun wurde der Besitzer verdächtigt, den Brand selbst gelegt zu haben. Man redete ihm nach, es wäre ihm um die Versicherungssumme gegangen. Um sie zu bekommen und den Hof doch noch halten zu können, habe er wohl den Brand selbst gelegt. So kam er in Untersuchungshaft, aber er beteuerte seine Unschuld und weil ihm nichts nachgewiesen werden konnte, mußte man ihn wieder freilassen. Von den anderen

Bauern aber wurde er nun so behandelt, als wäre er ein Gauner und so verließ er mit seiner Familie verbittert die Gegend und das Gehöft kam in fremde Hände.
Für die Burgl war das ein schwerer Schlag; denn sie war der einzige Mensch im Hof, den es bei dem Brand am schlimmsten erwischt hatte; denn sie lag oben in ihrer abgelegenen Kammer und hatte das Feuer überhaupt nicht bemerkt. Wenn ein mutiger Feuerwehrmann, der ihre Schreie gehört hatte, nicht nochmal die Stiege hinaufgelaufen wäre, um sie herunterzuholen, so wäre sie mitverbrannt.
Wochenlang lag sie im Krankenhaus; denn sie hatte entsetzliche Brandwunden abbekommen, und als sie endlich entlassen wurde, war sie nicht mehr zu erkennen. Sie war verunstaltet, hatte keine Haare mehr, die auch nicht mehr nachwuchsen, und die roten Brandnarben schauten gräßlich aus.
Obwohl der Hof neue Besitzer hatte, ging sie wieder hin und fragte, ob sie ihren Dienst wieder aufnehmen könne, aber der Bauer wies sie mit groben Worten davon: „So eine wie dich woll'n ma ned" sagte er barsch und so wie hier erging es ihr überall, wo sie anfragte. Manch eine Bäuerin behielt sie mitleidig zum Essen da, aber dann mußte sie wieder gehen.

Sie wurde Kalkbrennerin

Da ging sie wieder heim. Ihre Eltern waren unsäglich traurig über ihr hartes Los. Da sagte der Vater: „eigentlich ist ja das Kalkbrennen a Männerarbeit, aber irgendwas mußt du tun, so können wir dich nicht durchfüttern. Probierst es halt."
So kam es und die Jahre vergingen in gewohnter Eintönigkeit. Die jüngeren Geschwister waren nun alle aus dem Haus, nur der Sepp ihr älterer Bruder blieb im Haus; denn er sollte die Kalkbrennerei weiterbetreiben. Für die Eltern wurde nun das Wirtschaften leichter, aber nur für einige Jahre, dann kam das Alter mit seinen Gebrechen und Krankheiten daher. Zuerst kränkelte der Vater.
Die Jahre der schweren Arbeit, die vielen Erkältungen, die er sich im regennassen Gewand und in der Zugluft stehend jeden Winter eingehandelt hatte, machten ihm jetzt zu schaffen. Er starb und bald folgte ihm die Mutter. So waren sie nun, Bruder und Schwester allein. Der Sepp hatte großes Geschick in seiner Arbeit und verstand das Geschäftliche und die Burgl half ihm, arbeitete wie ein Mannsbild und führte den Haushalt.

Ihr Bruder heiratete

Sepp ging auf Brautschau. Er ging zur Tanzmusik, traf sich mit seinen Schulspezi beim Wirt, aber die Burgl konnte nirgends mit. Sie wurde wie eine Aussätzige behandelt und ihre Jahre liefen so weiter, wie ihre Jugend verlaufen war. Einsam und freudlos und oft dachte sie voll Bitterkeit über ihr unabänderliches Geschick nach; denn auch sie sehnte sich, wie jedes junge Mädchen nach zärtlichen Worten und Liebkosungen.
Wenn sie von ihren Schulkameradinnen hörte, daß wieder eine geheiratet hatte, wenn sie sah, dass sie Kinder hatten, kam eine geradezu schmerzhafte Sehnsucht nach einer eigenen Familie in ihr auf, und sie weinte dieses Verlangen dann nachts still in ihr Kopfkissen.

Sie sah genau, wie manche einfach zur Seite schauten, wenn sie vorbeigingen. Es war ihr Schicksal, allein zu bleiben. Manch bittere Träne weinte sie nochmal, als sie merkte, daß sich der Sepp eine Hochzeiterin ausgesucht hatte.

Es war eine wohlhabende, junge Witwe und sie mochte ihn und er überlegte nicht lange und wurde ihr Mann. Er zog zu ihr auf den Hof und so war sie nun ganz allein. Burgl wunderte sich, daß er ihr, wohl aus Mitleid und aus einem Gerechtigkeitsgefühl heraus, die Kalkbrennerei und die kleine Hütte der Eltern überließ; denn bisher hatte sie außer dem Essen und der wenigen Kleidung, die sie brauchte, seit Jahren keinen Lohn erhalten.
So machte die Burgl die Kalkbrennerei weiter. Im Grunde war sie dazu gezwungen. Sie pendelte von allen unbemerkt zwischen stiller Verzweiflung und ihrem Christenglauben, der den Freitod nicht zuließ, gefährlich nahe am Abgrund hin und her. Die Jahre kamen und gingen, und da sie gar keinen Aufwand hatte und weil sie Pfennig auf Pfennig beiseite legte, und weil sie außerdem Angst vor dem Alter hatte, sammelte sich allmählich doch ein kleines Vermögen an.

Das Bettelweib

Da kam an einem regnerischen Abend ein fremdes Bettelweib an ihre Türe. Sie hatte einen ungefähr 10jährigen Buben dabei und bat um ein Nachtlager. Burgl gewährte es, zeigte ihr die einfache Schlafstelle und stellte Brot, Butter und Milch auf den Tisch und so aßen sie gemeinsam zu Abend. Am andern frühen Morgen war die Frau verschwunden, aber den Buben hatte sie zurückgelassen.

Burgl behielt ihn bei sich und es war ganz eigenartig, er störte sich nicht an ihrem Aussehen, sondern sie fühlte, daß er sie wirklich mochte. Er nahm ihr einige Arbeiten ab und war ihr ein williger Helfer. Anfangs hatte Burgl immer noch das Gefühl, seine Mutter würde eines Tages kommen, um ihn wieder mitzunehmen, aber sie tauchte nie wieder auf.
Die Gesellschaft dieses Buben war für Burgl ein unbeschreibliches Glück. Sie wandte ihm all ihre Fürsorge und Liebe zu, kümmerte sich um ihn, pflegte ihn, wenn er krank war und dieses Miteinander entschädigte sie für alles Schwere, was sie bisher in ihrem Leben ertragen mußte. Sie hatte auch das Gefühl, daß ihm ihr Häßlichkeit völlig gleichgütltig war.
Albert, so hieß er, wuchs heran bekam breite, starke Schultern, scheute keine Arbeit, war ihr immer mehr ein tüchtiger Gehilfe. Was sie aber am meisten freute war, daß er sich ihr gegenüber immer dankbar zeigte.

Fiel in seiner Gegenwart über seine Pflegemutter eine abfällige Bemerkung, so verteidigte er sie, und einmal kam es deshalb sogar zu einer Rauferei. So verschaffte er nicht nur der Burgl, sondern auch sich selbst einen guten Ruf; denn es gefiel den Leuten, daß er so zu ihr hielt.
Viele Jahre waren vergangen und Albert war ein sympatischer junger Mann geworden. Die Mädchen schauten ihm kichernd nach, aber er hatte nur Augen für Lisa, die Tochter eines angesehenen Bauern. Lisa mochte den Albert auch und so wollten sie heiraten, aber Lisas Vater war empört und schob der Sache einen Riegel vor.

Die Burgl kauft die Einöd

Da erfuhr die Burgl, daß auf dem Einödhof, auf dem sie seinerzeit beinahe verbrannt wäre, der neue Besitzer wegziehen wollte und so ging sie zu ihm hin und fragte, ob er ihr den Hof nicht verkaufen wolle. Er war von dieser Sache nicht recht begeistert; denn er erinnerte sich noch gut daran, daß er die Burgl, die zu ihm als Magd kommen wollte, weggeschickt hatte. So versuchte er, sie hinzuhalten. Da sich aber keine anderen Interessenten fanden, die gutes Geld boten, so kam der Kauf einestages doch zustande. Das war der zweite Wendepunkt in Burgls Leben. Bar legte sie beim Notar den Kaufbetrag auf den Tisch und ließ den Hof gleich auf den Albert schreiben; denn sie konnte es nicht haben, daß ihn Lisas Vater „Sohn der armseeligen Kalkbrennerin" genannt hatte. Mehr aber hatte die Burgl nicht mehr. Sie hatte alles gegeben, damit der Albert jetzt ‚Bauer in der Einöd' wurde.

Lisas Vater schaute die Sache nun anders an und ließ die beiden heiraten. Die Hochzeit wurde im Bräuwirt gefeiert, aber Burgl blieb zuhause.

Der Besuch beim neuvermählten Paar

Einige Wochen später, an einem schönen Sommertag machte sie ihren Besuch beim frischvermählten Paar und Albert führte sie hocherfreut in die Stube. Lisa deckte den Tisch und sie aßen zusammen, unterhielten sich und Burgl war überaus glücklich. Sie sah das Glück der jungen Eheleute und sah, daß sie es recht gemacht hatte und durch die Hingabe all ihrer Ersparnisse ihnen dieses Anwesen erwarb.

Als sie sich verabschiedete, lud Albert sie herzlich ein, bald wiederzukommen, aber Lisa sagte nichts.

Einige Tage später kam Albert in die Kalkbrennerei und druckste ziemlich herum. Er redete vom Ofen einrichten und andere geschäftliche Sachen, aber bevor er ging, rückte er mit seinem Anliegen heraus. Die Burgl blieb stumm, aber sie verstand sehr schnell, was er ihr mitzuteilen hatte. „ d'Lisa hat g'sagt „ fing er an, aber dann stokkte ihm die Stimme.

„Die Lisa will nicht, daß ich wieder zu euch auf den Hof komme" sagte Burgl, und Albert nickte und schaute in den Boden hinein.

Der letzte Schlag

„Weißt, sie is dein G'sicht nicht g'wohnt und scheut sich halt ein bißl vor deim Ausseh'n" sagte Albert. und sie ist halt noch jung und du weißt ja wie die Weiberleut manchmal sind." Burgl dachte an die vielen Jahre und die harte Arbeit. Tagein und tagaus, von früh bis spät, bei Sonne und Regen, in der Hitze des Sommers und der Kälte des Winters. Dann kam Albert zu ihr wie ein Sonnenschein. Und jetzt kann er sich nicht gegen seine Lisa wehren. Sie konnte ihr Gesicht nicht ertragen.

Die Burgl hatte ein Gefühl, als müsse sie gleich umfallen. Tot wäre sie jetzt am liebsten gewesen. Sie strich mit ihrer verarbeiteten Hand über die brauenlosen Augen und die Stirn. Dann nickte sie stumm. Sie zog ihr Tuch über den haarlosen, häßlichen Scheitel und ging hinaus. Albert betrachtete die Küche, in die er als kleiner Bub gekommen war und wo er in der Burgl eine liebevolle Pflegemutter gefunden hatte. Ihm war elend zumute. Hundeelend. Aber Lisa hatte ihn gefesselt, er liebte sie so ganz an-

ders. So voller Begehren. So ist halt das Leben, dachte er.
Als er hinausging stand Burgl im Inneren des Kalkofens und richtete einen Steinhaufen auf zu einem neuen Brand."

Der Jäger hielt mit seiner Erzählung inne, rief der Bedienung, weil er zahlen wollte. Er schaute den Sommergast ruhig an.
Der aber war ganz verändert. Wie konnte ich nur einen Menschen nach seinem Gesicht beurteilen, dachte er.
Der Jäger klopfte seinem Hund auf die Schulter und sagte: „Geh' weida, Waldine, jetzt müaß'ma gehn." Bei sich dachte er, eines Tages wird die Burgl ihre müden Hände in den Schoß legen, die Augen zumachen und ganz leicht ohne umzuschauen ins wirkliche Paradies hineinschlüpfen dürfen. Das glaubte er ganz fest und das war sein Trost.

ne/rt

Lieb alle Menschen wie niemand zuvor,
Bestehe mutig den Kampf des Lebens.

Schenk Frieden dem, der den Frieden verlor,
Und Hoffnung dem, der hoffte vergebens.

(P. Yogananda)

2 Kinder und die Allmacht Gottes

Kinder haben noch ein tiefes Vertrauen zu Gott, zu dem wir Christen in der Dreieinigkeit von Vater, Sohn und Heiligen Geist beten. Er ist der Schöpfer des Universums, aller großen und kleinen Dinge und der Hüter des Schicksals. Kinder gaben einmal auf die Frage, woran sie die Allmacht Gottes erkennen, folgendes zur Antwort:
Der Bub sagte:
„An dera kloana Muckn kennt ma des. De Muckn, de is so kloa (klein), hod aba Flügel und a Herz. De braucht koa Benzin und fliagt doch. Sowas kon da beste Inschinör ned nachmach'n."
Das Dirndl (Mädchen) sagte:
„Und i kenn des an dera Hagebutt'n. Zuerst im Früajahr is da Strauch naggad, (nackt/ohne Blätter) dann kimmt a Knospn, dann blüahts auf und werd a Rosn. De verblüat und dann wachst sche staad (schön langsam) die Hagebuttn.
Zerscht (zuerst) is' ganz grea (grün) und kriagt (bekommt) dann im Herbst a scheene roude Farb. De Plastikbleame verändern si nia."
Ob unsere Pfarrer und Ethiklehrer mit dieser Erklärung einverstanden sind, ist fraglich.

Feldkreuze, Marterl und Cocooning

Die bayerische Frömmigkeit ist gemütsbetont, sinnenfreudig und innig, haben wir eingangs gelesen. Das kann man besonders im Alpengebiet überall an den vielen Marterln am Weg, an den Feldkreuzen, Kapellen und Bildstöckl sehen, die zu einem Gedenken an Gott oder zu einem kurzen Gebet für die „armen Seelen" einladen und die unser Land so anheimelnd machen.
Wie überall bleibt man mit der Familie verbunden, obwohl auch hier das Auseinanderlaufen schon begonnen hat. Auch bei uns beginnt sich die Liebe und die Geduld zu verflüchtigen und es ist, als wäre das Miteinander zeitenweise, plötzlich unerträglich und nicht mehr auszuhalten. Das ‚den andern ertragen'. Man erträgt den andern plötzlich nicht mehr, obwohl die Liebe sie einst zuzammengeführt hat.
Hat es damit zu tun, daß es uns gut geht? Wissen wir zu wenig von den Vorfahren und ihrem pionierhaften, harten Leben?
Denken wir überhaupt noch darüber nach, wie das Fundament zu unserem derzeitigen Wohlstand hier am Tegernsee zustande kam?
Nein, viel zu wenig erinnern wir uns an unsere eigenen Großeltern und ihr karges Leben.
Nur ab und zu, erzählen wir den Kindern ein paar besondere Geschichten, die wir noch wissen. Aber besonders interessiert daran sind die Nutzer, die Nachkommen meist nicht.- „Meingott, das ist doch längst vorbei" heißt es da und eigentlich will man nur skurile, lustige Geschichten hören und lesen.
Früher war's halt doch ein wenig anders. Es war ‚krass'.
Da wurde einmal in der Woche der Badeofen eingeheizt und einmal in der Woche das Arbeitshemd gewechselt und die Bettwäsche wurde im Kessel ausgekocht und mit einer Schweinsborstenbürste und Kernseife gebürstet. Und nie war es langweilig; denn es gab genügend Freuden und Schwierigkeiten, gute und schlechte Nachbarschaften, harte Arbeit, frohe Feste und auch alle die heiligen Zeiten, die wir heute noch feiern, aber ganz anders. Heute sind wir modern und frei. Ans Seelenheil denken wir ganz ungezwungen oder überhaupt nicht mehr. Die moderne Devise heißt bei vielen: „Mit dem Tod ist alles aus.". Aber an Allerheiligen gehen wir auf die Gräber und beten, weils eben der Brauch ist und dann, wenns drauf ankommt, glaubt man halt doch ans ewige Leben der Seele.

Eigentlich staunt man, wie uninteressant das einst so wichtige Seelenheil geworden ist und manchmal wäre es sicher ganz interessant zu erfahren, wie sich der Mitmensch diese Dinge so vorstellt. Es wird schon gutgehen! So denken und hoffen wir. Wir vertrauen auf den liebenden, verzeihenden Gott, ganz selbstverständlich. Wir winken unserer unbekannten, eigenen Zukunft einen lockeren Gruß zu.
Wie wird sie denn sein, die Zeit, die noch kommt? Irgendwie hat man das Gefühl, daß auch bei uns schon das moderne „cocooning" um sich greift. Es ist „das sich einspinnen", das in den Städten wächst und wuchert, und zu uns herauskommt aufs Land. Es nistet sich in die ländlichen Familien ein und vermehrt die Single-Haushalte. Auch bei uns in Bayern.

(Cocooning nennt man das „sich einspinnen" wie in einen Kokon. Es bedeutet aber zugleich auch „einmotten" und „außer Betrieb setzen.")

Wo Glaube da Liebe
Wo Liebe, da Friede,
Wo Friede, da Segen,
Wo Segen da Gott,
Wo Gott, keine Not.

Gebirgsschützen und Mariensäule

Rottacher Mariensäule
Foto: Schwarz Engelsberger

Wer sich mit der Mariensäule südlich vom Rottacher Rathaus näher befasst, kommt unweigerlich zu den Gebirgsschützen des Tegernseer Tales. Mariensäulen machen den Schutz sichtbar, der von ihnen erhofft wird und von ihnen ausgeht; denn auch die Säule auf dem Marienplatz in München, die **mitten im 30jährigen Krieg** von Kurfürst Maximilian I. aufgestellt wurde, soll uns daran erinnern, dass München nicht wie z.B. Magdeburg völlig zerstört wurde, sondern unversehrt blieb. Mariensäulen laden zur Andacht ein, auch wenn wir meist nur einen kurzen Blick für sie übrig haben. Wir sind eben mit vielerlei Dingen beschäftigt und denken dabei nicht ans beten.

Mariensäulen sind immer zum Dank oder zur Erinnerung aufgestellt oder weil einer in großer Not ein Gelübde getan hat. So eine Mariensäule ist sozusagen eine grosse **dreidimensionale Votivtafel**. Früher hat man die gesamte Volksfrömmigkeit an kleinen, bunten Votivtafeln ablesen können. Da wird im einfach gemalten Bild genau erzählt, was geschehen war und in welchen Nöten sich Christen an die höheren, unsichtbaren Mächte, Namenspatrone, und an die Heilige Maria gewandt haben. Jeder kanns „lesen", ob Deutscher, Russe, Chinese oder Türke; denn „Sprache" ist dazu nicht nötig. Alle können verstehen, wie, und bei welcher Gelegenheit Maria, die Gottesmutter, unsere **‚Patrona Bavariae'** geholfen hat. Da sieht man zum Beispiel oft Roß- oder Ochsenfuhrwerke, die beim Umfallen den Fuhrknecht eingeklemmt haben, oder eine Bäuerin, die beim Obsternten vom Baum fällt. Unglücke eben, die plötzlich und unerwartet über jeden hereinbrechen können. Heute sind sie anderer Art.

Dann ist es eben gut, wenn man neben Notarzt und Krankenhaus **noch Unsichtbare hat**, an die man sich wenden kann, wenn die Schmerzen so arg, die Hoffnung so klein und die Nächte so lang sind.
Aus Altötting, unserem alten traditionellen- **Wallfahrtsort** kennt man die Geschichten von dem dreijährigen Buben, der ertrunken ist, und von einem anderen Buben, der von einem Wagen überfahren wurde. Die Eltern der beiden Kinder riefen seinerzeit in ihrer großen Not die **Muttergottes von Öding** (Altötting) an und den Kindern wurde das Leben zurückgeschenkt. Wir brauchen das nicht glauben, aber die Geschichten gehören zur Landessitte und zum guten alten Brauch.

Solche wunderbaren Errettungen kennt man nicht nur in Bayern seit vielen Jahrhunderten, und so kann man sich die Geschichte selbst zusammenreimen, was wohl die Ursache dafür war, daß **1949** in Rottach-Egern die ehemaligen **Soldaten und Gefangenen** zur großen **Heimkehrer- Wallfahrt** der bayerischen und tiroler **Gebirgsschützen** zusammengekommen sind.
Man schätzte ihre Zahl auf ungefähr 5000 Tiroler und Bayern, die seinerzeit vor der **Egerner Madonna** am Feldaltar beteten und für die glückliche Heimkehr vom Krieg dankten.
Viele Votivbilder hängen auch in **Birkenstein**, dem idyllischen Wallfahrtsort bei Fischbachau. Ein ganz besonderes, größeres Votivbild aber hängt in der Egerner Laurentiuskirche und erinnert nebst den eingemeißelten Namen, die in der Kriegerkapelle zu finden sind, an den Bauernaufstand im spanischen Erbfolgekrieg, an **die Sendlinger Mordweihnacht von 1705.**

Der Marianische Wunderbaum

Viele der schlecht bewaffneten Oberlandler, die **1705** in jenem Erbfolgekrieg die Landeshauptstadt München von den Österreichischen Besatzungssoldaten befreien wollten und dabei erbarmungslos niedergehauen wurden, haben in ihrer großen Not die **‚Muttergottes von Egern'** angerufen. Die nachfolgenden Gebetserhörungen sind bis **1804** von den Egerner Pfarrvikaren aufgeschrieben worden. Es sind 2 Bände erhalten und aufbewahrt. Man nennt sie den „Marianischen Wunderbaum".
Nach der Klosteraufhebung, bzw. Säkularisation 1803 wurden dann die Wallfahrten ganz allgemein verboten. Auch die von Egern.
Das Schlagwort der französischen Revolution hieß: Freiheit, Gleichheit Brüderlichkeit, die aber so, wie man es sich denkt und erhofft in der Praxis kaum realisierbar sind. Nur die ungerechten Privilegien der Kronen und Kirchen wurden ab-

geschafft.
Doch alles läßt sich auf Dauer dann doch nicht verbieten. Die Volksfrömmigkeit mit den Wallfahrten sind nach einiger Zeit, so als wäre nichts gewesen, wieder auferstanden. So die nach Altötting, die nach Birkenstein und auch die private, inoffizielle nach Rottach-Egern.

Bitt- und Fronleichnamsprozessionen,

Umritte und Trachtentage, Wallfahrten und der **Gebirgsschützen-Patronatstag** sind heute wichtige Tage, an denen abzulesen ist, daß dem Althergerachten und der gesamten Heimat in Liebe und Verbundenheit die Treue gehalten wird, daß es doch noch was anderes gibt, als die moderne Zerstreuung.
Bereits in der christlichen Frühzeit wurden die Orte, die mit Jesus Christus zusammenhingen, in „Wallfahrten" aufgesucht und von Aventinus, unserem alten bayerischen Geschichtsschreiber Turmair aus Abendsberg (der zwar 1519 ein bisschen protestantische, papstkritische Ansichten hatte) schrieb, dass das Baierische Volk gern „kirchfahrten" geht. Aber wenn man eben eine so schöne Heimat hat, dann will man im Mai und Juni auch ein wenig hinauskommen.
Für beladene Seelen ist es ein heilsames Erlebnis, eingehüllt in die Gruppe, in den Gleichklang des Rosenkranzgebets dahinzugehen bis die Kilometer heruntergelaufen sind in den sommerlichen Fluren.
Das Herz geht da auch einem Menschen mit Sorgen auf, wenn sein Sinn von der Schönheit der Natur umfangen wird und sie ihm stumm die Schöpfungsgeschichte kündet.

Das Gnadenbild von Egern

Aus dem Tegernseer- Tal gehen oder fahren wir zum Wallfahrten meistens nach Birkenstein, weils uns da hinzieht. Die nächstgelegene **Wallfahrtskirche** aber ist die von **Egern**.
Immer schon war das vielverehrte **Gnadenbild**, das man **„unsere liebe Frau von Egern"** nennt, Ziel von frommen Menschen, die sich hier Kraft und Zuversicht holten. Hier flehen sie um Hilfe, auch heute noch; denn diesem Bild werden zahlreiche Gebetserhörungen zugeschrieben. Schon seit dem 15. Jahrhundert findet man dieses Gnadenbild in der **1111** unter **Abt Aribo** erbauten spätgotischen Kirche, die in der Frühzeit des Bayerischen Barocks, 1671, durch die Stukatoren der **Miesbacher Schule** barockisiert wurde. Wallfahrer kamen bis von Straubing und Wien. Diesem Gnadenbild „verlobten" sich auch die heimattreuen, tapferen Männer, die **Weihnachten 1705** München befreien wollten. und in der Sendlinger Mordweihnacht von den Österrechischen Truppen, 1705 gnadenlos niedergehauen wurden. *(s.der spanische Erbfolgekrieg)*

Zu: **Die alten Kalköfen an Rottach und Isar**

Bild 1 Die Steinklauberin *(Ölgemälde von Josef Wenglein im Tölzer Heimatmuseum)*

Bild 2 Der letzte freistehende Kalkofen in Lenggries bei der Brücke

Bild 3 Die Steinklauberinnen.
Ölgemälde von Felix Dittmar, geb. 18.04.1901 in München, vermisst seit dem 13. Okt. 1944. *(Aus dem von Gregor Dorfmeister zusammengestellten Kunstkallender der Sparkasse)*
Felix Dittmar war Schüler von Prof. Ritter von Marr an der Akademie in München.

Bild 4 Mit Himmel und Ministranten

Bild 5 Mit den Schalkfrauen

Zu: **Bitt- und Fronleichnamsprozession**

Bild 6 Und mit der Musik am See entlang

Bild 7 Mit der Gemeinde durch die Fluren

Zu: **Bitt- und Fronleichnamsprozession**

Bild 8 Die Jugend ist auch da

Bild 9 Mit dem Allerheiligsten zum Altar vor der Kirche

Zu: **Das Gnadenbild von Egern Bild 10**
Das Egerner Gnadenbild *(Foto: Dr. Sixtus Lampl Valley)*

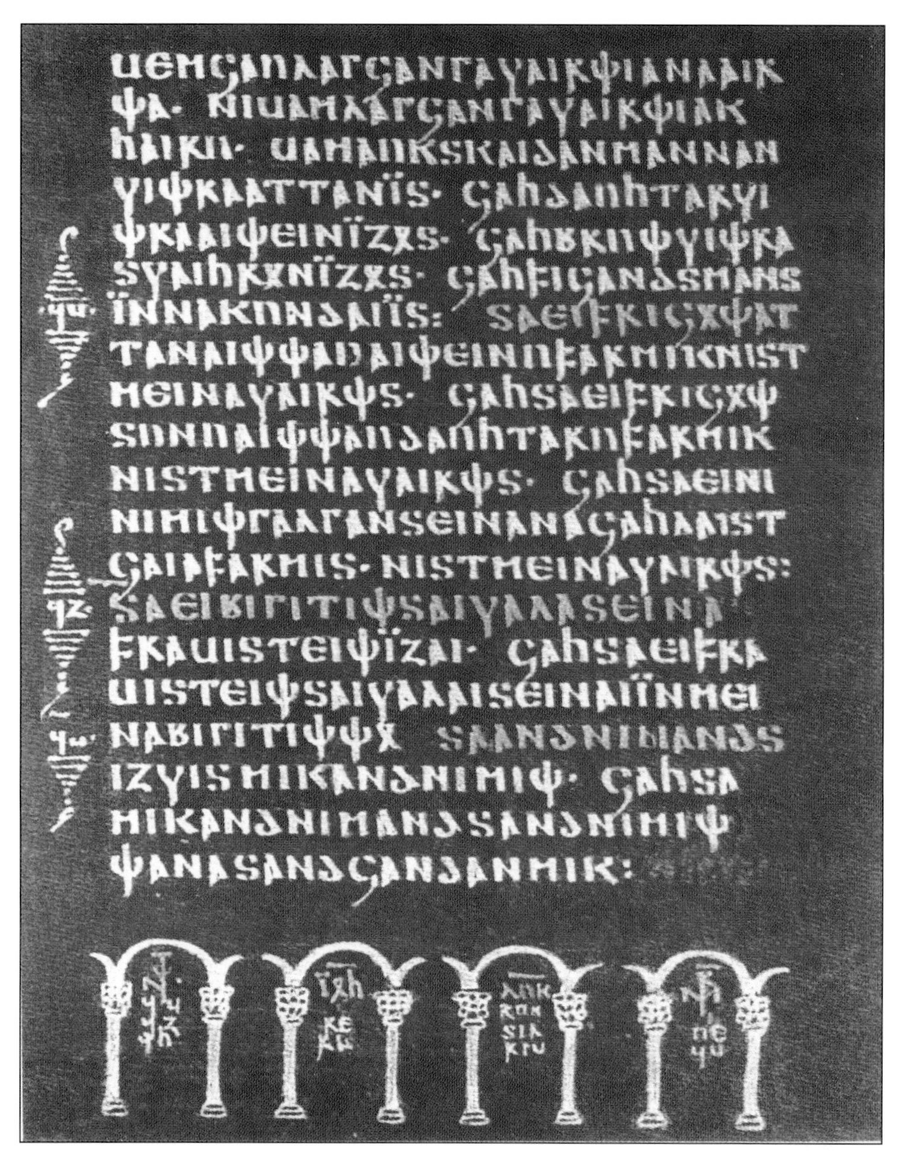

Zu: **Wulfila-**(Ulfilas) Bibel **Codex argenteus** 5. oder 6. Jahrh. **Bild 11**
Missions-Bischof Wulfila übersetzte um 369 die Bibel ins Gotische. (Uppsala, Schweden) Sie ist mit silbernen Buchstaben auf Purpur-Pergament geschrieben. Purpurfarbstoff war aus der Purpurschnecke. (Von einem Leser bekommen, für 1. Tegernseer Lesebuch zu Seite 88) Danke!

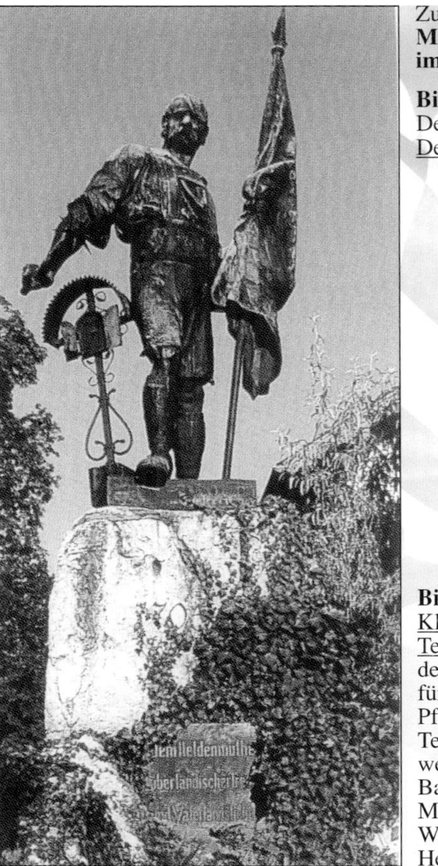

Zu: **Die Sendlinger Mordweihnacht im span. Erbfolgekrieg**

Bild 12
Denkmal in Kochel
Der Schmied v. Kochel

Bild 13 In der Klosterkirche zu Tegernsee Gedenktafel der ruhmvollen Kämpfer für's Vaterland aus der Pfarrgemeinde Tegernsee-Wiessee, welche in der blutigen Bauernschlacht vor München am Weihnachtstag 1705 den Heldentod fanden.

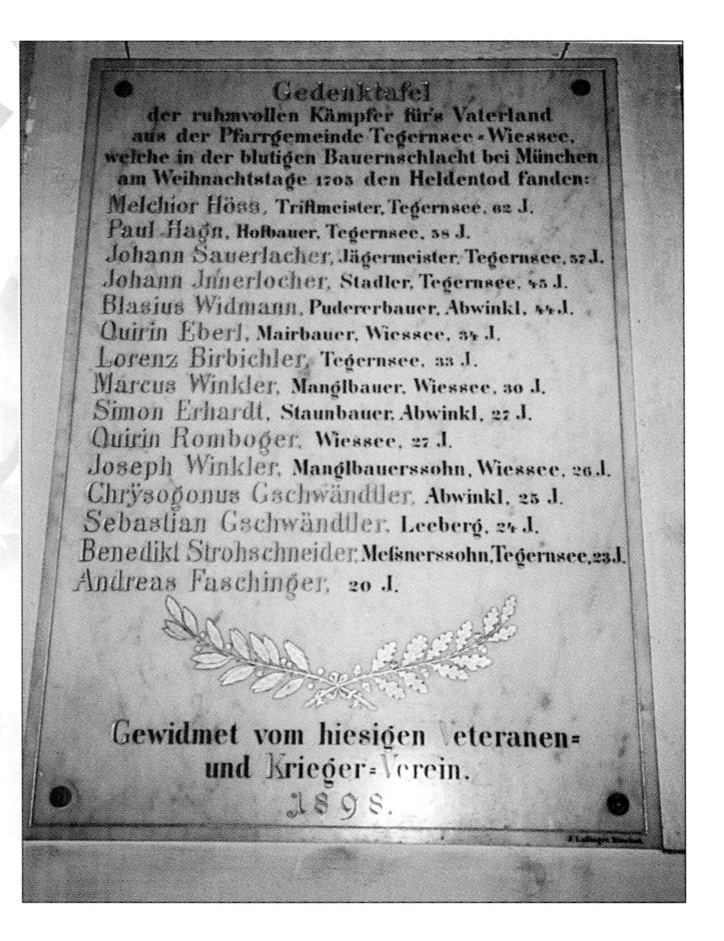

Gedenktafel
der ruhmvollen Kämpfer für's Vaterland
aus der Pfarrgemeinde Tegernsee-Wiessee,
welche in der blutigen Bauernschlacht bei München
am Weihnachtstage 1705 den Heldentod fanden:
Melchior Höss, Triftmeister, Tegernsee, 62 J.
Paul Hagn, Hofbauer, Tegernsee, 58 J.
Johann Sauerlacher, Jägermeister, Tegernsee, 57 J.
Johann Innerlocher, Stadler, Tegernsee, 45 J.
Blasius Widmann, Pudererbauer, Abwinkl, 44 J.
Quirin Eberl, Mairbauer, Wiessee, 34 J.
Lorenz Birbichler, Tegernsee, 33 J.
Marcus Winkler, Manglbauer, Wiessee, 30 J.
Simon Erhardt, Staunbauer, Abwinkl, 27 J.
Quirin Romboger, Wiessee, 27 J.
Joseph Winkler, Manglbauerssohn, Wiessee, 26 J.
Chrysogonus Gschwändtler, Abwinkl, 25 J.
Sebastian Gschwändtler, Leeberg, 24 J.
Benedikt Strohschneider, Mesnerssohn, Tegernsee, 23 J.
Andreas Faschinger, 20 J.
Gewidmet vom hiesigen Veteranen-
und Krieger-Verein.
1898.

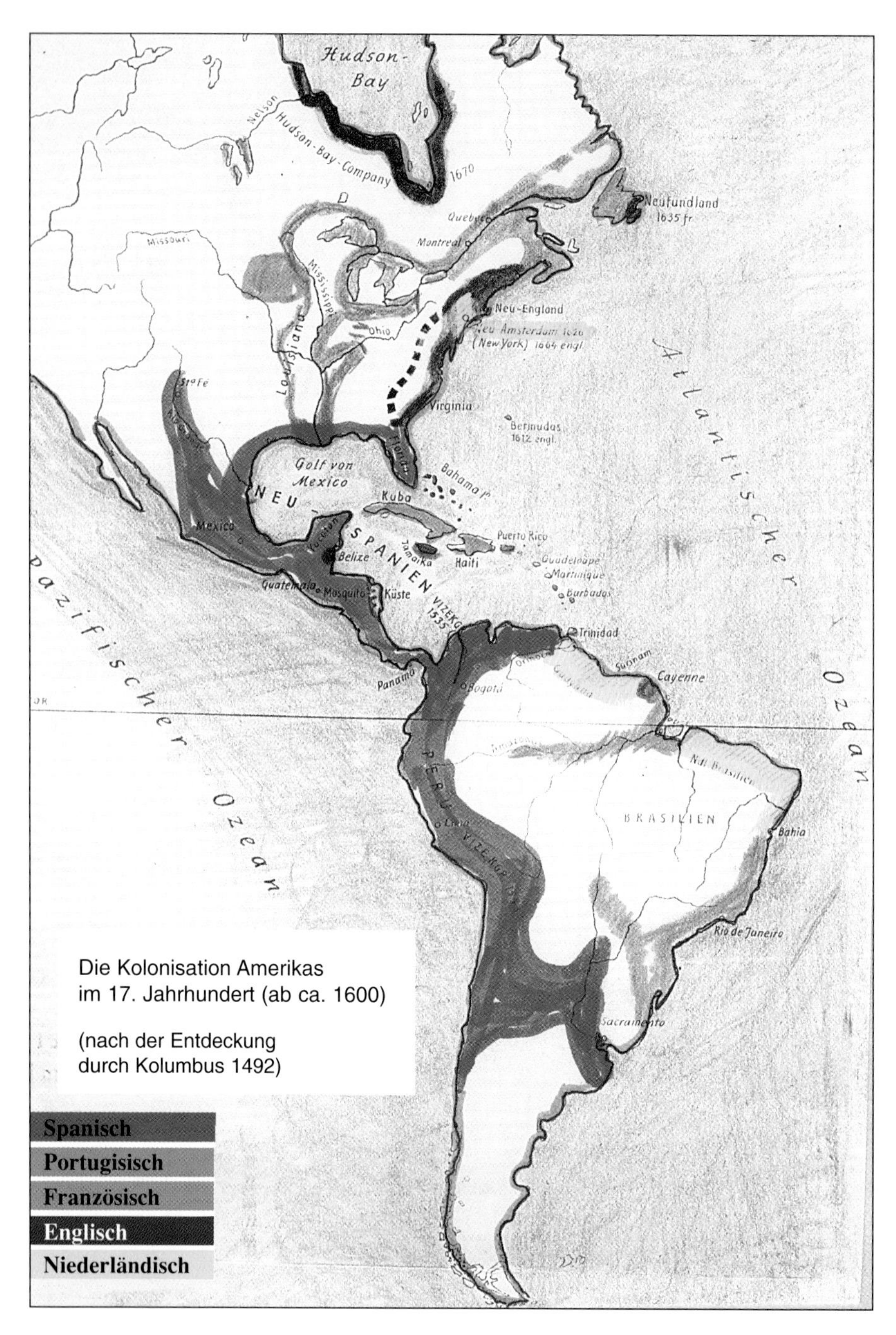

Zu: **Die Sendlinger Mordweihnacht im span. Erbfolgekrieg Bild 14**

Die Patrona Bavariae

Seit Kardinal Ratzinger, der beim Patronatstag in Rottach-Egern war, jetzt Papst Benedikt XVI. geworden ist, und seitdem etwas scherzhaftt davon geredet wird, die Schweizer Garde im Vatikan habe Angst, sie könnte durch die **Bayerischen Gebirgsschützen** abgelöst werden, weil der Heilige Vater Ehrenmitglied der bayerischen Gebirgsschützen „Abteilung" Tegernsee ist, ist auch die Mariensäule in Rottach-Egern in ein ganz neues Licht gerückt worden. Man fragt sich, was es denn auf sich hat mit den **Gebirgsschützen und mit der Patrona Bavariae.**

Seit **1949** gibt es, die bereits erwähnte Heimkehrer- Wallfahrt in Rottach. Dazu braucht man nicht viel zu sagen.

Anfang Mai 2002 trafen sich hier wieder ca. **4000 Gebirgsschützen** aus Bayern, Tirol, Süd- und Welschtirol und versammelten sich bei der **Mariensäule in Rottach,** die dort zu finden ist, wo die Sonnenmoosstrasse und die Georg Hirthstrasse in die südliche Hauptstrasse einmünden. Es war eine große Ehre für das Tegernseer Tal, dass sich all diese ehemaligen Soldaten hier zusammenfanden, und die Mariensäule von Rottach-Egern aufgestellt wurde.

Die Gebirgsschützen verehren die „Gottesmutter", unsere **Patrona Bavariae** als Schutzfrau nach rechtem bayerischen Brauch, denn sie erinnert an die Münchner Mariensäule, die auf ein Gelöbnis des bayerischen **Kurfürsten Maximilian I.** zurückgeht. Damals, mitten im 30jährigen Krieg, 1632, als die Schweden im Land waren und Magdeburg durch die Eroberung des Feldherrn der katholischen Liga, Tilly, abbrannte, gelobte er diese Säule aufzustellen. 1638, als der Schwed' fort war, wurde sie eingeweiht. Am Sockel in München sind die allegorischen Figuren von **Hunger, Krieg, Unglauben und Pest** dargestellt, die von kleinen Engeln bekämpft werden.

Maximilian hatte seinerzeit in tiefer Frömmigkeit ganz Bayern unter den Schutz der Gottesmutter gestellt. Damals wurde sie unsere **Patrona Bavariae** und es hieß, seinerzeit sei die Marienverehrung **Staatskult** geworden.

Papst Benedikt XVI. empfing am 24. 4. 05 die Insignien seiner päpstlichen Macht. Auch sein Name Benedikt lässt uns an die bayerische, benediktinische Erde, die terra benedictina, an unser gesegnetes Land denken.

Evangelische Christen und die Freidenker verstehen die Marienverehrung nicht so gut, die in Bayern sehr tief wurzelt. Das Aufstellen der Münchner Mariensäule, durch Kurfürst Maximilian I. die für Rottach als geistiges Vorbild diente, hatte auch einen entsetzlichen Krieg als Hintergrund, der Deutschland verwüstete und die Bevölkerung dezimierte. Damals war es der 30jährige. Damals wurde Deutschland in lauter kleine **„Duodez-Fürstentümer"** aufgeteilt und man stattete sie alle mit dem Recht aus, Bündnisse abzuschließen. Aber die damalige Zerstückelung und Zerstörung Deutschlands ist eine andere Geschichte. *(Übrigens: **Duodez** nennt man den 12, 16 oder 18 mal gefalteten Druckbogen. Die Hälfte eines Druckbogens nennt man Folio.)*

rt

Die Sendlinger Mordweihnacht im spanischen Erbfolgekrieg (1705)

Der Löwe von Waakirchen erinnert uns, sooft wir daran vorbeifahren an den unseligen spanischen Erbfolgekrieg, in dem die Leute aus dem Oberland und aus ganz Bayern die **Landeshauptstand München** von der österreichischen Besatzungsmacht befreien wollten. Ganz nahe steht dieses Denkmal, Wir sehen es, wenn wir nach Bad Tölz fahren.
Der **Oberländeraufstand von 1705**, ist nun 300 Jahre her. Er wurde blutig niedergeschlagen und sowohl in der Tegernseer Klosterkirche als auch in der Egerner Kriegerkapelle (links unten) sind noch Namen verewigt. Diese unfassbar **grausame Begebenheit** des damaligen Aufstandes, der Anlässe genug gehabt haben musste, wenn das gutherzige, bayerische Volk nicht mehr länger stillhalten wollte, hat sich tief in die Erinnerung der hiesigen Bevölkerung eingegraben und ist nicht nur ein Markstein unserer bayerischen Geschichte, sondern läutete damals eine Wende in ganz Europa ein. Englands Macht begann.

Maximilian II. Emanuel, Kurfürst von Bayern

Dieser Volksaufstand, der allen heimattreuen Leuten als **Mordweihnacht von Sendling** bekannt ist, war ein Teil des **„Spanischen Erbfolgekriegs"** und führt uns zuerst einmal zu Max Emanuel, den man den „blauen" Kurfürst nannte, aber nicht, weil er über den Durst trank, sondern seiner blauen Uniform wegen.
Wir am Tegernsee erinnern uns sofort daran, dass die herrlichen Säulen in seinem Schloss zu Schleißheim, zu dem er 1701 den Grundstein legte, aus Tegernseer Marmor sind.
Damals war er der gefeierte Sieger über die Türken, die **1683** Wien belagert hatten und als er zurückkam, begann er das großzügige Kanalsystem zu bauen, mit dem er seine Schlösser **Nymphenburg**, **Dachau**, **Schleißheim** und die **Münchner Residenz** verbinden wollte, um sie wie ein Venezianer auf dem Wasserweg ohne Gerumple der schlechten Straßen, erreichen zu können. Würm und Isar lieferten dazu das Wasser.
Politisch gesehen hatte Max Emanuel Bayern aus der französischen Gefolgschaft gelöst (1680), deckte im 2. französischen Raubkrieg die ungesicherte Rheingrenze, war dann Schwiegersohn von Kaiser Leopold I. geworden und residierte ab 1691 in Brüssel. Er war zum Statthalter der Niederlande ernannt worden. Seine erste Ehe war nicht glücklich und die Geschichte mit seinem Sohn , dem Prinz von Asturien, der das spanische Weltreich erben sollte, war eine große Katastrophe. Später versuchte

er mit Hilfe Frankreichs die spanischen Niederlande als Königtum zu gewinnen, was ihm misslang.

Der spanische Erbfolgekrieg brach **1701** aus und dauerte bis **1714**, also 13 Jahre. Als die Schlacht bei Höchstädt für die **Allianz Bayern-Frankreich** verloren war und die Österreicher München besetzt hielten, kam es Weihnachten zum Aufstand, der sich nicht nur auf das Oberland beschränkte, wie wir gleich sehen werden.
Bei diesem bewaffneten Aufstand vor den Toren Münchens wurde schon ähnlich verfahren, wie später in Tirol, wo zu Zeiten des Andreas Hofer nicht der Wunsch des Volkes zum Zug kam, sondern sich die Regierungen über den Volkswillen hinwegsetzten. Wie beim Schachspiel wird das Volk (die Bauern) geopfert. „Der Ober sticht den Unter".
Die Erinnerung an jenes Geschehen aber ist immer noch lebendig und getreu dem alten Brauch versammeln sich die Gebirgsschützen in Waakirchen um das Löwen-Denkmal und ehren die Gefallenen von 1705, jene treuen Söhne des Oberlands und ihren „Schmied von Kochel".

Was war geschehn?

Nach der Schlacht von **Höchstädt**, am 13. August 1704, standen die verbündeten Truppen der Bayern, Franzosen samt Mantua und Ungarn gegen die Truppen von Österreich, England, Holland und Portugal. **Österreich/England siegte** und Max Emanuel hatte damit alles verloren, den Krieg und sein Land. Er wurde geächtet,vertrieben und floh somit nach Flandern um dort weiterzukämpfen.
1706, bei der Schlacht von Ramilles verlor er auch noch die Niederlande und Bayern gehörte nun Habsburg/Österreich.

1705 war München von den Reichstruppen Österreichs besetzt und zur kaiserlichen Hauptstadt in Bayern geworden. Vieh war längst der Beschlagnahme unterworfen. Plünderungen und Vergewaltigungen waren traurige Ereignisse der Zeit. Nach den Sonntagsgottesdiensten, die damals jeder besuchte, waren schon 12 000 junge bayerische Männer in die österreichische Armee gezwungen worden und **John Churchill**, der englische Heerführer, einer der Vorfahren von Sir Winston Churchill, hatte bereits 1704 die Taktik der verbrannten Erde angewandt. Er hatte eine Unzahl von Ortschaften brandschatzen lassen, d.h. er hatte sich Geld geben lassen, damit sie vom Brand verschont würden, und dann, als die letzten Taler der Leute eingesackt waren, gingen die Dörfer doch in Flammen auf. 400 Dörfer mit 7675 Wohnstätten waren betroffen.

Feldherr John Churchill
Herzog von Marlborough

So wollte er damals die Bayern gegen Max

Emanuel aufwiegeln. Die bayerische Bevölkerung litt damals unsagbar, denn sie mußte ohnmächtig zuschauen wie ihre armselige Habe verbrannte. Hilflos waren sie, aber der Groll wuchs.
Am Stammtisch sagte neulich jemand: Die Konstellation von 1705 muß man sich so vorstellen: Der Stoiber (Bayern) und der Chirak (Frankreich) haben zusammengeholfen.......und der Schüssel (Österreich) und der Tony Blair (England). Zum Schlachtfeld wurde Bayern auserkoren und die Bevölkerung hat eigentlich überhaupt nicht gewußt um was es geht.
Als Max Emanuel fliehen mußte, kam es zum Vertrag von Ilbesheim. Man einigte sich auf einen **Waffenstillstand**. Max Emanuel übergab die Regentschaft seiner (2.) Frau Theresia Kunigunde. Sie war die Tochter seines Kriegskameraden in den Türkenkriegen, König Johann Sobieski von Polen. Dann verließ er das Land. Die Kurfürstin versprach die völlige Entwaffnung Bayerns und die Übergabe an Kaiser Leopold. Nur **das Münchner Rentamt** blieb ihrer Verwaltung unterstellt.
Nach Leopolds Tod (5.5.1705) wurde der Vertrag hinfällig, da sein Sohn und Nachfolger **Kaiser Josef I.** schon das Bayerische Oberland und München besetzt hatte. Die Kurfürstin weilte bei ihrer Mutter in Italien, die Rückkehr wurde ihr verweigert. Die erste Regierungshandlung Kaiser Josef I. war, über Max Emanuel und dessen Bruder Erzbischof Josef Clemens von Köln, **die Reichsacht** auszusprechen, weil sie sich gegen das Reich gestellt hatten.

Bayerns Kurfürst Max Emanuel und die Reichsacht von 1706
Wie es den Bann der Kirche (Papst) gab, der im gesamten Land Seelsorge und hl. Messen zum Stillstand brachte, so gab es die Reichsacht (bannum imperii).
Die letzte war gegen Max Emanuel und dessen Bruder den Kurfürst von Köln wegen seiner Verbindung mit Frankreich gegen den Kaiser verhängt worden.
Sie bedeutete: Gänzliche Schutz-und Rechtlosigekeit; bürgerlicher Tod; Eröffnung der Lehen-und Vogelfreiheit. Wer einen Geächteten schützte, fiel selbst in die Acht.

Besatzungszeit

Die österreichischen Besatzungstruppen legten der bayerischen Bevölkerung schwere Kriegsabgaben und Lasten auf und versuchten weiterhin mit Gewalt und unsauberen Methoden bayerische Burschen ins österreichische Heer zu zwingen, sodass sich die Stimmung im Lande bis zur offenen Empörung steigerte.
Im Tegernseer Tal kam noch hinzu, dass sich die feindlichen Einfälle aus Tirol seit 1703 häuften. Die Einwohnerschaft des Tales scharte sich zusammen und organisierten eine ständige Wache **im Kreuther Tal.**
Je höher die Steuern und auch die Abgaben an Heu, Lebensmittel etc. im Lande wurden, desto enger rückten die Leute zusammen und schließlich berieten sich besonnene Patrioten, wie sie eine **Änderung der Lage** herbeiführen könnten. Man erinnerte sich an die segensreiche Zeit des Kanzlers und Reformers **Schmid**, sehnte sich nach dem angestammten bayerischen Herrscher zurück und wollte die Landeshauptstadt von den österreichischen Besatzern befreien.

Am Wiener Hof wusste man sehr wohl um die Missstände und war ernsthaft bemüht

in Bayern wieder geordnete Zustände zu schaffen und die Bevölkerung vor den immer unerträglicher werdenden Übergriffen der Besatzer zu schützen. Aber Wien war weit und das Volk war arm und ohne Schutz.
Schon 1704 war **Graf Löwenstein** zum Statthalter der Oberpfalz ernannt worden, aber auch er hatte keine Handhabe gegen das Militär. Die Österreichischen Generäle selbst waren jedoch nicht in der Lage, die Ausschreitungen der Truppen einzudämmen oder abzustellen. Jetzt wurde das „Siegersein" ausgekostet.

Zivile österreichische Landesverwaltung

Prinz Eugen, der mit Max Emanuel gegen die Türken kämpfte, dann, im span. Erbfolgekrieg sein Gegner war

1705 setzte Kaiser Josef I. auf Empfehlung seines Hofkriegsrates **Prinz Eugen**, der damals, 1683, Seite an Seite mit Max Emanuel die Türken vor Wien bezwang, also einer seiner Kriegskameraden war, endlich eine zivile oberste Landesverwaltung ein, der dann auch die österreichischen Truppen unterstellt wurden. Sitz dieser „kaiserlichen Administration" wurde **Landshut** und die Wahl fiel wieder auf Löwenstein, dem guten Mann aus altem fränkischen Adel.
Doch immer häufiger kam es zu Unruhen. Zuerst in der Oberpfalz, aber auch an der Donau, im Rottal, in Niederbayern, und in Oberbayern.
Die Klöster wurden verdächtigt, der Bevölkerung zu helfen, doch so sehr man auch aufpasste, Beweise für Anstiftungen zu Unruhen konnten nicht gefunden werden. Als die Anschuldigungen und Verdächtigungen aber nicht aufhörten und einzelne, denunzierte Patres in ärgsten Verdacht und in die Schlingen der Staatsverwaltung gerieten, **flehten die Äbte von Benediktbeuern und Tegernsee** demütig um Gnade.

Das harte Urteil

Die Klöster wurden angeklagt und zur Zerstörung und Enteignung verurteilt. Der Administrator sprach „Recht" und verurteilte damals die beiden Klöster wegen Konspiration mit den Aufständischen zur Zahlung von je 20000 Gulden (achzig-tausend waren vorgesehen).
Diese Angelegenheiten um die Aufstandsbewegung kam sogar vor den **Reichstag in Regensburg**, wo sich der **preussische Gesandte** sehr für Benediktbeuern einsetzte. Ein äußerst hartes Vorgehen gegen das Kloster war bereits in Erwägung gezogen, nämlich das Schleifen des Klosters und die Vertreibung des Konvents.
Der Ernst der damaligen Situation auf die heutige Zeit übertragen bedeutet eine schreckliche Androhung; denn **„schleifen"** heißt niederreißen der Mauern, also dem Erdboden gleichmachen, und der **„Konvent"** waren die angestammten Benediktiner

als rechtmäßige Besitzer.

*(Hinweis: 20 Jahre zuvor, **1683**, als die **Türken vor Wien** standen, hatte Antonio Riva den Neubau der Klosterkirche in Benediktbeuern gerade vollendet.)*

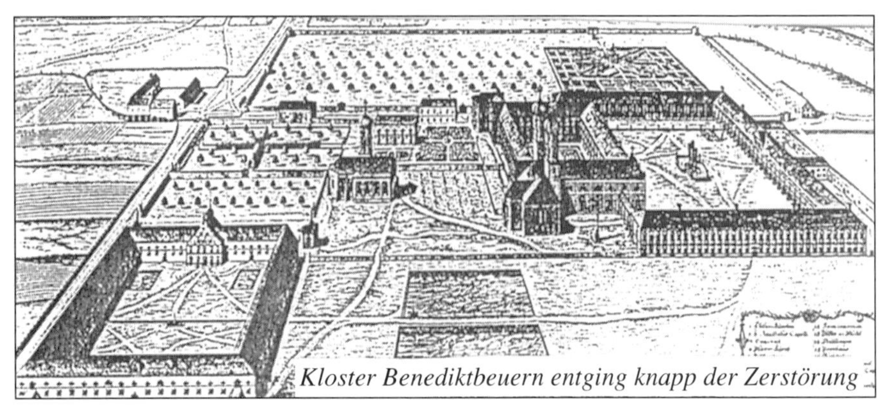

Kloster Benediktbeuern entging knapp der Zerstörung

Die bayerische Landesdefension

Die Ausmaße des Aufstandes waren bereits größer, als man gewöhnlich annimmt. Mitte August 1705 wurde dem Richter zu Hohenburg (hohe Burg) **der Österreichische Befehl auferlegt**, die „Schanzen", in den Bergen wieder einzuebnen. Diese Bollwerke wurden von den „bayerischen Wildschützen" zum Schutz vor den Tirolern aufgeworfenen. Der Hofmarksherr war Ferdinand Josef Graf von Hörwart, der dieser Aufforderung geflissentlich nachkam und die Leute eindringlich zur Ruhe ermahnte. (Vielleicht ist es wert zu wissen, dass eine „Hofmark" wie Hohenburg, stets ein „Patrimonialgericht", also eine Niedergerichtsbarkeit gewesen ist, die später, 1848 aufgehoben wurden.)
Gleichzeitig mit den Ermahnungen zur Ruhe wurde jedoch unter seinem Schutz zusammen mit dem Domherrn von Freising, Freiherrn Max Späth die Schützenbruderschaft der Pfarrgemein Lenggries im Isarwinkel organisiert, um die Mitglieder der Defension, also **die Verteidigung** (bzw. Aufständischen) etwas unter Kontrolle zu halten. Er sah ziemlich klar, dass sein Besitz gefährdet war. Die Landesverteidigung gegen die Besatzer begann schon im September und Oktober. Es ist müßig **das Oberland** oder **das Unterland** hervorzuheben.

Burg Hohenburg (Hofmark) und die Strafexpedition.

Am 15. Oktober, am Theresiatag 1705, überfielen ca. 300 Handwerker und Bauern die **Burg Hohenburg** bei Lenggries. Sie befreiten die dort gefangenen Rekruten und plünderten die Waffenkammer. In München hieß es: Im Gebirg ist **ein Aufstand** ausgebrochen und die österreichische Besatzungsmacht sandte sofort eine Strafexpedition. Von den Aufständischen wurden sie aber anscheinend mit Wildschützengeschick empfangen, sodass sich die Sache schnell auflöste, noch ehe sie recht begonnen hatte. Die ausgesandte Expedition kehrte mit einigen Blessuren, aber

Schloß Hohenburg
Die Burg brannte 1707 im span. Erbfolgekrieg ab, 1718 war das neue Schloss (Bild) aufgebaut.

unverrichteter Dinge nach München zurück, was die Rebellen durchaus den Ernst der allgemeinen Lage falsch einschätzen ließ.
Der Hofmarksrichter wurde am 24. November 1705 Opfer eines Raubmordes (durch Steinwurf).
Eine weitere Strafexpedition gegen bayerische Aufständische unter **de Wendt** wurde sodann nach Eggenfelden in Marsch gesetzt, da dort am selben Tag das **Pflegamt Roding** angegriffen wurde. Im November 1705 drohte im Rottal 5000 Bauernsöhnen und Knechten die Zwangsrekrutierung zur österreichischen Armee.

Plinganser am 17. November 1705 in Burghausen.

Es waren Strategen am Werk und keine Stümper. Die Frage ist nur, ob sie auch die benediktinische Regel des unbedingten Gehorsams in Sachen Führung befolgten. Eine klar denkende Person war **Georg Sebastian Plinganser.** Er hatte ein Jurastudium hinter sich, war Beamter geworden und nahm die Hauptstadt des Rentamtes Burghausen ins Visier.
Ein **Rentamt** war die bayerische Behörde für die (örtliche) **Finanzverwaltung** des Staates.
Die Gruppe um Plinganser wollte die kaiserliche Besatzungsmacht von innen her ausheben und kalkulierten folgendermassen: Wenn Burghausen fällt, fällt das Rentamt, wenn das Rentamt fällt, fällt Bayern. Hunderte von Aufständischen besetzten **Burghausen**. Die dortige Garnison musste die Stadt räumen und die Männer der Erhebung konnten zu Beginn beachtliche Erfolge erzielen.

Braunau am Inn und Kehlheim (Meindl, Prielmayer, Fuchs).
Danach gingen **die Aufständischen** von Burghausen nach Simbach am Inn und sammelten sich vor Braunau unter ihrem Anführer **Johann G. Meindl**, einem Philosophiestudenten der Uni Salzburg. Sie waren zu der Einsicht gekommen, dass sie sich selbst nicht wirksam organisieren konnten und so suchten sie auch unter den

einst kurfürstlich-bayerischen Beamten nach Anführern. Anstelle für alle anderen soll Regierungsrat **Franz Bernhard von Prielmayr** genannt sein.
Auf ihrem Weg von Braunau nach **Wasserburg**, das sie als Verbindungsort zum Oberland erreichen wollten, fiel ihnen der **Obrist de Wendt** am 23. November in den Rücken und masakrierte 200 der Aufständischen aufs brutalste.
Die ganze Tragik dieser Zeit können wir uns heute nur schwer vorstellen. Die Österreichische Besatzungsmacht erkannte den Ernst der Situation und reagierte immer schneller und brutaler. **Mitte Dezember 1705 drohte sie den Bauern** mit Sippenhaft, kündigte den Leuten an, ihre Dörfer niederzubrennen und die Rebellen selbst an den Galgen zu bringen.

Matthias Kraus von Kehlheim

Das Baiern-Parlament der Rebellen von 1705 in Braunau

Am 12. Dezember brachten der Metzgermeister und Viehhändler Matthias Kraus und seine Gesinnungsgenossen Kehlheim in einer überfallartigen Blitzaktion unter ihre Kontrolle. Damit hatte man einen weiteren Kontrollpunkt. Noch dazu kam man hier mit einem wichtigen Mann in Kontakt, der seine oberpfälzer Heimat hinter sich wußte. Der Mann hieß **Matthias Egid Fuchs.** Er war ein **45jähriger Haudegen,** militärisch geschult, der schon Kriegskommissar war, in Höchstädt gekämpft hatte und die Mannschaftsstärke der Besatzer gut einschätzen konnte.
Fuchs ging nach Braunau zu Plinganser und dort kamen sie zu dem Entschluß, einen Sternmarsch nach München in Gang zu setzen. So sollte der Aufstand gut vorgeplant in ganz Bayern ausbrechen. Mit diesem Ziel gingen sie daran die Aktionen miteinander abzustimmen.

Die Hinrichtung des Rebellen Kraus in Kehlheim

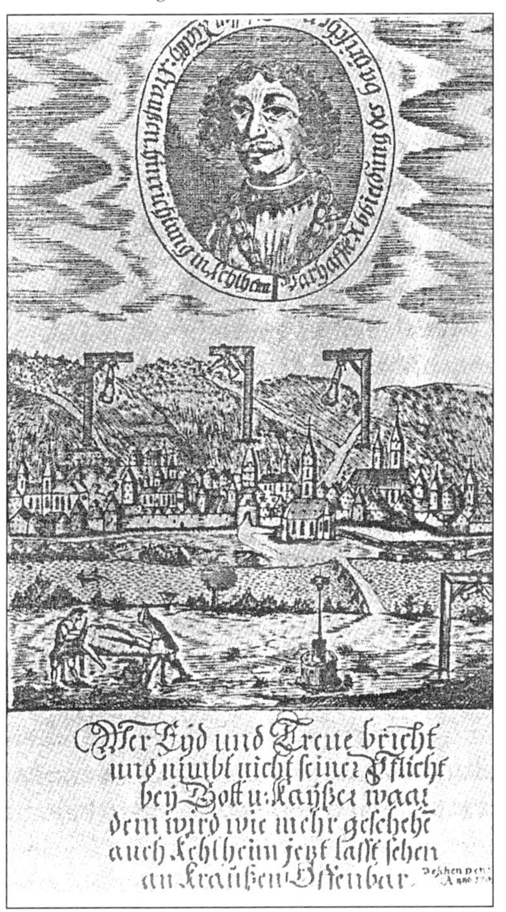

Wer Eid und Treue bricht
und nimmt nicht seine Pflicht
bei Gott und Kaiser war,
dem wird wie mir geschehen
auch Kehlheim jetzt lasst sehen
an Kraußen offenbar.

Mit solchen Flugblättern wurde die Bevölkerung gewarnt.

Die schrecklichen Dinge von Kehlheim

In Kehlheim kam es am 20. Dezember zu einem **Terrorurteil**. Es sollte ein Exempel gegen die Aufständischen statuiert werden. Der Henker musste seines Amtes walten. **Jeder 15.** bäuerliche Aufständische wurde dort **öffentlich gehenkt**, die anderen zog man zur Armee oder zur Zwangsarbeit ein. Von den Bürgern, die sich erhoben hatten, henkte man **jeden 10.** , also 10 %. Die anderen wurde „auf ewig" des bayerischen Landes verwiesen und enteignet, **ihr Besitz wurde vom Staat eingezogen.**

Der Metzgermeister Matthias Kraus, der den Aufstand angeführt hatte, hielt sich versteckt, aber er wurde in Abwesenheit verurteilt. Er sollte **gevierteilt** werden. Als er später gefunden wurde, vollstreckte man das Urteil gnadenlos, spannte an Arme und Beine 4 Pferde und zerriss ihn,- so ist es überliefert.

Im Weinhaus Höck in Tölz

Jäger und **Kittler**, zwei Münchner Wirte, zudem Stadträte mit Militärerfahrung standen zu den Aufständischen. Johann Jäger, der Weinwirt aus der Löwengrube 23, stellte die Verbindung mit Tölz her, da er aus Tölz stammte. Man traf sich heimlich im Weinhaus Höck, wo Jäger geboren war.

Die Meldungen gingen nach Braunau und der Anzinger Postmeister **Hierener**, der treue Verbindungsmann legte für München die Hand ins Feuer. Über das Waffenlager, das in der Holzdecke der Gaststube in Tölz versteckt war, wurde geschwiegen. Wieder gingen Meldungen per Bote nach Braunau. (übrigens gehörte

Braunau damals noch zu Bayern) Bei einem weiteren Treffen wurde **der Weihnachtstag** als Tag des Losschlagens festgelegt, und zwar für **1 Uhr nachts.** Plinganser traf daraufhin alle Vorkehrungen, für diesen Tag rechtzeitig 3000 Aufständische aus Burghausen **für den Marsch auf München** abzukommandieren.

Das Tölzer Patent (18. Dezember 1705)

Der Leutnant der Münchner Bürgerwehr und zugleich Weinwirt, Johannes Jäger begab sich im Auftrag seiner Freunde **in die münchner Hofkanzlei**; denn mit Hilfe einiger auf ihrer Seite stehenden Kanzlisten, sollte ein Schreiben verfasst und mit dem kurfürstlichen Siegel versehen werden. Ein **Manifest der kurbayerischen Landesdefension Oberland**. Man brachte es eiligst nach Tölz. Dort waren die Bürgermeister, Pfleger und Klosterrichter versammelt, denen die Landfahnen, die Gebirgsschützenkompanien unterstanden, die Max Emanuel mit Erlaß vom **5. Januar 1702 als Neuorganisation der Landesdefension** angeordnet hatte.
Per Handzettel und Boten ging ab 18. Dezember das „Tölzer Patent" von Tölz aus an die Gerichte und Herrschaften der ganzen Gegend.

Die Tölzer Konferenz (Der Aufstand war gesetzlich)
Vorausgeschickt sei, dass „Pfleger" dieselbe Bedeutung hat wie „Richter". Der Pfleger von Aibling, Franz Caspar von Schmid hielt eine Ansprache und erklärte diesen Aufstand für gesetzlich und zwar begründete er diesen Aufstand mit dem **christlichen Naturrecht auf Widerstand**. Man beschloß, sich am 22. Dezember in Schäftlarn zu versammeln.
Etwa um diese Zeit tauchte ein Brief mit der Unterschrift des Kurfürsten auf, der ebenfalls zum Aufstand aufrief. Zugleich ging mündlich die Nachricht herum, die unmündigen Kinder Max Emanuels sollen nach Wien verschleppt werden. Später stellte sich **dieser Kurfürst-Brief** als Fälschung heraus. Die bayerischen Prinzen aber sollten wirklich nach Wien, was man als **„in die Gefangenschaft"** interpretierte.

Beim Klosterrichter von Tegernsee

Am 19. Dezember kamen zwei reitende Boten zum Klosterrichter von Tegernsee, **Jakob Oberhammer**. Sie brachten den Aufruf zur Landesverteidigung vom vorgesetzten **Pflegskommissär Dänkel**, das war noch ein Mann mit Perücke. Da befahl der Klosterrichter noch in derselben Nacht seinen Amtsleuten von Gmund und Holzkirchen die waffenfähigen Männer der Amtsbezirke nach Tegernsee zu schikken. Dort wurden sie gefragt, ob sie mitgehen wollen und das taten sie; denn sie wollten nicht hinter den **Isarwinklern** zurückstehen, da sie beim Einfall der Tiroler 1703 von diesen „gerügt" worden waren.

In Waakirchen

Die Waakirchner **weigerten sich zuerst**. Ohne große Vorankündigung kam unverzüglich ein gutunterrichtetes Kommando aus Tölz, das androhte zwei Höfe anzuzünden. Das war den Waakirchnern Argument genug, ihre Meinung zu ändern. Sie stellten sich an die Seite der Aufständischen, sodass der Oberkommissär Dänkel

etwa 150 Mann (und zwei kleine Kanonen aus dem Kloster Tegernsee) nach Hohenschäftlarn führen konnte.
Auch eine bayerische Kriegsfahne, die im Kloster Tegernsee aufbewahrt war, nahmen sie mit.

Benediktbeuern

Ähnlich war es in Benediktbeuern. Der dortige Klosterrichter hieß **Wendenschlegel**. Er führte 200 Mann nach Königsdorf, wo sie mit den Tölzern zusammentrafen. Sie verfügten über eine berittene Abteilung, zwei Kanonen und über zwei Trompeter. Bei Meichelbeck steht, dass ein anderer Teil der Landesdefension die Grenze nach Tirol zu sichern hatte.

Die Äbte von Tegernsee und Benediktbeuern

Die beiden Äbte waren nun in die allerschwierigste Lage gekommen; denn als Vorstände der Klöster waren sie der Besatzungsmacht für die allgemeine Ordnung haftbar. Vom Herzen her aber standen sie zum bayerischen Volk. Bereits am 13. Dezember hatte **Abt Eliand II**. von Benediktbeuern einen Mitbruder zur kaiserlichen, österreichischen Administration gesandt, denn er war aufgefordert worden einen schriftlichen, offiziellen Lageberericht betreffs der Unruhen seiner Untertanen abzuliefern.
Die Österreicher aber waren vorsichtig und misstrauisch, sie trauten weder ihm noch dem **Abt Quirin Millon** von Tegernsee. So erhielt der Tegernseer Abt noch am **22. Dezember 1705**, also 2 Tage vor dem Sendlinger Geschehen, ein scharfes Abmahnungsschreiben, das er wahrheitsgemäß mit dem Satz beantwortete: **„Im ganzen Gebirg sei alles in Bewegung"**. Er legte auch noch eine Abschrift des Tölzer Aufgebotsaufrufs bei, doch verschwieg er das Tegernseer Klosteraufgebot.
Dieser vom Abt gesandte Bote wurde aber von den Aufständischen abgefangen und erreichte München nicht. Es sei auch erwähnt, dass die beiden Äbte beileibe nicht alle Mitbrüder auf ihrer Seite hatten. Von Chronisten wurde z.B. festgehalten, dass sich der eine vom Pflegskommissär habe hineinziehen lassen, und der Tegernseer Abt soll alles vor seinen Mitbrüdern verheimlicht haben. Vermutlich aber haben sich beide Äbte mit diesen Aussagen nach dem missglückten Aufstand schützend vor ihre Mönche gestellt.

Hohenburg, Ettal, Wackersberg, Murnau

Aus der Hofmark Hohenburg/Lengggries, die 2 Geschütze gestellt hatte und aus Wackersberg kam eine grössere Wehrmannschaft, nur aus dem gesammten **Klostergebiet Ettal** erschien kein einziger Mann auf dem Sammelplatz. Murnau, das ebenfalls zur Abtei Ettal gehörte, erhielt den Aufruf von Überbringer **Adam Schöttl**, den man „den Jager Adam" nannte. Schöttl kam auch nach Polling.

Hauptmann Mathias Mayr

In Polling hielt sich der Hauptmann Mayr im Chorherrenstift auf. Er war ein erfahrener, besonnener Mann mit Führungsqualität, entlassener Offizier des bayerischen Regiments „Kronprinz" und seinem Landesfürsten treu ergeben. Er ging zum Schlossbesitzer **Freiherrn von Berndorf**, der Pfleger von Weilheim war. Der ver-

sprach 2000 Mann als getreue Landespatrioten aufzubieten, zu bewaffnen und sie ihm, Mayr, zu unterstellen.
Er machte aber einen Rückzieher, weil von den österreichischen Besatzern ein kaiserliches Schreiben zu Berndorf gebracht wurde, das ihn verwarnte. Schöttl erging es in Starnberg ganz ähnlich.

Miesbach, Aibling, Valley und Rosenheim

Auch nach Miesbach kam der Aufruf, das damals zur reichsunmittelbaren **Grafschaft Hohenwaldeck** gehörte. Herren waren dort die **Reichsgrafen von Maxlrain**. Der Miesbacher **Pflegsverwalter Weinzierl** sagte zu, dem Aufruf zu folgen, falls der Graf einverstanden sei. Dieser verbot jedoch seinen Beamten und Untertanen die Teilnahme am Aufstand.
Sogleich kamen 10 Reiter aus Hohenschäftlarn mit ihrem Fähnrich, drohten Brandlegung an und nötigten etwa 100 Mann, mitzukommen. Die Erlaubnis ihres Grafen holten sie nicht ein.
Aibling unter dem Pfleger **Freiherr von Schmidt** brachte 900 Mann auf. 70 kamen aus dem Kolberamt. Den Rosenheimern saß noch der Schrecken vom **Wasserburger Massaker** in den Gliedern und so gingen von hier nur einige abgedankte Soldaten mit.

Valley und **Holzkirchen** stellten 400 Mann, die **Gotzinger Trommel**, das überaus berühmte Aufgebot darf nicht vergessen werden und der Bürgermeister von Tölz mitsamt dem geschlossenen Gemeinderat drohte seinen Einwohnern mit dem **Verlust des Bürgerrechts**, sodass aus seinem Gebiet von Sachsenkam, Reicherbeuern Arzbach usw. 600 Mann, darunter 150 Reiter und 100 Schützen nach Schäftlarn zogen. Dort waren alle beisammen und berieten sich, die Pfleger, Klosterrichter, und Kommissäre. Auch ein französisch sprechender **Hauptmann Gauthier** mit 3 Oberleutnants waren als Anführer dabei.

Kloster Schäftlarn am 23.12.1705

Das Kloster Schäftlarn wurde umstellt, die Isarbrücke wurde mit 200 Mann gesichert, damit niemand desertieren konnte. Der Abt war bestürzt, als er von dem Vorhaben erfuhr. Die Aufregung warf ihn aufs Krankenlager. Die versammelten Beamten und Führer äusserten nun Zweifel am Gelingen des ganzen Unternehmens. Die Streitmacht war bei weitem nicht so groß, wie sie erhofft und errechnet hatten. Man schätzte knapp 3000 Männer aus dem Oberland.
Weihnachten stand vor der Tür. Gerüchte sickerten durch. So sollte es nun gar nicht wahr sein, daß die kleinen Prinzen hinweggeführt werden sollten. Von **Prinz Eugen** war ein Schreiben abgefangen worden, in dem er sich über den schlechten Zustand der österreichischen Truppen und den allgemeinen Mangel beklagt. Dieser Bericht wurde öffentlich bekannt gegeben, da man damit die Moral der Aufständischen zu heben suchte. Nach **Dachau und Weilheim** wurden noch Eilboten gesandt um die versprochenen Mannschaften, versehen mit ordentlichen Gewehren und einer Verpflegung für 3- 4- Tage, einzufordern.

Im Hauptquartier Schäftlarn sollte nun die Entscheidung getroffen werden, wer den **Oberbefehl** übernehmen sollte. Die zwei Wirte aus München führten dabei das grosse Wort.
Als etwa zur gleichen Zeit **Hauptmann Mayr** in Schäftlarn ankam, ging er zum Abt, da er Nachrichten der **Prälaten von Polling und Bernried** bekommen hatte, die keine Mannschaften schicken konnten. Nur die **Franziskaner** hielten wie immer zum Volk. Sie sollten eingebunden werden; denn in München musste ja jemand die Tore öffnen.

Die österreichische Patrouille vom 22. 12. 1705

Sodann wollte man mit Hauptmann Mayr den denkwürdigen Vorfall vom Vortag besprechen. Am 22. Dezember waren nämlich die Mannschaften, die nach Schäftlarn zogen, mit einer österreichischen Patrouille von zehn Kürassieren und einem Korporal zusammengestoßen, die ausgeschickt worden war, die gemeldeten Zusammenrottungen des Landvolkes zu erkunden.
Sie waren ebenfalls in Schäftlarn aufgekreuzt um dem Abt eine Briefsendung zu überbringen. (Gute Tarnung). Dann hatten sie im Dorf Quartier gesucht. Dort versorgten sie gerade ihre Pferde, als sie von den bayerischen Landesverteidigern überrumpelt, gefangengenommen und ausgeplündert wurden. So brachte man sie ins Gefängnis nach Wolfratshausen. Und das sollte sie verraten.

Nur 900 Feuerwaffen und 300 Berittene

Hauptmann Mayr erfuhr in Schäftlarn, dass man nur über ca. 900 Feuerwaffen und 300 Berittene verfügte. Die restlichen 1600 Männer hatten nur Spiesse, Hellebarden, gerade Sensen und Mistgabeln. Über Schanzzeug, also Pickel und Schaufeln verfügte man nicht. Dafür gab es 6 kleine Kanonen, 5 Munitionswagen und Fahnen. Bier und Lebensmittel waren auf Flößen nach Thalkirchen verfrachtet worden.
Dieses Ergebnis war für die Anführer niederschmetternd, hatten sie doch mit einer Streitmacht von ca 20000 Mann, und mit 8000 Gewehren aus den Waffenkammern gerechnet.
So erklärte Hauptmann Mayr nüchtern, **dieses Unternehmen sei zum Scheitern verurteilt**, wenn nicht noch mehr Männer mit Gewehren kämen und nicht mehr Proviant zur Verfügung stünde. Abends um 9 Uhr gingen sie auseinander und am 24. Dezember frühmorgens drohten die Schützen dem Hauptmann plötzlich an, ihn zu erschiessen, wenn er das Amt des Oberbefehlshabers nicht übernehme.
So nahm er an.
Verstärkung kam weder aus Weilheim noch aus Dachau. Von den Männern wie dem Student **Meindl** oder dem Pfleggerichts-Schreiber **Plinganser** aus Pfarrkirchen, hatten sie keine Nachricht. Es gab noch keine modernen Kommunikationsmittel.
Dann kam plötzlich ein Kurier mit einer **Warnung** nach Schäftlarn. Am 22. Dezenber sei der österreichische General Kriechbaum in Anzing eingerückt und die niederbayerischen Aufständischen seien noch fern und festgehalten und im Oberland könnten sie sich nicht auf ihr **rechtzeitiges Eintreffen** verlassen.

Trotz dieser veränderten Lage erzwangen die beiden Wirte den Aufbruch nach München, obwohl die Verschwörer, die ihnen in München die Tore öffnen sollten und beistehen wollten, tief besorgt und unsicher waren.

Solln; und die feindliche Reiterpatrouille

Um 19 Uhr erreichten sie Solln, 9 km vor München. Dort kam es zu einem kleinen Gefecht mit einer österreichischen **Reiterpatrouille**. Zwei **Husaren** wurden dabei vom Pferd geschossen. Die Österreichischen Besatzer in München hatten vom Anmarsch der **Oberländer Landesdefension** längst gewusst, (vermutlich aber nicht ihre Mannschaftsstärke gekannt) und zwar schon seit dem Ausbleiben der 11 Mann, die in den Wolfrathauser Kerker gesperrt worden waren. Sie waren natürlich ihrem **Oberst Wendt verlustig gemeldet** worden und der zog seine Schlüsse daraus.
Hauptmann Mayr erkannte schnell, dass ein Überraschungsschlag gegen München nun nicht mehr möglich war. Derselben Ansicht waren die Pfleger und Amtmänner, kurz „die Perückenhansl", die die Gebirgsschützen, bzw. Landesverteidiger anzuführen hatten.
Hauptmann **Mayr ordnete den Rückzug an** und befahl seinen Schützen, diesen zu decken. Die Abziehenden wurden aber von ein paar unbesonnenen Draufgängern eingeholt und bedroht. Sie sagten, sie müßten die Schützen erschießen, wenn sie nicht sofort wieder umkehrten. Dabei zerrten sie den Hauptmann vom Pferd, rissen ihm die Perücke herunter, erklärten ihn für abgesetzt, ließen ihn als Gefangenen mitgehen und erreichten abends 9 Uhr zum 2. mal die Ortschaft Solln. **Ziel der Aufständischen** war, zusammen mit den Bürgern, Münchens Schlüsselstellungen einzunehmen.

16000 Aufständische standen 30 km östlich von München

Man hat später die Schuld der Niederlage anderen Leuten zugeschoben: Dem Pflegskommissär von Starnberg und einer schönen Tölzerin, die eine Liebschaft mit einem österreichischen Offizier hatte und die die ganze Sache verraten haben soll. Der Leser möge selbst entscheiden, was er glaubt.
Als die **kaiserliche Patrouille** nach München zurückkehrte, schaute die Lage für sie etwa so aus: **Ca. 30 km östlich von München** standen ca. **16000 Mann** als niederbayerisches Aufständischenheer. Sie hatten die Österreicher seit dem 17. Dezember bis nach Anzing vor sich hergetrieben
Von Süden kamen **die Oberländer mit ca. 2600 Mann**, darunter 500 Gebirgsschützen, die anderen alle, wie gesagt, durchaus schlecht bewaffnet. In München lagen nur **ungefähr 2000 Mann österreichisches Militär** und das Heer von General Kriechbaum hatte **ebenfalls nur 2000 Mann**, jedoch bestens ausgerüstete und gedrillte Soldaten.

Die **Streitmacht von Prinz Eugen, der auf Österreichs Seite** stand, war in Italien gebunden, wo sie gegen die verfeindeten Franzosen die Stellungen halten mußten. Dem Kaiser im Rücken standen **die Rebellen in Ungarn**, sodaß hier die Streitmacht ebenfalls gebunden blieb und Prinz Eugen aus Italien keine Truppen zur Niederschlagung des Aufstandes nach München schicken konnte.

Eine schier unerfüllbare Aufgabe

Für die Österreichisch-Kaiserlichen war es eine schier unerfüllbare Aufgabe den bayerischen Aufstand niederzuschlagen, was vermutlich zu den unvorstellbaren Härten bei dieser sinnlosen, grausamen und gnadenlosen **Niedermetzelung bei Sendling** führte. *(Eine Aktennotiz spricht von 1031 gefallenen Bauern)*

Die Sendliner Kirche 1705

Friedrich Prinz schreibt:

In der Sendlinger Mordweihnacht von 1705 vernichteten österreichische Truppen schlecht bewaffnete Bauernhaufen.(....).Einige erhaltene Votivtafeln von Aufständischen, die dem Sendlinger Massaker entronnen waren, kommen der Wahrheit am nächsten. Besonders die **Votivtafel der Kämpfer aus Rottach-Egern** und **Tegernsee** geben als **Dankbild** für den Schutz der Muttergottes ein ungeschminktes Bild der Katastrophe: Einen vom regulären österreichischen-ungarischen Militär umzingelten und erbarmungslos zusammengeschossenen Haufen. **Die Leichen beraubte man bis aufs Hemd ihrer Kleider**, so stellen es die Votivtafeln dar, und so war es in der Tat. *(Die Geschichte Bayerns/ Piper Seite 274)*

Auf aussichtlosem Posten.

Kriege waren nie zivile Zeiten. Kriege sind Auseinandersetzungen in denen Dinge passieren, die man später nicht mehr glauben mag. In die Enge getrieben, kämpfen Soldaten mit ihren Kameraden um ihr Leben und sind in solchen Ausnahmesituationen in der Wahl und in der Wucht ihrer Mittel, dem Tod ins Auge sehend, nicht mehr wählerisch.

Knappe **19000 soldatisch ungeübte** bayerische Aufständische standen ca. 4000 Kaiserlichen gegenüber, hatten aber von diesem Kräfteverhältnis keine Ahnung. Aus Tirol waren noch als letztes Aufgebot ca. 1000 ehemals verwundete Österreicher nach München in Marsch gesetzt worden, um als Verstärkung zu dienen.

Die hochmotivierten Oberbayern kamen letztendlich gegen die gut exerzierten und gut ausgerüstete militärische Macht der Österreicher trotz aller Tapferkeit nicht zum Zug. Auch scheiterte **das Zustandebringen** der **Verbindung zu den Niederbayern**

völlig und Münchens Stadttore wurden nicht geöffnet. Als sie beim verschlossenen Isartor vergeblich versuchten in die Stadt zu gelangen, kam es zu einer **fehlgeschlagenen Attacke**. Danach wichen sie aus und es kam bei Sendling zur Schlacht, ja zum berüchtigten Schlachten. Ein Teil konnte sich im Schutz der Nacht durch die Flucht oder über die Isar retten. Wenige wurden gefangen. Die Männer die bei Sendling gekämpft hatten und sich mit erhobenen Händen ergaben, d.h. kapitulierten, wurden zuletzt, **trotz zugesagter Gnade** von den kaiserlichen Husaren erbarmungslos niedergehauen.

Der Schmied von Kochel bei der Erstürmung des roten Turms in München. Er bleibt in der Erinnerung des heimattreuen Bayernvolkes lebendig.

Unter den vielen Gefallenen war auch der hochgerühmte, kräftige **Schmied von Kochel, Baltes Maier aus Waakirchen**, unser Freiheitsheld, um den noch immer ein Sagenschleier gewunden ist. Immerhin war er sicher einer von jenen sagenhaft mitreissenden Kämpfern, die es bei jeder Truppe gab, ob er nun **historisch nachweisbar** ist oder nicht.
(Heute, 2005 jedenfalls, ist er noch in unserem Oberlandler Traditions- und Brauchtumsspeicher mit Lederschurz und Morgenstern lebendig - und steht, wie unser Samstagbrieferl vom Seegeist uns Stubenhockern mitteilt, als Freiheitsheld auf der Bühne, mit erhobener Axt und Armbanduhr!)

Die 3 bayerischen Offiziere, Clanze, Mayr und Abele, die bis zuletzt bei ihrer Mannschaft blieben, wurden gefangen genommen und der Tortour, also der Folterung unterworfen, um Aussagen zu erzwingen. Clanze und Abele wurden zum Tode durch das Schwert verurteilt. Hauptmann Mayr lag bei schlechter Gesundheit **jahrelang** im kalten Turm.
Viel zu wenig bekannt ist, dass die historische Tölzer Schützenkompanie alle 5 Jahre in der Heiligen Nacht zum Gedenken von 1705 auf den **Kalvarienberg** marschiert, wo **1718** die von der „Mordweihnacht" lebend Heimgekehrten, einige Bürger und Zimmerleute, die Leonhardikapelle erbauten, sozusagen als große, ge-

meinsame **Votiv- und Weihegabe**. Diese Gedenkstätte steht an einem ausgesucht schönen Platz und erinnert uns genauso wie das Denkmal in Waakirchen an das tragische Ereignis von 1705.

Die Namen der Gefallenen bleiben **im Buch der Bayerntreue** eingeschrieben - wie man so sagt - wir bewahren ihnen ein ehrenden Andenken. Sie hätten damals das Gewaltregime des Österreichischen Militärs beenden wollen, doch der Krieg ging noch neun Jahre weiter.
Erst 1714/15, durch die Friedensschlüsse von Rastatt und Baden erhielt Max Emanuel Bayern zurück.
Tegernsee hatte 16 Egern 33 Waakirchen 34 Gmund 28 Gefallene.
(Dr. J.N.Sepp, Der bayerische Bauernkrieg, 1884, und andere Unterlagen) *HK*

Max Emanuel und Prinz Eugen

Kurfürst und edler Ritter
(Die Türken vor Wien)

1683 waren **„die Türken vor Wien"**. Wieder einmal; denn sie waren schon längere Zeit in schöner Regelmässigkeit gekommen.
„Moslems bedrohten das christliche Abendland", hätte die Bildzeitung damals geschrieben, wenn es sie schon gegeben hätte. Frankreich mit seinem allerchristlichsten König, der doch die (protestantischen) Hugenotten als einzige Gefahr für das katholische Staatsgefüge hielt, wusste sicher genau, warum der **moslemische Großwesir Kara Mustafa mit 250.000 Mann** gekommen war. Aber Frankreich machte überhaupt keine christlichen Anstalten, die muselmanische Gefahr aus dem Osten abzuwehren oder dem christlichen Kollegen auf dem Wiener Thron zur Seite zu stehen.
Auch die politischen Kardinäle, taten es nicht und nicht der Papst.
Das soll mal ein einfacher Mensch, der sich beim Glaubensbekenntnis während der Heiligen Messe immer so treu zur „heiligen katholischen Kirche bekennt" richtig verstehen. Er versteht es nicht, weils nicht zu verstehen ist. Aus heutiger Sicht.

Max Emanuel von Bayern erschien damals als 1. deutscher Fürst sofort mit einem Heer von 13000 Mann, (dreizehntausend) mit seinen **Arco- Kürassieren**. an der Donau bei Wien. Bei Karl Ludwig Ay ist zu lesen, dass der Kaiser über leere Kassen klagte, daß die Hilfsgelder nicht ausreichten um die Soldaten samt Proviant zu bezahlen. Doch dann gab Rom eine „Beisteuer" von **300.000 Gulden zum Türkenkrieg.** Gottlob.
Wie üblich bei Kriegen wurden dem Volk Sondersteuern abverlangt und sogar die großen Prälatenklöster und die Bischöfe wurden damals zur Kasse gebeten.

Diese Abwehr der Türken mußte damals sein; denn welcher Bayer und Österreicher wollte schon Rom gegen Mekka eintauschen?. Dem bayerischen **Kurfürst** stand damals auch der **Markgraf Ludwig Wilhelm von Baden** zur Seite, den man deshalb

den Türkenlouis" nannte, auch **Karl von Lothringen**, eilte herbei, dazu der **Prinz Eugen** von Savoyen und der polnische König **Johann Sobieski**.
Diese Koalitionstruppen funktionierten, sie waren sozusagen die damalige NATO .

Kara Mustafa, der Großwesir wurde am Kahlenberg geschlagen, und Wien gerettet, doch der türkisch- österreichische Krieg, der übrigens schon **der 5.** war, dauerte trotzdem noch bis **1699**. Kara Mustafa, wurde nach der Niederlage auf Befehl des Sultans erdrosselt, weil er verloren, bzw. versagt hatte. **So war das üblich.**
Die Kämpfe waren wie immer, hart und erbittert.
Erst **1687** kam es nach vier langen Kriegsjahren zur Schlacht bei **Mohacs** (man sagt Mohatsch). Türkenkriege waren keine Osterspaziergänge und auch keine Kirchweihgaudi. Bei Mohacs wurden die Türken entscheidend geschlagen (und **Siebenbürgen** erobert). Viele Kriegsteilnehmer kamen nicht mehr zurück und manche als Invaliden, mit abgehauenen Beinen oder Armen.
Mavi Kral - der blaue Kurfürst heiratete
Damals gab **Kaiser Leopold I.** seine Tochter **Maria Antonia** dem Max Emanuel zur Frau, den die Türken mittlerweile wegen seiner blauen Uniform und seiner Kühnheit im Kampf, voller Respekt **Mavi Kral**, den blauen König (Kurfürst) nannten.
Maria Antonia stammte aus der 1. Ehe Kaiser Leopolds, mit der spanischen Infantin (= königl. span. Prinzessin) Margarete. Daher sollte dann auch der Sohn aus dieser Ehe das spanische Weltreich erben, falls es in Spanien keinen Thronerben geben sollte.

Der Pfälzer Erbfolgekrieg (von 1688 - 1697)

Bevor wir uns nun dem **Spanischen Erbfolgekrieg** (1701-1713/4) zuwenden, in dessen Verlauf es zur Sendlinger Mordweihnacht gekommen war, müssen wir zur Kenntnis nehmen, dass zuvor noch der **Pfälzer Erbfolgekrieg** ausbrach. Für viele ist das nicht weiter schlimm, weil ja seit 60 Jahren nur Ungünstiges über uns und unsere Vorfahren ausgesagt wird. Die neuzeitliche Umschulung in Sachen Geschichte ergibt die generelle Geschichts- Grundeinstellung: „Immer diese schrecklichen militaristischen, agressiven Preussen, bzw. Deutschen die alle Kriege vom Zaun gebrochenen haben, unter denen ganz Europa zu leiden hatte."
So war es aber nicht. Blind zu glauben ist nicht gut. Besser ist es, selbst nachzulesen und den vorausgehenden Ereignissen und den Zusammenhängen ein wenig hinter die Kulissen zu schauen. (Also schauen wir einmal.)

Der Sonnenkönig Ludwig XIV. war ein kriegslustiger Herr. „der **„1. Raubkrieg"** ging um sein angebliches Anrecht auf die spanischen Niederlande; der **2. Krieg** dieser Gattung ging gegen den Niederländer Wilhelm von Oranien, gegen Brandenburg, gegen die beiden Habsburger und gegen das Reich, mit England, Schweden, Kurkölln und Münster. Die beiden Feldherren hießen damals **Turenne und Conde.**)
Als dieser Sonnenkönig sein Einflußgebiet vergrößern wollte, suchte er nicht nach Massenvernichtungsmitteln. Das war damals noch im Handtascherl der Schicksalsgöttin verborgen. Damit wollte sie die Menschheit, später überraschen. Seinerzeit machte man den Bewohnern der begehrten Gebiete ganz andere Gründe

weiß, damit sie wenigstens wußten, warum plötzlich die Soldaten des anderen Staates vor der Haustüre standen, sie ausraubten, ihre Vorräte stahlen, das Vieh wegtrieben und die Häuser zerstörten. Damals war die adelige Kinderlosigkeit so ein Auslöser, oder die Habgier.

In der herrlichen **Pfalz** war nämlich gerade der Kurfürst kinderlos verstorben. In Frankreich war die **Lieselotte von der Pfalz** mit dem Bruder von Ludwig XIV. verheiratet (also Schwägerin von Ludwig XIV.). So machte Frankreich Erbansprüche auf die Pfalz geltend und zwar mit dem Schießgewehr.

Kaiser Leopold I. und seine große Allianz wehrten sich, d.h. sie versuchten sich zu wehren. Es war aber ziemlich umsonst, da ja im Osten noch der Nachkriegsbalkan brodelte, auch wenn Wien gerettet war. Die französischen Truppen unter dem Oberbefehlshaber **Melac** verwüsteten und zerstörten 1689 die Pfalz mitsamt Heidelberg und Speyer.
Im **Speyrer Dom** fiel der französischen Soldateska nichts anderes ein, als die Gräber der Deutschen Kaiser zu verwüsten und den Dom anzuzünden. Am 2. März **1689** wurde das halbe **Heidelberger Schloß** durch Melac in die Luft gesprengt. Vier Jahre später kehrten die Franzosen nochmal zurück und zerstörten dann das, was noch übrig war. 75 Jahre später, schlug dann noch ein Blitz in die Ruine ein.

Der französische Kriegsminister **de Louvois** hatte seinerzeit die französische Armee zur stärksten Kriegsmacht Europas gemacht und in 3 Angriffskriegen - ogittigitt - erweiterte Ludwig XIV. die französische Ostgrenze,- das ist die zum Rhein hin-, wobei er im Westfälischen Frieden dies schon ganz legal, unter der Garantiemacht des Westfälischen Friedens am Oberrhein tun durfte. Abgesegnet von den damaligen Vereinigten Siegermächten.

Also diese drei **„Raubkriege"** waren: Der „Devolutionskrieg", der „Holländische Krieg" und der „Pfälzer Erbfolgekrieg".
Die Kriege zu führen, war für den Sonnenkönig leicht, und die Frage: Wie kann ich das den Leuten erklären, damit sie mein Handeln verstehen, löste er damals genauso geschickt, wie es Amerika heute tut, wenn es in Afghanistan und im Irak und bald wohl auch im Iran oder in den Ölländern Indonesiens helfend eingreift um die Freiheit zu bringen. Ach ja, und den Wohlstand. Noch was bringen sie doch den armen Völkern als Dreingabe: Menschenrechte oder Glück und Frieden; oder irgend so etwas. Aber mir gehts wie unserem Aussenminister Fischer, genau kann ich mich nicht erinnern.
Aber damals, als Ludwig XIV. den europäischen Ton angegeben hat, war die Kehrseite der Medaille die, dass Frankreichs Eroberungskriege die Staatsfinanzen zerrütteten, ihre wirtschaftliche Kraft in Gefahr brachten und das Ansehen der königlichen Staatsführung zerstörten.
Obwohl die Vormacht Spaniens sich in eine Vormacht Frankreichs umzuwandeln schien, (ca. 1659) kam es durch den Spanischen Erbfolgekrieg zur Wende zugunsten Englands.

rt

Der Prinz von Asturien

(Kurprinz Josef Ferdinand)

Die wohl tragischste Episode in der Geschichte der bayerischen Wittelsbacher.

Spanien war mit seinen Kolonien in Amerika **1692 noch ein Weltreich,** (siehe Bild 14) aber die überkonfessionellen Schicksalslenker haben halt manchmal einen Joker im Ärmel, mit dem sie den gewohnten Verlauf ändern.
Wir werden die Spanischen Könige auf der Stammtafel zum besseren Verständnis vorstellen. Der **Sendlinger Mordweihnacht** ging sehr viel Vergessenes voraus.
Der letzte spanische habsburgische König hieß Karl II. (Carlos) Hinter seinem Rücken nannte man ihn den **„jungen Greis"**, denn er war zeitlebens krank, kraftlos und ängstlich. Man sah ihn selten reiten, fechten, oder jagen, obwohl ihm das Luft in die Lungen und Sauerstoff in alle Zellen gebracht hätte.
Es heißt, er sei fest in den Händen von teufelbeschwörenden Mönchen gewesen; denn der **Hexenwahn samt Hexenprozessen** war fest in den Vorstellungen der damaligen Menschen verankert und wer sich gegen diese „offensichtliche Tatsache" stellte, und in irgendeiner Weise Zweifel anmeldete, wurde per Gericht (damals Inquisition) selbst der Hexerei bezichtigt. (wie z.B. Pater Spee)
Karl II. war ein Dulder. Auch blieb er stets schwankend zwischen der Liebe zu seiner Mutter und seinen beiden Königinnen. Und er wurde von Gesandten, Diplomaten und Kirchenmännern umschmeichelt, geängstigt und zum Schluß beherrscht.

Seine 2. Frau war eine Wittelsbacherin aus der Linie Pfalz-Neuburg, die den Stern der Kinder- bzw Gebärfreudigkeit über dem Hause hatten und trotzdem war er wohl nicht mehr imstande die Linie seiner Ahnen fortzupflanzen. So stellte sich einestages die Frage, wer das Spanische Weltreich einst erben soll.

In dieses spanische Spiel kam Bayern hinein, als am **28.Oktober 1692** Max Emanuels Frau, die Kaisertochter Maria Antonia in Wien einem allerliebsten Sohn, dem Kurprinz Josef Ferdinand das Leben schenkte. Diese Nachricht eilte durch Europa bis hin zum spanischen Hof, wo man der Urgroßmutter **Maria Anna von Österreich** herzlich gratulierte, die man seit ihrem Witwenstand **„Königinmutter Mariana de Austria"** nannte. Sie war überglücklich, was jeder nachempfinden kann, der selbst schon das Glück erlebt hat, einen Enkel in den Armen zu halten. Überglücklich war sie aber auch, weil sich nun die Dynastie über ihre Tochter Margarete Theresia fortpflanzte.

So wurde die Geburt des kleinen Bayernprinzen Josef Ferdinand gerade auch in Spanien gefeiert, als wäre dem Königspaar selbst dieses Kind geboren worden. Jetzt besaß Spanien **einen rechtmäßigen Erben;** denn König Philipp (Felipe) hatte seinerzeit zu seinen Lebzeiten alles einwandfrei geregelt.

In seinem Testament hieß es (etwas gekürzt):
„Wenn Karl II. (Carlos) abgehen sollte ohne Kinder, männlichen oder weiblichen Geschlechts zu hinterlassen, setze ich für meine Universalerbin in allen meinen

Königreichen meine Tochter, die Infantin Donna Margarita (Margarethe Theresia) ein, oder deren Söhne und Töchter."

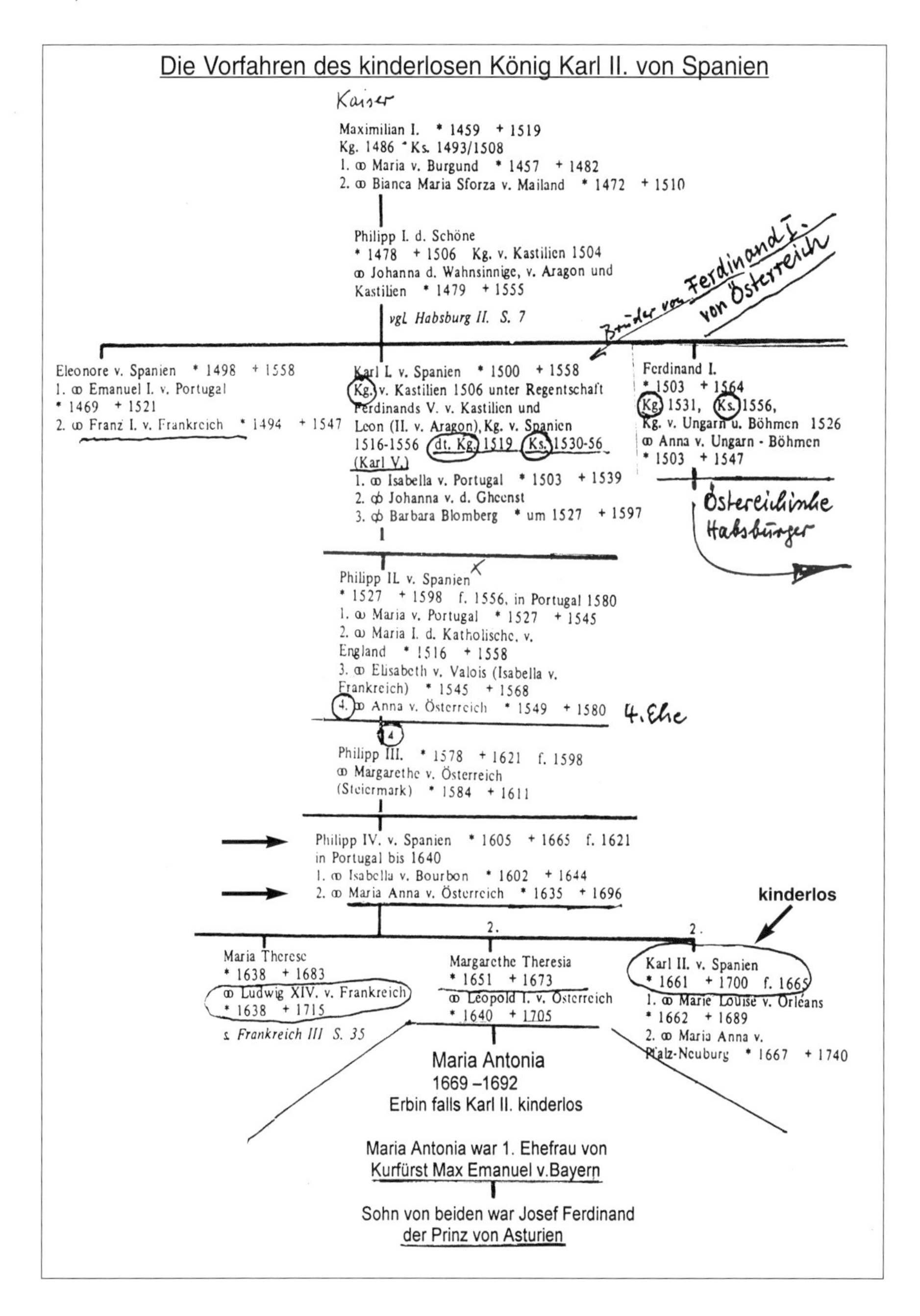

Die Vorfahren des kinderlosen König Karl II. von Spanien
Kaiser
Maximilian I. * 1459 + 1519
Kg. 1486 * Ks. 1493/1508
1. ∞ Maria v. Burgund * 1457 + 1482
2. ∞ Bianca Maria Sforza v. Mailand * 1472 + 1510
Philipp I. d. Schöne
* 1478 + 1506 Kg. v. Kastilien 1504
∞ Johanna d. Wahnsinnige, v. Aragon und Kastilien * 1479 + 1555
vgl. Habsburg II. S. 7
Bruder von Ferdinand I. von Österreich
Eleonore v. Spanien * 1498 + 1558
1. ∞ Emanuel I. v. Portugal
* 1469 + 1521
2. ∞ Franz I. v. Frankreich * 1494 + 1547
Karl I. v. Spanien * 1500 + 1558
Kg. v. Kastilien 1506 unter Regentschaft
Ferdinands V. v. Kastilien und
Leon (II. v. Aragon), Kg. v. Spanien
1516-1556 dt. Kg. 1519 Ks. 1530-56
(Karl V.)
1. ∞ Isabella v. Portugal * 1503 + 1539
2. ∞ Johanna v. d. Gheenst
3. ∞ Barbara Blomberg * um 1527 + 1597
Ferdinand I.
* 1503 + 1564
Kg. 1531, Ks. 1556,
Kg. v. Ungarn u. Böhmen 1526
∞ Anna v. Ungarn - Böhmen
* 1503 + 1547
Österreichische Habsburger
Philipp II. v. Spanien
* 1527 + 1598 f. 1556, in Portugal 1580
1. ∞ Maria v. Portugal * 1527 + 1545
2. ∞ Maria I. d. Katholische, v. England * 1516 + 1558
3. ∞ Elisabeth v. Valois (Isabella v. Frankreich) * 1545 + 1568
4. ∞ Anna v. Österreich * 1549 + 1580
4. Ehe
4
Philipp III. * 1578 + 1621 f. 1598
∞ Margarethe v. Österreich (Steiermark) * 1584 + 1611
Philipp IV. v. Spanien * 1605 + 1665 f. 1621
in Portugal bis 1640
1. ∞ Isabella v. Bourbon * 1602 + 1644
2. ∞ Maria Anna v. Österreich * 1635 + 1696
kinderlos
2.
2.
Maria Therese
* 1638 + 1683
∞ Ludwig XIV. v. Frankreich
* 1638 + 1715
s. Frankreich III S. 35
Margarethe Theresia
* 1651 + 1673
∞ Leopold I. v. Österreich
* 1640 + 1705
Karl II. v. Spanien
* 1661 + 1700 f. 1665
1. ∞ Marie Louise v. Orléans
* 1662 + 1689
2. ∞ Maria Anna v. Pfalz-Neuburg * 1667 + 1740
Maria Antonia
1669 –1692
Erbin falls Karl II. kinderlos
Maria Antonia war 1. Ehefrau von
Kurfürst Max Emanuel v.Bayern
Sohn von beiden war Josef Ferdinand
der Prinz von Asturien

Diese Margarethe war die Schwiegermutter Max Emanuels. Somit war der kleine Josef Ferdinand der rechtmäßige Erbfolger. Daran gab es keinen Zweifel, da **„die Großen"** Spaniens, die Cortes und Granden, dieses Testament feierlich bestätigt hatten.
Ludwig XIV. in Frankreich wußte dies und auch Leopold I. in Wien, beide christlich und in Kenntnis der 10 Gebote, wonach man doch das Lügen, Begehren (neiden), Stehlen und falsch Zeugnis geben, schön bleiben lassen soll.
Doch beiden lag das spanische Weltreich näher, als das ungewisse, verheißene Reich des Christus, in das man sozusagen nur ohne die irdischen Untugenden der Falschheit, des Neides, der Habgier und ähnlicher Seelenverkrüppelungen kommen kann.

Die Ehe von Max Emanuel und seiner Maria Antonia war nicht sehr glücklich. Er war ein Erfolgsmensch und hatte wohl schon etwas abgehoben von den Alltäglichkeiten, die auch in einer Ehe bewältigt werden müssen. Als er, der siegreiche Türkenbezwinger auch noch **Statthalter der Niederlande** geworden war und seine Aufmerksamkeit weniger seiner Ehefrau als den fein gesponnenen Liebesnetzen der schönen Hofdamen widmete, wurde das natürlich durch diplomatische Zuträger auch am Wiener Hof bekannt, wo **Maria Antonia** ihren Sohn zur Welt brachte. Die Vernachlässigung, die sie durch ihren Gatten erfahren mußte, wandelte ihre Sehnsucht nach Liebe und Anerkennung in einen anwachsenden Haß um. Kurz nach dem ihr Sohn geboren war, bekam sie das gefürchtete Kindbettfieber, das ihr die letzte Kraft nahm.

Die diktierte Erbschaftsverzichtserklärung

So kam es denn 12 Tage vor ihrem Tod zur folgenden **Niederschrift**, von der es heißt, ihr Vater Leopold habe sie ihr diktiert.
„.....was meine zeitlichen Güter betrifft, erkläre ich (Maria Antonia) , daß ich bei meiner Vermählung mit Wissen und Einverständnis meines Herrn Gemahls Max Emanuel (Liebden) allem Succesionsrecht (Nachfolgerecht) der spanischen Monarchie zu Gunsten (zum Besten) meines Vaters verzichtet habe. Also wiederhole ich diesen Verzicht für mich, meine Erben und Nachkommen". Auf Kurzfassung gebracht bedeutet das: „Ich Maria Antonia verzichte auf all mein Erbe und überlasse es meinem Vater, dem Kaiser."

Maria Antonia starb am 24. Dez. 1692, aber ihr kleiner Sohn lebte. Welch bittere Gefühle mußten in ihrem Herzen gewachsen sein, dass sie dieses Schriftstück schrieb.
Sehr schnell erfuhr **Ludwig XIV**. durch die tüchtigen Diplomaten bei Hofe, von diesem Erbverzicht und schickte sofort hochkarätige Botschafter nach Madrid um seine Thronrechte anzumelden. Der kränkelnde Karl II. schien so erschrocken zu sein, daß er plötzlich munterer wurde und nun hin und wieder zur Jagd aufbrach. Doch seine Frau, die Neuburger Wittelsbacherin hasste Max Emanuel, da sie lieber ihren Bruder als ihn als Statthalter in Brüssel gesehen hätte. So plädierte sie unauffällig,

aber mit aller Kraft für die Erbfolge Österreichs. Öffentlich sagte sie einmal, sie wolle Max Emanuel nicht größer werden sehen und wolle dafür Sorge tragen, daß er tüchtige Feinde bekäme. Auf gut Bayrisch heißt das: Sie hat ihn schlecht gemacht, wie und wo sie nur konnte.
An ihrer Seite stand auch der **Kardinal Portocarero**. Auch er machte Stimmung für die Habsburger in Wien. Es schaute nicht gut aus, und um das Fell des Bären wurde schon gefeilscht, ehe er erlegt war.

Urgroßmutter **Mariana de Austria**, die als Maria Anna von Österreich in den Stammtafeln zu finden ist, weinte um ihre in Wien so jung verstorbene Enkeltochter. Jetzt als Witwe schaute sie zurück in ihre Vergangenheit. Sie war 1635 geboren, wurde mit 16 verheiratet, bekam mit knapp 17 ihre Tochter Margarita, (die auch nur 22 Jahre alt wurde und ihr 4jähriges Töchterchen Maria Antonia zurückließ) und 10 Jahre später, mit 27, bekam sie ihren „unfruchtbaren" Sohn Karl.

Jetzt war sie im 58. Lebensjahr und war die Einzige, die für ihren Urenkel, dem die Mutter kurz nach der Geburt gestorben war, ordnend eingreifen konnte. Keine schöne Bilanz des Lebens, dachte sie. Sie sah bei den Diplomaten das freundliche Lächeln, hörte die wohlgesetzten Reden und wußte doch, was sie alle im Schilde führten. Hinter der offiziellen, freundlichen Fassade hetzten sie gegen den Münchner Wittelsbacher um die Bourbonen Frankreichs oder die Habsburger in Wien zu unterstützen.

Als sie so rechnete dachte sie: „Nun gut, ich bin bald 58 Jahre alt, aber Kaiser Leopold, mein Schwiegersohn und Widersacher ist auch schon 53. So aussichtslos darf ich meine Position nicht einordnen.
Dann bat sie um einen Glühwein mit Zitrone, Zimt und Nelken; um ihre Lebensgeister ein wenig aufzumuntern; denn es war Januar und auch in Madrid wehte ein bitter kalter Wind. Dann ließ sie sich noch von ihrer Zofe die Schultern mit einem Rheumamittel einreiben, nahm ein Fußbad, ließ die Prozedur des Nägelschneidens über sich ergehen und ging dann in die Hauskapelle.
Wie sie die himmlischen Mächte um Beistand und Rat anflehte wissen wir nicht, sie müssen ihr gut zugeredet haben; denn von nun an stand sie fest zu Max Emanuel und schrieb ihm einen Brief, der uns erhalten blieb.
„Durchlauchtigster Churfürst"
schrieb sie, „Sie werden wohl nicht zweifeln können, wie mir das Kind im Herzen liegt (liegen tut). Gott wolle ihn zu seiner großen Ehre erhalten und zu unserem Trost".
Mariana de Austria, deren Liebe und Sorge bisher ganz ihrem kränklichen Sohn Karl gegolten hatte, wandte ihre schützende Kraft nun ihrem Urenkel zu. Und sie blieb nicht allein. Ein großer Mann stellte sich unauffällig an ihre Seite, ein Kirchenmann der über die Erkenntniskraft für die Gerechtigkeit verfügte. Es war der Generalinquisitor, er stand im Range, den unser Kardinal Josef Ratzinger innehatte, nur auf spanisch.

Das Votum des Generalinquisitors

Ein Votum ist in diesem Fall eine gutachterliche Stellungnahme, und zwar wurde sie ausdrücklich und klar **gegen Wien** erklärt. Sie steht uns zur Verfügung weil sie 1968 im Süddeutschen Verlag durch C.O. Renner veröffentlicht wurde:

> „Der Verzicht der Frauen Erzherzogin Maria Antonia wird totaliter resistiert, *(resistiert/ Resistenz = Widerstand)* weillen nit des Kaysers Leopolds Söhne, sondern die, welche Gott der Allmächtige Seiner Durchlaucht dem Churfürsten von Bayern schenken wurdte, die negsten Erben seyen und wurdte es absurd seyn die **rechte Linie** wegen der **Transversal Linie** auszuschließen."

Was eine **transversale Linie** ist, versteht ein alter Wallberg- Skifahrer recht gut, weil es da auch einige „Schrägverbindungen" also „Transversalen" (Traversen) gibt die z.B. den Starthang mit dem Erlenhang und diesen mit dem Glaslhang verbinden. Obiges Schreiben heißt in der heutigen Ausdrucksweise:

> Dem Verzicht der Frau Erzherogin Maria Antonia wird im ganzen wiedersprochen, weil nicht die Söhne des Kaiser Leopold die nächsten Erben sind, sondern diejenigen, die Gott der Allmächtige dem Kurfürsten von Bayern geschenkt hat. Es wäre widersinnig, die direkte Linie auszuschließen zugunsten der transversalen, querlaufenden.)

So reell und klar dachte dieser Kirchenmann. Leider ist es aber das Los der Welt, daß die trickreichen Menschen oft mit einem gewinnenderem Wesen ausgerüstet sind, dass sie meist redegewandter und durchsetzungsfähiger sind, woran dann der Zustand des Gemeinwesens in der Folge zu leiden hat. Ob die Beiden, der Kardinal und die Urgrossmutter den Hofintrigen standhalten konnten, werden wir gleich sehen.

Dunkle Wolken am Brüsseler Himmel

Für Max Emanuel und seinen kleinen Sohn schaute es nicht allzu rosig aus, aber die treue Hilfe der Königinmutter in Spanien tröstete ihn. Sicher wollte sie auch ihren Urenkel lieber in Madrid, als bei ihrem Schwiegersohn in Wien haben. Im warmen Frühjahr **1693**, kam dann auch der gerade 5 Monate alte Josef Ferdinand von Wien **nach München**, damit Bayern wenigstens den Sohn bei sich hat, wenn schon der Vater so weit in Brüssel nach dem Rechten schauen muß, sagte Max Emanuel.

In München lebte und wirkte Prielmayer, der Vertraute und frühere Erzieher Max Emanuels. Der schrieb einestages einen nüchteren Brief in die Niederlande, in dem er klar formulierte, was er dachte. Er schrieb man solle sich nicht einbilden, daß der kleine Kurprinz einmal ganz Spanien als Erbe verlangen könne. Das sei ein Gedanke, dem man nicht anhängen sollte; denn die anderen beiden Bewerber werden nie auf ihre Ansprüche verzichten, sondern **beide werden Spanien den Krieg erklären** und vor allem wird Leopold von Wien aus, Bayern mit Krieg überziehen. Er nannte dieses spanische Erbe ein Danaergeschenk, das 1000 Schwierigkeiten und 1000 Gefahren in sich birgt.

1696 starb dann die Königinmutter mit 61 Jahren. Es gab einen Richtungswechsel; denn nicht Karl II. sondern seine Frau, die Neuburgerin gab nun die Richtung an. Wer Einfluß erreichen wollte, brauchte nun plötzlich ihr Wohlwollen oder das ihres Beichtvaters. **Maria Anna von Pfalz Neuburg**, Königin von Spanien, stellte nun ganz offen ihrem Wiener Schwager Leopold die spanische Krone in Aussicht.

Kardinal Portocarero schwenkt um zu Max Emanuel

Für Max Emanuel schien alles aus zu sein, bis er erfuhr, daß es am spanischen Hof ein heftiges Zerwürfnis gegeben hatte. Die Königin und ihr **Kardinal Minister Portocarero**, beide gleich ehrgeizig bis herrschsüchtig waren sich plötzlich spinnefeind geworden. Er, der einmal geäußert hatte, Spanien sei ein zerrüttetes, schwächliches Reich, das **der** erben soll, der es auch verteidigen könne- und das sei der Habsburger in Wien, ließ plötzlich seine damalige Meinung sausen, fiel seiner Königin und auch den Habsburgern in den Rücken und schenkte seine Gunst Max Emanuel. (vielleicht um die Königin zu ärgern, die ja Max Emanuel hasste.)

Die Absprache wurde ein Vertrag

In diesem Stadium zeigt der bayerische Kurfürst ein Verhandlungsgeschick, das ihm bis dahin niemand zugetraut hätte. Mit wertvollen Geschenken erkaufte er sich das Wohlwollen der **Gräfin Berlepsch**, die die engste Vertraute der Königin war und ließ der Königin mitteilen, daß sie in der Zeit der Minderjährigkeit seines Sohnes **als Königin** die Regentschaft ausüben solle um Spanien zu dienen und dann, wenn er seine Volljährigkeit erlangt habe, solle sie ein standesgemäßes Einkommen von 80 tausend Ecus erhalten und **in Spanien residieren** wo es ihr beliebe.

Diese Absprache, die man ein Zauberkunststück nennen kann, dürfte im Januar **1698** unterschrieben worden sein und ging sogar noch weiter; denn es sollten der Königin 600 000 Escudos in Silber als jährliche Rente zustehen, unabhängig von einem Vermächtnis ihres königlichen Gemahls. Alles dies bleibe unwiderruflich bestehen und zum Pfand dafür gesetzt seien alle erblichen Länder und Güter des bayerischen Kurfürsten. Er und sein Sohn würden sich der Königin gegenüber aus Dankbarkeit verpflichten, stets alle die Krone betreffenden Maßnahmen ihr mitzuteilen und ihr Einverständnis einholen.

Auch nach dem Tode ihres Mannes Karls II. könne die Königin in Madrid residieren oder in jedem beliebigen Ort in Spanien, oder in Spanisch- Italien, ausserdem könne sie **auf Lebenszeit Gouverneurin** oder **Vizekönigin von Mailand, Neapel, oder Sizilien** werden und würde ihre jährliche Rente trotzdem weiterbeziehen.

Dieser Vertrag ist bezeugt, gesiegelt und beiderseits unterschrieben worden. Geld regiert die Welt und kann sogar den Haß in Sympatie verwandeln.

Dann schrieb Max Emanuel der Hofmeisterin Gräfin Parouse nach München, leitete alles Nötige in die Wege um den kleinen Kurprinzen baldmöglich in sein neues Heimatland Spanien bringen zu lassen und mit stattlicher Begleitung, ja es hieß **„mit Prunk und Aufwand"** reiste man zuerst nach Köln, wo Max Emanuels Bruder, **Clemens August** als **Fürstbischof** residierte.

Österreichs Diplomaten hielten sich nun zurück, aber Ludwig XIV. schloß mit den

Seemächten einen Vertrag und aus der Erkenntnis heraus, daß ihm das ungeteilte Erbe Spaniens nicht zufallen würde, stellte er folgende Teilung auf:

1.) Der rechtmäßige Nachfolger Karl II. ist der bayerische Kurprinz Josef Ferdinand. Falls er stirbt ist es sein Vater Kurfürst Max Emanuel.
2.) er erhält die Pyrenäen, die Niederlande, die Kolonien in Indien, in Amerika und auf den Philippinen.
3.) Frankreich erhält Neapel, Sizilien und Sardinien.
4.) Österreich erbt Mailand
5.) dieser Vertrag soll zu Wasser und zu Lande Geltung haben.

Die Seemächte und **vor allem England** stimmten zu. Ludwig XIV. wollte Max Emanuel an sich ketten. Max Emanuel sorgte dafür, dass dieser Vertrag in Madrid verdeckt bekannt wurde und sowohl Kardinal Portocarero wie auch der Adel und die Bevölkerung von Spanien waren entsetzt. Sie alle hielten diese Sache für ein schreiendes Unrecht und alle waren der Meinung Josef Ferdinand sei der rechtmäßige Voll-Erbe und wenn alle ihn hintergehen und ohne Unterstützung lassen, so werden die Spanier ihr Leben für ihn opfern **und auch Gott wird ihn nicht verlassen**, denn auf seiner Seite stehe das Recht.

Portocarera jedenfalls war so entsetzt, dass er sich an den **berühmtesten Rechtsgelehrten** der damaligen Zeit wandte (an den Italiener L.Pepoli in Bologna). Auch dieser kam wegen der Erbfolge zu demselben Ergebnis wie seine spanischen Kollegen in Alcala und Salamanca, nämlich daß das Recht eindeutig auf den Nachkommen der **Infantin Donna Margarita** sei, also auf Seiten des jungen Josef Ferdinand. Weiter sagte er: „.....und es wird nicht Bayern von Spanien, sondern Spanien von Bayern Besitz ergreifen."

Dem spanischen Karl redete er noch ins Gewissen, er solle doch seinen **„Königsmantel"** nicht schon zu Lebzeiten von den fremden Mächten zerteilen lassen, sondern selbst nach Recht und Gewissen entscheiden, und bei den Offizieren schürte er zugleich den spanischen Nationalstolz. So kam es, daß **König Karl II.** nochmal den Staatsrat befragte und am **28. November 1698** in geheimer Sitzung seinen letzten Willen dem Kronrat zur Gegenzeichnung vorlegte. Er hieß:

Hier ist mein Testament. Nach meinen Tod wird kundgegeben, welchem Fürsten ich zum Erben meiner Krone ausersehen habe. Das Geheimnis darüber soll gewahrt werden, damit nicht zu meinen Lebzeiten schon Unruhe hervorgerufen wird. Ich hoffe auf die Barmherzigkeit Gottes, damit er meine Tage verlängere, damit ich im Reich noch alles ordnen kann und daß man die Rache der anderen Prätendenten nicht zu scheuen hat. Ich rufe Gott zum Zeugen, daß ich nur der Stimme meines Gewissens und der Gerechtigkeit gefolgt bin. Ich baue auf euern Patriotismus und auf eure Treue, damit die Sicherheit des Landes aufs beste geschützt werde."

Der Inhalt des Testaments wurde öffentlich nicht bekannt gegeben, aber allen war klar, dass der Auserwählte **Kurprinz Josef Ferdinand** ist. Auch **Königin Maria Anna**, die Neuburgerin, war nun zufrieden; denn sie war mehr als gut versorgt und abgesichert. Sicher lauerten noch die Interessenten von Österreich, Frankreich und der Seemächte, aber sie blieben in Deckung. Karl II. entschied nun auch noch, daß sein Nachfolger, **der Prinz von Asturien** (so heißen die spanischen Thronfolger bis heute) baldmöglichst nach Madrid kommen sollte, um im Land seiner Zukunft aufzuwachsen, die Granden kennenzulernen und die Landessprache zu erlernen.

Der Prinz von Asturien in Brüssel

Längst war nun allgemein anerkannt, daß Max Emanuels Sohn der Erbe sei. Es war eine langwierige und schwierige Prozedur. Alle diplomatischen Ränkespiele, Geldzuwendungen, kurz das ganze Korruptionskarusell der maßgeblichen hochgestellten Personen, die sich besser, gescheiter, ja über dem Gesetz und über dem moralischen Volkempfinden stehend dünkten, hatten nichts ausrichten können. Der **6 1/4 Jahre alte Prinz** selbst war inzwischen von Köln nach Brüssel weitergereist und wurde dort in seine Zimmer geführt. Sein Bett wurde vorgewärmt, ein Bad wurde gerichtet und gemeinsam wurde dann zu Abend gespeist. Mit dem gewohnten Geruch der gelöschten Kerzen im Zimmer schlief Max Emanuels Sohn in Brüssel ein.
Es war mitten im kalten Januar. Eine emsige Geschäftigkeit begann nun; denn neben der Hofhaltung sollte die Reise nach Spanien per Schiff gut und umsichtig vorbereitet sein. **Josef Ferdinand** schaute der Zukunft mit gemischten Gefühlen entgegen. Beruhigend für ihn aber war, daß seine **mütterliche Hofmeisterin** bei ihm blieb. Sie ging mit ihm **nach Spanien** und erzählte ihm immer wieder viele schöne Geschichten vom warmen Klima in den südlichen Ländern. Er hatte sie sehr lieb und wenn sie bei ihm war, freute er sich und lächelte.
Doch dann wurde er krank und bekam **„Magenweh"**. Dazu kam noch ein **krampfhaftes Erbrechen**, das man sich nicht erklären konnte. Man fürchtete zuerst, er würde die Kinderpocken bekommen, aber als nach einigen Tagen die üblichen typischen Anzeichen ausblieben, sagte der **Leibarzt des Hofes**, man müsse der Natur ihren Lauf lassen, da wegen der zarten Konstitution des kleinen Patienten die üblichen Kuren, die man in all diesen Fällen mache, nicht angewendet werden können. Max Emanuel war in großer väterlicher Sorge und besuchte seinen kleinen Sohn alle Tage.

Hätte er seine Mutter am Krankenbett gehabt, dann wäre er so behandelt worden, wie eben Mütter ihre kleinen Patienten behandeln. Sie hätte ihm die Füße abgerieben, bei Fieber Wadenwickel gemacht, hätte einen schwachen schwarzen Tee für ihn aufgegossen und einen Wasser-Haferbrei gekocht. Und sie wäre bei ihm geblieben und hätte ihm den Brei selbst gegeben: „Komm Seppi, einen Löffel du, einen ich, damit du wieder gesund wirst und dann machen wir dir eine lauwarme Wärmflasche auf den Bauch und dann schläfst ein bißerl. Und wenn du aufwachst gehts schon besser, gell!". Aber Josef Ferdinand hatte keine Mutter mehr. Auch wenn sie dagewesen wäre, hätte sie nicht für ihn gekocht. Ihm Arsen ins Essen zu mischen, wäre trotzdem leicht gewesen.

Damals war gerade **Graf Merode am Brüsseler Hof**. Von ihm ist uns ein erschütternden Bericht erhalten gebieben. Darin heißt es:

„Am Tage vor seinem Tode besuchte ich den Prinzen, um mich nach seinem Befinden zu erkundigen, als gerade der Kurfürst im Krankenzimmer war. Auf seinen Wink hin trat ich an das Bett. Er hatte Spielzeug mitgebracht, und der Knabe strengte sich sichtlich an, um den Glauben zu erwecken, als sei er nicht gar so krank, und um dadurch den Vater zu trösten.
Dem stürzten aber die Tränen aus den Augen. Er mußte das Gemach verlassen, bat mich jedoch, zu bleiben und mit dem Prinzen zu spielen.Ich tat nach seinem Geheiß. Weil ich aber sah, wie furchtbar das Kind litt, ließ ich davon ab und entfernte mich.
Nur der jüdische Arzt Don Louis Fernandez blieb im Zimmer, mit dem Rücken gegen den Kamin gewendet. Seit man mir sagte, daß er es war, der dem Leben des Knaben durch Gift ein Ende setzte, sehe ich ihn noch immer vor mir stehen."

Am 5. Februar 1699 starb Josef Ferdinand

Er starb nach ganz schrecklichen, aufeinanderfolgenden Krämpfen und Ohnmachtsanfällen. Sein Vater und der spanische Gesandte waren anwesend. Max Emanuel brach unter Tränen zusammen, riß sich seine beengende Halskrause vom Hals und rang nach Luft. Für sein Herz war das zuviel. Wie tot lag er auf dem Boden. Dann brachte man ihn von der Leiche seines Sohnes weg in das Schloß Tervueren.
Er, der Held der Türkenkriege, der viele schreckliche Dinge während der großen Schlachten und auch danach mitansehen mußte, der nicht nur Siege erfochten hatte, sondern auch gravierende Niederlagen einstecken mußte, ihn streckte der Anblick seines toten Sohnes, auf dem die Hoffnung Europas als einem Vermittler zwischen Frankreich und dem alten, großen Österreich lag, nieder.

Die Gerüchte und Verdächtigungen bei Hof schwollen an. Er sei nicht der Erste, der auf normalem Wege nicht zu beseitigen war, den man aber nicht in der Position brauchen konnte, die er im Begriff war, einzunehmen. Von Gift wurde gemunkelt. Gift aus Wien, so hieß es.

(Hier darf man wohl einfügen, dass im Heft „Deutsche Geschichte" 16. Jahrg. 4/2005 zu lesen ist, dass im Inneren der Haare Napoleons Arsen, (Rattengift) gefunden wurde. Doch noch im Mai habe ein Schweizer Wissenschaftler die Ansicht vertreten, Napoleon sei am Magenkrebs gestorben. Von der Ermordung Napoleons wurde schon lange gemunkelt.)
Die Todesnachricht wurde öffentlich verkündet. Die Betroffenheit war groß und viele konnten es nicht glauben. Leute mit Einblick in die politischen Dinge befürchteten Unruhen für die Zeit, wenn der spanische König starb. Nach einiger Zeit kamen auch in der Öffentlichkeit Verdächtigungen auf. Einzelheiten kamen in dünnen Nachrichten zur Bevölkerung und auch hier hieß es: Wer anders als der Kaiser in Wien könne die Tat auf dem Gewissen haben. Andere hatten den König von Frankreich in Verdacht.
Aber all das Ungeheuerliche wurde nie geklärt. So wenig wie bei Kennedy, Mozart,

Friedrich Schiller u.a..
Als der Spanische Erbfolgekrieg schon 9 Jahre dauerte, schrieb Ignatz F. von Wilhelm, **ein bayerischer Geheimrat:**

> Beim Tod des Prinzen empfanden alle Schmerz und Trauer nur das österreichische Haus Habsburg frohlockte. Die Welt mag wie sie will über den Sturm urteilen, der diese erhabene Blume knickte, der Himmel wird das Urteil fällen. Indessen mögen Sachverständige die Erscheinung klären, daß das silberne Becken, worauf die ausgeschnittene Leber des Toten zu liegen kam, bläulich anlief."

Die Sachverständigen maßen diesem Verdacht jedoch nicht so große Bedeutung zu. Ihre Auffassung war, die Verfärbung der Silberschale sei durch den Schwefelwasserstoff zu erklären, der sich bei Fäulnis der Leber bildet. Auch den anderen Dingen wurde kein großer Wert beigemessen, nicht dem zähen Schleim im Magen, während alle anderen Organe gesund waren. Man hielt die These von der akuten Magenentzündung hoch und deckte mit dieser These alles andere zu. Schlimm aber war, daß selbst Max Emanuel seinen Schwiegervater für den Meuchelmörder hielt.
Die höfischen Diplomaten versuchten dahingehende Äußerungen in geschickten Erklärungen seinem gebrochenem Vaterherzen zuzuschreiben und schließlich wurde dieses Thema gemieden.

Ludwigs Enkel wurde Erbe

Am 3. Oktober setzte der spanische König sodann **den Enkel von Ludwig XIV. als Erbe ein**, am 1. November 1699 starb König Karl II. von Spanien. Max Emanuel schloß ein Bündnis mit Frankreich, **Als Bayerischer (deutscher) Fürst** hätte sich Max Emanuel zweifellos auf die Seite des Deutschen Kaisers stellen müssen oder neutral bleiben, aber **er strebte die Krone der Niederlande an.** Sein Bruder Fürstbischof von Köln stellte sich ebenfalls auf die Seite Frankreichs.
Österreich, England und die Niederlande waren ein Bündnis eingegangen.
Im Frühjahr 1702 hatte Max Emanuel nochmal seine Position überprüft und bei einigem guten Willen von Seiten Wiens, das er mit Prinz Eugen und Jan Sobieski vor den Türken für den Kaiser gerettet hatte, hätte sich alles regeln lassen. Max Emanuel forderte in einer Unterredung mit Kaiser Leopold I. eine Vergrösserung seines Landes Bayern und die Königskrone.
„Wien" lehnte ab. (Es war Napoleon vorbehalten, dies 100 Jahre später zu tun.)

Im September 1702 überfiel Max Emanuel Ulm, und damit begann der Krieg. Max Emanuel siegte im Februar **1703** bei Neuburg an der Donau und eroberte die Reichsstadt Nürnberg. Im Juni marschierte er in Tirol ein, zog sich aber wieder zurück.
Im September **1703** schlug er und Marschall Vilar bei Höchstädt die kaiserlichen Truppen, doch im Mai kam dann **John Churchill** von Marlborough über Holland zur Donau und das war der Beginn vom Ende.
Bereits im Juli **1704** mußten die bayrisch-französischen Truppen am Schellenberg ei-

ne Niederlage einstecken. Die weit schlimmere aber war die **Schlacht bei Höchstädt vom 13. August 1704,**
Auf bayerisch /französischer Seite standen 81 Bataillone Infanterie,
139 Schwadrone Kavallerie und 90 Geschütze
auf Österreichisch/britischer Seite standen 66 Bataillone Infanterie.
166 Schwadrone Kavallerie und 52 Geschütze

Die Schlacht begann mit einer Überraschung; denn noch ehe sich die Franzosen zum Kampf bereit gemacht hatten, griff am linken Flügel John Churchill von Marlborough mit seiner Infanterie an. Er überschritt den Nebelbach und griff im sumpfigen Gelände die Truppen de Tallards beim Dorf Blindheim an und schlug sie in die Flucht und als sich Ludwig XIV. Truppen in Richtung Höchstädt zurückzogen, verlor der kurzsichtige französische Marschall (Tallard) die Orientierung und fiel seinen Gegnern in die Hände. Max Emanuel kämpfte nun mit aller Kraft gegen seinen ehemaligen „Kriegskameraden" **Prinz Eugen.** Nach einer 6stündigen erbitterten Schlacht muss er seine Niederlage eingestehen. Jede Seite hat 12000 Tote und Verwundete zu beklagen. Viele Flüchtende sind in der Donau ertrunken. Die Entscheidung ist gefallen und **Frankreich**, das die **Vorherrschaft in Europa angestrebt hatte**, wurde seit 1 1/2 Jahrhunderten erstmals geschlagen. Max Emanuel schrieb an seine Frau: „Wir haben heute alles verloren. Gott sei mit Ihnen."
Ludwig XIV. ließ die rechtsrheinischen Gebiete räumen und am 7. November 1704 kam Bayern unter österreichische Verwaltung.

1704 : unter österreichischer Verwaltung
Zur Besatzung kamen **Kroaten und Panduren**. Max Emanuel floh in die Niederlande. Das Fürstentum Mindelheim wurde an den Herzog von Marlborough verliehen und am 5. Mai 1705 wurde Josef I. nach dem Tod seines Vater Leopold I. neuer Kaiser in Wien.
Am **25. Dez. 1705** war die Bauernschlacht bei Sendling. Es liegt uns ein **undatierter Beschrieb** vor in dem es heißt:

In Niederbayern wurden die aufständischen Bauern durch ein Umgehungsmanöver der Österreicher im Rücken gefasst und vernichtet. Im offiziellen Bericht, der nach München ging, hieß es: Dieses Massakrieren hat von halb zwölf bis um vier Uhr gedauert, sodass diese Niederlage viel schlimmer war als diejenige vom Christtag in Sendling. Es ist gewiß, daß der wenigste Teil dieses **rebellischen Volkes** (das sind wir Bayern!) davongekommen ist.

„Es waren dies „die ersten Jännertage **1706** „„ als General Kriechbaum energisch nach Niederbayern vorstieß. Die revolutionäre Gesinnung der Bürger und Adeligen war verflogen, sie gaben sich „gut kaiserlich". Die „Bauernerhebung" brach aber erst mit dem Gemetzel am Händlberg bei **Aidenbach** zusammen, das man aber nicht mehr Schlacht nennen kann." wie Hubensteiner schreibt.
Dies war das bittere Ende, in das sich aber dann **der Salzburger Erzbischof einmischte.**

Die Zwangsrekrutierungen zu italienischen und ungarischen Einheiten wurden aufgehoben, doch die Steuern blieben. Hubensteiner gibt keine Zahl an, aber es heißt, daß es dort etwa 5000 (fünftausen) Tote gab.
Gefangene wurden kaum gemacht. In den darauffolgenden Tagen verwüsteten die kaiserlichen Truppen die umliegenden Dörfer: Zuerst wurden sie geplündert, dann angezündet. Im Landgericht Vilshofen glich alles einer Einöde.
Den Kürfürst Max Emanuel hatte dies, so schreibt man, alles scheinbar nicht sonderlich berührt. Max Emanuel hat sich von dem Aufstand „distanziert". (müssen)
In der Realität war in Bayern der Krieg 1706 zu Ende, als Marlborough bei Ramillies siegte und die Niederlande gewann. Prinz Eugen siegte bei Turin. Die letzte Schlacht wurde **1709 bei Malplaquet** geschlagen.
1713 kam es zum **Frieden von Utrecht**, in dem Großbritannien **Gibraltar**, Menorca, und ein umfangreicher Kolonialbesitz in Nordamerika zugesprochen wurde, und es so der eigentlichen Sieger des Spanischen Erbfolgekrieges wurde. Die Reichsstände traten dem Frieden von Utrecht am **6.März 1714** bei und damit war der Krieg aus.

Max Emanuel bekam sein Land Bayern wieder zurück

und kehrte heim, es heißt: Wie ein Dieb in der Nacht sei er gekommen. Er der einmal als der Retter des Abenlandes bejubelt wurde, 1683 am Kahlenberg bei Wien. Vielleicht soll man noch anfügen, daß das Land verarmt war und nun die **hohen Steuerforderungen** nicht mehr vom österreichischen sondern vom bayerischen Militär eingetrieben wurden.

Ludwig XIV., Roi Soleil (Sonnenkönig) 1643 geboren, hatte wohl viel von seiner habsburgischen Mutter geerbt. Er war eine Herrschernatur. Durch seine Zentralregierung und durch die Konzentration der Verwaltung und durch den ungenierten Länderraub tat er zwar viel für Frankreich, konnte aber doch nicht die Zustimmung seines Volkes erringen, da er zugleich die Parlamente entmachtet hatte. Er starb in Versailles am 1. Sept. 1715. Dann waren noch 74 Jahre relative Ruhe, bis die Revolution ausbrach, die das Königtum beendete.

So war ein großer Zeitabschnitt zu Ende gegangen. Das Volk und das Land war wieder einmal verarmt. Sicherlich gab es auch damals schon „Kriegsgewinnler" die durch das Elend der anderen reich wurden. Und die **Türken?** Die werden diese Geschichte auch kennen und Gott danken dass sie jetzt in Mannheim die größte Moschee Deutschlands und günstige Einwanderungsgesetze haben.

Lesen wir zum Schluß noch was **Prielmayer**, Max Emanuels alter Erzieher und Vertraute für ein Urteil abgab, als sich 1702 die Kriegsfurie aufs Pferd schwang:
Nun hat der allgewaltige Gott aus seinen unerforschlichen Urteilen den Zwerchstrich gemacht und wir sehen uns darüber hin an, unwissend wo wir unser Ziel finden. Würde uns die Krone Spaniens die Millionen die wir in die Niederlande gesteckt haben, zurückzahlen, wollten wir wohl wieder den Rückzug nach Bayern finden."

Den neutralen Weg hatte Max Emanuel, der Türkenbezwinger, nicht gefunden. Er ging den verhängnisvollen Weg in den Krieg und bezahlte dafür mit einer 10jährigen

Trennung von seiner Familie, seinem Volk und seinem Land. Er durchlebte und durchlitt ein Leben voller Höhen und Tiefen, die wir nur andeuten konnten; denn man kann nicht auf einigen Seiten ein Menschenleben beschreiben. Er starb im Februar 1726, Gott hab ihn selig. Sein Sohn hieß **Karl Albrecht**, geb. 1697. Beim Tod seines Vaters wurde er 1726 Kurfürst und 1742 ging der alte Traum der bayerischen Wittelsbacher nochmal in Erfüllung: Als Kaiser Karl VII. wurde er 1742 Kaiser - für 3 Jahre nur; denn 1745 starb er. Die Linie führte dann **Maximilian III. Josef** von Bayern fort, mit dem 1777 die bayerische Linie ausstarb und das Erbe an den Pfälzer Kurfürsten Karl Theodor ging. (Siehe auch: Pockenimpfung) *BD*

Baumeister, Äbte und das Ende

Architekt und Baumeister **Enrico Zuccalli** bekam, wie Dr. Sixtus Lampl durch seine eingehenden Studien nachweisen kann, vom Tegernseer **Abt Bernhard Wenzel** (1673 - 1700) den Auftrag zur Planung der barocken „Neuausstattung" des gesamten Klosterbereichs mitsamt der Klosterkirche, mußte aber den vorhandenen gotischen Kirchen-Baubestand übernehmen. In Tegernsee sollte die **Kirche** nicht abgerissen und nicht neugebaut werden.
Der **Klosterbereich** jedoch sollte, wie die Darstellungen zeigen, eine neue, ideale, bauliche Gestalt bekommen. Die beiden Kirchtürme, die eigentlich runde Hauben bekommen sollten, wurden nicht mehr fertiggestellt. Sie blieben die alten. Im Jahre **1786**, bei der Einweihung des letzten Trakts, blickte der Tegernseer Konvent auf eine **108 Jahre lange Umbauzeit** zurück. (Zu diesem Zeitpunkt befand sich Frankreich drei Jahre vor der großen Revolution.)

Enrico Zuccalli, der Barockarchitekt, stammte aus einer berühmten Schweizer Baumeisterfamilie und war neben Viscardi (u.Cuvillies) Hauptvertreter der **Münchner Barockarchitektur**. Er wurde in Bayern ein tüchtiger, vielbeschäftigter Mann. Die neuesten Erkenntnisse sagen, dass der **Gesamtplan** des Klosterbereichs von Tegernsee, bzw. der „Idealplan" auf ihn zurückgeht.
Die Fertigstellung des bereits **1684** begonnenen Umbaus der Klosterkirche Tegernsee übernahm ab **1689 Antonio Riva**, der vorher, ab 1683 die Fertigstellung des Kirchenneubaues von Benediktbeuern übernommen hatte. Ein weiterer großer Name ist mit in die Baugeschichte des Klosters eingewoben: **Johann Schmuzer**, aus der bedeutenden deutschen Künstlerfamilie des 17. u.18. Jahrhunderts, die mit den Namen **Zimmermann** und **Feuchtmayer** zu den grossen Vertretern der **Wessobrunner Schule** gehören. (Stukkatoren und Baumeister)
1701 wurde mit Schmuzer (geb.1642) ein Vertrag über den Neubau der nördlichen Bibliothek und des östlichen Konventsbau abgeschlossen, aber kurze Zeit nach Beginn seiner Tätigkeit verstarb er. Danach wird Johann B. **Gunetzrhainer** als Bauleiter überliefert.

1683 standen die Türken vor Wien. In der Schlacht am Kahlenberg siegte das Heer aus bayerischen, kaiserlichen polnischen und Reichskreistruppen und retteten die belagerte Stadt. 1688 war Max Emanuel bereits fünfmal gegen die Türken gezogen und nahm dann, nach Belagerung, mit Prinz Eugen die Festung Belgrad. Wegen seiner blauen Uniform wurde M.E. von den Moslems „Mavi Kral", der blaue König genannt.

Zu: **Die Sendlinger Mordweihnacht im span. Erbfolgekrieg Bild 15**
Max Emanuel empfängt die Osmanen (Gemälde von J. Amigoni)

Zu: **Der Prinz von Asturien Bild 16**
Die wohl tragischste Episode in der Geschichte der bayerischen Wittelsbacher.
Kurfürst Max Emanuel heiratete 1885 Maria Antonia, Tochter von Kaiser Leopold I. Durch ihre Mutter Margarita Theresia, (Tochter des span. Königs Philipp IV.) war sie Erbin Spaniens. 1692 wurde ihr Sohn, Prinz Josef Ferdinand von Bayern, geboren. Er wurde der offizielle Thronerbe Spaniens: Prinz von Asturien. (Kurprinz von Bayern.) Aber er „starb" ehe er Spanien erreichte auf mysteriöse Weise. *Bild von Josef Vivien, 1698 in Brüssel gemalt*

Zu: **Die Sendlinger Mordweihnacht im span. Erbfolgekrieg Bild 17**
Jan von Huchtenberg malte die Schlacht von „Blindheim“ (Höchstädt), rechts auf dem Schimmel Prinz Eugen von Savoyen.

Zu: **Die Sendlinger Mordweihnacht im span. Erbfolgekrieg Bild 18**
Das Klosterrichterhaus in Tegernsee

Bild 19
Die berühmte
Gotzinger Trommel

Juni 2005 !!!
Bauantrag: Am Gotziger Platz in Sendling soll ein türkisches Kulturzentrum mit Moschee gebaut werden. Minarett später, wenn Gewöhnung eingereten ist. Wer baut in der Türkei ein christliches Zentrum?

Zu: **Die Sendlinger Mordweihnacht im span. Erbfolgekrieg Bild 20**
Das berühmte große Votivbild der Sendlinger Bauernschlacht (Mordweihnacht) in der Kirche von Egern: Am 25. Dez. 1705 vor München. Die Oberländer Landesdefension ist eingekesselt und wird gnadenlos niedergehauen. Im Vordergrund die eiskalte Isar.

Zu: **Religionsstunde beim Pfarrer Gansler Bild 21**
Gottvater erschafft Adam, den ersten Menschen. Das berühmte Fresko von Michelangelo. Über die Finger, die sich nicht berühren, springt der göttliche Funke über.

Zu: **Religionsstunde beim Pfarrer Gansler Bild 22**

Zu: **Goethe fuhr über die Kesselbergstraße Bild 23**
Goethe kam gut nach Italien. Nach Jahren im Staatsdienst erfüllte ihn diese Reise wieder mit frischer Kraft für seine künstlerische Tätigkeit *(bekanntes Gemälde von Wilhelm Tischbein)*

Zu: **Goethe fuhr über die Kesselbergstraße Bild 24**
Von Gmund bis in die Jachenau erzählt man sich noch manchmal vom Goethe-kundigen Wagnermeister, und lacht. *(Gmunder Heimatbote)*

Zu: **Auf dem Hirschberggipfel** **Bild 25, 26** Das neue Gipfelkreuz auf dem Hirschberg – gestiftet und angefertigt von Zimmermeister Cristoph von Preysing. Hinaufgetragen am 15. Juni 02. Eingeweiht am Sonntag, 16. Juni von Pfarrer Franz Xaver Gröppmaier, Egern, im Kreise vieler, die noch zusammenhalten: „Gott schütze unsere Heimat“ ist ins Gipfelkreuz eingeschnitzt. *(Foto: Zeno Mayr)*

Ansicht vom Kloster Tegernsee als es noch wie ein Dorf war. Ansicht von Egern her. Man beachte die beiden Steinkreuze, die heute noch zu finden sind. (Holzschnitt ca. 1500)

So wurde aus der alten Klosteranlage, die vordem **einem kleinen Dorf** ähnelte, ein streng gegliederter, eindrucksvoller Bau mit geradlinig ausgerichteten Mauern unter einem gleichhohem Dach, unter dem sich die Mönchszellen und Gästezimmer, die Getreidespeicher und Pferdeställe, die Brauerei, Druckerei und Schreinerei und andere Handwerkbetriebe befanden. Dieser Bau barg auch die **kostbare Bibliothek**, die Mühle, Küche und Bäckerei, die **Apotheke**, das Krankenhaus, die **Sing- Schreib- und Allgemeinschule etc.** und umschloss auch den Garten. Es erstand ein gründlich renoviertes Benediktinerkloster, in dem gearbeitet und gebetet wurde. (Im Museum Tegernseer Tal ist dies anschaulich dargestellt.)

Wie der Fürst - so sein Volk

Barock, ist die Zeit nach dem schrecklichen **30jährigen Krieg**, (1618 - 1648) der „ausbrach" obwohl der Augsburger Religionsfrieden von **1555, als Grundgesetz** des Hl. Römischen Reiches, deutscher Nation, den Anhängern **beider Konfessionen** ihren Besitz und die freie Ausübung ihres Glaubens **sicherte**. Damals hatte man sich geeinigt, dass die freie Wahl der Konfession nur für die **weltlichen Reichsstände** und die reichsunmittelbare Ritterschaft galt, die dann mit ihrer katholischen oder evangelischen Religionszugehörigkeit über die Religion ihrer Untertanen entschied. Wie der Fürst glaubte, so glaubte das Volk- oder in Latein: Cuis regio, eius religio.
Nach diesem kleinen Überblick auf die **Baugeschichte** und die Religionsregelung, lernen wir auch noch die **Weinberge** von Kloster Tegernsee kennen, die sowohl in **Südtirol**, wie auch in **Niederösterreich** lagen.

In der Nähe von Dürnstein an der Donau, (wo König Richard Löwenherz gefangen war), gab es **Tegernseer Weinberge**. Das Schloss Achleiten in der Wachau bei Strengberg in Niederösterreich wurde durch den **Abt Gregor Plaichshirn** ab 1728 erneuert. Übrigens stand der hl. Quirin aus Tegernsee auch in Strengberg, Loiben und Pöchlarn in hohen Ehren. Der fromme Volkglaube weiß dort noch vom Türkenkrieg eine Geschichte zu erzählen.

Bei der Belagerung vor Wien

Als **1683** bei der Belagerung von Wien die Türken auch nach Strengberg kamen und die Kirche ausrauben wollten, fing gerade die Turmuhr mit ihrem rasselnden Getöse an, den Stundenschlag vorzubereiten, sodaß die Diebe erschrocken davonrannten, da sie die Glocken in ihrer Heimat nie kennengelernt hatten und nur den Ruf des Muezzins gewöhnt waren. Die Leute dankten dem Hl. Quirinus, dass er die Diebe mit dem Gerassel vertrieben hatte. Hoffentlich rennen wir nicht davon, wenn nach EU-Recht einmal ein Muezzin von einem Tegernseertal- Minarett ruft.

Auch **in Südtirol** suchte **Abt Gregor Plaichshirn** die Weingüter des Klosters so rentierlich zu machen, wie in Niederösterreich. So kaufte er ungefähr um die gleiche Zeit in Oberplanitzing weitere Weinberge, die nach ihm **„Gregoriusgüter"** genannt wurden. Zusammen zählten die Südtiroler Weinberge in **Lana bei Meran**, in **Kaltern** und **Oberplanitzing** über **18 Hektar** mit einer Weinerzeugung von über **400 Hektoliter**. Das seegensreiche Wirken der Tegernseer Benediktinerabtei strahlte also nicht nur geistig, sondern auch ganz materiell „weingeistig" durch seinen guten Tropfen weit ins Land hinein und hinaus. Der Südtiroler Rotwein schmeckt uns wahrscheinlich gerade deshalb so gut. und die ‚Planizerl' (Würstl) auch.

Die Säkularisation als Folge der Französischen Revolution

1803 kam dann der Schlag, von dem sich Tegernsee nicht mehr erholen konnte. Den Schlag führten die neuen „aufgeklärten" Kräfte, die mittels der Koalitionskriege **das neue Gedankengut** der **französischen Revolution** aus Frankreich in den europäischen Raum brachten. Der Beschluss dieser Leute brachte **vor 200 Jahren** eine krasse politische Umwälzung und machte die Auflösung und Enteignung der bayerischen Klöster und der kleinen Fürstentümer durch den Staat unumkehrbar. Die Betroffenen merkten nichts; denn es wurde schnell und ziemlich verdeckt gehandelt. Alles war sehr gut vorbereitet und zwar **hinter den unsichtbaren Schleiern**, die die Regierungen stets umhüllen und abschirmen, wenn sie ‚was' vorhaben. Die Betroffenen, in unserem Fall die damaligen Klosterleute ahnten vielleicht etwas, aber da standen die Männer des neuen Regimes schon vor der Tür und begehrten Einlass. Der Lokalaufhebungskommissär Puck aus Wolfratshausen hielt dem Abt die Papiere hin und achtete gar nicht auf seine Einwände.

Wenn einem Menschen mit Durchschnittscharakter durch die Umstände der Zeit Gelegenheit geboten wird, Rache für etwas zu nehmen, macht er es, wie der kurfürstliche Rechnungskommissär Puck es damals gemacht hat: Ohne Mitgefühl. Kein Pardon. Aber er war ja nicht allein. Da war auch noch der Hofbibliothekskommissär Johann Christoph Freiherr von Aretin erschienen (anfangs April) um die kostbaren

Bücher, die Handschriften, kurz die gesamte Bibliothek zu beschlagnahmen. Und anscheinend wußten die Männer der „neuen Zeit" alles. Eine Handschrift aus der Merowingerzeit, also vorkarolingisch, die die Patres wie ihren Augapfel all die langen Jahrhunderte hindurch aus allen Gefahren, die das Kloster erleben mußte, gerettet und erhalten hatten, die sie als ihren größten Schatz versteckt hatten, mußten sie letztendlich herausgeben. Abt Gregor wurde als aufsässig und wiedersetzlich angeschwärzt, Puck bezeichnete ihn bei Aretin sogar als hinterhältig und äußerst unwillig.

Die Vorboten der Säkularisation von 18o3

Der letzte Abt von Tegernsee, hieß **Gregor Rottenkolber** und war 53 Jahre alt, als Puck und Aretin das Kloster beschlagnahmten. Er hatte am 10. November 1750 in Deutenhofen bei Altomünster im Dachauer Hinterland das Licht der Welt erblickt. Seine Ausbildung erhielt er in Freising. Als er 25 Jahre alt war, trat er als Benediktinerpater ins Kloster Tegernsee ein, 2 Jahre später feierte er dort die Primiz, die erste Gemeindemesse als Priesters nach seiner Weihe. Zuerst wirkte er 6 Jahre als Betreuer bzw. Lehrer für Dogmatik und Moraltheologie und übernahm dann, ab 1783 die Klosterämter des Kassiers und des Waldmeisters.Durch diese Ämter kam er draußen mit den Leuten auf den Höfen zusammen, die sich damals als Untertanen noch das Brennholz von ihm zuweisen lassen mussten.
Pater Gregor war ein ernster Mann, der sich selbst noch gut an die ärmlichen Verhältnisse in seinem Elternhaus erinnern konnte und der genau wusste, was es bedeutet im Winter frieren zu müssen. So sorgte er dafür, dass die Armen ohne Kosten zu ihrem Brennholz aus den Klosterwäldern kamen. Sein soziales Empfinden und sein Gerechtigkeitsgefühl wurden allseits anerkannt und geschätzt, aber er hatte keine Ahnung davon, dass er derjenige sein würde, der als letzter Abt ohnmächtig zuschauen musste, wie das einst so bedeutende Kloster zerschlagen und aufgelöst wurde.

Auch in Bayern und im Tegernseer Kloster waren die Zeiten ernst, man lebte hier bescheiden und ging seinem Tagewerk nach. Vereinzelt kamen Nachrichten aus Frankreich. Es hieß, es gäbe dort Wirtschafts- Sozial- und Staatskrisen. Man erfuhr vom **Massenelend** der vagabundierenden **Arbeitslosen**, von den breiten Schichten der **landlosen Tagelöhner** und **Kleinbauern**, von **Hungerrevolten** und **Teuerungswellen.**
Die Hofhaltung, das heißt **die Staatsführung** der französischen Monarchie versagte dort völlig. Sie war den angehäuften Schwierigkeiten der Vorgänger nicht gewachsen. Es kam einestages zur **Notabelnversammlung** der Privilegierten (Notable waren Männer aller drei Stände von Amt, Vermögen und Bildung, die nicht unbedingt Adelige sein mussten. Sie sollten den französischen König in schwierigen Situationen beraten. Das andere Abstimmungsgremium waren die gewählten Generalstände)

In Tegernsee kümmerte man sich nicht um die französische Staatsführung, aber als durchsickerte, dass es **1787** zum Aufstand der Notablen gekommen war, weil der **Staatsbankrott** drohte, wurde man auch hier hellhörig.

Benediktiner-Kloster Tegernsee
Das gute Bier aus der Herzoglichen Brauerei bewahrt auch eine alte Ansicht von den Tegernseer Anfängen.

Am Leonharditag von **1787** (6.Nov.) der stets als Bauernfeiertag gehalten wurde, begab sich der damalige Abt von Tegernsee, **Benedikt Schwarz** nach Kreuth um inmitten der Bevölkerung das Fest zu begehen und um die Leute und die Pferde zu segnen. Als er den Gottesdienst beendet hatte und sich ins Freie hinausbegeben wollte, brach er zusammen. Er hatte einen Schlaganfall erlitten und verstarb noch am selben Tag. Man hielt es allgemein für ein böses Omen. Abt Benedikt war der letzte Abt von Tegernsee, der noch in der **Klostergruft** bestattet wurde.
Am 4. Dezember desselben Jahres erhielt Pater Gregor **Rottenkolber** von den 35 Stimmen seiner Mitbrüder 18 und wurde damit ihr letzter Abt, ohne dies jedoch zu ahnen. Es hätte gebildetere, gescheitere, frömmere Männer, bzw. Brüder des Hl.Benedikt für dieses Amt gegeben, aber irgendwie, ohne recht zu wissen warum, wählten sie den, **mit dem praktischen Sinn** aus ihrer Mitte.
Abt Gregor war noch kein Jahr in seinem verantwortungsvollen Amt, da musste er nach Loiben und Strengberg in Niederösterreich um die **Tegernseer Weinberge in der Wachau zu retten**, die durch einen korrupten Klosterbeamten beinahe verloren gegangen wären.
Über Abt Gregor wäre vieles anzumerken, denn wenn er auch den Ausbau der Kirchtürme zurückstellte, so legte er dafür sein Augenmerk vermehrt auf Unterricht und Ausbildung. Das kleine Seminar für zwei Dutzend mittellose Sängerknaben wandelte er in ein Gymnasium um und öffnete so den Begabteren die Tore für diese Musikschule.

Enteignung der Grundherren

Bei der Säkularisation wurde nicht wie bei einem gewöhnlichen Staatsstreich die alte Regierung gestürzt, sondern damals wurden durch die Regierung alle bedeutenden Grundherren zugunsten des Staates enteignet. Land, das bisher der Kirchen- bzw. der Klosterverwaltung gehörte, ging nun in Staatsbesitz über. So kamen die Klostergebäude nebst Inventar unter den Hammer, d.h. an den Meistbietenden, **das Land aber nahm der Staat** - (und das sind wir alle, heißt es).

Das Ende von Kloster Tegernsee

Abt Gregor Rottenkolber konnte nicht glauben, daß die Benediktiner von Tegernsee die völlige Enteignung hinnehmen mußten. Er protestierte. Er sagte, dies sei durch **die alten Rechte und Privilegien** doch nicht durchführbar. Eine seit 746 bestehende Abtei könne doch nicht so aus heiterem Himmel heraus zertrümmert werden. Doch mittels **„Neuer Zeit Politik"** war das möglich.

Es ist schon oft darüber berichtet worden, was damals geschah. Zeitungen schrieben im Sinne der **„neuen Zeit"** ehrabschneiderische Schmähschriften und hetzten die Bevölkerung gegen die Benediktiner auf. Natürlich gab es Leute, die sich an die eine oder andere Ungerechtigkeit vom Kloster erinnerten und diese hielten still. Eine Broschüre, die ohne Verfasser erschien, kam unter dem aufschlußreichen Titel heraus: **„Fortschritte des Lichts in Baiern"** und da muß doch tatsächlich ein verbotener Illuminat von Weishaupts Geheimgesellschaft übergeblieben sein, von der noch zu lesen ist.

Diese Schrift ermöglichte es Herrn von Drechsel das feilgebotene Kloster für ein Spottgeld von 25 000 Gulden zu kaufen.

5000 Gulden bekam er gleich zurück, da die vertriebenen Patres den Konventtrakt zurückkauften. (Auch soll eine **„Pfarrkirchenstiftung"** errichtet worden sein. Dr. Roland Götz wird auf Anregung von Wolfgang Schönauer genaueres nachweisen.)

Aber schauen wir uns Drechsels Umschwüngler-Karriere an, denn **Umschwünge** gibt es immer wieder und sie bieten gewissen Leuten außergewöhnliche Chancen.

Eine Jakobiner- Karriere

Also zurück zur ‚neuen Zeit' von **1803**. Damals gab es beste Chancen für „clevere" Menschen. **Freiherr von Drechsel** ist ein recht gutes Studienobjekt. Er war **1778** geboren. In jenem Jahr hatte **Abt Benedikt Schwarz** den großen Gästetrakt, den wir nur mehr von Aufzeichnungen und dem bekannten Wening-Stich des sogenannten „Ideal- Plans" her kennen, gerade 8 Jahre fertiggestellt

Mit Jakobinern bezeichnete man alle entschiedenen Anhänger der (französischen) Revolution, die sich gegen Kirche und Monarchie wandte und den Juden die lang ersehnte Emanzipation brachte, da sie vorher keinen Zugang zu vielen Bereichen hatten. Ganz genau genommen aber waren es die „radikalen Republikaner", die sich zu einem Klub (Partei) zusammengeschlossen hatten und sich im **Kloster Saint Jacques** in Paris trafen. Robespierre war Jakobiner. Es kam zu fürchterlichen Auswüchsen, zur „Diktatur des Wohlfahrtsausschusses", was dann 1794 zum Sturz Robespierres führte. Die Königin Marie Antoinette wurde schon ein Jahr früher hingerichtet.(Schafott). Die Jakobiner trugen eine knallrote phrygische Beutelmütze, eben die Jakobinermütze.

Drechsel war ein Vertrauter von **Graf Montgelas**, der **1799** zum bayerischen Außen- und **1806** zum Innenminister, man könnte auch sagen „Superminister" berufen worden war und später durch die Annäherung an die damalige Supermacht Frankreich eine Vergrößerung des bayerischen Gebietes und die Gründung des einheitlichen

bayerischen Staates nach napoleonischen Gesichtspunkten organisierte.
Karl Freiherr von Drechsel war tüchtig und tatkräftig. Bereits mit 27 Jahren bekleidete er den Posten eines Landesdirektionsrats. Ein Jahr später wurde er königlicher Postkommissär. **1806** königlich bayerischer **Generalpostdirektor**. Ihm wurde gratuliert und er behielt diese Position bis **1817**. Da wollte dann der kriegsmüde König Max für seine zweite Ehefrau, Königin Karoline, die Reste von Kloster Tegernsee kaufen. Aber Herr von Drechsel hatte da schon den vor 33 Jahren neuerbauten **schönen großen Gästetrakt abgerissen**. Es war ein beschämender Abbruch. Er ließ diese Gebäude ohne Notwendigkeit niederreißen. Nur so aus Tatendrang, - oder etwa aus Geldgier? Er verkaufte alles und veranstaltete sozusagen einen **Flohmarkt für Bauwillige**. Steine, Dachbalken, Fenster, Türen, Öfen, Herde, die kupferne Bedachung, die breiten Marmortreppen: Alles mußte raus! Elf, der ursprünglich 14 **Seitenaltäre** der Kirche kamen heraus, ja er ließ sogar **die Dorfkirche** St. Johann am Burgtor außerhalb des Klosters abbrechen und verkaufte auch die **Glocken**. Er soll aus diesen Erlösen mehr eingenommen haben, als er für den Gesamtbesitz bei der Versteigerung bezahlt hatte. Die Versteigerungs-Preise waren niedrig, da zu viel „im Angebot" war.
Dr. Roland Götz, (Erzbischöfliches Archiv) wird noch herausfinden, wann 1.) die Kirche St. Johann am Burgtor abgebrochen wurde, 2.) ob Drechsel 1805 das Klostergebäude mit oder ohne Kirche gekauft hat, 3.) wann die Pfarrkirchenstiftung Tegernsee errichtet wurde. Dann gibt es neue Erkenntnisse jener Zeit.
Bisher ist bekannt, dass unter der Bedingung des Verzichts auf ihre Ordenskleidung 20 zurückgebliebene Mönche **1805** die Erlaubnis erhielten, den Konventbau mit Garten von dem neuen Besitzer Drechsel für 5000 Gulden zurückzukaufen. Der schwergeprüfte Abt Gregor lebte dort mit ihnen (im alten Herrenhaus) noch 5 Jahre bis zu seinem Tod.
Ilka von Vignau berichtet, Drechsel habe die Absicht gehabt, aus der **Klosterkirche eine Fabrikhalle** zu machen. Modern, modern! Oder wollte er sagen: Religion ist

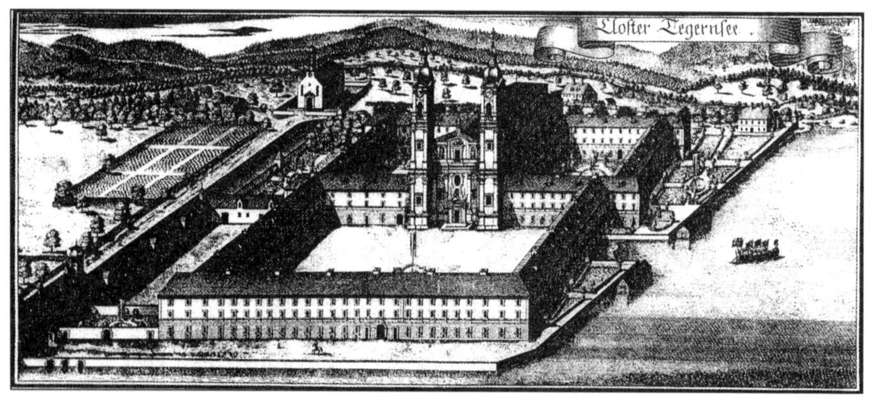

Kloster Tegernsee *Kupferstich des Michael Wening vom bekannten „Idealplan", der nach Dr. Sixtus Lampl von Enrico Zucalli stammen dürfte (1642-1724). Die geplanten Kuppeltürme kamen nie zur Ausführung, aber 1786 wurde der letzte Neubautrakt eingeweiht. 23 Jahre später wurde nach der Säkularisation (1803) der U-förmige Trakt abgerissen*

Opium fürs Volk? Damals war die Völkerschlacht bei Leipzig, **1813**, in der dem Napoleon sozusagen „sKraxerl brocha wordn is" noch nicht geschlagen. Damals wurde Max Josef erst einmal König von Napoleons Gnaden. Später verließ er seinen Freund Napoleon, stellte sich wie mit einem 7. Sinn gegen ihn und war somit wieder auf der Siegerseite. König Max kam halt etwas zu spät nach Tegernsee. Er war vor seiner 1. Heirat sehr lange am französischen Hof. Vielleicht hatte er eine klare Sicht für die damaligen Dinge, die über Europa sturmmässig dahinrollten. Auch über Kaiser Franz rollten sie dahin; denn er hatte den Todesstoß für das **„Heilige römische Reich deutscher Nation"** nicht mehr verhindern können.
So verkaufte Drechsel **1817** die Reste von Kloster Tegernsee an König Max, und stellte dabei **Bedingungen**. Er wurde Generalkommissär des Rezatkreises mit Sitz in Ansbach, der König bezahlte ihm die geforderten 90, bzw. 120 000 Gulden, (je nachdem, wer davon berichtet.) Der Freiherr wollte obendrein auch noch geadelt werden und so verlieh ihm König Max den Grafentitel. Der König soll dabei verächtlich gesagt haben: „Dann adelt es auch noch, das Schwein." Architekt Klenze baute sodann das ehemaligen Kloster in eine **königliche Sommerresidenz** um.
Noch eine Stufe höher ging es mit dem Graf Drechsel; denn **1826** wurde er Generalkommissär des Oberdonaukreises in Augsburg. Doch Superminister Montgelas war schon **1817** gestürzt worden.
1825 starb König Max. Sein Sohn Ludwig I. wurde König. Er konnte kein Franzosenfreund sein, da seine Mutter mit den vier Kindern vor Napoleon flüchten musste und an den Folgen dieser Vertreibung starb. Ludwig selbst, als das älteste der Kinder war damals auf der Flucht 10 Jahre alt. Unter Ludwig besann sich Bayern seiner Herkunft und versuchte in sich selbst wieder Festigkeit zu finden. **Graf von Drechsel** starb 1838 mit 60 Jahren.

Der letzte Abt

Abt Gregor Rottenkolber protestierte 1803 gegen die Aufhebung des Benediktinerklosters Tegernsee, aber das bekam ihm schlecht. Man bezichtigte ihn, der dieses Unrecht einfach nicht fassen konnte, der Uneinsichtigkeit und Widersetzlichkeit, er mußte die Beschlagnahme der Klosterbibliothek durch **Freiherrn von Aretin** hinnehmen, der die Bücherkostbarkeiten der Benediktiner nach München brachte und fuderweise Bücher verschleuderte. Die Klosterleute nannten das mit Recht eine Beraubung, aber es interessierte niemanden. Schau, lieber Leser, es war immer schon so: **Macht bricht Recht**, da kann man nichts machen.
Am **13. April** mußte **Abt Gregor** mit 2 Mitbrüdern nach Niederaltaich reisen und hatte kaum Zeit, einige Habseligkeiten einzupacken. Vielleicht haben sie zu ihm auch gesagt, er muss zur Vernehmung und soll sich ein Taschentuch und ein Paar Socken mitnehmen. Überliefert ist, daß er so schweren Herzens von Tegernsee wegging, daß er sagte: „Lieber hätten sie mir die Reise in die Ewigkeit angekündigt."

Die damals noch „churfürstliche Durchlaucht" **Max IV. Josef** hatte diese Anordnung befohlen, hieß es, weil sich die Benediktiner schuldig gemacht hatten **„Klostergut** zu unterschlagen." (Alte Handschriften, die ihr Eigentum waren, wollten sie behalten.)

Diese Tegernseer Benediktiner, die sich selbst nie „Mönche" genannt hatten und auch von niemandem so genannt wurden; denn sie waren „Herren des gefreiten Benediktinerstiftes Tegernsee",. wurden als Folge der „Neuen Zeit" zu Vertriebenen bzw. zu Deportierten! Was da zutrifft sollte jeder für sich überlegen. Aber nur überlegen, nicht nachdenken, (damit nicht die Bitterkeit über das verletzte Recht aufsteigt.) Im Herbst, also 1/2 Jahr später, wurden sie wieder **frei**, da war dann der Umschwung von Tegernsee schon „in trockenen Tüchern", wie man so sagt. Aber erst kurz vor Allerheiligen **1805**, (nach 2 Jahren) durften sie wieder nach Tegernsee zurück. Das gemeinsame Chorgebet war ihnen allerdings verboten. Die Mönchskleidung mußten sie auch ablegen. Am **13. Februar 1810** starb Abt Gregor 60jährig an einem Schlaganfall. Er hatte jedoch die Liebe und Treue, eben den Zusammenhalt der noch verbliebenen Mitbrüder erfahren dürfen.
An seinem offenen Grab stand **kein** Vertreter einer Staatlichen Behörde, **kein** anderer Abt, **kein** Prälat der Kirche, **kein** Probst oder anderer Vorsteher eines säkularisierten Klosters, auch **kein „Großer"** der damaligen neuzeitlichen Gesellschaft.
Abt Gregor hatte die letzten Jahre eine **staatliche Pension** von monatlich 183 Gulden zugesprochen bekommen, die anderen Konventualen bekamen im Monat 33 Gulden. Wie sie es verwalteten und zum Wohl der Bevölkerung stifteten, steht in der **„Sparkassengeschichte"** des 1.Teg. Lesebuchs auf Seite 125.
Heute befinden sich im historischen Klosterrest u.a. das Gotteshaus, die alte Gruft, das berühmte Bräustüberl, die herzogliche Verwaltung, Wohnungen, die Privaträume der herzoglichen Wittelsbacherfamilie, die Restauration „Schlosskeller", das Staatliche Gymnasium und der **Barocksaal** für Konzerte und andere Veranstaltungen. Die Abiturienten eines jeden Jahrgangs haben das Glück hier ihr Abitur schreiben zu dürfen. Anfang August 2005 unterzeichnete hier Prof. **Otto Beisheim** (Metro) im Beisein wichtiger Persönlichkeiten die Stiftungsurkundc, die dem Gymnasium Tegernsee die Erträge aus zehn Millionen Euro sichert. In seiner Grundsatzrede sagte er: „Ohne qualifizierte, begeisterte und leistungsbewusste Jugend werden wir die Herausforderung der Globalisierung nicht bestehen."

BD

Andere „Umschwünge"

Es gab nochmal „Umschwünge" bzw. günstige Gelegenheiten z.B. nach dem 1. Weltkrieg und in den **„goldenen 20er Jahren"**, die aber nur für die Kriegsgewinnler golden waren, wie der jüdische Schriftsteller **Ludwig Marcuse**, der auf dem Wiesseer Bergfriedhof liegt, gesagt hat. Es gab damals, nach der Inflation (1923) genügend Aufkäufer, die größeres Bauernland und ganze Höfe aufkauften und „zerschlugen". Zudem gab es auch gerissene Betrüger und private Kreditgeber, die den Verschuldeten in falsche Sicherheit wiegten, um ihn dann abzudrosseln. Der einfache Bürger verlor dabei oft Haus und Hof und konnte nicht begreifen, wie er in diese aus-

sichtslose Lage geraten war.
In Abwinkel stand z.B. der Sapplkeller zum öffentlichen Verkauf, der den Gottschlichts gehörte und sie konnten in der Finanzmisere ihr Anwesen dem Inhaber des Münchner **Schuhhauses Terry** verkaufen, einem **Herrn Marx**. Hier ging alles ganz ordnungsgemäß über die Bühne und Herr Marx verband sich dann auch noch mit einigen Bauern, um die auf der Kippe stehende „**Seerose**" davor zu bewahren, dass sie versteigert wurde.

Wieder ein Umschwung

Dann kam **„der Umschwung von 1933",** irgendwie eine Revolution der verarmten Arbeiterschaft oder eine für sie, gegen die **„Zustände der Zeit"** und deren Politik. Die deutschen Juden wurden gedrängt Deutschland zu verlassen. Ihnen schob man die ganze Misere, die in Deutschland herrschte zu. Man sah sie sogar als die „stillen Schöpfer" des Versailler Vertrags an, der so voller Ungerechtigkeiten war, dass sogar der Bayerische unpolitische „Praktiker", **Oskar von Miller**, seinem Erschrecken schriftlich Ausdruck verlieh.
Von 1933-41 gab es ein Abkommen. „Die Zionisten" arbeiteten mit den Nationalsozialisten (Haavara) zusammen, wie eine, für eine amerikanische Universität erarbeitete Doktorarbeit darlegt, und auch in dem Knaur-Sachbuch „Amerika und der Holocaust" € 12.90 auf Seite 55 nachzulesen ist. Man sollte wissen, dass die Anfänge des Zionismus im 19. Jahrhundert liegen und mit dem allgemeinen Nationalismus in Europa im Zusammenhang standen. **Der jüdische Nationalismus**, der gefördert wird, im Gegensatz zu dem der „Vaterländer Europas", strebte mit religiösen Vorstellungen einen **eigenen Staat an**, der dann auch über die **Balfour-Deklaration** von **1917**, ohne auf die in Palästina ansäßigen Bevölkerung Rücksicht zu nehmen, im Mai 1948 gegründet wurde.
Ab 1933 begannen wohlhabende Juden ihre Geschäfte zu verkauften, um ins Ausland zu flüchten. Wieder, wie schon so oft, konnte manch einer nicht den angemessenen Preis erzielen. Wieder konnten „Andere" zu sehr günstigen Preisen „einkaufen", oder bezahlten überhaupt nichts, wenn z.B. **Produktionsstätten staatlich „arisiert"** wurden. „Doch wer was nimmt und es nicht bezahlt, der stiehlt. Das gibt es auch heute noch und man muss dabei auch an die Ländereien in der alten DDR denken, und an die weiter östlichen", sagte ein Moralist.
Es gab aber auch 1933 genügend Verkäufe, die reell waren. So verkaufte Herr Marx, seinen „Sapplkeller" wieder, vermutlich auch sein Schuhhaus in München und ging fort. Ins Ausland. Wohlhabenden Juden wurde die **Einreise** in einigen Ländern ermöglicht, den armen nicht. Nach dem Krieg kehrte Herr Marx wieder zurück. **Er kam auch nach Wiessee**, weil er ja da noch mit Abwinkler Bauern die Beteiligung an der Seerose hatte. Jetzt konnte die alte Geschichte geregelt werden und die alten Eigentümer konnten den Rückkauf tätigen. Seinen „Sapplkeller" forderte er nicht zurück, weil er seinerzeit den richtigen Kaufpreis erhalten hatte.

Nochmal ein Umschwung

Dann kam die **„ganz neue Zeit" als „Umschwung" von 1945**. Das war auch wie-

der eine tolle Gelegenheit um günstig an anderer Leute Eigentum zu kommen, nicht zuletzt in den Ostgebieten, aus denen „die Deutschen" entschädigungslos vertrieben wurden. Sagen wir lieber nicht „Polen und Tschechei" damit unser junges Europa keine Gänsehaut oder Herzattacke bekommt. (Reden wir auch nicht von den Demontagen unserer Industrie. Besiegte wurden immer schon ausgeplündert.Unsere Kinder wissen nichts davon, dass damals ganze Fabriken aus Deutschland hinaustransportiert worden sind)
Daß es auch andere Charaktere gab zeigt uns die längst vergessene Story vom **Kardinal Faulhaber**.
Als ihn 1945 die Amerikaner fragten, wen sie denn zum 1. Nachkriegs-Ministerpräsidenten ernennen sollten, merkte der Kardinal wohl schon, was für eine Gerechtigkeit da mit dem politischen Reinigungsschrubber daherkam. Wenn man weiter oben ist, sieht man oft weiter. Er machte eine Liste und setzte auf den 1. Platz den früheren Vorsitzenden der Bayerischen Volkspartei, den **Finanzminister Dr. Fritz Schäffer**.

Drei Wochen später weigerte sich der 57jährige Dr. Schäffer die rigorose **„Entnazifizierung"** durchzuführen, die mit ebenso rigorosen „Beschlagnahmen" einherging. Der US-General **George Patton** stand ihm zur Seite, aber es war nicht ganz im Sinne der „neuen Herren". Bereits Ende September **1945** wurde **Schäffer abgesetzt**. Die Anweisung kam telefonisch aus dem Frankfurter US-Hauptquartier und mußte **sofort** vollzogen werden. Übrigens wurde zugleich (der deutschfreundliche) General Patton als **Befehlshaber Bayerns** abgelöst. Als er dann im Dezember 1945 mit dem Auto nach Mannheim oder Heidelberg fuhr, verunglückte er und starb. (Aus einem Bertelsmannsbuch entnommen.)

BD

„Die Würde des Menschen ist unantastbar" Art.1 Abs.1 Grundgesetz.
(Und die Würde des Menschen hört mit seinem Tod nicht auf)
Aber bitte, was genau ist eigentlich die Würde des Menschen?
Es scheint beinahe so ein undefinierbarer Köder zu sein wie „Freiheit, Gleichheit, Brüderlichkeit.

Die Schulreform des Pater Braun aus Tegernsee

1770 wurde die von Pater Braun verfasste **„Kurfürstliche Schulordnung"**, veröffentlicht. Es war ein Reformprogramm und bestand aus neuzeitlichen Ideen, Wünschen und Absichtserklärungen, hatte aber sofort starke Gegner. Pater Braun wollte eine Schule, die sich in ihrem Unterricht an die klassischen Bildungsideale erinnert und die jungen Menschen im weltbürgerlichen Geist erzieht. Es sollte vor allem der „Aufklärung zur Vernunft" dienen und um dieses zu erreichen, wollte er, dass die Schüler immer fleißig nach dem „warum" fragen sollen.

Wer war dieser Benediktiner aus Tegernsee?
Er war ein Bäckersohn aus Trostberg, hieß Matthäus Braun, nannte sich aber in Tegernsee Pater Heinrich. Zuerst war er dort Theologieprofessor und Bibliothekar und wurde von dort an die Münchner Frauenkirche und in den geistlichen Rat berufen. 1770 erhielt er das Amt und den Titel des Churfürstlichen Schulkommissars und zugleich wurde seine verbesserte **„Schulordnung"** veröffentlicht und damit anerkannt.
Die Augustiner standen zu ihm. Im Denken der Menschen hatte sich einiges verändert. Schon seit 1720 gab es im Augustinerchorherrenstift Polling ernsthafte Bemühungen um eine gemäßigte, katholische Aufklärung. 1746 berief der Kurfürst Max III. Joseph seinen früheren Lehrer und Rechtsprofessor **Freiherrn von Ickstatt** als Juraprofessor und Universitätsdirektor nach Ingolstadt. Er (katholisch) war Freund und Schüler des (protestantischen) Aufklärungsphilosophen **Christian Wolff.** Somit kamen die Ideen Wolffs nach Bayern und der Rückstand des katholischen Südens gegenüber dem protestantischen Norden wurde abgemildert.
Und wie ging diese Geschichte weiter?
In Bayern hatte sich die Monarchie bereits **1764** durchgesetzt und „der Kirche" verboten Grund und Boden zu erwerben. Das Kirchenvermögen und die kirchlichen Pfründen (die nutzungsmäßige Vermögensmasse) kam unter die staatliche Oberaufsicht. Auch die bis dahin alleingültige kirchliche Heirat wurde verdrängt.
1773 wurde es Pflicht, weltlich zu heiraten. Es galt von da ab nur noch die „standesamtliche" Hochzeit, oder wie es damals hieß: Das Eheverlöbnis vor einem weltlichen Gericht. Im selben Jahr ließ **Papst Klemens XIV.** den Jesuitenorden verbieten. Und Pater Braun?
Von 1777 arbeitet er noch 5 Jahre als **Landeskommissar der Land- und Stadtschulen**, der Lyzeen und Gymnasien. Er wollte besonders den Deutschunterricht fördern. Doch dann wurden die Widerstände zu groß und er gab auf.
Seine Forderungen, die allgemeine Schulpflicht und die staatliche Schulaufsicht, sowie die Besserstellung der Lehrer einzuführen, erlebte er nicht mehr. Er starb.

Max III. Josef und die Pockenimpfung

Vor dem Krieg und bis in die späten 50er Jahre hinein wurden die Kinder im Alter von einem Jahr und ein zweites mal mit 14 Jahren mit einem kleinen Messerchen in den Oberarm geritzt. Hernach gab es kirschkerngrosse Blasen, die langsam abheilten und damit war man gegen die Pocken geimpft und geschützt. **1976** konnte die Impfpflicht in der BRD aufgehoben werden und im Oktober **1979** erklärte die **Weltgesundheitsorganisation** die Pocken für **ausgerottet**. Trotzdem ist bei Einreise in pockengefärdete Länder eine Impfung erforderlich.
Bei uns in Europa waren die hochfiebrigen „Blattern", (schwarze Blattern) bzw die durch Viren hervorgerufenen Pockenepedemien, seit dem 6. Jahrhundert bekannt und

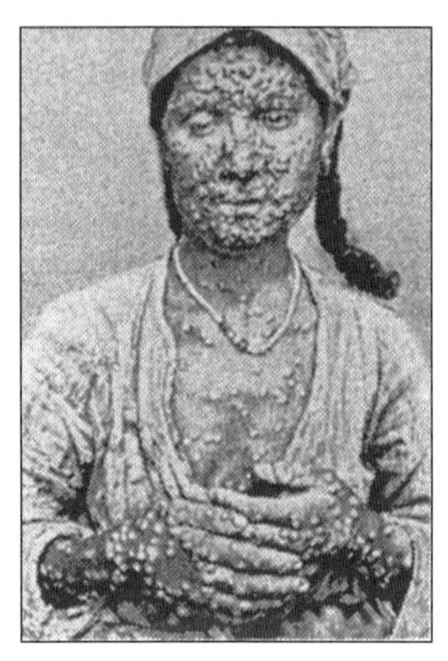

Pocken:
Ausschlag im Pustelstadium

diejenigen, die die Krankheit überstanden hatten, behielten ein Gesicht voller grässlicher Narben. Für Nichtgeimpfte war eine Pockeninfektion meist tödlich.

Kurfürst Max III. Josef, (1727 -1777) der 1745 bayerischer Kurfürst wurde und sich für die Schulreform des **Pater Braun von Tegernsee** wohlwollend einsetzte, verdient eine Würdigung. Er war **ein Enke**l von Kurfürst **Max Emanuel**, dem blauen Kurfürst, (Mavi Kral) der Bayern verloren hatte aber es wiederbekam. Er selbst war **der letzte Kurfürst** der **altbayerischen Linie** und darf nicht mit Kurfürst Max IV. Josef, der 1806 König Max I. Josef wurde und 1825 starb, verwechselt werden.

Dieser Max III. war der Vorkämpfer für die Pockenimpfung. Die Möglichkeit, sich freiwillig impfen zu lassen nutzten damals aber nur wenige. Es ist aber eine Tatsache, dass **Bayern als erstes Land** die Pockenschutzimpfung einführte. Minister Montgelas war Innenminister, als der wohl **bedeutendste Mediziner** seiner Zeit, **Franz X. Häberl** von **1808-1813**, gegen große Wiederstände diese Impfung einführte und auch das Allgemeine Krankenhaus München, vor dem Sendlinger Tor gründete, wobei ihn König Max unterstützte.

Kurfürst Maximilian III. Josef war der letzte männliche Nachkomme von Ludwig dem Bayern, der Ettal gegründet hatte, nachdem seine Kaiserkrönung in Rom so unglücklich verlaufen war, ja beinahe im Fiasko geendet hatte.
Damals soll, der Legende nach, Ludwigs Pferd im Graswangtal auf die Knie gesunken sein und den Weiterritt verweigert haben. Der Bayernkaiser deutete dies als Zeichen des Himmels und gelobte, hier auf bayerischen Boden eine Ritterakademie und ein Kloster für 20 Mönche zu gründen: „Gott zuliebe und der Gottesmutter zu Ehren."

Dieser letzte Kurfürst Max III. aus dem Stamm der **bayerischen Wittelsbacher** machte **1745** dem österreichischen Erbfolgekrieg mit seiner Cousine Maria Theresia, der schon 5 Jahre andauerte, ein schnelles Ende. Er verzichtete auf den Erbanspruch und sagte:
„Und wenn niemand den Frieden will, so will ich ihn."
(Deshalb erhielt er wohl den Beinamen **der Vielgeliebte**.)

Er war von dem durch die Aufklärung geprägten Juristen Freiherrn von **Ickstatt** erzogen worden und versuchte bei seinen Untertanen die Bildung und die Wissenschaften zu fördern, um die weit verbreitete Armut zu beheben und gründete somit die Bayerische **Akademie der Wissenschaften**.
Obwohl seine Ehe kinderlos blieb und es ihm sogar die Kirche ermöglicht hätte, sich

von seiner sächsischen Gattin Maria Anna scheiden zu lassen, tat er es nicht. Man hatte diese Entscheidung stets eine Tragik genannt. Eine andere Tragik war aber, dass er zwar seinen bayerischen Untertanen die Pockenimpfung „verordnete", was eine der **frühen Großtaten** im Hinblick auf die **Volkshygiene** war, sich aber selbst nicht impfen ließ, obwohl er zeitlebens eine panische Angst vor dieser schlimmen Krankheit hatte.
Nun kann man „modern" sagen, er habe diese Krankheit angezogen, weil er sich vor ihr geängstigt hat. Man kann aber auch annehmen, daß er eine, in seinem Unbewußten schlummernde Vorahnung von seiner Todesursache hatte. Der Psychiologie sind da viele Möglichkeiten offen, die alle nicht zu beweisen sind.
Er starb am **30. Dezember** 1777 an den Pocken und war gerade mal 50 Jahre alt. Im selben Jahr hatte **Mozart** vergeblich versucht, in München eine Anstellung zu bekommen. Mit Max III starb **die bayerische Linie** der Wittelsbacher aus. Erst ungefähr hundert Jahre später, 1874, wurde gegen die Pocken der **Impfzwang** durch das Reichsimpfgesetz durchgesetzt.

BD

Der Orden der Illuminaten

Gründer Adam Weishaupt (1748 - 1830)

Durch Pater Braun sind wir zu den Jesuiten gekommen und durch sie zu Adam Weishaupt. Nichts wurde seinerzeit so gefürchtet, wie der Gedanke an eine Welt, in der alle Menschen gleich sind (vor dem Recht) und in der anstelle eines Monarchen das Volk regieren sollte.
Wären die **nötigen Veränderungen** Schritt für Schritt als Reform in die Gesetzgebung eingeflossen, besonders in die französische und hätte man der Vernunft ein wenig mehr Raum gegeben, wer weiß, ob sich der große Umschwung nicht anders hätte durchführen lassen, als durch die unmenschlichen Grausamkeiten, die durch den **„Terror der Revolution"** dann in Paris und in der Vendee ausbrachen.

Wenden wir uns nun „den Illuminati" zu, den bayerischen Erleuchteten und seinem Gründer Adam Weishaupt. Er war Professor für katholisches Kirchenrecht an der Universität in Ingolstadt. Es heißt, Weishaupt habe mit den Jesuiten, die seit **1773** offiziell verboten waren, gebrochen, und sei ihr erbitterter Feind geworden.
Weishaupt gründete seine eigene Organisation. Er scharte Gleichgesinnte um sich und gründe-

Adam Weishaupt, geb. 1748 in Ingolstadt, gest. 1830 in Gotha, 1785 aus Bayern verbannt, weil er 1776 die Illuminaten gegründet hatte.

te **1776 den „Illuminatenorden"**, der engen Kontakt zu den Freimaurerlogen und den Jakobinern (Radikale Republikaner) in Frankreich pflegte und nannte sich selbst „Spartakus", (damals schon). Er war 1748 geboren und der Name „Illuminaten" sollte heißen, daß die Mitglieder dieses Ordens die gänzlich aufgeklärten Menschen sind, die wirklich wissen, worum es eigentlich geht. Sie wollten der Welt **eine neue Weltordnung** und den Frieden bringen, wollten die Menschheit frei und glücklich machen und aus den Nationen, pardon, Staaten, eine gute, glückliche Familie, die keine Kriege mehr kennt. Wer wollte das nicht. Nun gibt es ja gerade über dieses alte Gebiet viele Bücher, und in einem davon steht doch tatsächlich, dass auf der amerikanischen 1-Dollar-Note sich das Zeichen der Illuminaten befindet.
(Ein bißchen nachdenklich darf man schon werden, wenn man den Aufdruck der Dollarnote betrachtet, auf der tatsächlich nicht nur „IN GOD WE TRUST" (wir vertrauen auf Gott) steht, sondern auch im Halbkreis unter der Pyramide, auf deren Spitze das allsehende Auge strahlt, die Worte „NOVUS ORDO SAECLORUM." Dies heisst wörtlich „Neue Ordnung der Welt". Unten am Sockel der abgestumpften 13-stufigen Pyramide liest man: **MDCCLXXVI**, das heisst **1776**. Nun werden viele Leute und besonders die Amerikaner glauben, dass sich diese Zahl auf die Gründung der Vereinigten Staaten von Amerika bezieht. Andere aber sagen, am 1.Mai 1776 sei der **Illuminatenorden** gegründet worden und auf dieses Ereignis beziehe sich diese Zahl. Sowohl als auch.
Auch die Worte Annuit coeptis sind okkult, geheimnisvoll und bedeuten: „Er hat dem Begonnen zugelächelt (wohlwollend).
Von den Anführern der Illuminaten, oder wie man heute sagt, von der Regierung hinter den Regierungen heißt es: Sie dürfen sich nicht von Leidenschaften und Sinnlichkeiten treiben lassen; denn niemals dürfen die „tierischen" Triebkräfte die Herrschaft über Verstand und Gemüt erringen. (Nicht schlecht)
Wenn das stimmt, dann können wir plötzlich ganz klar sehen, warum unsere Medien, allen voran das Fernsehen, ihr Schwergewicht gar so sehr auf „Preise gewinnen", „Spaßgesellschaft" und „Sex" in allen Variationen und Spielarten ausrichten. Im Illuminaten-Programm heißt es: Die Sinnlichkeit und die Gier sind die schlimmsten Feinde aller geistigen Fähigkeiten; und:
wir lassen allen anderen **keine Zeit mehr zum Denken** und zum Beobachten und wir lenken ihre Gedanken nur noch auf **Handel, Gewerbe, Geld und Gewinn**.
Fun- Geld- Sex - und Vorschriften, Papierkrieg in allen Variationen, das nimmt uns die Zeit um Nachzudenken über das, was um uns herum passiert.
(Mehr über Weishaupt steht in: Des Griffin, Wer regiert die Welt ISBN 3-921179-41-6. oder beim pro Fide Catholika Verlag Schmidt, PF 22,D-87457 Durach „Die kommende Diktatur der Humanität" von Johannes Rothkranz I Seite 43

Der Unfall zu Regensburg

Also das wäre schon ein starkes Stück Tobak, wenn die Weltumkrempler-Wiege eine bayerische gewesen wäre. Aber schauen wir weiter. Nicht alle kennen diese (wahre) seltsame Geschichte des Plans zur Weltregierung.
Da sollte **1785**, vier Jahre vor dem Sturm auf die Bastille in Paris, ein Kurier über Frankfurt nach Paris reiten, um Dokumente über die allgemeinen Tätigkeiten der

Der Ein-Dollar-Schein hat auf der Rückseite bedeutungsvolle „künstlerische" Zeichen. Die Pyramide im Kreis mit dem Auge und den Worten: „Annuit coeptis" und die Jahreszahl 1776

Illuminaten in Bayern, aber auch über Instruktionen für die **geplante Französische Revolution** zu überbringen. Der über jeden Zweifel erhabene, und völlig zuverlässige Reiterkurier hieß **Lanz**.

Er hatte den Auftrag die wichtigen Papiere von Weißhaupt dem Großmeister der Loge von Frankreich persönlich auszuhändigen. Er begann seine Reise und schwang sich **in Ingolstadt** auf sein edles Pferd. Er gab ihm auch ab und zu die Sporen; denn er wollte ja vorwärts kommen. In Regensburg erschlug ihn ein Blitz. Man kann es eigentlich nicht glauben, aber es ist mehrfach bezeugt und wirklich wahr. Im Grund sagt dieses Unglück auch nichts besonderes aus, weder über die Illuminati noch über Weißhaupt noch über den Reiter. Wenn ihn der Blitz doch wenigstens in Altötting erwischt hätte, dann wüßte man, wer's war! Aber in Regensburg; da kommt ja direkt der heilige Wolfgang oder hl. Emmeram in Verdacht.

Das Fatale an diesem Blitzschlag war, dass nun alle die geheimen Papiere des Reiterkuriers prompt in die Hände der bayerischen Polizei fielen, die sie sofort an die bayerische Regierung weiterleitete. Eine Razzia im Illuminaten-Hauptquartier förderte weitere Dokumente über die weltweite Verschwörung zutage.

Vom **kleinen, unwichtigen, Bayern aus** wurden **alle Regierungen in Europa**, in England, in Polen, in Rußland in Norddeutschland und in Frankreich sofort informiert, aber sie schenkten den Warnungen aus Bayern, um nicht zu sagen aus dem seinerzeit rückständigen Bayern keinen Glauben. Dabei wollen wir es belassen; denn auch heute würden solche Nachrichten nicht ernst genommen.
Der bayerischen Regierung aber war damals die tödliche Gefahr bewußt. Sie ließ sofort ein offizielles Dokument erstellen mit dem Titel: **„Orginalschriften des Ordens und der Sekte der Illuminaten"**, aber wieder ignorierten dies die europäischen Regierungen. Vielleicht saßen auch in den Kanzleien „eingeweihte Vorzimmersekretäre", die die belastenden Papiere sofort verschwinden ließen. Wer weiß.
(Kurfürst Karl Theodor ließ den „Orden" jedenfalls 1785 verbieten)

Es muß aber dann doch einen ziemlichen Wirbel gegeben haben, damals, bei uns in Bayern. **Adam Weishaupt**, auf dessen Kopf eine Belohnung ausgesetzt worden war, versteckte sich bei seinem adeligen Schüler, dem Herzog von **Sachsen-Coburg und Gota**, (aus diesem Haus ging später **Königin Viktoria** von England und Kaiserin von Indien hervor, durch die beinahe der gesamte Hochadel miteinander verwandt ist.)

Als die regierungsfeindlichen Pläne Weishaupts (manche nannten sie verbrecherisch) wieder und wieder öffentlich durchgekaut wurden, kam eine Sympathiekundgebung über den großen Teich herüber nach „old Europa". **Thomas Jefferson**, der führende Kopf der amerikanischen Unabhängigkeitsbewegung, der schon als Gouverneur **die Trennung von Kirche und Staat** durchgesetzt hatte, verteidigte Weishaupt und nannte ihn mit Nachdruck und Bestimmtheit einen großartigen Menschenfreund.
Auf diese Freundschaftsbekundung hin machten die protestantischen Fürsten große Ohren. Sie überlegten sich die Sache und waren dann plötzlich von Weishaupts Plan, die katholische Kirche zu zerstören, so begeistert, daß sie danach strebten diesem Orden anzugehören.
Obwohl es unsere kleine bayerische Geschichte, die sich hier fortführend an den Jahreszahlen orientiert, ein wenig stört, soll doch noch wegen des Überblicks das Ende von Prof. Adam Weishaupt erzählt sein.
Er wurde 82 Jahre alt und starb im November 1830. Was hatte er doch alles erlebt! Zuerst sein Ansehen bei den Jesuiten, dann die Gegnerschaft zu ihnen, dann den vom Blitz erschlagenen Kurier und die veröffentlichten Geheimdokumente, 13 Jahre später die Französische große Revolution, dann die Köpfe fressende Guillotine, anschließend den Revoluzzer-General Napoleon, der sich dann, als die Republik eingeführt war, wieder zum Kaiser machte und beinahe das bayerische Fürstengeschlecht vom Thron gefegt hätte, wenn nicht der gut französisch sprechende Max Josef zuerst mit seinem Minister Montgelas völlig übereinstimmende jakobinische Ansichten gehabt hätte.
Um alles ordentlich zu regeln, wurde König Max's Tochter Auguste Amalie mit Napoleons Stiefsohn Eugene Beauharnais verheiratet, sodaß nun enge Familienbande geknüpft waren.
Als dann 1813 durch die Völkerschlacht bei Leipzig, Napoleons Stern zu sinken begann und man ihn nach Elba verfrachtete, musste man für ihn, der seine Aufgabe weitgehend erfüllt hatte, nach seinem vergeblichen 100 Tage dauernden Rückkehrversuch, ein neues Rentnerdomizil suchen. Man verbannte ihn nach St. Helena. Dort bekam er dann, wie es heute offiziell heißt Arsen, als Folge davon Magenbluten, heftige Krämpfe und siechte wie eine vergiftete Ratte dahin. Er wurde nicht mehr gesund und starb 1821. Europa aber hatte er nach den geheimen Plänen und mit neuen Rechtsgrundlagen umgekrempelt.
Adam Weishaupt starb ganz ganz anders.
Er kehrte reumütig in den Schoß der katholischen Kirche zurück. Bevor er seine Augen für immer schloß, gelang es ihm noch, mehr oder weniger gut, die bayerische Regierung, die Kirche und die Welt davon zu überzeugen, daß die Sache mit den **„Illuminaten"** ein Irrtum war und der Orden sich aufgelöst habe, ja dass er überhaupt nicht mehr existiere. Er wird über gute schauspielerische Talente verfügt haben.

Das Ziel **seines Ordens** war, den Staat und die Kirchen nach den Grundsätzen der „Aufklärung" umzugestalten. Bekannte Mitglieder waren damals auch Friedrich d.Gr., Herder, Goethe, Knigge etc.

Abschliessend sei noch angefügt, dass es durch die protestantischen Fürsten, die den Illuminaten beigetreten waren, gelang in die ziemlich geschlossene, uralte Gesellschaft der **Freien Maurer** einzudringen. Um diesem alten Bund aber den wahren Zweck ihrer Absichten zu verbergen bzw. zu verschleiern, kamen die Fürsten nie über die unteren Grade hinaus und meinten doch, alles zu wissen. Freiherr von Knigge trat wieder aus.
Auf dem Kongress von Wilhelmsbad, im Juli 1782 kam es zur Vereinigung der Illuminaten und der Freimaurer und sie hatten damals weltweit schon über 3 Millionen Mitglieder. Sie alle standen unter dem Eid der absoluten Verschwiegenheit. Ein adeliger Mann, der sein Versprechen treu hielt, sagte aber eines Tages zu einem Freund, den diese Problematik interessierte: „Ich kann Ihnen nur sagen, dass dies alles erheblich ernster ist, als man annimmt und weder die Kirche noch die Monarchie wird diesen Plänen entrinnen."
(Der Orden selbst wurde offiziell 1896 erneuert und ist mittlerweile ein Weltbund geworden. Manche fragen sich, wem er dient.) (BD)

Religionsstunde bei Pfarrer Gansler
– oder: Du Depp bist doch koa Aff'-

Eigentlich sollte die Überschrift: „Der wissensdurstige Schorschl" heißen, denn auf ihn läuft die Geschichte hinaus, aber der Pfarrer Gansler war dann doch der bedeutend Wichtigere.
Der junge Priester, der 1895 in Farchant bei Partenkirchen geboren war hieß Johann Nepomuk Gansler. Er war Kriegsteilnehmer 1914/18, feierte in Partenkirchen im Juli 1922 seine Primiz und kam dann in die Pfarrei Tegernsee als Kaplan. Er wurde der Initiator der Kirchenbau-Geschichte von Maria Himmelfahrt in Wiessee, die ohne ihn nicht denkbar ist. Ohne sein überragendes Geschick auf vielen Gebieten wäre sie nicht so zielstrebig der Vollendung zugeführt worden. Die Vorarbeit hatte zwar schon der **Kirchenbauverein** geleistet, als noch keiner vom anderen was wusste. Gansler war ein Mann der Öffentlichkeit und so darf man seinen richtigen Namen nennen.
Jeder Besucher, der heute am inneren Kirchenportal steht und die musizierenden Marmorengel genauer betrachtet, wird den links auf der Harfe sitzenden Spatz finden und rechts die Maus, die an einen Ausspruch von Gansler erinnern: **Arm wie eine Kirchenmaus, aber frech wie ein Spatz** haben wir mit dem Kirchenbau begonnen.

Der großzügige, tüchtige **Fritz von Miller**, ein Bruder des genialen Oskar von Miller aus München, hat mit Bürgermeister Pauli, Marinus Glonner, Josef Höss (Sperr), Michael Hatzl (Scheurer), Franz Wagner (Löbl), Simon Krinner (Kleinbuch), Anton Harrer, **1904 den Kirchenbauverein gegründet** und als im Winter 1921 der unermüdliche Förderer dieses Vereins starb, wählte man Johann Wagner, Fischerbauer, zu seinem Nachfolger, der später für die Maria Himmelfahrtskirche eine Glocke stiftete. Das Drama mit den in der Inflation verlorenen 80 000 Goldmark übergehen wir

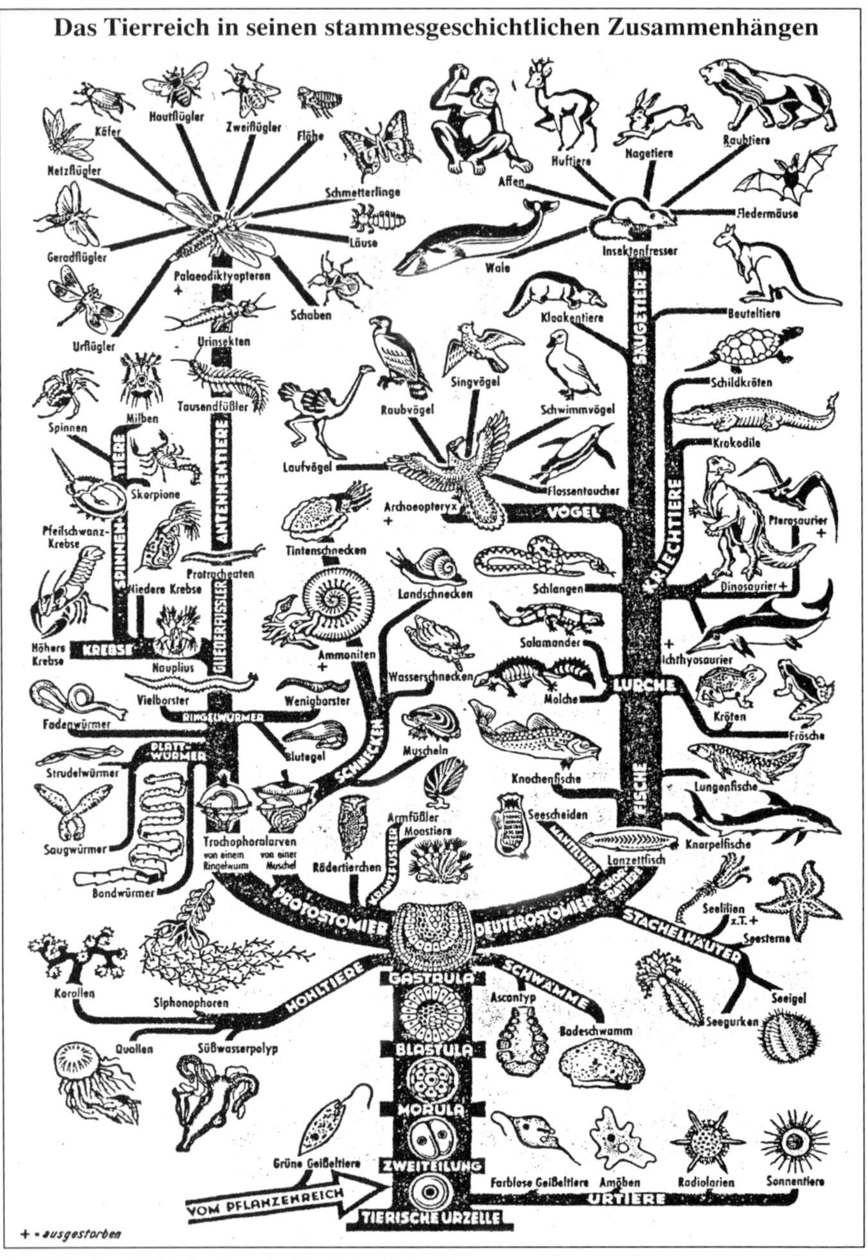

Aus Herders Volkslexikon (sollte jeder haben)
Von der tierischen Urzelle zum Affen
Hirn, Körperhaltung, Technik, Sprache und besonders das einsichtige Handeln geben dem Menschen eine Sonderstellung vor allen Tieren.

hier, doch sei erwähnt, dass Kaplan Gansler im Winter 1922 in einem Schulzimmer (heute Haus Nieder) wöchentlich eine hl. Messe feierte und somit den Wiesseern die Überfahrt nach Tegernsee mit dem Schiff ersparte. Bis dahin musste man zum sonntäglichen Gottesdienst, zur Taufe, Hochzeit, Firmung und Beerdigung nach Tegernsee rudern.
Am 1. Februar **1924** errichtete das Ordinariat dann in Wiessee eine **Expositur** und Johann Gansler war der allseits geachtete „hochwürdige Herr Expositus", dem man alle Ehre erwies. Wenn man von ihm redete, unter sich, nannte man ihn den „Exposi". Im **Scheurerhof** gegenüber dem Rathaus war seine Wohnung. So klein und behelfsmässig fing am Westufer des Sees kirchlich alles an.

Der „Exposi" wurde dann der Motor des großen Kirchenbaues der Maria Himmelfahrtskirche, der am **10.10.1926** vollendet und von **Kardinal Michael Faulhaber** eingeweiht wurde. 10 Jahre später, 1936, wurde dann die Wiesseer Schule dort gebaut, wo sie heute noch zu finden ist, mit Turnhalle, Feuerhaus, und großem Spielplatz für die „Pause". Der Kindergarten, die Lehrer- und Hausmeisterwohnung waren im Erdgeschoss. Sie galt als **„Musterschule"**; der „neuen Zeit", denn inzwischen war es zur sogenannten „Machtergreifung" gekommen. Die Macht ergriffen hatte weitgehend unblutig revolutionär, die deutsche Arbeiterpartei und zwar die nationalsozialistische. Zulauf hatte sie weitgehend von den vielen Arbeitslosen.
Doch schon ein Jahr später kam es beim sogenannten **Röhmputsch** zur ungesetzlichen Erschießung von Hitlers „Kampfgefährten" in München-Stadelheim. Röhm war Führer der SA und wollte mit Otto Strasser und in Anlehnung an das russische System, die „2. Revolution" d. h. die Verstaatlichung der Banken und die der Großindustrie durchsetzen. Gansler, in dessen Pfarrei die Verhaftung stattfand, hat dies zutiefst verabscheut und dies auch am Stammtisch im Gasthof zur Post öffentlich gesagt.
Seit vielen Jahrhunderten gehörten in Bayern **Kirche und Schule** fest zusammen. Sicher bis 1918, aber auch noch darüber hinaus. Die Klöster hatten das alte Wissen übernommen, bewahrt und weitergegeben. Sie hatten Schulen gegründet und unterhalten. Doch als im Ort diese neuerbaute Schule mit einem kleinen Fest der Allgemeinheit übergeben wurde, das der damalige Bürgermeister und Ortsgruppenleiter der Partei, **Josef Albrecht** „gestaltete", merkte man eine Änderung. Es kam Dr. Robert Ley als Staatsvertreter. Dr. Ley war Leiter der „Deutschen Arbeitsfront", durch die praktisch die „Gewerkschaften" ausgeschaltet wurden. Er war von kleinem Wuchs, etwas beleibt und schaute für die Kinder gar nicht „schön" aus. Er hatte eine Uniform an, mit einem festen Gürtel um den Leib und wirkte nicht wie ein Geistlicher und schon gar nicht so, wie man ihn sich vorgestellt hat. Die Kinder freuten sich halt über das Fest, weil sie an dem Tag schulfrei hatten, sich in Reih und Glied im Schulhof aufstellen sollten und keine Hausaufgaben machen mussten.

Als alle diese damals prominenten Männer in ihren Uniformen die Treppe hinaufgingen, standen die Schüler und Kindergartenkinder Spalier und sangen ein paar Lieder. Die **Kindergartentante**, die früher eine Dritte-Ordensschwester war und

Schwester Deborah hieß, war wieder weltlich geworden und man sagte „Tante Lisi" zu ihr und sie liess zwei kleine Mädchen mit Blumen zu Dr. Ley hingehen und dort machten sie einen Knicks. Dann wurde das Deutschlandlied und „die Fahne" hoch gesungen, und dann kehrte wieder der Alltag ein.
In der neuen Schule waren immer 2 Klassen in einem Klassenzimmer untergebracht, 1.+ 2. Klasse hatte **Frl. Geier**; 3.+ 4. **Frl. Keiner** 5.+ 6 **Herr März** und die 7.+ 8. der **Hauptlehrer Ludwig König**, den dann viele Jahrgänge bis ins Jahr 1945 „Hauptä" nannten.

Im Grunde hatte der normale kleine Bürger keine großen Kenntnisse, was die Kirchenpolitik betraf aber es wurde dann doch davon geredet, als am **20. Juli 1933** mit dem neuen Regime ein **Reichskonkordat** geschlossen worden war, das der Kirche vertraglich zusicherte, dass sie die **theologische Fakultäten** beibehalten durfte, dass sie das Recht der Mitwirkung bei der Besetzung theologischer Lehrstühle, auch Einspruchsrecht bei der Besetzung führender Kirchenämter aus politischen Gründen hat, und das Recht, den **konfessionellen Religionsunterricht als Lehrfach** in den staatlichen Schulen durchzuführen. Gleichzeitig wurde der Kirche eine finanzielle **Zuwendung vom Staat zugesichert**, die immer noch besteht: die Kirchensteuer. Ob aus diesen Finanzmitteln des Staates auch die Pfarrer bezahlt wurden und werden, entzieht sich der Kenntnis des Schreibers. Von der strikten Trennung von Kirche und Staat, wie wir sie heute vorfinden, merkten wir Schüler damals nichts. Einmal jedoch wurden die Kreuze in den Schulräumen entfernt, aber ziemlich schnell wieder angebracht.

Der neue **Volksschul-Hauptlehrer** war ein Wirtsbub aus dem Chiemgau, ein besonders guter Lehrer, der uns Kindern viel mehr beibrachte, als er hätte müssen, der aber auch mehr verlangte und noch kräftig, jedoch innerhalb der Vorschriften vom Tatzensteckerl Gebrauch machte. Die Mädchen und „leichteren Fälle" bekamen, wenn er dachte es sei nötig, Tatzen auf die Hände, begrenzt auf 3 Schläge pro Hand, die schwereren Fälle, also nur die Buben, mussten sich, wenns halt schon mal sein musste, über die Bank legen, damit der Hosenboden schön bequem zu erreichen war und ab und zu schrie dabei einer der Buben echt auf, oder nur so, sodass wir alle mit ihm litten oder lachten.

Strafen war man auch vom Exposi gewohnt. Seine Watschen waren so ein kurzes Aufweck-Ritual, wie es damals auch die Mütter anwandten, seine „Kopfnüsse" aber, die er den Buben in der Religionsstunde verabreichte, waren gefürchtet. Er machte dabei eine Faust, schob den Mittelfinger abgewickelt vor und haute ihn den Verduzten, im Vorbeigehen, schnell wie bei einem Überraschungsangriff, auf den Kopf. Keiner vermochte rechtzeitig auszuweichen. Die mildere Betrafung war, wenn er die Buben bei den kurzgeschnittenen Haaren an den Schläfenseiten nahm, die Haare dann rumdrehte, bis derjenige mit winselndem „au-iiii" in die Höhe ging und in der Bank stand. Aber wir Schüler mochten beide, den Hauptä und den Exposi. Wir hatten das Gefühl, dass uns schon recht geschah, besonders wenn wir gelobt wurden, was ja auch ab und zu passierte. Während des Religionsunterrichtes mussten die wenigen „Evangelischen" stets aus dem Klassenzimmer. Sie saßen dann diese Stunde

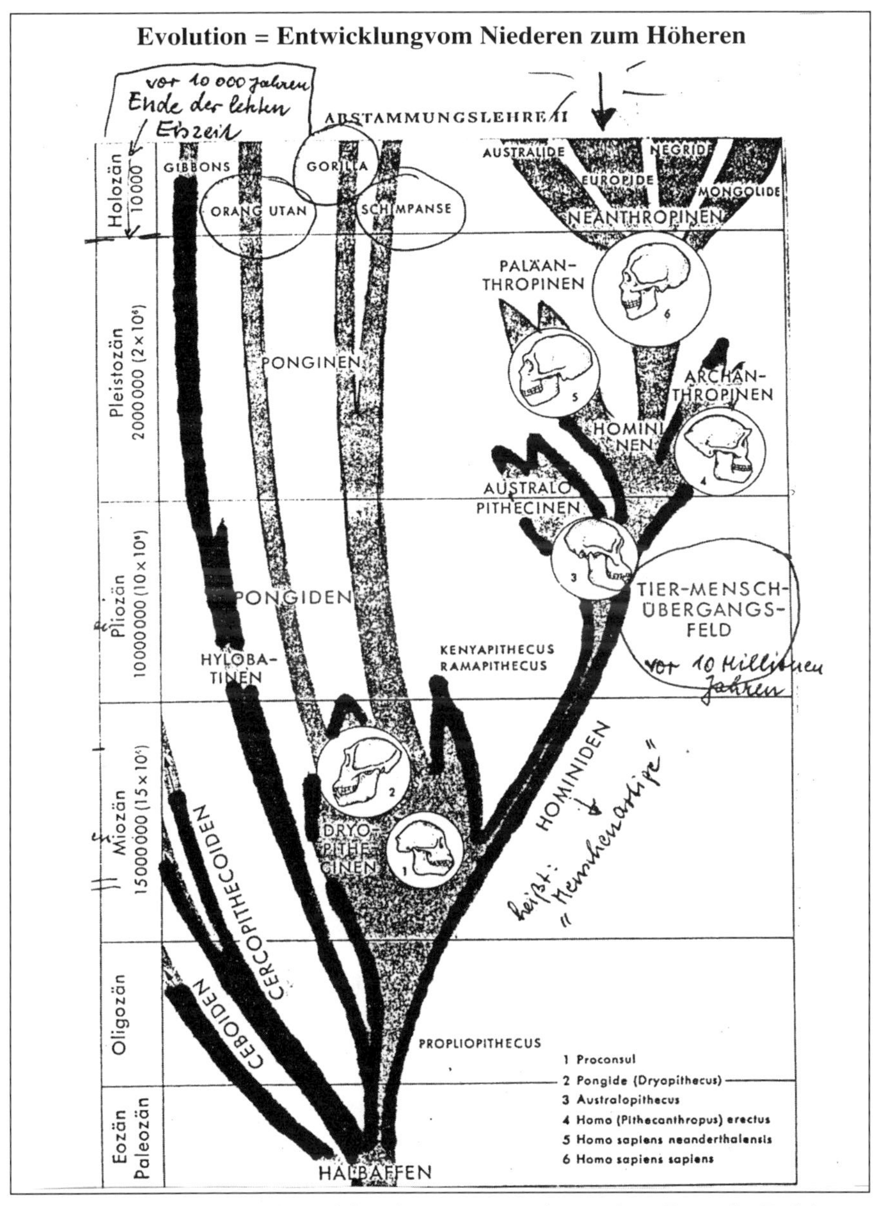

Der Neandertaler kommt als Vorfahre des Jetzt-Menschen nicht in Betracht. Er lebte während des Riß-Würm-Interglazials und während der Würmeiszeit. Ist jedoch ausgestorben. Vor ca. 10.000 Jahren endete die letzte Eiszeit (Würmeiszeit).

Anthropogenie: Stammesgeschichtliches Beziehungsschema nach G. Heberer. Die Umrißbilder geben kennzeichnende Schädelformen im Laufe der Menschwerdung wieder. (Entnommen aus Brockhaus.)

in der anschließenden Gardarobe, von wo aus sie durchs Schlüsselloch alles beobachten konnten und so auch am katholischen Religionsunterricht teilnahmen und alles wussten.
Was wir weniger bemerkt haben war, dass das Zusammenwirken zwischen Pfarrer und Hauptlehrer eher ein Nebeneinander als ein Miteinander war. Die beiden grüßten sich, aber bei einem Gespräch beisammenstehen sah man sie selten. Aus heutiger Sicht versteht man das; denn im Königreich Bayern und danach auch noch, stand wohl der Geistliche über dem Lehrer und 1936 wars eher umgekehrt, was die Schule betraf.
Der Religionsunterricht bestand aus der Katechismuslehre mit Beichtspiegel und anschließenden Erzählungen von Kriegserlebnissen. Auch erzählte uns der Exposi einmal, dass er, als er noch jung war, in München bei so einem Zirkel war, wo es um eigenartige Versuche ging (parapsychologische?). Dabei wurde er in einen schlafähnlichen Wachzustand versetzt und er sollte dabei seinen Namen schreiben, indem der Versuchsleiter Jahreszahlen nannte. Es begann mit 1910! Dann 1920! und 1930! bis 1970 und als der Mann 1980! sagte, schrieb er nichts. Er fand es nicht wichtig und wollte uns nur sagen, was es in der Stadt doch für komische Leute gibt. Auch sagte uns Gansler, seine Unterschriften würden ihm alle 10 Jahre zugeschickt und sie würden übereinstimmen. Wenn ich heute an seinem gepflegten, schönen Grab am Ehrenhügel vorbeigehe, denn Gansler ist wegen seiner großen Verdienste um den Ort **Ehrenbürger von Bad Wiessee** geworden, und sein Todesjahr 1969 lese, fällt mir diese eigenartige Geschichte ein.

Damals aber war Krieg. Viele Väter waren fort und eines Tages erfuhren wir, dass Herr März, von der 5.und 6. Klasse, der die Frl. Geier geheiratet hatte, und zur Luftwaffe eingezogen wurde, gefallen war. Wir trauerten um ihn ehrlichen Herzens und auch um den evangelischen jungen Pfarrer Helldorfer, der ein Auto hatte, das komisch klein ausschaute, und ein „Hanomag" war, mit dem er uns katholische und evangelische Barfußkinder probesitzen ließ. Wir konnten nicht glauben, dass die beiden nie mehr zu uns zurückkommen würden. Unsere geliebte Frau März war nun eine ganz junge Witwe.
Aber zurück zum Unterricht. Besagter „Hauptä" hatte noch zwei Brüder. Einer hatte zuhause die Gastwirtschft übernommen, der andere, der Otto, war Arzt geworden und Vorsitzender der Ärzteschaft in München. Der Hauptä war sehr für Kopfrechnen, für saubere Zeichnungen, ordentliche Schreibschrift und für einen praktischen Anschauungsunterricht und so hatten wir Raupenkästen auf der Fensterbank, um den Weg von der Raupe zum Schmetterling verfolgen zu können. So eine Verwandlung hätten wir allein nie erfahren. Wir hatten auch eine der schönsten Steinsammlungen, die irgendein Gönner unserer Schule vermacht hatte. Sie war in der kleinen Leihbücherei gegenüber vom Eingang zur Hausmeister Wohnung in vier hohen Schubkastenschränken untergebracht.
Zu unserer Freude lernten wir auch viele Lieder aus der Kiem-Pauli- Liedersammlung: z.B. „A viereckats Wieserl und a dreieckats Feld", oder „über d'Oima, da gibts Koima" und die guten Sänger durften dann zur Frau Martha Grieblinger, die schon

dem König von Bulgarien Lieder zur Gitarre vorgesungen hatte, als er ab 1922 mehrmals im Hotel Rex in Bad Wiessee zur Kur weilte. Sie gab uns den letzten Schliff.
Der Hauptä sprach mit uns auch noch über andere Dinge, so z.B. über die Entstehung des Menschen. Sexualkunde gab es nicht und wir blieben „unaufgeklärt", doch von der Entstehung des Menschen hörten wir bei ihm ganz was anderes als beim Pfarrer. Der Hauptä versuchte uns so nebenbei drauf hinzuweisen, dass sich die „höheren Formen" sowohl bei Pflanzen, wie auch bei Tieren und letztendlich auch beim Menschen immer aus den vorhergehenden Formen entwickelt haben. Er brachte uns auch die Mendelsche Vererbungslehre nahe, bei Pflanzen und bei Tieren. Das war wohl **„Rassenkunde"** ohne dass wir es merkten.
Er sagte, es sei wichtig, die Natur zu achten, sie gut zu bewirtschaften und nicht zu zerstören. Insofern war er ökologisch. „Alles unterliegt einer Höherentwicklung", sagte er auch. Von Darwin sprach er nicht, auch nicht von dessen Selektionstheorie, nach der sich der Stärkere durchsetzt. Irgendwie öffnete er uns die Augen für das Normale. Wir erfuhren auch einiges über die Erfindungen von **Anilin** und den Farben, vom Kampf gegen die Schlafkrankheit in Afrika, von Robert Koch, Siemens und Röntgen. Darwin kam nicht vor; denn er war ja kein Deutscher. Wir lernten auch was von der Entdeckung des Tuberkelbazillus und viele solche Sachen. Für Volksschulen war das schon gut.
Obwohl er selbst nie Sport betrieb, dafür aber eine Pfeife rauchte, sagte er uns, es sei nötig seine Lungen zu kräftigen um den Körper gesund zu halten.

Ein Mädchen, die Sander Annemie aus München, die mit Mutter und Bruder im Haus Feller vor den Bomben eine Zufluchtstätte gefunden hatte und in deren kleinem Wohnzimmer unglaublich viele Bücher standen, hatte immer einen Vorsprung im Wissen. Einmal gab sie uns ein abgezeichnetes Blatt, auf dem **die Affenentwicklung** dargestellt war. Sie las uns vor:
„Wir heutigen Menschen sind, dem Leib nach, der vegetativ- sensitiven Natur verbunden, und nehmen durch unsere unsterbliche Seele am Leben des Geistes teil". Das fand der Schorschl, ein Bub aus einer armen Familie mit sieben Kindern, die am Söllbach hinter dem E-Werk in der katholischen Notkirche wohnten, überaus interessant. Der Schorschl war nämlich wissensdurstig.
Noch was sagte die Annemie: „Herkunft und Weg aus tierischen Vorfahren sind umstritten". Und: „Das menschliche Hirn hat das dreifache Volumen eines gleichschweren Menschenaffen".

Pahhh! Das war vielleicht eine Vorstellung! Die hat nicht nur den Schorschl beeindruckt, sondern uns alle und die Bücher der Frau Sander waren auch mit Bildern versehen. Wir, die in Abwinkl wohnten und den gleichen Schulweg wie die Annemie hatten, durften uns was abzeichnen. Schorschl musste sich die Zeichnung gut gemerkt haben und es muss ihn überzeugt und in ihm weitergearbeitet haben. Als wir wieder Religionsstunde hatten und der Pfarrer wieder von der Erschaffung der Welt sprach und erklärte, Gott schuf Himmel und Erde und die Erde war wüst und leer und zuerst habe Gott das Licht erschaffen, dann Erde und Meer, dann die Pflanzen, die

Sonne und Sterne und alle Tiere, wurde der Schorschl unruhig.
Aber da kam zuerst die große Pause, die die Aufmerksamkeit wecken sollte. Und der Pfarrer, der grosse Mann mit guter Haltung, Stiftenkopf und fester Stimme sagte dann: „Und dann sprach Gott: **Ich will Menschen machen**. Und sie sollen herrschen über die Tiere und die ganze Erde. Und Gott machte einen Mann und eine Frau und hauchte ihnen eine Seele ein."
Genau da meldete sich der wissensdurstige Schorschl, der nie eine Chance bekam, eine höhere Schule zu besuchen, der von vielen auch oft schief angesehen wurde, weil er ärmlich gekleidet ging und ihm sein Vater in regelmässigen Abständen die Haare zu einer glänzenden Glatze scherte, weil das Geld für den Friseur für sechs Buben nicht da war. Dieser Glatze verdankte er dann auch seinen Spitznamen: „Sunä" (Sonne) nannten wir ihn. Dass er barfuß in die Schule kam, war nicht so schlimm; denn barfuß liefen wir während des Krieges vom Frühjahr bis in den Herbst hinein fast alle.

Der Sunä hielt damals im Religionsunterricht eifrig den Finger in die Höhe und als er nicht aufgerufen wurde, schnalzte er mit dem Finger, bis es dem Pfarrer zu dumm wurde. „Was is?" fragte er kurz und der Sunä stand auf um zu reden.
„Herr Pfarrer" sagte er, „der Mensch ist anders entstanden, der hat sich entwickelt."
„Was entwickelt?"
„Ja, der hat sich im Laufe der Jahrmillionen entwickelt, so aus den Affen."
„Was?" sagte der Pfarrer. „Wieso aus den Affen entwickelt? Wieso."
Und dann gackste der tapfere „Sunä" etwas herum, bis er seine Erklärung doch noch ganz verständlich dargelegt hatte und man merkte, dass er voll von seiner Meinung überzeugt war."
Das, was der Sunä da sagte, musste Pfarrer Gansler als Angriff auf das gesamte biblische Weltbild empfinden. Was er wirklich dachte, sah man nicht.
Es dauerte eine ganze Zeit in der alle Schüler still waren und warteten, was jetzt wohl geschehen würde; denn der Pfarrer war ja doch die oberste Instanz, und der Sunä eben bloß der Sunä. Schliesslich kam dann das Pfarrer-Machtwort, das wir noch lange lange bei jeder Gelegenheit lachend zitierten:
„Hock di hi !" befahl er, und ärgerlich sagte er: „—-du Depp,—- bist doch koa Aff!"
Dieser Satz vom Pfarrer, der hatte was! Wirklich.

Als der Krieg aus war, die Lebensmittelrationen noch magerer waren, ging der Bruder vom Sunä ins Bergwerk, der Sunä ging ins Ruhrgebiet, weil es da Arbeit geben sollte. Er arbeitete zuerst als Mechaniker, doch dann sattelte er um und ging auf den Bau. Mit dieser Firma kam er dann bis nach Saudi-Arabien. Jahrzehnte später kam er einmal zurück nach Wiessee und jemand sagte: „Woastas scho, der Sunä is wieder da". Aber da gab es kein Schülertreffen, damit wir erfahren hätten wie es ihm all die Jahre in der Fremde ergangen war. Und der Fall wie der Mensch Mensch wurde bleibt vorerst offiziell ungeklärt, da die rätselhafte Lücke zwischen Mensch und Tier bis heute nicht geschlossen werden konnte.

HK

Die Verwandlung
oder wias aso geht

Irgendwie verwandeln wir uns alle; denn das ist ganz normal. Ein paar Leute, die hier lebten und sich noch bis in die Friedenszeit vor dem 1. Weltkrieg zurückerinnern konnten, die den II. Weltkrieg erlebten und den Einmarsch der Amerikaner, auch an die Schwarzmarktzeit, haben sich manchmal ganz erstaunt die Augen gerieben, wenn sie sahen, wie aus strammen Mitgliedern der NS-Arbeiter-Partei „Wiederständler" oder gar „Verfolgte" des NS-Regimes geworden sind.Und solche Verwandlungen waren gar nicht so selten. Einen Fall kann man nun nach 60 Jahren ruhig erzählen, da die Not der damaligen Zeit vorbei ist, auch die geistige, die uns lehrte, dass vieles der Verwandlung unterworfen ist und zwar nicht nur das Aussehen, sondern auch die Gesinnung.

Heute gibt es **„Blutzeugen"** und zwar sind das Männer und Frauen, die in den letzten Kriegsjahren und-Tagen durch gewalttätige Nationalsozialisten zu Tode gebracht wurden, wie z.B. Sophie Scholl und die Herren Dorn und Quecke und viele andere. Diese Geschichte betrifft aber einen sogenannten **„Blutordensträger"**. Blutordensträger nannte man die Männer, die beim Hitlerputsch in München dabei waren. Die Schießerei, bei der es Tote auf beiden Seiten gab, fand am 9. Nov.1923 bei der Feldherrnhalle statt. Drum hieß es dann später immer „Marsch zur Feldherrnhalle" obwohl der Marsch sicher hier nicht beendet werden sollte. **Ritter von Kahr** war **1923** der **Regierungs-Präsident** von Oberbayern und im ganz normalen Meyers großem Lexikon steht, dass sich Kahr zunächst, am **8.** November 1923 **dem Hitlerputsch angeschlossen hatte** und dann am **9.** November, durch Reichswehr und Polizei diesen niederschlagen, bzw. niederschießen ließ.

Ein Gesinnungswandel ist, wie wir bei **Kahr** sehen können, gar nicht so selten und oft nur eine Angelegenheit von 24 Stunden. Alle Hitleranhänger, die beim Putsch damals mit dem Leben davongekommen waren, nannte man später „Blutordensträger". Und so einen hatten wir im Ort und jeder kannte ihn. Wenn er auch selbst keine Ortspflichten übernommen hatte, so war er doch ab 1933 mit dem damaligen Bürgermeister und Ortsgruppenleiter Albrecht ein so guter Spezi und Ratgeber, dass er großen Einfluss gewann. Er hatte nicht das Bestreben sich an der Spitze für das Wohl der Bürger einzusetzen; denn da wäre er ja mit den alltäglichen Arbeiten, die solche Leute zu erledigen hatten, belastet worden, er sah das bessere Los darin, den „Ortsgruppenleiter der Partei" in seinem Sinn zu beeinflussen. Der wiederum war ein tatkräftiger Mann, der es geschickt verstand, die Dinge, die zur Abstimmung kamen, seinen Gemeinderäten so vorzutragen, dass sie guten Gewissens dem zustimmten, was er für richtig hielt. Nach den schrecklichen Jahren der Arbeitslosigkeit ab 1930 ging es ab 1933 wieder langsam aufwärts. Im Ort und in ganz Deutschland.

Jener Blutordensträger, nennen wir ihn mal einfach „Max", hatte am Tegernsee, wo es das berühmte Cafe Kuhstall in Schwärzenbach und den ebenso berühmten Lieberhof am Großternseer-Berg gab, auch ein beliebtes Tagescafe. Da gab es Kuchen und Torten von hervorragender Qualität. Die Kurgäste aus dem Ort gingen

hin, andere kamen mit dem Motorboot über den sommerlichen Tegernsee gefahren und in seinem Betrieb wurden ausserdem die besten Pralinen hergestellt. Er hatte das beste Eis, und abends war dieses Cafe zudem ein Tanzlokal. Da spielte eine Tanzkapelle mit einem Stehgeiger, der seinem Instrument so herzzerreissend schmeichelnde Töne entlocken konnte, dass die Damenwelt dahinschmolz, besonders wenn er sie auch noch tiefgründig und mit angedeutetem Lächeln anschaute.
Aber dann, im Herbst 1939, nach 6 Jahren, in denen die vorher völlig verarmten, ansässigen Arbeiter und Tagelöhner und die verschuldeten Bauern wieder zu einem bescheidenen Lebensstandard (nicht Wohlstand!) gekommen waren, und man schon einen Radio hatte, erfuhr man, dass Hitler eine Verbindungsstraße und Eisenbahnlinie durch den **„polnischen Korridor"** nach Ostpreussen wollte. Dass der Korridor bis 1918 deutsches Land war wusste man auch und für die Verbindungsstrasse hatten „alle Deutschen" volles Verständnis.
„Die Polen" wollten das nicht so gerne und hatten sehr lange keine Antwort auf **„die deutsche Anfrage mit Ultimatum"** gegeben. Sie betrieben eine Hinhaltepolitik, die England mit einer Garantieerklärung unterstützte und da in diesem früher deutschen Landesteil (bis 1918) polnischerseits Repressalien gegen die verbliebenen Deutschen vorgekommenen waren, und die international hoch angespannte Lage nicht neutralisiert werden konnte, marschierte Hitler in Polen ein. Er überfiel es. Kurze Zeit danach marschierte **auch Russland** von der anderen Seite in Polen ein und besetzte Polen ebenfalls. Eigenartigerweise erklärte Frankreich und England nur uns Deutschen den Krieg, den Russen jedoch nicht, obwohl sie das Gleiche getan hatten.

Der Krieg hatte schon angefangen. Ein Weltbrand sollte sich daraus entwickeln. England wollte Deutschland als Wirtschaftsmacht ausschalten, verlor dabei aber letztendlich selbst seine bis dahin durch Industrie und Seehandel bestehende Weltvorherrschaft an die Amerikaner. Nicht nur Deutschland als Kern von Europa, wurde zerstört, sondern auch das Weltreich England ging zugrunde. Aber soweit war es noch nicht.
Die Kriegsjahre gingen dahin und der Max hatte eines Tages eine Idee. Als die Zeit der „siegreichen Rückzüge" aus Russland begann, nach dem Wendepunkt Stalingrad, sagte er zu einem seiner guten Freunde, der Maurer war, er solle ihm doch einen kleinen Raum zumauern. Der Max hatte dann in jenem Raum seine Schnaps- Wein- Kaffee- Schokoladen- und Pralinenvorräte einmauern und die Mauer ordentlich verputzen und weisseln lassen. „Der kluge Mann baut vor" sagt man. Der Max stellte damals noch ein Regal hin, zur Tarnung.
Als jener Maurer später einmal Fronturlaub hatte und den Max bat, er möge ihm doch ein paar Pralinen oder Schokolade für seine Frau geben, was für Lebensmittelkarten-Menschen eine unerreichbare Kostbarkeit war, gab ihm der Max nichts und so kam durch die Wut des Maurers, die ganze Sache auf. Der zugemauerte Raum wurde aufgebrochen und - oh Katastrophe- Nur die Schnapsflaschen waren noch brauchbar. Schokoladen, Pralinen, alles war vergammelt und verschimmelt, kaputt. Der Max wurde trotz seiner guten Beziehungen zur Nazi-Partei bestraft. Der Blutordensträger

war sozusagen „gerichtsmassig" geworden und bekam von „seinem" Naziregime ein Urteil mit Strafe.
Irgendwann ging dann nach langer Zeit auch dieser schreckliche Krieg zu Ende. In seinem Tanzcafe trafen sich nun schon längere Zeit vorwiegend die Besatzungssoldaten mit den „Fräuleins", die herausfanden, dass Amerikaner vielleicht ein Schlupfloch hinaus aus dem Land der Not werden könnten. Jedenfalls verfügten sie über eine stahlharte Seifen- Zigaretten und Kaffeewährung, und vielen war es egal, was die Leute sagten, wenn es nur etwas gab, was das allgemeine Elend der damaligen Zeit, erträglicher machte. Sagte nicht schon Brecht: „Erst kommt das Fressen, **dann die Moral."**
Als die Entnaszifizierungszeit schon vorbei war, sickerte es im Ort durch, dass der Max, weiss Gott wie, als ein Verfolgter vom Nazi-Regime anerkannt worden sei und eine Geldzahlung zugesprochen bekommen hatte. Wie? „Von staatswegen". Die Leute blieben stumm. Es sagte keiner so und sagte keiner so.
Später, längst zu DM-Zeiten, als ein recht ansehnliches Grundstück, das im Forstbesitz war, verkauft werden sollte, auf das der Max ein Auge geworfen hatte, war er schon wieder sozusagen die „graue Eminenz" des neuen, politisch reinen Bürgermeisters. Ein anderer Interessent konnte mit einem Gegenangebot gar nicht mithalten, hiess es, weil dieses Grundstück gar nicht öffentlich angeboten wurde, sondern, sagen wir einmal „verdeckt gehandelt" den Besitzer wechselte. Wie gesagt, so hieß das Gerücht, das damals kursierte.
Als er dann später im Himmel ankam und der Petrus seine Akten anschaute, wunderte er sich und fragte, „sag amoi, Max, was gilt jetzt eigentlich bei dir, dein NSDAP-Ausweis, oder der vom VVN?" Da tat der Max als hätte er nichts verstanden. Trotzdem wurde er in seinem schwarzen Gwandl blutrot im Gesicht, aber als er tief Luft holte um dem Petrus zu antworten, in dem Moment kamen die ersten Sonnenstrahlen über die Neureuth herauf und eine Amsel fing zu singen an und der Schreiber dieser schönen Verwandlungsgeschichte wurde wach und weiß jetzt nicht, was der verblichene Blutordensträger dem Himmelspförtner gesagt hat. Dass er rot geworden ist vor Scham, glaubt er auch nicht wirklich.

MS

(VVN= Vereinigung der Verfolgten des Naziregimes)

Thema Klimaveränderung: 3.Juni 2005, *Bericht aus Sylt*
Die Nordsee ist 2 ° wärmer als vor 30 Jahren. Dem Kabeljau wird es langsam zu warm, er wandert nach Norden. Es leben vereinzelt andere Fische aus dem Mittelmeer hier. In den Miesmuschelbänken werden allmählich die angestammten Tiere von einer eingewanderten Austernart bedrängt. Es bahnt sich eine ökologische Revolution an, da auch die Vogelarten auf diese Veränderung reagieren müssen.

MM

Goethe fuhr über die Kesselbergstraße

Dies ist die wohl einzig bekannte bayerische Geschichte des Wolfgang von Goethe, die man sich von Gmund bis in die Jachenau noch manchmal erzählt. Aber so gut, wie Martin Luther die Bayern beschreibt, hat Goethe uns nicht verewigt. Wenn man jedoch die Kesselberggeschichte von 1786 kennt, wundert's einen nicht. Gestaunt wird er haben über den Wagnermeister, und das ist ja auch schon was. Halten wir also erst einmal fest, was **Luther über uns Bayern** aufschrieb:
„Wenn ich viel reisen sollte, wollte ich nirgends lieber hin, als durch Schwaben und das Bayernland ziehen; denn da sind die Leute freundlich und gutwillig, geben gerne Herberge, kommen Fremden und Wanderern entgegen und tun den Leuten gütlich (d.h. sie machen es den Leuten gemütlich) und gute Ausrichtung um ihr Geld." (gute Ware gegen gutes Geld, d.h. sie betrügen nicht.)
Das ist doch wirklich ein aussagekräftiger Werbespruch.

Und jetzt schauen wir, wie's dem Herrn von Goethe erging. Es war die Zeit, als er von seiner geliebten Frau von Stein eine „Auszeit" nehmen wollte. Damals verließ er Anfang September 1786 Karlsbad in stockdunkler Nacht und wollte in sein Sehnsuchtsland **Italien** reisen und dazwischen lag dieses uralte Land der Vindelizier, Römer, Germanen, Bajuwaren, Agilolfinger und Wittelsbacher, von dem er bisher wenig Notiz genommen hatte, aber an dem er nun nicht vorbei kam. Obwohl der französische Aufklärerwind schon wehte, schenkte er dann doch den an seinem Wege liegenden Klöstern seine Aufmerksamkeit. Sie waren die **Zentren der geistlichen Herren,** die, wie er sagte, früher klug waren, als ihre Untertanen. (Also Kinder lernts was g'scheits.)
Als gescheiter Mann wusste er, dass all diese Klöster über viele Jahrhunderte hinweg die Bewahrer der abendländischen Kultur und ihr Bollwerk waren, auch wenn sich plötzlichkritische Stimmen gegen die in den Städten überhand nehmenden Bettelorden (Kuttenträger) erhoben und das Mönchstum in Verruf brachten.

Regensburg, unsere älteste Herzogsstadt gefiel ihm, in **München** blieb er nur 12 Stunden- (was sich heute die modernen Touristen aus USA, Japan, China und Rußland zum Vorbild nehmen.) - und dabei betrachtete er sogar kostbare Gemälde und bildende Kunst. Bis ihn dann der Wind vom Tiroler Gebirge her erfasste. „Kalt blies der", schrieb er auf und sagte damit, dass es kein Föhn war, wie's zu dieser Jahreszeit üblich ist. Goethe wollte möglichst schnell Mittenwald, erreichen, den alten Handelsumschlageplatz an der uralten Strasse Augsburg- Verona, wo Mathias Klotz, der Amati-Schüler, schon vor 100 Jahren das Geigenbauerhandwerk heimisch gemacht hatte. Die Augsburg-Verona-Route war sein geplanter Reiseweg, und dort in **Mittenwald** hoffte er ein angenehmes Übernachtungsquartier zu finden.

Am 7.September kam er dann auch endlich dort an. Aber nicht so problemlos, wie er erhofft hatte. Sein Weg hatte ihn nämlich über die **Kesselbergstrasse** geführt, von **Kochel** her. Der Schmied von Kochel, der heldenhafte Balthes aus der Sendlinger Bauernschlacht von 1705, war schon tot, das Walchenseekraftwerk mit dem

Goethes bayrische Rast, 1786. Lüftlmalerei am Klosterbräu in Benediktbeuern.

Turbinenhaus noch nicht gebaut, und den gebändigten elektrischen Strom kannte überhaupt noch niemand. Der Kutscher fuhr mit braven Pferden **die 36 Kehren** hinauf und brachte seinen edlen Fahrgast zur **858 Meter hoch** liegenden **Passhöhe**.
Vielleicht war er überwältigt und freute sich, auf einer Strassentrasse zu fahren, die bereits **im Jahre 1120** den schönen Namen **„Via regia Tyrolenses et Italos"** trug und jetzt gerade erneut mit menschlicher Muskelkraft verbreitert worden war und neue Ausweichbuchten erhalten hatte.
Die Rösser mußten sich bergauf wirklich arg plagen. Bergab mußten die Bremsgewinde gut zu drehen gewesen sein, damit das Gewicht des Wagens die Pferde nicht von der Strasse schob. Diese Bergstrecke schien kein Ende zu nehmen. Vielleicht hat Goethe dankbar an den Bayernherzog **Albrecht** gedacht, der sie kurz vor **1500 als Handelsstraße** hatte ausbauen lassen. Man weiß es nicht. Vermuten dürfen wir aber, dass er alles genauso selbstverständlich nahm, wie wir heutzutage und eher über Unebenheiten nörgelte, als für das Erreichte zu danken.

Aber an eins hatte er sicher noch lange gedacht, der Herr Goethe. Bevor er noch ins Dorf Walchensee kam, war nämlich ein Rad gebrochen. Ein Kutschenrad aus Holz mit einem Eisenreifen zusammengehalten, wie wir es hier **am Tegernsee im Kutschen-Museum** etwas genauer betrachten können. Natürlich hätte dieser Radbruch nicht passieren dürfen. Es gab einen unfreiwilligen Aufenthalt. Auch damals brauchte man einen „Abschleppdienst" um zum nächsten Wagnermeister zu kommen, und der mußte den Schaden beheben. Er tat auch sein bestes.
Da es dem Dichterfürsten aber anscheinend nicht schnell genug ging und er seine Pläne über den Haufen geworfen sah und ihm auch das Bett in dem einfachen Gasthaus nicht zusagte, suchte er den Wagner nochmal in seiner Werkstadt auf um ihn zur Eile anzutreiben; denn bis Italien musste er doch noch die „Porta Claudia" bei Scharnitz, den Zirler Berg, das Inntal und den Brenner überwinden. Möglichst schnell.

Und wie reagierte der Wagnermeister, der ja gar nicht wußte, wen er da vor sich hatte, denn Goethe reiste unter falschem Namen. Klassisch bayrisch, reagierte er. Ruhig aber mit Nachdruck warf er ihm sein berühmt gebliebenes Zitat aus dem „Götz von Berlichingen" an den Kopf:: „.....geh' leck mi do' am....." (MS)

Beim vielseitigen Goethe ließ 1808 **die bayerische Regierung** durch den Zentral-Schulrat F.I. Niethammer anfragen, ob er bereit sei, eine **Sammlung von Gedichten** zusammenzustellen, die das „natürlichste, gemeinschaftliche Bildungsmittel" der Nation werden könne. Es sollte für die Deutschen das sein, was Homer für die Griechen war.
Goethe antwortete, dass er diesen Plan schon lange hege, doch der Schulrat möge dies vertraulich behandeln, dass ihm niemand zuvorkomme; er solle aber dafür Sorge tragen, dass in allen Bundesstaaten, - auch in den österreichischen Erblanden, **kein Nachdruck** (copyright) stattfinden dürfe!
Dann legte er seine Gedanken über diese Sammlung dar: Ein Volksbuch müsse **den Charakter ansprechen**, nicht den Geschmack. Auf den **Charakter** wirke aber **der Gehalt** und nicht die Form.
Die Sammlung müsse ein „Unteres" enthalten, das befriedige und anlocke,
ein „Mittleres", das allmählich aufgenommen werden könne,
und ein „Oberstes" an dem der Mensch seine „Ahnungsfähigkeit" üben könne.
Das Buch müsse nach Rubriken geordnet sein wie: Vaterland, Familie, Liebe, Unsterblichkeit und es müsse alles enthalten: Legenden, Fabeln, Begebenheiten, Spottgedichte, Scherze und Spässe. Aber auch Geistreiches und Gefälliges, Oden an Gott und Studentenlieder etc.
Goethe hat diesen Plan jedoch nie verwirklicht und auch später ist eine Sammlung von solcher Breite wie sie Goethe vorschwebte nicht angelegt worden. Die Lücke ist verblieben und sie ist schmerzlich.

Dies steht in dem Hausbuch deutscher Dichtung: „Der ewige Brunnen" von Ludwig Reiners ISBN 3 406 O4140, im C.H.Beck-Verlag München erschienen.

Johann Wolfgang von Goethe sagte:

1.- **Ich finde** Gott sei Dank kein deutsches Wort, um „perfid" in seinem ganzen Umfang auszudrücken. Unser armseliges „treulos" ist ein unschuldiges Kind dagegen. Perfid ist treulos mit Genuß, mit Übermut und Schadenfreude.

2.- **Wir Deutschen** stehen sehr hoch und haben gar nicht Ursache, uns vom Wind hin- und hertreiben zu lassen. Gehen wir ruhig und gemeinsam unseren Weg.

3.- **Deutschtum** ist Freiheit, Bildung, Allseitigkeit und Liebe - dass sie's nicht wissen ändert nichts daran.

4.- **Frömmigkeit** ist kein Zweck, sondern ein Mittel, um durch die reinste Gemütsruhe zur höchsten Kultur zu gelangen.

Gedichte von Goethe

(Vor den Wahlen durchzulesen, wenn redegewandte Kandidaten „reden".)

Die Kandidaten

Ein großer Teich war zugefroren;
die Fröschlein in der Tiefe verloren,
konnten nicht mehr quaken und springen,
versprachen aber - - - bis hin in den Traum:
fänden sie oben Sitz wieder und Raum
wie Nachtigallen wollten sie singen.

Der Tauwind kam, das Eis zerschmolz;
nun ruderten sie fest - - und landeten stolz
und saßen am Ufer, und saßen ganz breit.....
und quakten wie vor alter Zeit.

Noch eins? Bitte sehr:

Die Zeitungs-Annonce

Ein Hündchen wird gesucht
das weder bellt noch beißt,
zerbrochne Gläser frisst
und Diamanten schei....!

Der Schnarcher

Wenn man von Rottach mit dem Auto zur Monialm fährt, um dort entweder einzukehren oder um zum Suttensee zu wandern, kann man sich zuvor im bestens sortierten Laden der **Familie Sollacher** in Hagrain noch mit frischem Obst, einer guten Brotzeit und Getränken eindecken und weiterfahren. Wenn man reichlicher Zeit hat und vielleicht ein schönes Geschenk für einen lieben Menschen braucht und was ganz Besonderes sucht, gibt es noch einen anderen Insider-Tip. Man müsste dann bei der traditionreichen **Töpferei Ulbricht** anhalten, die auch durch ihre Kachelöfen berühmt wurde und kann dort in Ruhe ein schönes handbemaltes Stück der Zier- und Gebrauchskeramiken aussuchen. Falls man dann noch wissen will, wo der Lori Feichter ist, den der am Brauchtum interessierte Tourist bereits kennt, sollte man langsamer als üblich fahren und ein wenig nach links schauen.

Da kommt dann nämlich auf der linken Seite die Hütte des **Traditionsvereins der Wallberger**, von der in der Kaminkehrer-Geschichte von Zeno Mayr gleich die Rede sein wird.
1994 war ein ereignisreiches Jahr für die Wallberger; denn schon im Januar kam ein kleiner gelber Zettel, so groß wie ein halber Briefbogen heraus und auf dem stand, dass die **„Wiener Wallberger"** ihr 100jähriges Bestehen feiern und zwar vom 7.-9. Oktober und 60 Personen könnten mitfahren. Und weil sich ein Verein natürlich nicht mit Ankündigungen zufrieden gibt, so fand dann Mitte August, wie immer, das höchst beliebte Gartenfest der Wallberger im Lori Feichter nahe bei der Ellmöslsiedlung statt. Zeno Mayr schreibt:
Es war ein wunderschöner Sommertag und auch die Nacht war trocken und warm. Es floss Bier und weitere Getränke, das Fest war sozusagen bis spät in die Nacht hinein „ein volles Haus" und die Rottacher Musikkapelle spielte auch bis Mitternacht mit gewohnter Bravour, was wir in Ellmösl ja immer gut und gern hören. Da es, wie gesagt, eine laue Nacht war und auch wegen der Musik, machte meine Frau beide Schlafzimmerfenster weit auf. Noch spielte einige Zeit die Musik als wir ins Bett gingen und es war wie immer schön, beim Klang der Musik einzuschlafen.
Doch als ich beim Morgengrauen wach wurde, hörte ich ein ganz lautes Schnarchen, was ich sonst von meiner Johanna nicht gewohnt bin. Ich wartete eine kleine Weile, aber dann gab ich ihr einen Ruck und sagte: „Schnarch nicht so". Da schaute sie mich an, wartete auch eine Weile und sagte dann: Ja du schnarchst ja so."

Plötzlich saßen wir zwei vom Schlaf raus in unseren Betten, schauten uns verwundert an, was sonst wirklich nicht üblich ist. Ja da schnarcht ja wirklich noch einer in unserem Schlafzimmer und schon gleich so laut, dachten wir beide. Ja,ja, wie gibts denn sowas! Wir sahen aber keinen und das Schnarchen ging trotz unserer Unterhaltung und unserem Rätsel-Denken, dass da noch einer bei uns herin liegt, ununterbrochen weiter.
Doch dann bin ich aus dem Bett, wurde völlig munter, ging in die Richtung, wo das Schnarchen herkam, schaute beim Fenster hinaus und da sah ich den Schnarcher auf der Hausbank liegen. er hatte die Schuhe ausgezogen, sie fein säuberlich vor die Hausbank gestellt und da schnarchte er so dahin.

(Zeno Mayr)

Auf dem Hirschberggipfel

Wie alle Jahre im Herbst finde ich es als altes Hirschbergler Mitglied für notwendig, dass ich die Bergkreuze am Hirschberg, auf dem vom Tenner, auf dem Luckenkopf und auf dem Hirschberggipfel nachschaue um eventuell die lockeren Verankerungsseile usw.in Ordnung zu bringen. Als ich heuer Ende September auf dem Hirschberggipfel war und am Kreuz stand, dachte ich, wie gut doch dieser Standardberg von Scharling aus zu erreichen ist und wie bequem es doch ist im gemütlichen Hirschberghaus einzukehren um dann zum Gipfel zu gehen und diese beachtliche Aussicht zu genießen; denn der Hirschberg ist ein ausgezeichneter Aussichtsberg.

Zu: **Das kostbare Gefäß von Finsterwald** **Bild 27**
Die Scherben dieses kostbaren Gefäßes fand Georg Hofmann, nebenberuflich als Natur-u. Tierfotograf bekannt. Es ist 3500 Jahre alt und im Heimatmuseum Gmund ausgestellt.

(Primiz von lat. primitae) = das Erste, die Erstlinge. Sie ist die erste Gemeindemesse eines kath. Priesters nach seiner Weihe. (seit 111 Jahren) **Bild 28**

Empfang in Rottach-Egern vor dem Kur-u. Kongreßsaal. Bildmitte von links: Pastoralreferent Andreas Faller, Rottach Egern; Bürgermeister von Kreuth Josef Bierschneider; Primiziant A. Lackermeier; ganz rechts Bürgermeister von Rottach Egern Franz Hafner. (Foto Otto Lederer)

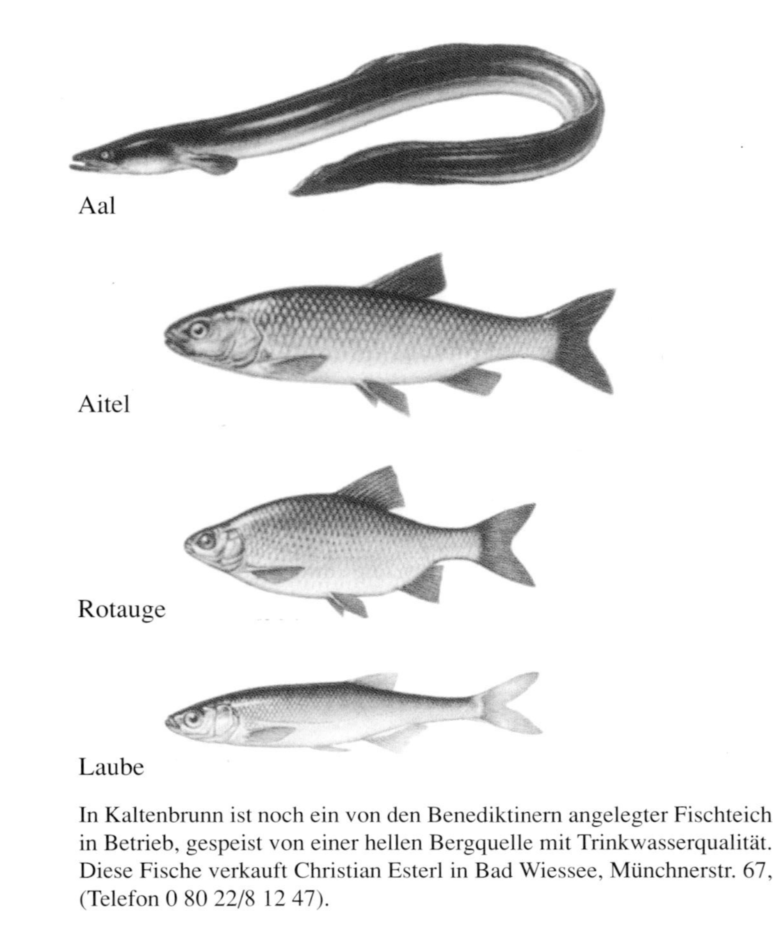

Aal

Aitel

Rotauge

Laube

In Kaltenbrunn ist noch ein von den Benediktinern angelegter Fischteich in Betrieb, gespeist von einer hellen Bergquelle mit Trinkwasserqualität. Diese Fische verkauft Christian Esterl in Bad Wiessee, Münchnerstr. 67, (Telefon 0 80 22/8 12 47).

Im Fischhaus in Abwinkel beim Motorbootsteg ist eine Einkaufsmöglichkeit (Tel. 0 80 22/85 74 94). Dort kann man auch die Fisch-Aufzuchtbottiche sehen, samt Schautafeln.

Karpfen

Schleie

Brachse

zu „Der Ruodlieb“ · Fische im Tegernsee **Bild 29**

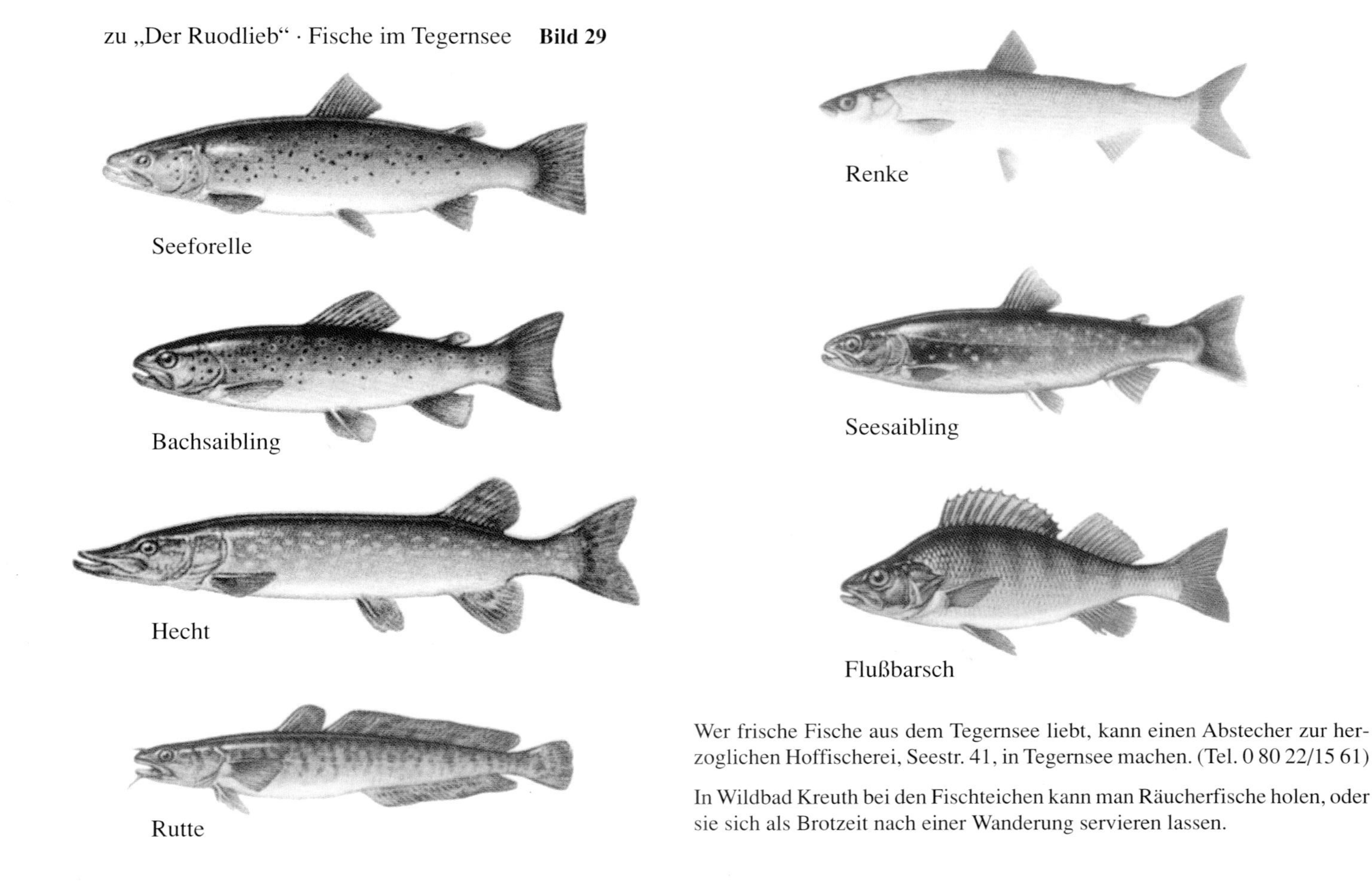

Wer frische Fische aus dem Tegernsee liebt, kann einen Abstecher zur herzoglichen Hoffischerei, Seestr. 41, in Tegernsee machen. (Tel. 0 80 22/15 61)

In Wildbad Kreuth bei den Fischteichen kann man Räucherfische holen, oder sie sich als Brotzeit nach einer Wanderung servieren lassen.

Zu: **Der Ruodlieb Bild 30**
Ruodlieb, als Meisterfischer, sucht mit seinem Knecht das Wunderkraut Buglossa

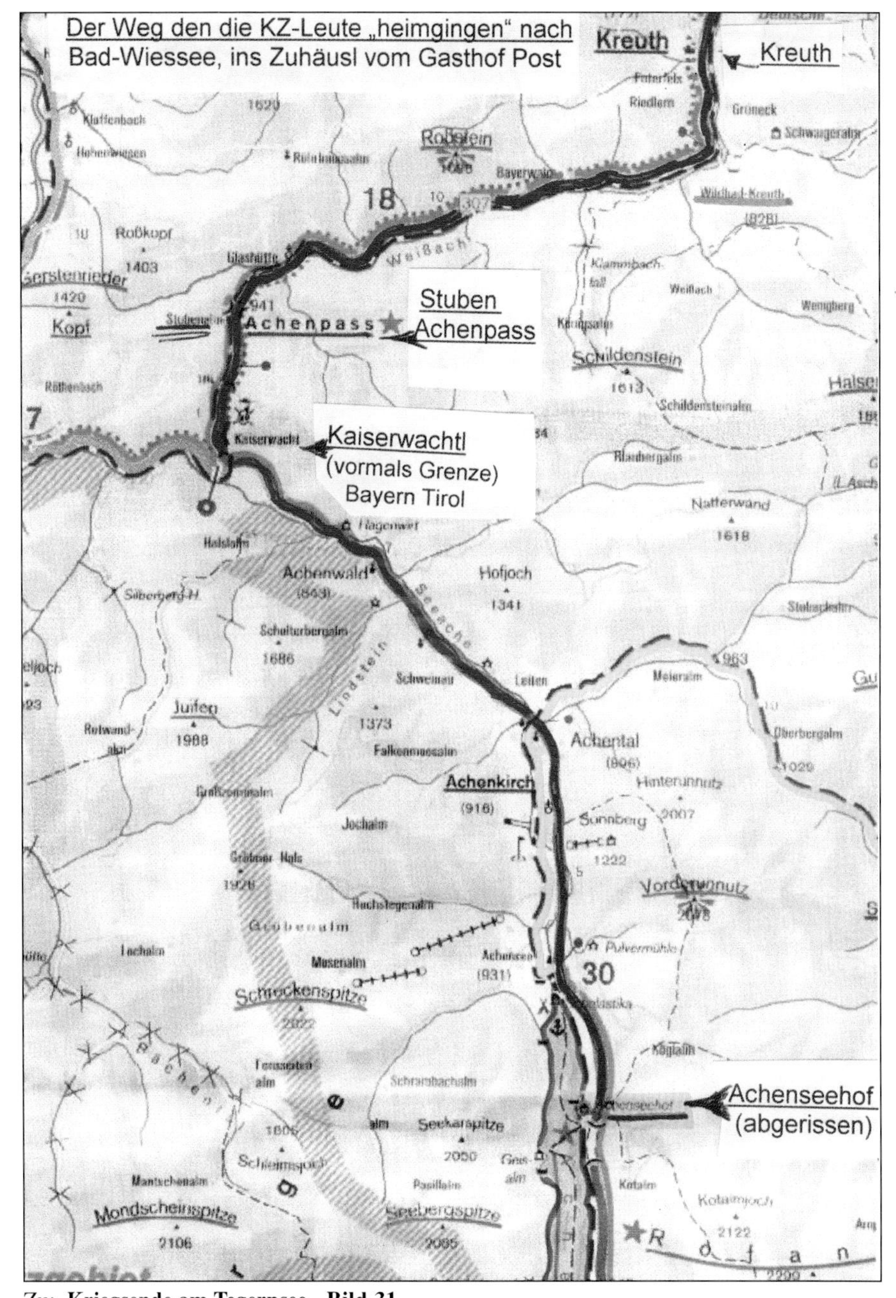

Zu: **Kriegsende am Tegernsee Bild 31**
Der Weg den die KZ- Leute „heimgingen“ nach Bad-Wiessee, ins Zuhäusl vom Gasthof Post.

Bild 32 Der Achenseehof in Tirol: Ein historisches Bild, da er 2004/03(?) von der Tiwag (Tiroler Waserkraftwerke AG) völlig abgerissen und eingeebnet wurde. Die Kapelle steht noch.

Bild 33 Achenseehof in Tirol. Besitzer vormals: Kammersänger Ludwig Rainer (weltberühmt) jetzt **Tiwag**. Sie handelt, in Bezug auf die **Ötztal-Staudämme, gegen Interessen der Tiroler Bauern.**
Argument: 1/4 des Tiroler Stromverbrauchs wird eingeführt. Argument des Aktonsbündnis Ötztal: Hier wird **das Wertvollste** verscherbelt was wir haben – **unser Wasser**.

Zu: **KZ-Männer, Achensee hin und zurück**

Bild 34
`S Kaiserwachtl auf der Straße an den Achensee (alte Grenze Bayern Tirol) Achenpass.

Bild 35
Die Kapelle steht noch.

Zu: **KZ-Männer, Achenseehof und zurück Bild 36**
Ludwig Steinwagner der die Verantwortung übernahm, die KZ-Männer nach Tirol zu fahren. (Im Alter nach seinem arbeitsreichen Leben, beim Forstamt, auf dem Bau und dann bei Berthold)

Zu: **Kriegsende am Tegernsee Bild 37**
Grab von Bürgermeister Max Mayr und seiner Frau, die am 29. und 30.04.45 aus dem Leben schieden. (Foto Zeno Mayr)

Vom Gipfel aus sieht man in südlicher Richtung den Blaubergkamm und den Schildenstein, nach Osten hin den Wallberg und den Risserkogl und nach Westen schaut man zum Ross-und Buchstein. Es erfreut einen immer wieder. Als ich dann prüfend das Gipfelkreuz und seinen Zustand betrachtete und das mir locker erscheinende östliche Verankerungsseil des 6 m hohen Gipfelkreuzes anzog, fiel plötzlich von oben ein faustgroßer, rotbackiger, schöner, gesunder, Apfel herunter.
Ich schaute und im ersten Moment dachte ich, das gibt es doch nicht Heuer gab es zwar eine sehr reiche Apfelernte und fast alle Obstbäume hatten reichlich Früchte getragen, aber dass ein tannernes Berggipfelkreuz Äpfel tragen kann, das kann es halt nicht geben und schon gar nicht auf einer Höhe von 1670 Meter. Nach näherem Betrachten sah ich, dass der Apfel auf einer Seite angepickt war. So konnte ich mir vorstellen, dass ein Rabe oder Dachi (Bergdohle) irgendwo von einem Bergsteiger einen Apfel davon hat oder gefunden hat und ihn auf das Gipfelkreuz geflogen hat zur sicheren Verwahrung. Dass ich da grad daherkam und an der Verankerung rüttelte, hat der Vogel natürlich nicht wissen können, grad so, wie ich nicht wissen konnte, dass der Vogel da oben seinen Apfel hingelegt hatte.

Diese Geschichte ist zwar kein weltbewegendes Ereignis, aber so schnell wird das keiner mehr erleben. Ich jedenfalls habe sowas in meiner 50jährigen Berggeherei noch nie erfahren. Da ich mir vorstellen kann, dass sich der fliegende Genosse über das Erwischen so eines Apfels gefreut hat habe ich den Apfel wieder sichtbar neben das Kreuz gelegt, damit ihn der hungrige Geselle wieder holen kann. Hoffentlich hat ihn nicht ein nach mir kommender Bergsteiger aufgegessen.

(Zeno Mayr)

Fünf Gipfelkreuze auf dem Ringspitz (nacheinander)

Die Kopien der 1. Urkunde aus dem Jahre **1846**, über das Gipfelkreuz vom Ringspitz, welches am Jacobitag duch den **Kooperator v. Egern Max Alois Schenk** geweiht wurde, gelangten durch Sepp Gloggner und Ludwig Nagl in meinen Besitz.
Bereits **1883**, **also nach 37 Jahren** wurde es dann erneuert, gestiftet vom Holzhändler Weiß, Hammerschmiede.
Eine weitere Handschrift von **1930** erwähnt, dass der Herr Kooperator Messmeringer die Einweihung eines Gipfelkreuzes auf dem Ringspitz vollzog.
Gloggner und Nagl, die eine lange Tradition mit dem Ringspitz-Kreuz verbindet, halfen auch jetzt mit wertvollen Ratschlägen und ihrer Tatkraft, zusammen mit den vielen Freunden mit, das **im Jahre 2000** durch einen Sturm zerstörte Gipfelkeuz zu erneuern.
An die Erneuerung im Jahr **1961** liegen uns mehrere Berichte vor und auch eigene Eindrücke; denn mein Großvater Mathias Sareiter, Zimmermeister in Bad Wiessee, mit Anton Buchberger und Fritz Stadler, beide Reitrain, waren damals das treibende Dreigestirn. Seine Hütte am Setzerling (Großbuch) diente dabei als „Basislager" .
Aus einem Zeitungsbericht des Jahres 1961, den ich im Hüttenbuch fand, ist zu lesen:

„Das Gipfelkreuz auf der Ringspitze, das den Unbilden der Witterung zum Opfer gefallen ist , wurde kürzlich erneuert und jetzt durch **Pfarrer Kronast** eingeweiht.
An der Bergmesse, bei der die Kreuther Buben die Bauernmesse von Anette Thoma sangen, nahmen nicht weniger als **140 Gläubige** teil.

Doch auch dieses Gipfelkreuz ging den Weg alles Irdischen und wurde durch einen Sturm im Jahre 2000 zerstört.
Am **27.12.2000** verunglückte ich mit meinen Buben Mathias und Franz bei einer Transportaktion für den Ski Club am Sonnenbichl.
Noch auf der Intensivstation besuchte mich meine Frau Bernadette und mein Bruder Andreas die mir die erlösende gute Nachricht brachten, dass die Buben zwar mit Knochenbrüchen und Gehirnerschütterung ins Krankenhaus gekommen waren, aber „über den Berg" waren.
Spontan schickte ich ein Dankgebet zum Himmel. Andreas und ich beschlossen zum sichtbaren Dank an unsere vielen Schutzengel, das Ringspitzkreuz zu erneuern.

Andreas als erfahrener Zimmermeister setzte dann unsere Gedanken nach den alten Vorlagen und Abmessungen in die Tat um und fertigte mit Rudolf Friedrich das Kreuz aus Lärchenleimbindern in zwei Teilen.
Meine Genesung ging langsam voran und wir planten und suchten den besten Weg, wie wir das schwere Kreuz möglichst gefahrlos auf den Berg bringen können.
Darüber verging die Zeit, inzwischen fertigte Spengler Paul Brunner die Kupferabdeckung, Florian Rixner schmiedete einen kleinen Schlitten zum ziehen.
Endlich am **16. August 2003** war es dann soweit.
Franz Erlacher (Moar) fuhr uns das Kreuz mit dem Traktor bis zum Ende der Forststrasse und nun begann das Abenteuer; denn der Ringspitz ist nicht ganz ungefährlich. Fast alle Helfer hatten mit so einem Transport auf steilem, nicht geebnetem Weg keine Erfahrung, aber alle waren guten Mutes und hatten auch ausreichend Kraft.

Wir verwendeten eine kleine Seilwinde zum sichern des Kreuzes. Anfangs wurde diese sehr belächelt, aber mit zunehmender Steilheit des Geländes erwies sie sich als ein sehr hilfreiches Maschinchen.
Am Gipfel ohne Zwischenfall angekommen griff dann unser medizinischer Beistand Dr. Bernhard Richter so unglücklich an den Balken, dass er sich den Finger quetschte und von der ebenfalls anwesenden Bergwacht ins Krankenhaus begleitet wurde.
Ansonsten verlief alles nach Plan und schließlich stand das Kreuz fest in der Verankerung.

Wiederum 1 Jahr später konnte dann Pfarrer Gröppmeier aus Egern und Pfarrer Christian Dietmar aus Bad Wiessee am **4.Sept.04** das **fünfte Gipfelkreuz** auf dem Ringspitz einweihen.
Seit August 2005 ziert ein kleines Schild, das der Sprenger Wolfgang gemalt hat, dieses Kreuz.

Liste der Ringspitz-Kreuz-Spender von 1930

Durch eifrige Bemühungen des Max Seyrer v. Raitrain und dessen tatkräftige Unterstützung wurde es im Jahre 1930 am 31. August wieder erneuert und am Ringspitz aufgestellt.

Ein hochgeweihtes Marien-Medaillon aus dem Jahre 1830 welches 18[illegible]6 mit unter das Kreuz gelegt wurde, befand sich noch am Ort und wurde 1930 wieder unter dem Kreuz verewigt.

Arbeitsdienst wurde geleistet:

Hans Hagn s. Hausmann.
Florian Osterer s. Stachl
Martl, Ludwig und
Hans Höß s. Peter
Josef Brunner s. Kessenbichl
Max Leo Unterbräunbichl
sämtliche von Oberhof
Max Seyrer von Raitrain
Anton Buchberger s. [illegible] Hauri "
Georg Erlacher s. Hummermann "
Andreas Sindelhauser Wagner "
Friedrich Stadler s. Lochrandler "
Georg Sarein s. Herndl "
ferner Georg Gießlinger
Schlossermeister von Rottach.

Luitpold Herzog in Bayern
Zollinger Gartenbau in Oberhof
Wolfgang Strohschneider s. Lukas "
Wolfgang Strohschneider s. Hausmann "
Ludwig Ascher Bräunbichl "
Professor Lürs Villenbesitzer "
Simon Buchberger s. Lr. Hauri in Raitrain
Georg Erlacher sen. z. Hummermann "
Georg Hallmayr s. Schuster "
Simon Hagn s. Wagner "
Villa Neumann "
Rosa Wimmer Gastwirtschaft "
Rudolf Ludolf Architekt "
Maria Unterberger s. Schußmann "
Ostermaier Villenbesitzer "
Leonhard Moosrainer Kaufmann "
Josef Johann Hammerschmiedpächter
Lorenz Hübsch s. Schlosser in Oberach

Finanzielle ~~[illegible]~~:

Max Mayr Rainersäge in Weißach
Lorenz Bachmaier Gastwirt in "
Max Bachmaier Kunstmühle in "
Johann Bachmaier Privatier "
Max Bachmaier Gastwirt s. Bartlma
Dr. Josef s. Laubhert in Weißach
Josef Reid Sägewerk "
Thomas Pölsinger Sägewerk "
Xaver Wöß Bauunternehmer "
Georg Frank " "
Anton Schaffitzl Schmiedmeister "
Drechsel Ernst Villenbesitzer "
Josef Ottl s. Ottl in "
Lorenz Hagn s. Rosenmaier "

Max Kandlinger s. Guggn in Schorn
Elisabeth Kandlinger s. Schormann "
Johann Huber s. Zimmerleit "
Josef Sand s. Fischerweber Egern
Kaspar Maier s. Stifer "
Josef Listle z. Schneider in Staudach
Anny Riemart Musiklehrerin Staudach
Andreas Hallmayr s. Pfleger in Rottach

Das Kreuz wurde eingeweiht von Hochwürdigen Herrn Cooperator Josef Messmünger von Egern.

In der vierten Zeile steht: Ein hochgeweihtes Marien-Medaillon aus dem Jahre 1830, welches 1806 mit unter das Kreuz gelegt wurde, fand sich noch am Ort und wurde 1930 wieder unter dem Kreuz verewigt. (Liste verkleinert, also Lupe nehmen, bitte)

Allen Beteiligten, Helfern und Freunden gebührt aufrichtiger, herzlicher Dank für die großzügige, uneigennützige Unterstützung und Hilfe.
In den alten Unterlagen sind viele Namen erhalten die für **Beständigkeit** und

Tradition sprechen, wie sie bei uns im Tal noch gepflegt wird und die den Zusammenhalt festigt, bzw das moderne, entwurzelte Auseinanderlaufen aufzuhalten versucht. Beim genannten „Arbeitsdienst" sind stets die alten Bauerngeschlechter festgehalten und mit den Hofnamen genannt, wie z.B. Roßmoar, Gschwandler, Schussmann, Strohschneider, Pötzinger, Fischerweber, Haltmayr, Großbuch, Kleinbuch und viele viele andere.
Herzlich danken wir auch noch der Forstverwaltung Kreuth mit den Herren Forstdirektor Loher , Michael Huber und Alex Riedelbauch., für die Unterstützung.
p.s.
Besonders beeindruckend ist in einem Blatt der Eintrag aus dem Jahre **1930**, in der auch der **Erbauer der Ringbergburg Herzog Luitpold in Bayern** als Helfer verzeichnet ist.

(Bernhard Kaiser)

Kleiner Nachtrag:
Man kennt „die Zugspitze" bei Garmisch und vermutlich verleitete dies früher einige Leute von „der Ringspitze" zu schreiben. Fragen sie aber echte Einheimische, so werden sie sagen: dass der Ringspitz (sprich Ringschbiez) 1294 m hoch ist. Man kann darüber streiten, aber auf der Landkarte steht: Ringspitz und der Karl Valentin hat sich da ein Thema entgehen lassen.
Einen einzigen Einwand kann man gelten lassen: Der (bayrische) Butter heißt auf hochdeutsch die Butter. Aber „a guata Bruststpitz mit am Kren" ist auch auf hochdeutsch keine Brustspitze geworden; denn das ist ja ganz was anderes.

Der Abt auf dem Ringspitz (oder die Kaibiplärra Sage)
Damit unser alter Sagenschatz nicht ganz untergeht, sei die vom Kaibiplärra erzählt. Die Zeitläufe und auch die Äbte waren am Tegernsee nicht immer vom Besten. Nicht immer gut. Und Steuern gab es damals wie heute und sie wurden als drückend empfunden.
Die leibeigenen Bauern mussten an das Kloster den „Zehent" abliefern und auch von jeder Kuh **das erste Kalb**. Es gab Zeiten, da verlangte der Abt sogar die beste Kuh aus dem Stall, wenn der Lehenshof- Bauer heiratete. Ein Kalb musste gegeben werden, wenn der Bauer starb.
Am Ringsee, wo mageres Wiesenland war, wo der Winter länger dauerte und die Sonne rarer war, als auf den Wiesen in Tegernsee und Egern, lebte einst eine Kleinbauernfamilie in einem Häusl, die sich so recht und schlecht fortbrachte. Als der Bauer starb, wirtschaftete die Mutter mit ihren 6 Kindern weiter und wollte das Kalb, nicht wie üblich dem Kloster geben.
Da wurde ihr an einem kalten Tag das schönste Kalb aus dem Stall gezerrt, obwohl sie unter Tränen bat, man solle es ihr und den Kindern um Christi Willen lassen. Nicht nur sie und die Kinder weinten, sondern auch das kleine Kalb plärrte herzerweichend nach seiner Mutterkuh.

Die Klosterknechte scherten sich nicht um ihre Bitten und das Klagen und gingen mit dem Kalb davon. Doch plötzlich schrie ihnen die Witwe in ihrem Schmerz nach: „Euer hartherziger Abt soll selber als Kalb umgehen wenn er gestorben ist und so wie dieses Kalb plärren müssen." Das war ein Notfluch.
Bald darauf starb der Abt und bald nach der feierlichen Beerdigung zerbarst in seinem Sterbezimmer eine Fensterscheibe. Auf einer Steinplatte fand man einen eingepressten Abdruck von einem Kälberfuß. So oft die Steinplatte ausgewechselt wurde, so oft erschien nach kurzer Zeit der Abdruck wieder und manchmal um Mitternacht hörte man im Klosterhof das Getrampel von vielen, vielen Kälbern und Kühen. Oben aber, auf dem Ringspitz, war zur gleichen Zeit das schauerliche Plärren eines Kalbes zu hören.

Einmal, als der Knecht vom Großbucher, der das Geplärr vom Ringspitz wohl kannte, von einer Hochzeit in Egern spät nachhause ging, rief er beim „Grea Wasserl" übermütig: „geh owa Kaiwiplärra, wennst da traust", dann rülpste er noch, vor lauter Biergenuss. Als er an die Stelle kam, wo See und Berg kaum Platz für die Straße lassen, stand neben einer Wetterfichte eine unheimliche Gestalt, die plötzlich zu plärren anfing und ihn fürchterlich erschreckte.
Die Gestalt hatte einen Kälberkopf, trug eine schwarze Mönchskutte und da sah er auch die Kälberfüße und den Kälberschwanz. Da fing er zu rennen an, aber dieses Fabelwesen verfolgte ihn bis zu dem kleinen Häusl der armen Witwe. Dort entkam er und keuchte hinauf zu den Bucherhöfen. Er konnte die Geschichte noch erzählen, wurde aber bald krank und starb.
Der neue Abt war wieder ein gütiger Mann und mit Hilfe der armen Witwe verbannte er den Kaiwiplärra auf den Guffert beim Achensee. Stets betete er von da an für seine Erlösung. Vom Guffert aus sollte er zum Tegernsee schauen können, aber kein Unwesen mehr treiben müssen.

Das kostbare Gefäß von Tegernsee- Finsterwald

Georg Hofmann, der bekannte, außergewöhnliche Tier- u. Natur- Fotograf, fand 1977 beim Bau seines Hauses im Ortsteil „am Steinberg" zwischen Holz und Finsterwald uralte Scherben, die beim Bau der Zufahrt zutage kamen. Nur seiner Beobachtungsgabe und Wachtsamkeit verdanken wir, dass dieser wirklich bedeutende Fund nicht verloren ging und heute als Nachbildung im Gmunder Heimathaus zu besichtigen ist.
Für den Hofmann Schorsch war es nicht leicht, den Weg mitsamt dem Wendeplatz anzulegen; denn dieses Baugrundstück befand sich am Rand eines 4 -5 Meter tiefen Hochmoores, ca. 1,3 km nordwestlich vom Tegernsee. Bereits in einer Tiefe von einem Meter kamen damals die Tonscherben zum Vorschein. Der Baggerfahrer bemerkte es und sagte es dem Bauherrn. Dieser hatte aber den Aushub an Bekannte ver-

schenkt und so musste er wieder hin um nachzuschauen. Er grub dort den Aushub nochmal vorsichtig durch und fand weitere 70 -80 Tonscherben, die er in einen Pappkarton legte, doch dann hatte der Hausbau Vorrang. Für andere Dinge blieb keine Zeit.
1988 redete Hofmann mit dem damaligen Kreisheimatpfleger Glötzel, zeigte ihm seinen Fund und dieser gab ihm den Rat, zur **„Prähistorische Staatssammlung"** nach München zu gehen. Ein anderer sagte: „Schick halt ein paar davon hin", was er dann auch tat.

Kurze Zeit später kam schon die Antwort von Dr. Uenze. Er wollte alle Scherben, damit man eine Zeichnung des Gefässes anfertigen könne. Hofmann fuhr dann selbst nach München und staunte nicht schlecht, als er dort Kisten und andere Behälter voller Tonscherben sah: „Zentnerweise Tonscherben!" Nun waren aufgrund der gewissenhaften Nachsuche Hofmanns die Scherben so zahlreich, dass nicht nur eine Zeichnung angefertigt werden konnte, sondern dass eine gesicherte Gefäss-Rekonstruktion möglich war.
Dr. H.P. Uenze schrieb:
Diese Scherben gehören zu einem **niedrigen Trichterrandgefäß** mit zwei horizontalen, durch drei Rillen voneinander getrennten Zierbändern aus strichgefüllten Sanduhrmustern und **unverzierten Rauten**. Auffälligerweise endet die unterste Verzierungsreihe nicht an einer Begrenzungslinie. Die Linien der Strichfüllung laufen vielmehr ein wenig ungeordnet (ausgefranst) aus. Die graubraune Oberfläche der Innenseite sieht porös aus. Die Oberfläche der Außenseite hat eine sehr gute Glättung und wahrscheinlich einen Slippauftrag, durch den die Moorsäuren die Oberfläche, die eine schwarzgraue Farbe hat, nicht so angreifen konnten. Im Bruch schien der Ton porös und ungewohnt weissgrau, was wohl auf den Einfluss der Moorsäuren zurückgeht.

Dieses niedrige Trichterrandgefäß ist ungefähr **22 cm hoch** und hat einen Randdurchmesser von ca. **30,5 cm**. Es wird in die späte **Bronzezeit** datiert, also ca. 1500 Jahre vor Ch. - oder anders ausgedrückt: Hofmanns Fund ist **3500 Jahre** alt. Damals waren bereits Menschen am Tegernsee. Generell heißt es, dass so große Gefäße kaum transportiert wurden, und sie meist in unmittelbarer **Nähe des Fertigungsortes** gefunden werden. Das heißt, Leute siedelten hier und fertigten dieses Gefäss hier an.
„Und wer waren diese Menschen der Bronzezeit" fragte Hofmann die Fachleute in München. Die Antwort war: „Wir wissen es nicht. - Wir nennen sie Indogermanen, da sie vermutlich von Süd-Osten kamen."

So ist dieses **alte Gefäss** dadurch, dass es hier am Alpenrand gefunden wurde, von großer Bedeutung. Bisher fand man hier nur vereinzelte Bronzeobjekte, so zwei **Bronzenadeln**, eine von Tegernsee und eine von der Kühzagl-Alm.
Die Replik (Kopie) des Gefäßes **im Gmunder Heimatmuseum** ist eine Kostbarkeit. Dieser Fund zeigt uns einen Weg in unsere Vergangenheit und die reicht viel weiter

zurück, als man gewöhnlich annimmt. Wir alle, die heimatverbunden sind, sollten diese Dinge wissen, uns darüber freuen, sie unseren Kindern, Freunden und Gästen zeigen, ab und zu davon erzählen und die Erinnerung daran wach halten.
Wer sich eine Zeittafel anschaut, kann **das Gefäss von Finsterwald** und auch den aus dem Eis des Gletschers herausgeaperten **5200 Jahre alten „Ötzi"** einordnen. Als Moses ca. 1225 v. Chr. durchs rote Meer ging, waren die Indogernmanen von Finsterwald schon 225 Jahre im Jenseits.

HK

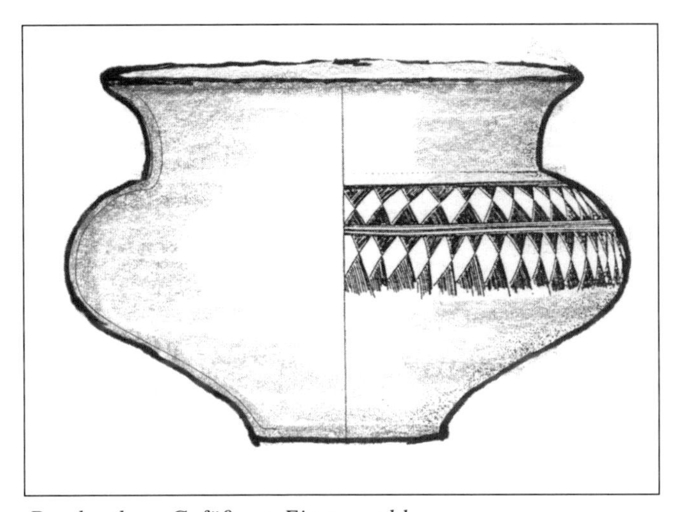

Das kostbare Gefäß von Finsterwald

Zwei sonderbare Geschichten

Diese Geschichte kenne ich schon sehr lange und kann sie nicht vergessen. Eigentlich gehört sie in die Rubrik „Kriegsende vor 60 Jahren", aber da ich irgendwie ein zweischichtiges Denken habe, das mir neben dem Dachauer Elendszug auch zugleich die Elendzüge der deutschen Flüchtlinge aus Ostpreussen zeigt, und neben den Todesmärschen der KZ-Insassen zugleich die Todesmärsche der Deutschen aus der Tschechoslowakei in die bildhafte Erinnerung bringt, rücke ich sie in die Normalität herein.

Im Januar 1944 war es bitter kalt. Die Wohnung der Familie Hüttl beim Bier-Marini im Freihauswinkel hatte nur einen Ofen, wie es damals so üblich war. Die Mutter mit den beiden kleinen Mädchen lebte alleine; denn der Vater war seit Jahren im Krieg. Oft schrieben sie ihm ihre kleinen Freuden und Sorgen und hofften und wünschten sich, dass er bald nachhause käme. Manchmal kamen Feldpostbriefe und dann war die Freude groß, aber zugleich kam auch der Schmerz über das lange Getrenntsein.

Gefreiter Pankraz Hüttl gefallen am 18.1.1944 im Osten 37 Jahre · RIP ·

Sie gingen früh schlafen, weil sie im Bett nicht froren.

In einer dunklen Nacht stand die Mutter einmal auf , ging zur Haustüre und schaute hinaus. Ja sie ging sogar ein paar Schritte weiter und schaute in den Schnee. Nach einer Weile ging sie wieder herein, machte die Türe zu und legte sich wieder hin. Aber nun waren die Mädchen wach geworden und fragten ihre Mutti warum sie denn hinausgegangen sei.

Da sagte sie: „Weil der Pappa gerufen hat, habt ihr es denn nicht gehört? Walli! Walli——- hat er gerufen, ganz deutlich."
Aber die Mädchen hatten nichts gehört. „Mir hamms ned g'hört", sagten sie.
Da versuchten sie wieder einzuschlafen, aber dann stand die Mutter nochmal auf, ging wieder zur Tür, ging hinaus und als sie zurück kam sagte sie: „Aber jetzt habt ihr es doch gehört. Ganz deutlich rief er Walli—.
Nach ein paar Tagen kam der Bürgermeister und Frau Hüttl erschrak und wusste, er brachte die Nachricht, dass ihr Mann gefallen war.

Die andere Geschichte:

Sie betrifft den amerikanischen **General Patton, der Gegenspieler von General Eisenhower** war (und den Kürzeren gezogen hat), über den schon viel geschrieben worden ist. Seine militärischen Erfolge und sein strategisches Denken sind nicht wegzudiskutieren. Er wollte 1945 schnell nach Berlin und diesen Teil Deutschlands nicht den Russen überlassen. Eisenhower aber entschied anders.
Patton hatte seinen Wohnsitz **1945 in St. Quirin im Amann-Haus** eingerichtet und war von der Junkerschule in Tölz äußerst beeindruckt. Die folgende Geschichte über ihn ist in einem **Time-Life-Buch- „Geheimnisse des Unbekannten"** bzw. „Seelenreisen" beschrieben. Und auch bei uns in Bayern weiß man, dass es zwischen Himmel und Erde genug Dinge gibt, die uns nachdenklich machen.
Also zu Patton:

In einer kleinen Stadt in Nordfrankreich, **Langres**, traf er 1917 am Ende des 1. Weltkriegs ein , weil er eine Panzerschulung durchführen sollte. Er war damals **Hauptmann** und hatte am 11. November seinen 32. Geburtstag. Der örtliche Verbindungsoffizier wollte ihm die Stadt zeigen, an deren Stelle sich früher ein **römisches Militärlager** befunden hatte. Da behauptete Patton, sich hier auszukennen und wies genau auf die Plätze hin, auf denen sich früher der **römische Exerzierplatz** befunden hatte. Auch wo Tempel und das Amphitheater waren konnte er sagen. Nun kann man sich das dadurch erklären, dass er als Absolvent der Militärakademie sicher diese alten Karten kannte und studiert hatte, aber er behauptete fest und steif, ihm sei das alles bekannt, als habe er sich in diesem Gebiet früher einmal sehr gut ausgekannt und brauche sich nur daran zu erinnern.

Als er im 2. Weltkrieg in Nordafrika gekämpft hatte, sagte einmal ein britischer General zu ihm: „Wenn Sie im 18. Jahrhundert gelebt hätten, wären sie ein großartiger Feldmarschall für Napoleon gewesen."
Da soll Patton recht heiter geantwortet haben, „aber das war ich doch". Patton soll ein unerschütterlicher Anhänger des Re-Inkarnations- Gedankens gewesen sein. Er glaubte an die Unsterblichkeit der Seele, die sich im Tod von ihrer irdischen, **körperlichen Hülle**, die durch die Nahrung aus der Erde „geworden ist", oder als „Haus für die Seele" gebaut wurde, wieder trennt. Und die Geistseele muss alle ihre Taten mitnehmen zur oberen Instanz, die schon dasteht mit der unsichtbaren göttlichen Waage.

Andreas Lackermeier

Zeig mir den Weg, den ich gehen soll, denn ich erhebe meine Seele zu Dir, mein Gott. *(Psalm 143,8)*

Priesterweihe 28.Juni 2003 im Dom zu Freising
Primiz 29. Juni 2003 in Kreuth

Den oben angeführten Spruch hat sich der Neupriester als seinen Primizspruch erwählt. Er soll ausdrücken, unter welcher Überschrift das Leben eines neu geweihten Priesters steht.
Andreas Lackermeier wurde am 20. 3.1972 in Tegernsee geboren, erlebte an der Seite seiner Eltern eine sorglose Kindheit, kam nach einer Malerlehre über den 2. Bildungsweg zur Mittleren Reife, trat dann in das Erzbischöfliche Spätberufenenkolleg „St. Matthias" Waldram ein (Abitur). Hier wuchs in ihm der Wunsch, Priester zu werden. Der damalige Pfarrer in Kreuth, Willibrord Ben Eilers, war während seiner Studentenzeit ein guter Wegweiser und auch Vorbild. Nach 5 Jahren Theologie-Studium in München und gleichzeitig im Erzbischöflichen Priesterseminar bekam er dann im Mai 2001 eine Pastoralstelle im Pfarrverband Waldkraiburg, um den praktischen Teil seiner Ausbildung zu erfahren.

Und schließlich war es dann soweit. Nach der vorausgegangenen Weihe zum Diakon am 28.6.2003 im Dom zu Freising empfing er vom Erzbischof Kardinal Friedrich Wetter die Priesterweihe. Noch am gleichen Tag wurde er dann gegen 18 Uhr von der Pfarrgemeinde Rottach-Egern/ Kreuth, sowie den Vertretern der Kommunen, Vereinen und der Bevölkerung am Kur- und Kongresssaal Rottach-Egern freudig empfangen. Ein langer Festzug führte anschließend über die Seestrasse zur Laurentius-Kirche in Egern, wo im Rahmen einer abendlichen Dankandacht ihm als Geschenk ein Primizgewand und ein gebundenes Buch mit Glückwünschen überreicht worden ist.
Der darauffolgende Sonntag 29.Juni 2003 wurde mit der Primizfeier bei bestem Wetter zum großen Festtag. Eindrucksvoll war der Festzug in Kreuth, der sich von der Leonhardi Kirche bis zum Sportplatz Kreuth-Riedlern hinzog, wo mit über 2000 Besuchern der Primiz-Gottesdienst gefeiert wurde.
Immerhin ist es schon 111 Jahre her, dass zuletzt ein Kreuther zum Priester geweiht wurde.
Dieser Primiz-Sonntag wurde für alle zum unvergesslichen Erlebnis. Viele Girlanden waren da, auch Frauen im Miederdirndl oder Schalk, die Kommunionkinder schickten bunte Luftballons in den Himmel und die Vereinsabordungen samt Spielmannszug, Bläser und Kirchenchöre waren angetreten.

(Otto Lederer)

Literatur Denkmäler
- unvergessene Kostbarkeiten. -

Schüler, die in irgendeine der Schulen im Tegernseer Tal gegangen sind, haben irgendwann von den **Tegernseer Handschrift** des 9. Jahrhunderts gehört, auch wenn wir sie nicht wirklich kennen. Das trifft auf den Volksschüler geradeso zu wie auf den Gymnasiasten.
Es gibt aber auch in niederdeutscher Fassung überlieferte alte Schriften, wie z.B. den „**Pferdewurmsegen**- Pro nessia-; oder den **„Bamberger Blutsegen"**, dazu den ältesten dieser Art, den „**Hagelsegen"**.
Die frühesten, im bayerischen Raum entstandenen und überlieferten Literatur-Denkmäler, verdanken wir **Bischof Arbeo von Freising 723-783**). Und weil er in der Zeit der Tegernseer Klostergründung 746 lebte, sollen wir ihn ein wenig kennenlernen. (Bonifatius 672 -754)

Der Abrogans

Unter Bischof Arbeo's Leitung entstand an der Freisinger Domschule um **765** das älteste **Literatur-Denkmal** in deutscher Sprache. Zugrunde lag ein spätrömisches Synonymenlexikon aus dem Langobarden-Reich. **„Abrogans"** nennt man es, weil

das erste Wort ‚abrogans' = ‚demütig' heißt.
Seine weite Verbreitung kam zustande, weil **auf der „Reichenau"** und im elsässischen **Kloster Murbach** ums Jahr 790 viele Abschriften dieser erklärenden Verzeichnisse angefertigt wurden. Mit diesen wurde die von **Kaiser Karl dem Grossen** angestrebte Förderung der gemeinsamen deutschen Sprache unterstützt.
Eine sehr enge literarische Beziehungen gab es damals zwischen **Regensburg** und **Fulda**, besonders zum Schulgebrauch. Ein „Gesprächsbüchlein" aus dieser Zeit gibt uns ein wenig Einblick in das Denken der damaligen Zeit und sicher hält man es für ein krasses Urteil, wenn man **den alten Spottspruch** heute liest. Er heißt:

Tole sind **Uualha,**- spahe sint **Peigira**. - -(Uualha heisst **„Welschen"**
Peigira heisst **Baiern**. Tole sind= dumm sind; spahe sint= klug sind)

Merke: Wenn man die Stammeszugehörigkeit grundsätzlich weg lässt, gilt:
„Dumm sind, die sich für klug halten."

Bischof Arbeo von Freising

gründete viele Kirchen, dazu die Klöster Schliersee und Innichen. Er verfasste die Biografien der Heiligen **Emmeran** und Korbinian. **Korbinian** mit dem Bären haben wir bereits im 1. Teg. Lesebuch (S.112) vorgestellt.

Wir wissen vom aus Irland kommenden **Bischof Virgil von Salzburg (710 - 784)** der, als Tegernsee gegründet wurde schon wusste, dass sich die Erde um die Sonne dreht, der also nicht nur **Bayerns 1. Physiker** war, sondern auch ein treuer Freund unseres letzten Herzogs Tassi-lo, der von seinem Vetter **Karl** (der Grosse) zum Tode verurteilt und **zum** (lebenslänglichen) **Klosteraufenthalt begnadigt** wurde.

Tegernsee als literarisches Zentrum

Bevor wir uns dem „Ruodlieb” zuwenden, werfen wir kurz einen Blick in eine **Schreibstube der Mönche**. Sicher ist die Zeichnung aus einer Regensburger Handschrift bekannt, auf der ein verstorbener Schreibmönch auf dem Totenbett liegt und drei Männer mit Heiligenschein und einer Waage vor ihm stehen. Der mittlere legt ein dickes Buch auf die Waagschale, auf der die guten Taten der Verstorbenen gewogen werden, und weil das handgeschriebene Buch so schwer wiegt, fliegt ein Engel mit der erlösten Seele direkt in den Himmel.
Das Schreiben an sich war mühevoll und unbequem. Die Öfen reichten nicht aus, durch die Fenster zog die Kälte herein, die kauernde Schreibstellung drosselte den Blutkreislauf ab. Nicht umsonst klagten die Schreiber: „Drei Finger schreiben, aber der ganze Körper muss arbeiten.”
Das hier wiedergegebene Bild erzählt sogar eine ganze Geschichte:

Der Löwe stellt das Schreibpult dar, das jedoch so geschnitzt wie wir es hier sehen, umfallen würde. Wir sehen zwei Tintenhörnchen, vermutlich von Ziegenhörnern, Schreibfedern und das Buch. Der Mönch heißt Hildebert, der seinen Abwischlappen soeben zusammengeknüllt in der erhobenen Rechten hält und im Begriff ist, ihn auf die Maus zu werfen, die ihm die auf dem schön gedeckten Tisch liegende Brotzeit anfrisst.
Hinter dem Ohr hat Hildebert eine Reserve-Schreibfeder, zwei andere stecken im Schreibpult. Sein Lehrling der „puer” Everwinus sitzt ihm zu Füssen und übt das Rankenmuster- Malen.
„Verdammte Maus”, murmelt der Mönch „Oft genug bringst du mich in Zorn! Dass Gott dich vernichte!”
Und worauf schrieben sie? Natürlich auf Pergament und das waren Tierhäute, von Schaf, Ziege und Kalb. Die Gerberei war gerade so mühevoll und ausserdem haben die Felle in der Gerberlohe übel gestunken - nicht nur „gerochen”. Viele Felle brauchte man für ein Buch. Für die Herstellung des Codex Amiatinus in Wearmouth im 8. Jahrhundert soll eine Herde von ca. 500 Schafen benötigt worden sein.

Gebeugt schrieben sie die Bücher

Nun, ein wenig zurückversetzt in die vergangenen Zeiten, machen wir unseren Ausflug in die Klosterliteratur. Von **Metellus von Tegernsee** gibt es eine Gedichtsammlung aus dem 12. Jahrhundert, in der das Leben des **Klosterpatrons St. Quirins** beschrieben wurde. Es gibt aber in all den **alten Tegernseer Handschriften** noch eine andere berühmte Romanfigur, von der uns zwar der Name geläufig ist, aber mehr wissen wir meist nicht. Es ist „der Ruodlieb". 1947 hat uns unser **Berufsschullehrer Dir. Reuther** in Tegernsee diese Verse gegeben, damit wir endlich einmal wissen, um was es geht:

Vorab muss dabei zum Ruodlieb erklärt werden,
daß **‚Knecht'** damals eine andere Bedeutung hatte als heute, wo man mit „Knecht" sofort **geknechtet** meint. Ein Knecht der damaligen Zeit ist eher mit dem englischen ‚knight' zu verstehen. Der **‚knight'** gehörte zum niedersten nicht erblichen Ritterorden und **Ruadliebs Knecht,** war der **treueste und liebste Diener** seines Herrn.
Dieser **allererste Roman aus dem Abendland** kann nicht in einem Zug durchgelesen werden; denn er erzählt nicht nur eine vordergründige Geschichte, sondern er transportiert auch eine Botschaft für ‚Tieferblickende.' Diese Botschaft können wir ruhig den **‚Geist von Tegernsee'** nennen. Es geht um Würde und Anstand und zeigt uns im 21. Jahrhundert, wie damals Haß und Neid überwunden wurden, zum Wohl von allen Beteiligten. Im Hinblick auf das zusammenwachsende Europa sollten die hier beschriebenen, edlen Anlagen „der Großen" nicht in Vergessenheit geraten.

Die Großen unserer modernen Zeit sind **unsere Politiker,** denen zu wünschen wäre, einige von diesen alten Genen in sich zu tragen. Alle Menschen, die ohne persönlich Schuld auf sich geladen zu haben, durch Krieg, Bombennächte, Hunger, Vertreibung und bittere Nachkriegszeit gehen mussten, die den Tod ihrer Brüder, Ehemänner Väter und weiteren Verwandten ertragen mußten, werden beim Lesen an manchen Stellen nachdenklich werden. Der Roudlieb ist nicht einfach zu lesen. Er ist sozusagen ein harter Brocken. Der leseentwöhnte Fernseh-Mensch kann an ihm seine **geistige Sportlichkeit**, seine Geduld, Urteilskraft und Ausdauer üben.
Tipp: Man lese zuerst einfach nur Teile, die interessant erscheinen

Ruodlieb

(ca. 1050)

Aus den Tegernseer Handschriften. Ursprünglich in lateinischen Hexametern verfasst.

Das geheimnisvolle Kraut:

Ruodlieb verließ seine Heimat und auch seine Mutter, weil er merkte, dass er in seiner Heimat nicht anerkannt wurde. Er traf unterwegs einen Freund und sie zogen zusammen weiter. Ruodlieb verfügte über große Kenntnisse in der damals so wichtigen Jagd und kannte auch das Kraut **„Buglossa"**, das er geschickt einzusetzen wußte. In dieser Übersetzung wird das Kraut „Ochsenzunge" genannt. So kam Ruodlieb mit seinem Freund ins Idealreich des **„Großen Königs"** und wurde dort herzlich aufgenommen.

Erwähnenswert ist, dass Abt **Ellinger**, (der im 1. Teg. Lesebuch beschrieben ist), die **„Historia naturalis" des Plinius** abgeschrieben und mit Zeichnungen versehen hatte, und dass jener unbekannte Mönch, der den Ruodlieb-Roman schrieb, dieses Werk kannte und daraus dieses **geheimnisvolle Wunderkraut** entnahm.

Im Ruodlieb werden **alle Fischarten vom Tegernsee** aufgeführt und erzählt, wie fischreich dieser See einst war. Natürlich kann hier nur eine kleine Auswahl der **2300 Verse** gegeben werden; denn sie sind dem modernen Menschen viel zu umfangreich, aber vielleicht führt uns ein Regentag durch den Zaubereingang in die Gefilde jener Zeit mit ihren Wirklichkeiten und (Ideal-) Hoffnungen.

Der Abschied

1

Ein Ritter war von edlem Stamm
entsprossen, wert und tugendsam.
Der diente manchen hohen Herrn;
was der begehrte, tat er gern-
allein es mocht ihm wenig frommen.
Er konnt nicht in die Höhe kommen.
Gabs Fehden oder sonst zu tun,
so durft er nimmer lange ruhn;
oft setzt er Leib und Leben dran,
als seiner Herrn getreuer Mann.
In Krieg und Jagd mit Fleiss und Müh'n,
doch wollt ihm des kein Glück erblühn.
Man tat ihm allerlei versprechen,
um ihm hernach das Wort zu brechen.
Den Herrn zuliebe, treubereit
hatt' er getrotzt der Feinde Neid, -
er wusst' zuletzt nicht aus noch ein
konnt seines Lebens nicht sicher sein.
Der Mutter liess er drum das Haus
und zog ins fremde Land hinaus.

2

Von allen Knechten nahm nur einen
er mit, getreu von Kindesbeinen;
der trug ihm Reisesack und Wehr,
die Rechte hielt den langen Speer.
Links über trug er Huckepack
den Schild und rechts den Reisesack.
Der Habersack am Sattel hing.
Im Kettenhemd der Ritter ging;
auf seinem Haupt des Helmes Stahl,
der blitzte blank im Sonnenstrahl.
Des Schwertes Griff ist eingelegt
mit Golde reich. Am Halse trägt
ein Horn er, von des Greifen Klau,
-mit rotem Gold geschmückt, zur Schau
am Riemen von des Hirschen Fell
wie Pauken und Posaunengell.
Wohl eine halbe Elle lang
Das gab so wunderhellen Klang
Es schimmert matt mit falbem Schein
durchsichtig wie von Edelstein

3

Der Mutter noch ein Abschiedswort
dem ganzen Haus! Dann geht es fort.
Das Streitross steht gewärtig
des Reiters, fix und fertig
geschirrt und aufgezäunt der Schecke:
Rabenschwarz doch weiße Flecke
am ganzen Leib; die Mähne dicht

hängt links herab. Der Sattel nicht
beschwert, nur dass ein Becher, blank
mit Harz gebohnt, damit der Trank
draus um so würz'ger schmecke.
Und eine Satteldecke
herniederhängt vom Sattelknauf.
Mit einem Satze springt er auf
und gibt sich einen sichern Schwung
Sein Ross tut einen Freudensprung!
Vorauf sein Spürhund wie der Wind,
der jedes Wild entdeckt geschwind;

4
und nun den letzten Abschiedskuss,
ein Lebewohl als Scheidegruss:
Die Zügel fasst er, braucht die Sporen
und bald ist seine Spur verloren –
hinfliegt er wie die Schwalbe gach,
die Mutter schaut ihm weinend nach.

Vom Söller hoch sie spähen
bis sie ihn nicht mehr sehen.
Dann sprechen sie der Mutter zu,
sie zwingt ihr sorgend Herz zur Ruh
u. muss dem Schmerz der Leute wehren:
Einst wird ihr Sohn ja wiederkehren

Der Jäger

1
Ihm selbst ist auch nicht leicht zu Sinn
-viel überlegt er her und hin
wie es daheim ihm fehlgeschlagen,
wie Hass und Feindschaft er getragen,
die ihn nun gar zu wandern zwinge.
Wenn er sich jetzt zu Dienst verdinge
und treff es abermalen schlecht,
dann wär' er aller Knechte Knecht.
Und käme, das sei sonnenklar,
vom Regen in die Traufe gar.
Er seufzt. Er weint. Ach lieber Gott,
verlass mich nicht in meiner Not,
lass dich an meiner Seite finden
und mich die Trübsal überwinden!

2
Er ist versenkt in tiefes Sinnen
bereits im Nachbarlande drinnen.
Da trifft er einen Weggenossen
der hat sich rasch ihm angeschlossen
Das ist des Königs Jäger frank.
Der grüßt den Ritter:'Habet Dank!'

Das muß ein starker Recke sein;
-er schaut so kühn und trutzig drein,
Gar streng und ernst, einsilbig fast.
Der Jäger fragt den fremden Gast:
Woher, wohin des Wegs? Allein?
Der Ritter schweigt: Was mag er sein?
Als Königsbote kommt er nit,
sonst hätt' er mehr Gefolge mit -
Wer trüg bei Hof ihm Schwert u.Gaben?
Mir deucht, er wird wohl wenig haben
doch ist ein Held er, lobesam.
So hebt er denn von neuem an:

3
Verzeiht, wenn ich noch einmal frage,
weil ich euch guten Willen trage.
Ich bin des Königs Jägersmann,
und keinen hört er gnädig an.
Ward euch durch eurer Feinde Neid
und Fehden eure Heimat leid,
wollt ihr euch hier zu Dienst verdingen,
um euch gleich mir emporzuringen?
Und ihr versteht des Jagens Kunst
ist euch gewiß des Königs Gunst.
Er schenkt soviel er immer kann
wer mehr gibt ist kein braver Mann;
nicht täglich, doch mit Stetigkeit,
ihr braucht um Speis u. Trank u. Kleid
euch nimmermehr zu sorgen
bei ihm da seid ihr wohlgeborgen.
Kriegt schöne Rosse er geschenkt,
gewisslich er der Seinen denkt;
erst läßt er sie zur Probe reiten,
besehn und prüfen allerseiten,
ob wohlgezogen sie und schnell
und ist von uns dann ein Gesell,
der solch ein Ross just brauchen kann,
das beste Tier erhält der Mann;
und Futter gibt es Tag für Tag,
soviel als er nur fordern mag.

4
Bei Tische läßt er hohe Herrn
manchmal beiseit und wendet gern
sich hin zu unsersgleichen.
Er läßt uns immer reichen
von allen guten Dingen,
das mag uns Ehre bringen,
die schwerer wiegt als Gold und Sold.
Wollt ihr mir freundlich sein und hold,
so machen wir ein Bündnis beide,
daß nur der Tod uns scheide.
Ein jeder soll des andern Sachen
an allen Orten besser machen,
als müßten sie sein eigen sein.
Jetzt traut der Ritter ihm, schlägt ein:

5
Ihr zeigt, wie gut ihrs mit mir meint,
und ratet mir als wahrer Freund.
Wie's um mich steht, habt ihr erkannt;
wir wollen Freunde sein zur Hand.
So festgen sie den Bruderbund
und küssen sich wohl auf den Mund;
und auch die Knechte tun desgleichen,
als Freund sie sich d'Hände reichen.

Herrendienst

Hier wird uns Einblick gewährt in die Tätigkeiten eines Hofbediensteten ums Jahr 1000. **Ruodlieb** hat eine ganz neue Methode, **die Fische zu fangen** und alle staunen, weil er die Fische, wie Schafe auf der Weide, mit einer Gerte zusammentreibt. Hier ist schon mit heiteren Hintergedanken der Same für die späteren Fantasy-Geschichten gelegt worden. Aber heute noch kennen die Fischer am Tegernsee die Methode mit geknetetem Brot Schleie aus den Tiefen des Ringsees heraufzuholen.

1
Als sich verständigt beide Herrn,
ist auch die Hauptstadt nicht mehr fern
wo, wer da kommt aus fremden Reich
dem Königsbann verfällt sogleich.
Sie müssen hin zum Hauptquartier.
Sie nehmen Unterstand, das Tier
wird eingestellt, vom Knecht verseh'n-
dann beide gleich zu Hofe geh'n.

2
Erblickt der König heitern Mutes
den Jäger: Nun was bringst du Gutes?
Hast du,- du warest ja im Wald
ein Wild gespürt und gibt es bald
auf Bär und Wildschwein lust'ge Jagd?
Als wär' er seinesgleichen sagt
der Jäger: Keins von beiden, Herr!
Ich spürte euch ein Wild, das mehr

als beide gilt! Hier diesen Mann
der Bär u. Wildschwein fangen kann.

3
Ich traf ihn unterwegs und brachte
ihn her an euren Hof; ich achte
ihn einen braven Jägersmann.
Er beut' euch Gaben, was er kann,
er bittet euch ihn anzunehmen
ihr dürft euch seiner nimmer schämen
und ist's euch rechte, so mags gesche-
h'n, gleich lässt er eine Probe seh'n.

4
Der Ritter steht dieweil bescheiden,der
Hund am Seil an seiner Seiten.
Der König drauf: Wohlan denn, frisch!
Was schaffst du heut auf meinen Tisch?
Laß' einmal deine Künste seh'n!
„Herr König, darf ich fischen gehn?"
Da steht er auch schon auf dem Sprunge.
Nun gibt's ein Kraut, heißt Ochsenzunge:
Dies Kräutlein also trocknet man,
zerreibts zu Pulver, mischt es dann
mit Mehl und knetet Pillen draus;
die streut man rund auf's Wasser aus.

5
Der Fisch, der eine nur verschlingt,
schwimmt obenauf und ihm gelingt
es nimmermehr zurückzukehren,
mag er sich noch so heftig wehren.
Bald kneten seine Finger
zurecht die runden Dinger
und streu'n sie aus,die Fische kommen,
kaum haben sie davon genommen,
so tanzen sie wohl auf und ab,
doch ihrer keiner kann hinab.
Der Ritter nun auf seinem Kahn
stößt ab und rudert sacht heran
mit seinem Stab in guter Ruh,
so treibt er sie dem Lande zu,
jagd sie samt dem Gesellen sein
ins aufgespannte Netz hinein.

6
Solch Weidwerk nennt man wohl geraten! Die kleinen geben sie zum Braten
den Köchen. Sie präsentieren
größere, mit artigen Manieren
die andern all auf einem Brett
in Reih und Glied geschichtet nett.
Der König: „ Wenig ist's mit Lieben;
wie habt ihr sie denn aufgetrieben?
Mit Angel oder Netzen? Sprecht!"
„Herr König, solches ginge schlecht.
Wir machen's anders, kommandieren,
daß sie sich oben konzentrieren,
mit Komplimenten frisch und frank
und tanzen lustig ohne Dank.
Doch nach dem Tanz, da kommt die Ruh!
Dann treibt man sie dem Ufer zu."
„Das hätt' ich" lacht der König 'traun
"auch einmal Lust mitanzuschaun."

7
Es macht uns weiser Meister Mund
besagten Krautes Kräfte kund.
Wer so ein stark Getränke braut
und mischt darein von diesem Kraut,
von solchem Trank er nüchtern bleibt
und wenn er's fein zu Pulver reibt,
streut's auf Fleisch und gibts dem Hunde,
erblindet er zur sellbenStunde:
Kein einzig Tier kommt blind zur Welt,
das darnach das Gesicht behält.
Die beiden aus dem Walde ziehn
denn dort hausen die Wölfe drin.
Ein Zicklein haben sie genommen
und als sie tief ins Holz gekommen,
da schlachten sie' im grünen Laub
u. streu'n der Ochsenzunge Staub
darüber, wickeln mit Bedacht
das Fleisch ins Fell u.halten Wacht.

8
Der Ritter heult nach Wolfes Weise,
bald wie die Jungen, winselnd leise,
bald rauh, den Alten mag es gleichen.
Da sieht er ein paar Graue schleichen;

sie sehen bald den leckern Bissen,
schon haben sie das Tier zerrissen.

Allein, nach wen'gen Schritten sind
sie durch des Krautes Zaubers blind.

Kriegsausbruch

Hier wird die Friedenszeit beschrieben, sodann auch dass der Gaugraf ins Reichsgebiet einfällt, dabei kommt es zur Gefangennahme von Feinden. Hier können wir erfahren, dass diese anständig behandelt werden und sogar mit Geschenken bedacht in ihre Heimat zurückgehen dürfen. Wie in allen schönen Geschichten siegt auch hier das Gute.

1
Mit solchem Tun und solcher Kunst
gewinnt der Ritter aller Gunst.
Derweilen Ehr' und Frieden
dem Reiche sind beschieden.
Die Grenzbewohner beiderseit,
sie halten Frieden ohne Neid:
Es blüht der Handel und Verkehr,
die Leute gehen hin und her,
sie kaufen ein und zahlen Zoll,
und jeder will dem Andern wohl:
Sie frei'n ins Nachbarland hinein,
und jeder muß Gevatter sein.

2
So geht es manches liebe Jahr,
sie krümmen niemals sich ein Haar
dann hebt auf einmal Unfried an:
das hat der böse Feind getan.
Der sät wohl Unkraut über Nacht,
bis er aus Freunden Feinde macht.
Sie ziehn zu Markt in hellen Haufen;
da geht auf einmal an ein Raufen,
und mancher findet blut'gen Tod.
Der Markgraf mit dem Gaugebot,
fällt ein ins Land. Zu Haufe rafft
der König seines Heeres Kraft;
der Ritter ist ein kühner Held,
er führt das Heer hinaus aufs Feld
und weiß mit Macht zu siegen.
Die Feinde unterliegen.

3
Der Markgraf fällt in seine Hand
„Der König hat mich abgesandt,
ich mußte tun, was ich getan."
Allein der Feldherr fährt ihn an:
„Nein! Euern Herrn kenn ich zu gut;
euch stach bloß eig'ner Übermut.
Ihr habt euch üblen Dank erworben
und eure Sache nur verdorben.
Mit euch sollt ich nicht lange spaßen.
Ich sollt euch einfach hängen lassen
am nächsten Ast, den Kopf nach unten,
dann habt ihr euern Lohn gefunden !"

4
Ein Rufen tönt im ganzen Heer,
daß dies die rechte Strafe wär'.
Doch ernsten Blicks der Feldherr spricht:
"So will es unser König nicht,
daß er verlöre Leib und Leben,
der als Gefangener sich ergeben.
Die unsern sollten wir aus Ketten
u. Banden, wenn's gar ginge, retten,
den Raub uns wieder holen."
Wir taten, wie es uns befohlen.
Den Sieger selbst besiegt zu seh'n
wie könnt uns Ehre mehr gescheh'n?

5
Im Kampfe gleich dem Löwen wild
und nachher wie ein Lämmlein mild!
Die Rache stünd euch übel an:
Vergeben ziehmt dem braven Mann.
Ich bitt euch lasset es gescheh'n,
laßt hier den Grafen mit uns geh'n,
allein und ohne Waffenzier,
auf eig'nem oder fremden Tier.
Dem ersten besten; einen Knecht
möcht ich ihm gönnen, wenn's euch recht.
Der mag ihm seinen Gaul verseh'n.
Die Seinen sollen vor ihm geh'n -
und er als letzter hinterdrein;
das möge seine Strafe sein.

6
Dann tut er sowas nimmermehr!
Viel Beifall schallt, im ganzen Heer.
Sie ziehen heim mit Hörnerklang
und stimmen an den Siegessang.
Rings brennt das Land noch lichterloh
doch sie sind frei und darum froh!
Der Feldherr und die Seinen zieh'n
gemach zum Hauptquartiere hin,
sie bringen die Gefang'nen unter
u. halten Heerschau: Wohl und munter
sind ihre Leute blieben alle.
Des loben sie den Herrn mit Schalle.

7
Dann wird ein Bote abgesandt.
Derweilen in des Königs Hand,
die Friedensbrecher und ihr Los.
Der fordert sich geschwind ein Roß,
schwingt sich hinauf, spornt ihm die Flanken
u. treibt es an mit einer schwanken
Reitgerte rasch vom Strauch genommen.
Vom hohen Söller sieht ihn kommen
der Wächter ruft: „Es sprengt ein Mann
schier atemlos zur Pfalz heran;
der macht uns wicht'ge Meldung kund.
Wer sich so eilt, hat guten Grund.
Sie hören es und sind nicht faul,
sie laufen, nehmen seinen Gaul
und dringen auf ihn ein mit Fragen.
Er tat nur flücht'ge Antwort sagen.
„Wie lief es ab?"-"Nun gut und recht!"
Sein Schwert, das gibt er seinem Knecht
und eilt zum Herrn: „Herr König, Heil
und Ehre müssen euer Teil
auf immer heißen. -"Freund sag' an,
wie es aus uns'res Heeres Bann
erging den vielgetreuen Mannen,
ob wir den Raub zurückgewannen?
Und liegen ihrer Viel' erschlagen?"
„Ei Herr, Wie mögt ihr solches sagen!
Nicht einer fiel- und heimgekommen
ist alles, was uns abgenommen.

8
Nun hießen mich die Freunde mein
.für euch, Herr König, Bote sein.
Was mit den Feinden soll gescheh'n?
Gebietet Herr, so mag ich geh'n."
Der König läßt als Botensold
drei Mark ihm reichen, rotes Gold:
„Geh hin und sage deinen Leuten
ich wolle meinen Dank voll Freuden
durch Wort und Taten wohl bewähren.
Sie sollen rasch nach Hause kehren,
samt den Gefangenen." Geschwind
ist er zu Pferd und wie der Wind
noch schneller fort, als er gekommen:
so reicher Sold, der mag ihm frommen.

9
Im Lager ruft er schnelle
die Freunde all zur Stelle;
kaum mag der Platz die Menge fassen:
„Der König dankt euch aus der Massen
und will's euch durch die Tat bewähren.
Jetzt sollen wir zurückekehren
und die gefangen wir genommen
Die Feinde sollen nicht entkommen.

Nach dem Krieg

(Ruodlieb als Königsbote)

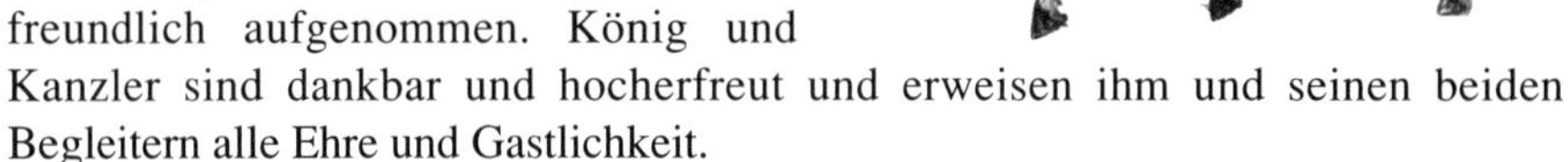

Das Heer kehrt heim. Der König übt **äußerste Milde** gegenüber den Kriegsgefangenen. Sie bleiben straflos und werden in ritterlicher Haft gehalten. Der feindliche Graf, der der Urheber allen Unheils ist, wird vom König selbst am eigenen Hof gehalten, damit ihm von niemand Übles geschehen kann.
Dann bietet er als Sieger großmütig dem kleineren König Frieden und Freundschaft, außerdem Vergeben und Vergessen alles geschehenen Unrechts. Mit dieser Botschaft wird **Ruodlieb** an den anderen König entsandt. Dort wird er freundlich aufgenommen. König und Kanzler sind dankbar und hocherfreut und erweisen ihm und seinen beiden Begleitern alle Ehre und Gastlichkeit.

Ruodlieb zeigt sich sodann als höchst geschickter Schachspieler. Er besiegt 3 mal den König, 3 mal Herren aus dessen Gefolge und gewinnt den gesamten, reichen Einsatz. Er kehrt zurück und meldet seinem königlichen Herrn: Die erwünschte Zusammenkunft beider Könige soll stattfinden und zwar an der Grenze auf dem Blachfeld, auf dem die Schlacht gegen den feindlichen Grenzgrafen geschlagen wurde. Dort sollen die Gefangenen entlassen und der Friede geschlossen werden.
Der König ist einverstanden. Er läßt die Gefangenen mit neuen Kleidern, Waffen und Rossen schön ausrüsten. Die **Großen des Reiches** werden besendet (benachrichtigt). Auch die Bischöfe und Äbte. Nach der Verabredung erscheint der König an der Spitze des großen Gefolges auf dem Blachfelde und hat die Gefangenen mitgebracht.

Die Begegnung der Könige

1

Es wird zu der Begegnung Ort
ein weit'rer Hof erkoren. Dort
ist der Platz für Zelt und Hütten
und noch ein freier Platz inmitten,
allwo er sich an Trank und Speise,
erlabt in auserlesnem Kreise,
mit 12 Prälaten Tafel hält.
Gen Osten steht ein weißes Zelt,
von dorten wieder führt ein Gang
nach einem andern Zelt entlang
drin stellt ein Tisch, wie ein Altar
sich reich geschmückt dem Blicke dar.
Drauf ist des Königs güld'ne Kron,
am Kreuzesholz der Gottessohn;
wo man für ihn das Hochamt hält,
so wie's der Kirche Dienst bestellt.

2

Er kommt und hört die Messe schnelle,
schickt einen Boten auf der Stelle

zum andern König, läßt ihm sagen
sie wollen beide Sorge tragen,
einand zu seh'n, eh sie genommen
das Mahl. Der sieht den Boten kommen,
entbietet freundlich seinen Gruß,
empfängt ihn mit dem Willkommkuß:
Dann fragt er: „Nun, was bringst du mir?
Du hast's verdient, ich danke dir,
soviel ich immer kann weiß und weiß."
„Ich soll auf meines Herrn Geheiß
euch bitten, nicht zu Tisch zu gehn'n,
eh euer Auge ihn geseh'n.
Zur Brücken, die die Reiche scheidet,
mein König euch entgegenreitet;
dort wird der schlimme Streit geschlichtet,
ein Friedensbündnis aufgerichtet
Heimkehr'n zu euch, die wir gefangen:
,s ist ihnen wahrlich gut gegangen."
Der König drauf: „So soll's gescheh'n"
und läßt den Boten heimwärts geh'n.

3
Sie treffen am bestimmten Ort
zusammen.Keiner spricht ein Wort
und geben sich den Friedenskuß.
Danach entbeut denselben Gruß
auch den Prälaten allzugleich
der unsre von des andern Reich
der Reihe nach; - und umgekehrt.
es setzen sich die Fürsten wert
mit Bischof, Abt und Pfaffen,
mit Herzögen und Grafen.
Nachdem sie sitzen spricht sofort
der große König großes Wort:

Die Aussöhnung. -Verzicht auf Rache, Haß und Neid

1
„Wie euer Liebden ich verhieß
euch angelobt und sagen ließ,
so wollen wir den Groll begraben.
Was Töricht's wir begangen haben
die unsern beiderseits vergeben.
Sie sollen nun in Frieden leben!
Als gute Freunde ohne Neides denke keiner an den Streit,
was ihm auch widerfahren ist,
vergessen sei's von dieser Frist:
vergessen und vergeben,
und keiner soll nach Rache streben.

2
Das ist fürwahr Vergeltung gut,
wenn einer uns was Böses tut
und wir ihm dafür Gutes tun."
Auf steht der andre König nun;
doch unsrer ist dawider.
Er muß sich setzen nieder.
„Für eure Guttat" also spricht
er dennoch, „können wir euch nicht
jemals genug des Dankes spenden.
Wohin sich eure Waffen wenden,
krönt sie der Sieg, und überall
tönt euer Lob mit lautem Schall.
So brauch ich euch nicht lang zu preisen,
euch muß ein jeder Ehr erweisen
ob eurer Kraft und Mildigkeit
und fühlt er sonst auch Haß und Neid
weil euer Schwert uns überwunden,
sind wir zu Diensten euch verbunden."

Rückführung der Gefangenen

1
Darauf der König: „Ferne sei
solang ich lebe solcherlei
daß ich an Ehren euch und Recht
verkürzte; solches ziemte schlecht.
Ein König seid ihr, seid mir gleich,
wie ich an Recht und Ehren reich.
So laßt uns feiern denn geschwind,
weshalb wir hergekommen sind,
nehmt die Gefangenen zurück
die wir gekränkt in keinem Stück."
Drauf stellt er ihm den Grafen dar
samt den Gefang'nen, jeder war
mit Kleidern köstlich angetan
und Waffen, bei neunhundert Mann.

2
„Die sind es, die am Leben blieben;
sie habens schlimm genug getrieben:
Sie fielen ein in unser Land
und hausten drin mit Mord und Brand.
Doch wir vergalten es mitnichten;
zuhause laßt es euch berichten!
Jetzt sollen sie mit uns aufs neue
in Frieden leben und in Treue,
recht als Gevattern und Genossen."
Der Friede war darauf geschlossen
beschworen auch mit heil'gem Eid
ihn nicht zu brechen beiderseit.

Die Geschenke für den Sieger

1
Man trennt sich unterdessen.
Nach seinem Zelt zum Essen
geht jeder mit den Seinen all;
da hebt sich trauter Jubelschall
und alles freut sich fern und nah,
daß ihre Freunde wieder da.
Nach Tische heißt es, daran denken,
wie man dem König mit Geschenken
sich dankbar zeigen mög' und hold.
Man ordnet ihm von gutem Gold
fünfhundert Pfund und Silber reich,
der Mäntel hundert,-und von Stahl
einhundert Helme, diesen gleich
gewirkter Brünnen eine Zahl.

2
Stolz aufgezäumt manch reisig Roß,
Maulesel fünfzig mit im Tross,
Wildesel dreißig, nebst Kamelen
auch dreißig dürfen nimmer fehlen.
Zwei Leoparden, Löwen gar,
von Bären auch ein Zwillingspaar:
Die Pranken schwarz, sonst weiß wie Schnee;
sie heben Eimer in die Höh' !
Und auf zwei Beinen gehn sie schier
daher wie Menschen mit Manier.
Und greift der Spielmann in die Seiten,
gelehrig nach dem Takt sie schreiten.

3
Sie hopsen, überschlagen sich
dazwischen wohl und tragen sich
wie's trifft, auch huckepack einand.
Sie balgen sich, bis in den Sand
Der eine stürzt. Und wenn die Geigen
aufspielen einen lust'gen Reigen
und jodelnd sich die Weiber dreh'n,
da mögen sie nicht stillestehn;
sie treten ein an ihrem Platze
rasch fassen Pätschlein sich und Tatze,
sie stapfen mit ohn' Unterlaß
und brummen in vergnügtem Baß.
Man staunt und lacht, auch wenn die Tatzen,
mal hin und wieder unsanft kratzen....

Das Geheimnis des Karfunkelsteins

Vermutlich war dem Ruodlieb-Schreiber die wirkliche Entstehung von Granatsteinen, Rubinen oder ähnlichen Edelsteinen noch ein Buch mit 7 Siegeln. Er wußte sich aber gut zu helfen, indem er den ebenfalls Unwissenden eine glaubwürdige Geschichte auftischte, die auch dem Baron von Münchhausen hätte einfallen können.

1
Bei den Geschenken ist ein Luchs,
ein Bastardtier von Wolf und Fuchs.
Der mag wohl teure Gabe sein:
Von seinem Harn erwächst ein Stein,
der leuchtet wie Karfunkel hell,-
wie er entsteht, bericht ich schnell.
Vier Eisennägel nimm und laß'
sie kreuzweis in ein weites Faß
eintreiben fest, tief in den Boden.
Das Tier dann packst du bei den Pfoten
und nolens, volens, marsch hinein
an einen Nagel jedes Bein
und um den Hals die Schlinge,
daß es ihm nicht gelinge
sich seiner Fessel zu befrei'n
gibst ihm nun reichlich starken Wein.

2
Danach wird trunken er alsdann,
daß er den Harn nicht halten kann,
und läßt ihn unten durch das Loch
ins Becken laufen, weiß jedoch
nicht was er tut; sonst hielt' er an
dann wär' es bald um ihn getan.
Verendet er, so zieh das Fell
herunter ihm und schneide schnell
den Bauch ihm auf, tu's mit Bedacht
heraus die Blase, stich sie sacht
mit feiner Nadel an und laß
den Harn hinein in reines Glas.
Verteil' ihn dann in Kapseln klein
gleich einer Erbse laß sie sein.

3
Wenn's hoch kommt, so wie eine Nuss:
Drinnen wohl verschlossen muss
bei vierzehn Tagen eingegraben
er liegen bleiben. Dann so haben
die Tropfen sich in Edelstein
verwandelt, der mit hellen Schein
wie Kohlen leuchtet in der Nacht.
So köstlich ist des Steines Pracht.
Er ziemt ein köstlich Kleinod, schier
dem Fingerreif von Königinnen;
ein König mag ihn wohl gewinnen
als seiner Königskrone Zier.

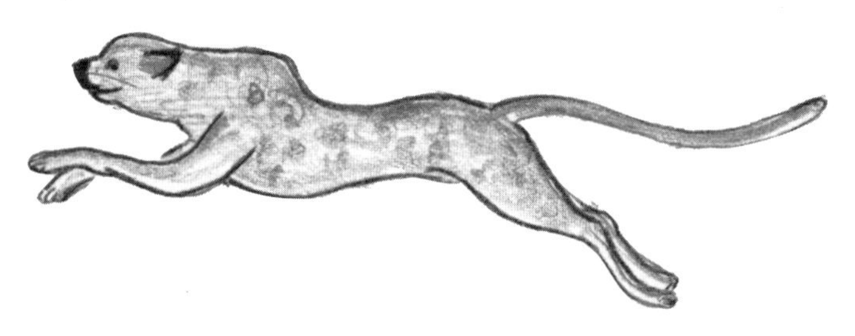

Weitere Gaben und Geschenke

1
Ein Affe weiter, hinten nackt
der Stummelschwanz wie abgehackt,
stumpfnasig, keiner von den Schönen.
Dazu mit hohen Fisteltönen
,ne Meerkatz auch, vom Kleide grau,
zwar ohne Wert, doch rare Schau.
Vom Vogelvolke Papagei'n,
desgleichen Raben, je zu zwei'n
nebst Dohlen und gelehr'gen Staren,
des Sprechens alle wohlerfahren:
Die merken alles, Wort für Wort
und plappern's schwätzend nach, sofort.

2
Auch sollen ihr' Geschenk und Gaben
Bischöf' und Äbte billig haben.
Danach die Feldhauptleute wert,
die kriegen Helme, Brünn und Schwert;
das gold'dne Hifthorn schmettert hell,
die Wämser sind aus Marderfell,
und Apfelschimmel stolz gezäumt.
Auch edles Pelzwerk, reich gesäumt.
Als alles er bereitgestellt
Ruht er in seinem Königszelt.

3
Derweilen läßt er säuberlich
nachfragen, wann der andre sich
erhebe. Er heißt sodann beizeiten
sein Maultier satteln, hinzureiten,
und mit ihm seine besten Degen.
Beflissen eilt man ihm entgegen;
er wird mit Ehren aufgebommen,
der König beut ihm den Willkommen

und lädt zum sitzen. Jener spricht:"
Ich bitt' euch Herr, verschmäht es nicht,
mit mir zu kommen und die Gaben,
die wir für euch bereitet haben,
zu schauen,-ob sie freilich klein;
und laßt die euern mit euch sein."
Der König drauf: „Es soll gescheh'n!
So mag der andre wieder geh'n.

Instruktionen an die Großen

Sodann werden die „Großen des Reiches" vornweg Kanzler und Außenminister, aufgefordert, von den ihnen zugedachten Gaben nichts anzunehmen um den freundlich gesinnten König und sein Volk nicht zu berauben. —-
(Nichts annehmen- wie altmodisch! - Heute wird wohl eher etwas gefordert.)

1
Dann läßt er seine Großen kommen.
Als diese um ihn Platz genommen,
nach Brauch, befiehlt und bittet er
sie alle, daß der Ehre mehr
sie hätten als der Gabe acht.
Wenn ihnen etwas zugedacht,
so sollten sie sich schämen
die Gaben anzunehmen:
„Sonst scheint es leicht, als littet ihr
hier Not. Jetzt kommt und tut gleich mir."

2
Sie geh'n und werden gut empfangen.
Nachdem der Umtrunk umgegangen,
führt sie der König auf den Platz,
wo aufgehäuft der reiche Schatz
die Tische deckt. Die Rosse steh'n
gezäumt, gar prächtig anzuseh'n.
Kamel undMäuler, reich geschirrt,
Wildesel dreißig, wohl dressiert,
desgleichen ihrer warten
die Leu'n und Leoparden,

samt Aff' und Meerkatz; an der Kette
von Gold der Luchs, und um die Wette
tollt kreufidel das Bärenpaar
Wie Menschen reden sie gewandt.
Der König: „Herr nehmt diese Gaben;
das sollen die Prälaten haben,
und das, die denen treu und hold."
Sie kriegen jeder gutes Gold.

3
Bei dreißig Pfund, für ihre Pfaffen
in Silber fünfzig gibt er ihnen,
zwanzig Pfund Pfennig kriegt in Waffen,
der Knechte Volk, die ihnen dienen.
Des Trosses wird auch nicht vergessen;
dem werden zehn Pfund zugemessen.
Den Herzögen schenkt Brünnen er,
schenkt ihnen Helm und blanke Wehr,
schenkt ihnen Schilde, goldeshell
Hifthörner auch. Die tönen gell.

4
Und jedem für die Seinen rund
in Bausch und Bogen sechzig Pfund.
Die Grafen dann: Ein reisig Roß
kriegt jeder, und für seinen Troß
zehn Pfund. Zuletzt zwölf Äbte dann
ein jeder dreißig, Mann für Mann.
Für sich und den Begleiter sein:
„Gedenket im Gebete mein":
Ein Pfund teilt jedem Knecht er aus,
und fünfzehn jedem Gotteshaus.

Der König schaut sich alle diese schönen Geschenke an. Aber er nimmt von all diesen Herrlichkeiten nur die beiden Bären und für seine Tochter Star und Elster. Ebenso nimmt sein Gefolge nichts.
Der gute Wille sollte für die Tat gelten. Nur die Klosterleute, also die Äbte und Mönche durften die ihnen zugedachten Gaben annehmen und behalten. Den Weltgeistlichen werden später die Geschenke insgeheim zugesteckt.

Der Brief der Mutter

Als er zurückkehrte, fand Ruodlieb einen Boten der Mutter mit einem Brief aus seiner Heimat vor. Darin fordern ihn die Herren, denen er früher gedient hatte auf, heimzukehren; denn seine Widersacher seien tot. Jetzt wolle man ihm seine alten Dienste gerne lohnen.
Am Schluß steht eine rührende Bitte seiner alten Mutter, endlich doch ihre Sehnsucht und lange Trauer um ihn zu zu enden und durch seine Heimkehr die Verwandten und das ganze Land zu erfreuen.
Die Botschaft der Fürsten erfüllt Ruodlieb mit freudigem Stolz, doch die sehnsüchtige Bitte seiner Mutter rührt ihn zu Tränen.

Abschied und Heimkehr

In Begleitung seines Freundes, des Jägers, eilt **Ruodlieb** zum König, tut vor ihm einen Fußfall und reicht ihm den Brief. Der König bewilligt ihm voll Güte einen ehrenvollen Abschied und läßt ihm vier große Silberschalen zu 2 und 2 zusammenfügen und mit einem Überzug aus Leim und Mehl versehen., damit sie wie 2 Laib Brot aussehen.

Inwendig sind goldene Dukaten, herrliche Kleinodien und edle Steine in Tücher gewickelt eingepackt. Dann hält der König Ruodlieb zu ehren einen großen Hoftag. Dabei verkündet er feierlich Ruodliebs Lob und dankt ihm öffentlich für seine Treue. Dann läßt er ihn vortreten und fragt ihn, was er zum Lohne will: Gold oder Weisheit. Ruodlieb verschmäht die Schätze, welche die Motten und der Rost zerfressen und wählt die Weisheit.
So nimmt ihn der König beiseite, legt ihm die Hand auf die Schulter und gibt ihm zwölf goldene Lehren.

Die 12 Weisheitslehren des edlen Königs

Wenn man weiß, daß gerade rothaarige Frauen, über 300 Jahre lang, als Hexen verschrieen worden sind, sodass sie im ungünstigen Falle auf dem Scheiterhaufen landeten, hat man wirklich Hemmungen, diese Zeilen abzuschreiben; denn im letzten Krieg waren z. B. sehr **viele Rothaarige als Sanitäter** tätig, die in **vorderster Front** Außergewöhnliches geleistet haben. Sicher sind die Rothaarigen genau so charak-terstark oder charakterschwach, wie Menschen mit anderer Haarfarbe. Noch zu meiner Schulzeit wurden rothaarige Kinder fürchterlich „gehänselt" und gefrozzelt, und man rief ihnen schaurige Reime nach, wie z.B.:
„Rote Haare, Sommersprossen, sind des Teufels Volksgenossen". Oder: „Habts ihr a feichte Wohnung, weil deine Haar scho o'grost san- „ (angerostet sind). Weder die **Lehrer noch die Geistlichen** sind dagegen eingeschritten. Erst als die Amerikaner kamen, wurde ‚rothaarig sein' und Sommersprossen haben als „english" so richtig „edel." Rothaarig war **plötzlich** was Schönes, und ist es geblieben, zur Freude der Färbemittelhersteller. Also bleiben wir besser ohne Vorurteile.

1
Rothaar'gem Manne gar zu sehr
vertrauen, frommt dir nimmermehr.
Ihm ist im Zorne nicht zu trauen,
noch auf gegeb'nes Wort zu bauen;
denn wem er zürnt, dem trägt er's nach,
und wär es über Jahr und Tag.
Von Leuten dieses Schlages ist
nicht einer ohne Hinterlist,
die dich bedrückt; drum hüte dich:
Wer Pech angreift, besudelt sich.

2
Ob kotig auch der breite Pfad,
so reite niemals durch die Saat,
daß nicht der Bauer gar am Ende
den Gaul dir unterm Leibe pfände;
Dann trumpfst du auf, und allerwege
kriegst du zu guter Letzt noch Schläge.

3
Bei jungem Weib und altem Mann,
da kehre nicht auf Reisen an;
Bleibst du zur Herberg über Nacht,
so schöpft der Alte gleich Verdacht,
auch ohne Grund, und ihr gefällt
der Gast: So ist der Lauf der Welt.
Bei alter Wittib, jungem Knecht,
da magst du bleiben schlecht u. recht;
Er fürchtet nichts, noch weckst in ihr,
der Hochbetagten du Begier.

4
Und kommt zu dir der Nachbarsmann,
der eggen will und geht dich an
du solltest ihm die Stute leih'n,
die eben trägt, so sage „nein";
denn um das Fohlen ist's gescheh'n
läßt du sie vor dem Pfluge geh'n.

5
Dem besten Freunde sollst als Gast,
du dennoch nicht zu oft zur Last
je fallen. Nur was nicht gemein,
mag lieb und wert dem Menschen sein.

6
Die Eigenmagd, so schön ihr Leib,
nie halte sie als Eheweib;
sonst wird sie bald den Herrn verachten,
und nach des Hauses Herrschaft trachten.
So kommt es sicher: teilt mit dir
sie Tisch und Bett, so tut sie schier,
als ob sie Frau im Hause wäre;
das schändet deines Namens Ehre.

7
Suchst du nach edlem Eheweibe,
auf daß dein Stamm bestehen bleibe,
so wähle sie aus gutem Haus
nach deiner Mutter Ratschlag aus.
Dann halte sie in Ehren hoch,
sei sanft und gut zu ihr, jedoch
ihr Meister sei zu jeder Zeit
und Herr; sonst wirds dir leichtlich leid,
hebt sie mit dir zu zanken an:
Kein Laster schändet mehr den Mann,
als ein Pantoffelheld zu sein.
Und weih' sie nicht in alles ein.
Auch wenn ihr noch so einig seid,
damit sie künftig nicht im Streit,
wenn du sie tadelst, dir die Schelte
mit dreister Zunge dir entgelte:
Dergleichen Ding darf nicht gescheh'n,
so Lieb und Achtung soll besteh'n.

8
Sei vor dem Jähzorn auf der Hut
Tu jedes Ding bei kaltem Blut;
laß eine Nacht vorüber gah'n
Bei Tage sieht sich's anders an.
Schon manchem war's am Morgen lieb,
daß gestern er gelassen bleib.

9
Mit großen Herren streite nicht;
denn ob es gleich am Recht gebricht,
so überwindet dich Gewalt
und nimmt das deine dir, wie bald!
Will ihrer einer von dir leih'n
so laß dich darauf ja nicht ein:
Verloren ist's auf immerdar.
Da schenk es lieber ganz und gar;
dann wirst du noch des Dankes froh,
er nimmt es dir ja sowieso.
Mach einen Kratzfuß, hin ist hin
und danke Gott in deinem Sinn,
daß du lebendig fortgekommen
und man dir nicht noch mehr genommen.

10
Und wenn du auf der Reise bist
und eine Kirch am Wege siehst,
tritt ein, wie sehr dein Gang auch eil'
und bete für dein Seelenheil.
Durchzittert Glockenklang die Luft,
der rings das Volk zur Messe ruft,
so steige schnell herab vom Pferde
und mach', daß dir der Segen werde!
Es kostet dich geringe Zeit
und wirkt dir Ruh und Sicherheit.

11
Heißt jemand dich die Fasten brechen,
und nötigt dich um Christi Willen,
dem sollst du nimmer widersprechen,
das heißt des Herrn Gebot erfüllen.

12
Hast längs der Straße du dein Feld
und man zertritt, was du bestellt,
so ziehe keinen Graben drum:
sonst geht man einfach drum herum
und hält sich auf der innern Seiten,
und du mußt zwiefach Schaden leiden.

Nachdem ihm diese 12 Weisheitslehren gegeben worden waren, gingen alle zurück in den Königsaal und der König setzte sich auf den Thron. Von dort aus preist er Ritter Ruodliebs Tugend und ringsum hebt der Beifall an. Auch Ruodlieb hält eine Rede an den König und dankt ihm und den anderen Herren nochmal in freier Rede.

Des Königs guter Rat

1
Der König drauf: „Wohlan denn, kehre
nach Hause, reich an aller Ehre,
Du sollst die Mutter wiederseh'n
und wie es mag zu Hause steh'n.
Doch sieh dich vor, sonst lockt daheim,
man dich von Neuem auf den Leim.
Wenn einer sein Versprechen bricht
und dich betrügt, dem diene nicht;
Er treibt's wie er zuvor getan,
und führt dich immer wieder an.

2
Wenn einer schäbig ist und karg,
so laß ihn laufen; kommt es arg
und wird es dir zuhause leid,
dann komm zurück! - Zu jeder Zeit
bist du wie heute mir willkommen
und wirst mit Freuden aufgenommen,
des sollst du keinen Zweifel haben."
So spricht er, winkt dem Edelknaben.

Sodann sagt der König dem Edelknaben, er möge schnell die Ranzen mit den beiden Brotlaiben bringen, die ja nur zur Tarnung wie Brote ausschauen, innen aber voller Kostbarkeiten und voller Gulden sind. Er ermahnt Ruodlieb, diese Brote erst im Angesicht seiner Mutter, wenn er mit ihr alleine ist, zu brechen. Zuerst das kleinere der beiden. Das andere soll er beim Hochzeitsmahl nehmen, wenn er mit seinem Weib zu Tische sitzt.
Dann nehmen sie voneinander Abschied, umarmen sich. Der König küßt Ruodlieb dreimal auf Mund und Wangen. Dann seufzt er traurig und Ruodlieb rinnen die Tränen herab.

3
Mit dem er kam, der Knappe sein
geleitet nun den Herrn zurück
und führt das schwer belad'ne Tier,
die beiden Freunde klagen schier,
daß sie nur noch so kurze Zeit
beisammen sind, schafft ihnen Leid.
Drei Tage kommt der Jäger mit
sie reiten plaudernd Schritt für Schritt.
Die Zeit vergeht, eh sie's gedacht,
sie sitzen noch um Mitternacht
beim Abendbrot. Dann geht's zur Ruhe.
Sie ziehen aus die Wanderschuhe
und geh'n zu Bette, dreh'n sich um
und liegen wortlos still und stumm.

4
Sie weinen, weinen bitterlich
ein jeder seufzend, leis für sich.
Gleich einem Kind der Jäger weint,
daß er von seinem Herzensfreund,
vielleicht für immer scheiden soll.
- Er weint und schluchzt und hätte wohl
in seinem Schmerz die ganze Nacht,
bis an den Morgen hingewacht;

5
Doch senkt auf seinen Kummer
sich doch am End' der Schlummer.
Allmählich kommt der Tag heran,
sie stehen auf und zieh'n sich an,
Frühstücken beide, füttern, zäumen

ihr Roß und weiter ohne säumen
bis sie des Landes Grenze seh'n,
wo sie nun voneinander geh'n.

Nun nehmen Ruodlieb und sein Freund voneinander herzlich Abschied. Sie versprechen sich, stets an den Freund zu denken und für ihn zu beten. Auch sie küssen sich, bevor sie scheiden und dann zieht jeder traurig seines Weges.

Ruodlieb und der Rotkopf

1
Schon nahe winkt die Heimat traut
ein Rotkopf ihn von fern erschaut
macht sich herzu und schließt sich an,
begrüßt ihn, drängelt sich heran
und fragt: „Woher-? -Wohin er wolle"
ob er ihn nicht begleiten solle?
Der Ritter blickt verächtlich drein
und spricht:"Die Straße ist gemein.
Zieht wo ihr wollt." Der rote Mann
hebt mittlerweil zu reden an
und schwatzt von tausen Dingen.
Doch will's ihm nicht gelingen
daß ihm der Ritter Antwort gönnt.
Die Sonne heiß am Himmel brennt.

2
Dem Herrn wird warm in seinem Trab,
er legt den woll'nen Mantel ab
und schnallt ihn an den Sattelknauf.
Dem Roten steigt Begierde auf:
Der Mantel meint er müßt ihm frommen.
Darob sie an ein Wasser kommen,
wo sie die Rosse trinken lassen:
Nun kann der Rote listig passen.
Er streicht dem fremden Gaul den Rücken,
so mag das Schelmenstück ihm glücken.

3
Daß er den Riemen rasch errafft
und ihn geschickt beiseite schafft.
Erst nimmt er untern Arm den Pack,
dann flugs damit in seinen Sack,
derweil er absteigt unverfroren ,
ob nicht sein Tier im Fluß verloren,
ein Eisen habe vom Beschlage,
scheinheilig tut er dann die Frage:
„Freund hattet ihr nicht hintenauf
den Mantel noch am Sattelknauf?
Wo mag er sein? Ich seh ihn nicht."
„Sehr sonderbar" der Ritter spricht.-
„Stromab vorhin ein Packen schwamm;
ob er euch da abhanden kam?
Ich denk' wir machen wieder kehrt
und suchen ihn." Der Ritter wehrt,
als wär's ihm einerlei: „Nein, nein"
und läßt ihn dann verloren sein.

4

Am Abend fern ein Dorf sie seh'n;
dahin tut eine Straße gehn,
zwar breit genug, doch allerwegen
voll Pfützen und durchweicht vom Regen.
Am Rand ein schmaler Pfad allein
geht an; den schlägt der Ritter ein.
Indes der Rote, frech und keck,
der schilt und schimpft, durch solchen Dreck
hab' er nicht Lust hindurchzuwaten,
und reitet mitten durch die Saaten.

Dafür erhält er dann **vom Bauer Prügel** und Ruodlieb erklärt auf seine Klagen und Drohungen, ihm wäre Recht geschehen. Bei sinkender Sonne kommen sie in ein Dorf und fragen einen Hirten nach einem guten Quartier. Der rät, bei einem **jungen Bauern** anzuklopfen, der sich vor kurzem eine reiche, **alte Wittib** nahm. Der Rotkopf aber meinte, das wäre nichts für ihn. Da lobte der Hirte den jungen Bauer und erzählte seine Geschichte.
Vor Jahren, als der verstorbene Mann der alten Wittib noch lebte, sei er als armer Bettler ins Dorf gekommen und der Mann gab ihm nur ein kleines Stück altes, trokkenes Brot. Er war dafür aber sehr dankbar, half ihm bei der Arbeit und zeigte sich dabei so geschickt und fleissig, dass der Bauer ihn auf dem Hof behielt.
Der arme Jüngling war auch ein geschickter Bäcker, der gute, einfache Backwaren herstellen konnte, wie es Bauer und Bäurin liebten. So hatte er sich im Lauf der Zeit durch seine Bescheidenheit und Tüchtigkeit ihr volles Vertrauen erworben. Als dann eines Tages der geizige alte Mann starb, heiratete die Witwe den jungen Mann, der auf dem Hof die allgemeine Liebe und Achtung besass.
Von da an taten sich **die Türen** des Hauses **allen Bedürftigen** und Armen weit **auf** und der junge Bauer und seine Frau übten reichste Mildtätigkeit und Gastlichkeit.

Der 3. Lehre des Königs folgend,
nimmt Ruodlieb hier Quartier. Er wird herzlich aufgenommen und wohl bewirtet. Zum Schluss des Mahles wird **der Ehrenbecher** gebracht; der Wirt nippt daran und reicht ihn dann dem Ritter. Doch Ruodlieb reicht ihn , nach höfischer Sitte erst der Frau des Hauses und um die **Gastfreundschaft** zu vergelten, verehrt er dann der Wirtin seinen köstlichen Mantel. Fortan wird sie mit diesem **Mantel** geschmückt zur Kirche gehen.

1

Dieweil der Ritter unterstand,
wo's er nachher so gut erfand
fragt sein Gesell ,was habt zu schaffen
ihr dorten bei dem alten Affen?'
Der Ritter drauf: ,Ich rate dir
fürwahr in Treue, folge mir:
Hier hast du alles, was dir not,
dagegen dort wohl gar den Tod.'
Die Dörfler mischen sich darein
und sprechen auf den Roten ein:
,Du folge ihm, du trifftst es gut!'
Doch trennt er sich mit trotz'gem Mut
und reitet vor der ,Base' Türen
will mit Gewalt den Tod erküren.

2

Des Alten Tür ein Gitter schließt.
Er selber auf dem Hof just ist,
und neben ihm die Söhne sein.
Der Rote pocht und will herein.
,Komm schnell! Mach auf, mich einzulassen,
Ich hab nicht Lust erst lang zu spaßen!'
Der Alte spricht: ,lauf hin zu schau'n!'
Der eine Sohn geht an den Zaun
er kommt bereits und braucht Gewalt.

Nun ruft der Rote: ,Wird es bald?
Ihr tut, als wär ich unbekannt!'
Den beiden Söhnen zuckt die Hand.
Jedoch der Vater: ,Laß ihn ein!'
Er sprengt mit Ungestüm herein.

3
Steigt ab vom Pferde, strängt es an,
zieht blank und spielt den wilden Mann,
und fuchtelt in der Luft herum :
,Wenn ihr mich kennt, was bleibt ihr stumm?'
Darauf der Greis: ,Ich kenn euch nicht
nie sah ich euer Angesicht;
wie kommt ihr dazu, so zu rasen?'
,Mit euerm Weibe, meiner Basen,
hab ich zu reden ganz allein;
es darf kein Mensch zugegen sein.'
Der Alte wirklich nach ihr schickt,
sie kommt zur Stelle. Kaum erblickt
der Rote sie, so wallt sein Blut;
Er lacht sie an. Desgleichen tut
die Frau, auch sie sofort Begier.
,Von Hause' sagt er ,soll ich dir
von deinen Eltern Grüße bringen.
Was sonst noch bleibt von andern Dingen,
ist nur für dich allein bestimmt;
Davon nachher ein Wort.' Sie nimmt
den Roten auf die Seite,
Zum Zaune treten beide.

4
,Merk rasch, was ich dir sagen will;
Wir haben Eile, schweige still,
darfst weder weinen, weder lachen;
sonst merkt der Hund, was wir für Sachen
bereden. Willigst du darein
so soll dir bald geholfen sein.
Ich weiß dir einen jungen Knaben,
er mag die rechte Größe haben,
mit hellen Locken, rank und schlank,
die Wangen rot, das Auge blank.
Als dieser Bursch von dir vernahm,
wie schön du bist und wieviel Gram
du täglich hättest auszustehn,
tat es ihm sehr zu Herzen gehn.

5
Er sprach zu mir: ,Geh hin Gesell,
tu's mir zu lieb und sag ihr schnell,
dem armen vielgeplagtem Weib,
ich werd' erlösen ihren Leib,
aus ihrem Kerker sie befrei'n
schon morgen,- willigt sie nur ein.
Tönt morgen früh ein Pfeifchen schrill
wenn alles rings noch mäuschenstill,
so mache sie sich aus dem Haus
ganz unbefangen rasch heraus
und warte draussen auf der Gasse,
so lang, bis ich mich sehen lasse.

6
Mit meinen Leuten alsobald
komm ich und raub sie mit Gewalt.
Danach ist sie ihr eigner Herr
und fragt nach keinem Graubart mehr.
Nur darf sie keine Nachbarin
vorher in ihr Geheimnis zieh'n.-
Nun liebe Base magst mir sagen,
was soll ich ihm für Antwort sagen?'

Fein wurde hier **das alte Spiel der Verführung** beobachtet und geschildert. Im eintönigen Alltag kommt da ein Mann, der ihre Schönheit preist und auch das Blaue vom Himmel herunterlügt. Aber all das fällt **wie Regen** auf die wartende, ausgedörrte Erde und wird willkommen aufgenommen.
Ihr, der **im Eheleben unzufrieden gewordenen**, lacht das Herz im Leib. Wie eine Fata Morgana sieht sie **die Freuden des freien Lebens** und der Lust greifbar nahe. Sie willigt ein, doch nun fordert der Rote seinen Vermittlerpreis und sagt, sie solle ihm diese Nacht ‚zu Willen sein'. Sie planen gemeinsam, wie sie es anstellen wollen, ihren Mann zu hintergehen und der Rote tut so, als wolle er fortgehen. Sie aber hält ihn zurück, als er sich beim Alten verabschieden will. All dies hatten sie vereinbart. **Sie veranlasst ihren Mann**, den Roten zum Bleiben aufzuforden, was dieser auch wiederwillig tut.

So wird das Pferd in den Stall geführt und der Dichter teilt dem Leser mit, dass sich **niemand ums Pferd kümmert.** Keiner sorgt sich darum, dass es auch was zu fressen bekommt. Die Gier nach der ‚Freiheit' und den ‚Freuden der Welt' lässt das Verantwortungsgefühl bei beiden verkümmern. Pflichten werden als Plage empfunden. Mit Können beschreibt er dann als Gegensatz zum jungen, drahtig-draufgängerischen „Roten", das Aussehen des ungeliebten Ehegemahls.
Der rothaarige „Vetter" und die junge Bäuerin sitzen dann in der Stube, sagen sich flüsternd Schmeicheleien, tätscheln sich die Hände und küssen sich. Dicht und klar wird das weitere Geschehen, **das zum Verhängnis führt**, geschildert.

1

Der Alte kommt. Des Kienspans Licht
bescheint sein struppig Angesicht,
vom Haar umwallt. Die Nase bloß
ist sichtbar, krumm und rot und groß.
Die Augen unter busch'gen Brau'n
vorquellend, widrig anzuschaun.
Den Mund, als Öffnung sieht man nicht;
der Bart verbirgt ihn, lang und dicht.
Er heißt das Abendessen richten.
Mißmutig sieht er die Geschichten
der beiden an, und kurzentschlossen
macht er ein Ende, setzt zum Possen
sich zwischen sie und trennt das Spiel.
Ein Weilchen sind die beiden still,
dann biegen sie sich heiter
nach vorn und schäkern weiter.

2

Das wird ihm schließlich doch zu bunt;
er nimmt kein Blatt mehr vor den Mund,
befiehlt den Tisch zu decken, Spricht:
‚Jetzt hörst du auf! Schämst du dich nicht?
So frech zu sein steht keinem an,
dem Weibe nicht und nicht dem Mann!
Laßt endlich euer Schnäbeln sein!'
Steht auf und geht; es hat den Schein,
als wollt er auf den Abtritt (WC) gehn.
Doch will er bloß durchs Astloch sehn,
was weiter wird mit ihnen beiden.
Den Roten muß der Teufel reiten:
Jetzt geht das Ding noch frecher an
und sie hat ihre Lust daran.

3

Der Alte hat auf alles acht.
Er kommt zurück; der Rote macht
nicht Platz: Sie hindert ihn daran.
Er setzt empört sich obenan;
sie soll das Essen bringen lassen.
Statt dessen schneidet sie Grimassen:

Das Essen habe wohl noch Zeit.
Die Söhne fragt er: ‚Nun wie weit
ist es damit?' ‚Ihr könnt im Nu
anfangen' - ‚also Frau mach zu!

Dann wollen wir uns niederlegen.
Der Vetter muß der Ruhe pflegen;
mir kommt es vor, er braucht sie jetzt!
Du hast ihm weidlich zugesetzt.'

In dieser Nacht wacht der alte Bauer auf, findet das Bett an seiner Seite leer. Da geht er aus dem Schlafgemach um seine junge Frau zu suchen und findet sie in einer sehr verfänglichen Situation mit dem „Vetter". Es kommt zum Streit, dann zu einer Rauferei, in deren Verlauf der „Vetter" dem alten Bauern eine tödliche Wunde schlägt.

Vor dem Richter

1

Bald wird es mit dem Alten enden;
drum heißt es schnell zum Pfarrer senden.
Der kommt, mit ihm so recht zu beten;
doch kaum vermag er noch zu reden:
‚Ich glaub...' ist alles was er sagt,
‚Glaubst du an Gott', der Pfarrer fragt,
ob seine Sünden ihm auch leid,
die er begangen, all die Zeit.
Mit Wort und Zeichen er bekennt,
empfängt das Heil'ge Sakrament,
empfiehlt dem Herrn die Seele sein
u. spricht:‚Herr Christ, erbarm dich mein,
vergib auch ihnen, die das Leben
genommen mir und lern vergeben
auch meinen Söhnen.' Sprichts u. schweigt,
u. bald sein Haupt im Tod er neigt.

2

Der Morgen mählich kommt herauf.
Das Volk es eilt mit Macht zuhauf,
die Nachbarn alle, arm und reich;
des Dorfes Richter kommt sogleich,
als er gehört die Freveltat....
Sie setzen sich und halten Rat.
Hier sagt der Richter, schallen Klagen,
‚der beste Mann liegt hier erschlagen.'
Ringsum die Schöffen allzusammen,
mit Tränen sie die Tat verdammen:
‚Wenn wir, was hier geschah, nicht rächen,
geschieht bald wieder ein Verbrechen.'

3

Drauf schickt der Richter einen Boten:
Läßt beide Söhne von dem Toten
herrufen, und die Mörder holen.
Man tut alsbald, was er befohlen.
Rasch werden sie herbeigebracht
und vorgeführt. Der Rote lacht;
die Frau blickt blaß und scheu zur Erde,
mit kläglicher Gebärde.

4

Der Richter siehts und spricht das Wort:
‚Dein Lachen ist am üblen Ort;
Wir alle, siehst du, weinen hier.
Sag an, was tat der Alte dir,
dass du ihn schlugst zu Tode?'
Zur Antwort gibt der Rote
und sagt: ‚Er schlug mir aus dem Munde,
die Zähne, bloß aus diesem Grunde,
weil ich bei meiner Base saß.'
Darauf der Richter: ‚War sie das,
hast zwiefach Unrecht du begangen.'
‚Was hat sie sich an mich gehangen,
nach mir gesandt, sie fing doch an,
von selber hätt' ichs nie getan!'

(Hier wird gut geschildert, wie **der Schuldige** seine Untat **dem Unschuldigen** in die Schuhe schiebt. Unbedachtes Handeln wäre allein schon verabscheuungswürdig genug gewesen, aber das feige Abwälzen der Schuld von sich auf andere verstärkt dies noch. Treffend erinnert der Dichter an Adam und Eva. Die Reue, die die junge Bäuerin laut kund tut, wirft ein helles Licht auf **die Rechtsauffassung** der damaligen Zeit. **Das Urteil**, das sie über sich selber spricht, ist mehr als hart.)

5
Sie läßt den Tränen freien Lauf;
doch endlich rafft auch sie sich auf:
,Weh über die verruchte Lüge,
du hinterlist'ger Mann, als trüge
ich die Schuld einzig allein
die dir und mir doch ist gemein.
Wie Adam Even einst verklagt
so hast du von mir falschgesagt.
Ich habe nicht nach dir geschickt,
noch jemals dich zuvor gesehn,
du hast mich gleißnerisch bestrickt,
daß ich jetzt hier muß schuldig stehn.

6
Was ich getan, bemäntl ich nicht;
ich klag mich selbst am schwersten an:
Verfallen bin ich dem Gericht;
von mir verführt, hast du's getan:
Nach Rache steht mein Sinn mitnichten,
doch wollet mich nicht eher richten,
als ich gesagt, was ich verbrochen
und mir mein Urteil selbst gesprochen,
mir selber laßt allein es sagen:
Ich will es gern und willig tragen.

7
Soll ich am hohen Eichbaum hangen
so schert die Haare mir, die langen,
darinnen sich die Männer fingen,
und flechtet draus die Todesschlingen.
Und nach 3 Tagen nehmt mich ab,
doch senkt die Leiche nicht ins Grab,
verbrennt den Leib mit Feuersglut
und streut die Asche in die Flut:
Sonst birgt die Sonne noch ihr Licht,
der reine Himmel regnet nicht,
und Hagelschauer trifft die Saat
zur Sühne meiner Missetat.

8
In eine Kiste schließt mich ein
und senkt mich in den Strom hinein,
doch schreibt hinauf, was ich getan.
Und treibt ans Land sie ferne an,
so öffnen sie den Fund und naß
werfen sie meinen Leib zum Fraß
zurück den Fischen in die Flut.
Verdammt ihr mich in Ofens Glut,
ich springe selbst hinein,
ob ich entflieh der Höllenpein.
Versenkt mich tief in Sumpf und Kot,
ich heiß' es nur gerechten Spruch,
bloß dass mir dermaleinst nicht droht
des Höllenpfuhles Schwefelruch.
Ja jede Marter, jede Qual,
die euer Urteil mir ersinnt,
ich heiße sie willkommen all';
ich habe schlimmres noch verdient.'
Nun schweigt sie und der Richter fragt
die Schöffen und auch die Leute, was sie darüber denken und ob man ihr, wenn sie sich so reumütig zeigt, das Leben (!) schenken könne. Anscheinend ist auch für Mittäterschaft die Todesstrafe üblich gewesen; denn es wird beschrieben, wie sich nun auch die Söhne verzweifelt vor dem Richter auf die Erde werfen und weinend die Dorfgemeinschaft anflehen, **der Mutter das verwirkte Leben zu lassen.**
So kommt man zu dem Ergebnis, sie frei nachhause gehen zu lassen, um dort auf dem Hof als Hausfrau weiterzuleben. Der Richter willigt ein.

9
Doch sie will das nicht leiden: ‚Nein,
nicht als Hausfrau will ich weiter sein;
als Mörderin sollt ihr mich schelten,
und meine Missetat vergelten,
und nehmt ihr mir das Leben nicht,
so zeichnet mich im Angesicht
an Nas' und Lippen also sehr,
daß keinem es gelüstet mehr
nach meinem Kuß. Brennt mir ein Mal
auf beide Wangen mit dem Stahl
die roten; jeder soll es sehn
und daß es mir zu Recht geschehen:
Weib, was hast Schweres du verbrochen,
so werde meine Schuld gerochen.

10
Der Richter aber gibt sie frei,
daß sie den Söhnen Mutter sei,
sie recht als ihre Kinder halte,
als Frau im Hause schalt' und walte.
Sie zieht jedoch seit dieser Zeit
nie wieder an ein buntes Kleid.
In dunkler Tracht geht sie daher,
trägt keine langen Locken mehr,
flicht einen Strick ab dieser Stund,
der reibt die zarten Brüste wund.
Ein schwarzes Kopftuch legt sie an,
daß sie nur eben sehen kann
den Psalter betet alleweil
sie für des Alten Seelenheil
und fastet bis zum Abendrot,
dann ißt sie trocken, grobes Brot.

11
Trinkt etwas Wasser wohl dazu
und geht auf harter Streu zur Ruh:
Ein Holzklotz muß ihr Kissen sein.
Aufsteht sie schon vor Frührotschein
und geht bei jeder Jahreszeit,
in Sommersglut und wenn es schneit,
zum Grabe hin, mit bloßen Füßen,
um dort zu beten und zu büßen
und im Gebete zu verharren,
bis mählich ihre Glieder starren;
dann fällt aufs Angesicht sie nieder und
ihre Tränen rinnen wieder.

12
Bei jedem Wetter, Hitz und Kälte
eilt sie, sowie das Glöcklein schellte,
zur Kirche in die Mette, bleibt
bis rings der Tag die Nacht vertreibt;
dann kehrt sie heim, wäscht das Gesicht,
und läutets wieder, weilt sie nicht
hört Messe, bleibt und betet still,
bis daß es Abend werden will.
Stumm fügt sie sich zu jeder Zeit,
nimmt, was man gibt voll Dankbarkeit
und fordert nichts. Nie tönt hinfort
ein Lachen oder lustig Wort.
Sind andre froh, trüb scheint sie drein,
mag nicht mit ihnen fröhlich sein;
friedsam und stille, früh und spat,
solange sie das Leben hat..

13
Als sie den Söhnen übergeben,
geht es dem Roten an das Leben.
‚Was tun wir' heißt es , ‚diesem Mann,
der doppelt Frevel hat getan?'
Der Rote: ‚Bitt euch, mein Geselle
ist hier im Dorf; den ruft zur Stelle
er wird euch sagen, wer ich bin;
danach, so tut nach euerm Sinn.'
Schon will man nach dem Ritter senden;
da tät sich an den Richter wenden,
sein Wirt und spricht: ‚Er nahm bei mir
für diese Nacht sein Schlafquartier;
hier diesem hat es nicht behagt.'
Roudlieb kommt. Der Richter fragt,
als er erscheint: ‚Ist dieser Mann
Herr Ritter, euer Wegkumpan?'

Hier, genau an dieser spannenden Stelle ist leider wieder **eine der vielen Lücken** in der handschriftlichen Überlieferung und wir werden nicht erfahren, wie es mit dem Gesetzesbrecher, dem ‚Roten' endete.
Herr Roudlieb reitet weiter und stößt unterwegs auf seinen **Neffen**, der ein unbedachtes, **leichtsinniges Leben geführt hat** und nun in die Netze einer gefährlichen Buhlerin geraten ist. Dem **‚Onkel' Roudlieb** gelingt es aber dann doch, ihn von ihr zu lösen und der Neffe ist wie befreit. Er reitet mit Roudlieb weiter und gemeinsam kommen sie zu einer **Burg.** Eine verwitwete, **ritterliche Dame** haust dort mit ihrer **Tochter**. Sie werden freundlich empfangen und Roudlieb kann hier wieder als **Fischer**, mit dem Kraut **Buglossa**, seine Kunst zeigen:

Hechte, Quappen, Brassen, Lachse, Karpfen, Schlei und Schmerlen, Orfen und Alsen, Grundeln, Aale, Welse, Rheinanken (?) und Äschen sind der reiche Fang, den sie zur Burg tragen. Dort in der Küche wird ein feines Mahl zubereitet und während dieser Zeit unterhalten sich die Ritter mit den beiden Damen.
Sodann gehen alle zusammen hinaus **ins große Vogelhaus**, in dem die Vögel auch frei fliegen können. Leider wird uns nicht geschildert woraus die Gitter gefertigt waren, aber anscheinend war es zu dieser Zeit eine **erheiternde Freude**, den vielen **gefiederten Sängern** zuzuschauen, wie sie hin und herflatterten, zutraulich näher kamen um sich aus der Hand des jungen Burgfräuleins Krumen und Brocken zu holen.
In einer anderen **Voliere** schaute es jedoch ganz anders aus, nämlich so:

1

Kein Futter ist noch Wasser drin
im Starenkäfig, daß die Tiere
durch Hungerleiden man dressiere,
daß sie zum Gitter kommen sollen,
wenn sie zu Fressen haben wollen.
Den alten will das nicht behagen;
den jungen knurrt gar bald der Magen;
das macht sie zahm, die armen Dinger,
und hält man ihnen hin den Finger ,
gleich stelzen sie in schnellem Lauf
und sperr'n die kleinen Schnäbel auf.
Doch bald des Spieles ist genug; dann
kommt der Ernst. Gelehrt und klug
sieht man mit würdigen Manieren, ein
Starenfräulein dort dozieren:

2

Das ‚Vater unser' übt sie fein,
bis ‚der du bist im Himmel' ein;
im Himmel, Himmel, Himmel stets
als wie geschmiert am Schlusse gehts.
Den Katechismus trägt sie vor;
die Jungen plapperns nach im Chor,
den Alten geht es nicht mehr ein.
Der Ritter und der Neffe sein,
gehn mit den Damen auf die Gassen,
wo Harfner sich grad hören lassen.

3

Ihr Meister spielt allein - oh je!
Dem Ritter tun die Ohren weh
von seinem Kratzen, und er spricht

zur Edelfrau: ‚Habt ihr hier nicht
selbst eine Harfe?' ‚Freilich, ja'
erwidert sie: ‚'s ist eine da,
die gibt gar wunderbaren Klang
mein Mann darauf zu spielen pflag (pflog)
dann wards ums Herz mir froh und bang,
jetzt schweigt sie über Jahr und Tag,
seit meines lieben Mannes Tode.
Die steht euch, wollt ihrs, zu Gebote.'

4
Rasch bringt man sie zur Stelle;
er nimmt und stimmt sie schnelle,
greift in die Saiten, hin und wieder
und spielt die allerschönsten Lieder.
Er hält den Takt so akkurat;
wer niemals je den Reigen trat
begreift es dennoch gleich im Nu,
die Harfner hören staunend zu,
die erst so unverfroren waren.
Er spielt geschickt und wohlerfahren
drei nagelneue Melodien.
Allein die Damen bitten ihn
zum Schluß um einen Reihen,
sie möchten tanzen gern zu zweien;
das Fräulein und der junge Mann.
Er tuts und fängt von neuem an.

Der Tanz, die Liebe und Roudliebs kluger Hund

1
Da hebt sich der Junker und hebt sich die Magd
ein Suchen und Fliehen, bald laut und bald leise,
ein Heben und Schweben, in weitem Kreise.
Wie wenn der Falke die Schwalbe jagt
jetzt holt er sie ein, es ist zu Ende -
er faßt sie! - Doch nein, sie entflattert behende.
Schon wieder, schon wieder! Er stößt aufs Neue
aus der Höhe hernieder. Bang fitticht die Scheue.

(So ist ums Jahr -1080- der Schuhplattler beschrieben worden)

2
Fürwahr im Tanzen ihre Kunst
erwürbe jeden Richters Gunst.
Nun hat der Tanz ein Ende;
da senken sie die Hände. -
Das war wohl manchem schier zuleide.
Sie setzen sich zusammen beide.
Rasch sind in Liebe sie entbrannt
und wollen durch der Ehe Band
einander sich verbinden.
Die Mutter läßt sich willig finden;
sie ist dem Bunde nicht entgegen
und gibt den Kindern ihren Segen.
Das Fräulein läßt den Liebsten ein,
es soll ein Würfelspielen sein:
Wer dreimal nacheinander siege,
daß ihm der andre unterliege, -
so soll es gelten als Beding;
empfange des Besiegten Ring.

3
Der Junker ruft voll Übermut:
‚Nein, wie zuerst der Würfel fiel!'
Das Fräulein heißt es lachend gut,
sie werfen. Sie gewinnt das Spiel.
Ihn freut's das Pfand ihr darzureichen
u. sie nimmt gern das Siegeszeichen.
Indes nun wendet sich das Blatt,
und sie verliert. Geschwinde hat
vom Finger sie den Ring gezogen
und wirft hinüber ihn im Bogen.

4

Derweilen naht die Essenszeit,
heran, die Tafel ist bereit.
Die Mutter nach dem Fräulein schickt;
Schnell springen Pagen hin. Sie stickt
verborgen just im Kämmerlein
mit Golde ein paar Binden fein -
wer die wohl einmal tragen mag
an ihrer beider Hochzeitstag?
Wen wird ihr Gott der Herr bescheren?
Und mag es wohl noch lange währen?

5

Das Stickzeug läßt sie und tritt ein,
wie Vollmond glänzt ihr sanfter Schein;
sie scheint fürwahr daherzuschweben.
Die Gäste sittig sich erheben.
Dann nimmt man Platz, die Dame winkt,
ein Diener rasch das Wasser bringt,
drin jeder sich die Hände netzt,
zuerst ihr Kind, sie selbst zuletzt.
Es sitzen nach den Jahren
die vier zusamm'n in Paaren:
Den Ritter mag man bei den Frauen,
den Junker bei dem Fräulein schauen.
Und wie's die Sitte fordert, -essen
die so beisammen sind gesessen,
von einer Schüssel und gemein
muß ihnen auch der Becher sein.

6

Daneben liegt des Ritters Hund,
Dem ist es auf der Stelle kund,
wenn einer lange Finger macht,
er wedelt mit dem Schweife sacht,
tut schön und schnuppert,weil er gern
ein Zeichen gäbe seinem Herrn,
er soll ihn nicht vergessen.
Reicht der ihm was zu fressen,
nimmt er's und frißt, fällt was daneben,
kommt ihm nicht bei, das aufzuheben.
Sagt man: ‚Ein Schelm hat dies Gericht
gekocht, so nimmt der Hund es nicht
und wenn er's schon im Maule hält,
gewiß es gleich zur Erde fällt.

7

Nun gingen heut' verloren,
dem Ritter ein Paar Sporen.
Die hat der Truchseß ihm gestohlen.
Wie er jetzt kommt die Teller holen,
sieht ihn der Hund erst grimmig an,
dann fährt er los mit scharfem Zahn
und hätt ihn bös ins Bein gebissen,
wenn man ihn nicht zurückgerissen.
Der Ritter lacht. Den andern all
scheint dies ein rätselhafter Fall.
Die Frau sagt: ‚Ich begreife nicht,
was will das Tier?'- der Ritter spricht:

8

‚Hier euer Truchseß ist der Dieb,
das weiß der Hund. Wohlan denn gib
nur wieder, Freund, was du genommen,
sonst könnte es dir schlecht bekommen.
Der Truchseß drückt sich schnelle
und bringt sie her zur Stelle:
‚Die nahm ich euch vom Sattel fort
es war kein Menschenkind am Ort
zugegen. Weiß es doch euer Hund,
so tat es ihm der Teufel kund.'
‚Laß sehn, wem er sie bringen wird!'
Der wirft sie hin. Er apportiert

die Sporen seinem Herrn behende,
noch ist das Kunststück nicht zu Ende:

9
‚Nimm sie und bringe sie dem Hans!'
Er tuts und wedelt mit dem Schwanz.
‚Mach vor dem Dieb nun Leid und Reu,
bitt ab, damit er dir verzeih.
Er streckt sich hin, wie ihm geboten;
die Schnauze legt er auf die Pfoten
und heult und winselt jämmerlich,
zum Steinerweichen. ‚So jetzt sprich:
Ihr wollet gut sein wie zuvor!'
laut bellend springt der Hund empor,
bedankt sich schön im ganzen Saal.
Der Ritter drauf: ‚Jetzt nehmet mal
den Dieb, zum Scheine bloß, beim Kragen
u. tut als wolltet ihr ihn schlagen.'
Sie tun es: ‚Ei, du schlimmer Wicht !'
-Allein der Hund, der leidets nicht,
springt wütend auf die beiden ein,
den Dieb von ihnen zu befrein.

Alle haben nun mit den **Kunststückchen des Hundes** ihre Freude gehabt, sie staunen und lachen gutgelaunt und so geht das reiche Mahl vorbei. Es gibt noch Wein, aber **kein Obst**, da es noch nicht reif ist, aber Kinder kommen mit Körbchen voller Waldbeeren und während sie diese essen, fragt Ruodlieb in vertrauten Gespräch **die Dame der Burg** nach seiner **Mutter**. Da die angeredete Andeutungen wie ‚Gevatterin' gemacht hatte, vermutet Ruodlieb, sie sei Taufpatin gewesen, seine Mutter habe nochmal geheiratet **und einem weiteren Kind das Leben geschenkt**, das nun sein Halbbruder oder seine Halbschwester ist. Aber da erfuhr er, daß seine Mutter **Patin des Burgfräuleins** gemacht hatte und sich sosehr um ihn, der von zuhause fortgezogen war, gequält hatte, daß sie vom vielen Weinen **schier blind** geworden ist.

10
‚Von dieser, meiner Tochter ist
sie Pate, und seit selb'ger Frist,
hält treu, wie eine Mutter tut,
uns beide sie in ihrer Hut.
Oft lenkt sie zu uns ihren Schritt
und bringt uns immer etwas mit.'
Der Ritter hört der Mutter Schmerzen
und Mitleid regt sich ihm im Herzen.
‚Komm ich noch diese Woche hin?'
‚Ei, morgen schon, wenn euer Sinn
danach verlangt: Des hats nicht Not.
Doch erst verdien ich Botenbrot.'

11
Daß er der lieben Pate Sohn,
wird rasch bekannt, in frohem Ton
erzählen sich vom Hof die Leute,
und alle freut der Mutter Freude.
Die Frau schickt einen Boten hin,
zu melden der Gevatterin,
Ihr Sohn sei glücklich heimgekehrt
und morgen schon an ihrem Herd.
Derweil spielt mit dem jungen Mann
das Edelfräulein wohlgetan.
Dreimal erst er, dann sie gewinnt,
und beide es zufrieden sind.

12

Eins muß des andern eigen sein:
So bist du mein, so bin ich dein.
In solchen Spielen unterliegen
gilt ihnen mehr, als selbst zu siegen.
Rasch werden sie einander gut
verbergen nicht der Minne Glut;
ja hätte nicht die Mutter acht,
sie würden eins schon heute Nacht
auch würde sie's nicht weiter wehren,
möcht es bestehn in Sitt und Ehren.
Das Warten schafft ihr Ungemach;
doch gibt das Mädchen schließlich nach.

Endlich zu Hause, (es ist Juni, Kirschenzeit)

1

Der Abend sinkt auf Berg und Tal;
schon schwand der letzte Sonnenstrahl.
Wer sitzt dort hoch im Kirschenbaum
und hört und sieht nicht, wie im Traum?
Die Kirschen hängen ins Gesicht
dem Buben, doch er achtets nicht,
so lieb ihm sonst die süsse Frucht,
nach andem heut sein Auge sucht.
Er sitzt und späht- und späht, den Helden,
will er zuerst der Mutter melden.
Noch höher wiegt auf schwankem Sitz
sich eine Dohle, ihrem Witz
ist dies Geheimnis viel zu hoch:
Sie sinnt warum der Junge doch
die reifen Kirschen schone.
Für sich in leisem Tone
von seinem Lugaus spricht das Kind:
‚Ach Rudliab, Herr, ach komm geschwind!'

2

Die Dohle schnappt die Worte auf
und merkt sie sich. Zur Herrin drauf
fliegt sie hinein: ‚Nun laß den Gram,
gib acht, was eben ich vernahm.
Der Junge drauß' im Kirschenbaum,
der flüstert immer, wie im Traum
‚Wohlan, was sagt das gute Kind?'
‚Ach Rudliab, Herr, so komm geschwind!'
Die Leute hören es und lachen:
‚was merkt der Vogel sich für Sachen!

3

Die Mutter nun mit feuchtem Blick
zur Dohle spricht: ‚Flieg schnell zurück
zum alten Platz und sitz in Ruh,
und ruft der Junge, ruf auch du.'
Der sitzt noch fest in seinem Baum,
da regt es sich am Waldessaum.
Voran dem Zug die Boten reiten,
der Junker dann und ihm zur Seiten
sein Waffenträger, hinterdrein
der Ritter mit dem Knechte sein.
Der Junge sieht's und ruft ‚Hurra,
Der Herr ist da! Der Herr ist da!'

Das Wiedersehen von Mutter und Sohn kann wieder nicht erzählt werden, da auch dieser Teil fehlt. Erklärend sei hier darauf hingewiesen, daß d**iese kostbare Handschrift**, die man einem **unbekannten Mönch** zuschreibt, von einem Buchbinder zusammengeschnitten wurde und gottlob für neue Bucheinbände Verwendung fand.
Bernhard Joseph Docen, Herr über die **Bücherschätze** der Königlichen Hof- und Staatsbibliothek **in München**, löste fein säuberlich mit dem Federmesser die zusammengeklebten Buchdeckel auseinander und rettete so die alte Handschrift vom **Ruodlieb** aus Tegernsee. Über Jahrhunderte war diese genauso unbeachtet geblieben, **wie die Schriften der Heiligen Hildegard.**
Sicher ist es kein Zufall, daß diese feine Geschichte vom ritterlichen **Ruodlieb**, gerade jetzt, aus der Versenkung wieder auftaucht, und uns „Modernlingen" was **Wichtiges** mitzuteilen hat. Vielleicht sollten wir jetzt auf ihn hören. Jetzt wo es in der ‚westlichen Welt' den Anschein hat, als würden wir durch unsere Oberflächlichkeit und Gedankenlosigkeit alle unsere **Werte und guten Sitten des christlichen Abendlandes** zugrunde richten, mit ‚Love-Parade' und ähnlichen ‚Events', die im gleißnerischen Gewand einer falsch verstandenen Freiheit daherwedeln.

1
Doch auf Geheiß der Mutter hat
für Ohm und Neffen man ein Bad
gerüstet, daß vom weiten Wege
Herr Ruodlieb sich erhol' und pflege.
Der Junker schert den Bart mit Fleiß,
kein Härchen bleibt und keiner weiß,
wenn er ihn sieht zu dieser Frist
ob er nicht etwa geistlich ist,
ein junger Schüler ohne Bart,
ein Weib am Ende gar! So zart
und mädchenhaft läßt sein Gesicht
was davon richtig, weiß man nicht.

2
Nachdem die beiden sich zurecht
gemacht, so reicht der Waffenknecht
den Mantel, um sich zu bedecken
und so aufs Lager hinzustrecken.
Sie trocknen sich in kurzer Ruh,
dann steh'n sie auf und legen Schuh
und Festgewänder an zumal,
drauf gehts zur Tafel in den Saal.
Dort will sich Ruodlieb nicht bequemen,
den Hochsitz selber einzunehmen.

3
Der muß auch heut der Mutter sein,
er nimmt den Platz zur Rechten ein,
als wär er Gast im eignen Haus.
Sie übt der Hausfrau Pflichten aus,
in jedem Stück. Was sie ihm bot,
nahm er mit Dank. Sie bricht das Brot
und teilt es für die Gäste ein
schickt jedem Speisen hin und Wein.
Herr Ruodlieb und der Junker essen,
wie sie beisammen sind gesessen.
Von einer Schüssel. Auch gemein
ist ihnen beiden Brot und Wein.

4
Die Mutter sitzt wie allezeit
für sich, die Dohle ihr zur Seit'
Vom Brote hält sie Brocken ihr
zu fressen hin; die nimmt das Tier
und geht quer übern Tisch spazieren,
mit gravitätischen Manieren.
Hernach sagt sie dem Kämmerlinge,
daß er hernach das Wasser bringe;
er tut's und reicht es allzuhand
den Gästen hin, nach Rang und Stand.
Dann gibts vom Wein noch einen Trank.
Froh stehn sie auf und sagen Dank
der Hausfrau. Gratulieren ihr.
daß Ruodlieb endlich wieder hier

zu ihrem Trost und niemand mehr
sie drängen werde, wie bisher.

5

Daß er zurück wird rasch bekannt;
schnell spricht es sich herum im Land,
er sei gesund zurückgekehrt,
mit Gold und Schätzen reich beschwert.
Danach nimmt zu gelegener Zeit
die Mutter er allein beiseit',
um seine Schätze ihr zu zeigen.
Er läßt den Reisesack sich reichen,
drin Pelz und Wämser mancher Art,
von seinem Kriegsdienst er verwahrt.
Die Ranzen nimmt er dann zur Hand,
und holt hervor aus Mohrenland
die beiden Brote, wendet dann
zur Mutter sich: ‚Die schau dir an!
Die beiden hab ich zum Gewinnst
erworbern mir für treuen Dienst.

6

Ich sollte, sprach des Königs Mund,
sie brechen nicht vor dieser Stund.
So rufe das Gesind' herbei
und laß es proben, frank und frei,
wie solches Brot wohl schmecke. ‚Nein'
wir öffnen's besser ganz allein!'
Rasch nimmt das Messer er zur Hand,
- allein es stößt auf Widerstand.
Er schabt und sieht . Mit einem Male
blinkt hell hervor die Silberschale,
darein das Gold. Mit Schrauben drei'n
ist sie verschloßen sorgsam, fein;
die feilt er ab mit kund'ger Hand,
die Schalen gehen auseinand
und vor ihm liegt der güld'ne Schatz,
kein einzig Stück hätt weiter Platz.

7

Herr Ruodlieb dankt dem lieben Gott,
- drauf greift er nach dem andern Brot,
schabt ab das Mehl, die Schrauben feilt
er ab, und sieht nun dichtgekeilt
Schaumünzen in der Schüssel drin,
kaum faßt es sein erstaunter Sinn.
Die Mutter dreht sich, weint und lacht,
sie seufzt u. dankt dem Herrn zugleich,
der glücklich ihr zurückgebracht
den Sohn, an Schätzen also reich.
Herr Ruodlieb wirft zur Erde
sich hin, mit Dankgebärde,
als wär der König da und spricht,
vonTränen feucht das Angesicht,
die fließen reichlich immerzu:
‚Mein Herr und Gott, wer ist wie du.

8

Du machst in gnädigem Erbarnmen
an Gut und Ehren reich den Armen
und denkst nicht weiter seiner Schuld.
Nun schenke mir in deiner Huld,
daß ich ihn wiedersehen mag
eh daß mir kommt des Todes Tag
zu dem ich arm und elend kam,
der mich voll Güte zu sich nahm,
dank seiner Fügung lieb und wert
mich stets gehalten und geehrt
und nun mir solchen Lohn gegeben,
daß ich fortan mein ganzes Leben,
teil ich es ein, vor Sorgen
und Armut bin geborgen.'
Sie machen dann in ernster Ruh
die beiden Schüsseln wieder zu
und tragen sie zur Seiten,
samt all den Kostbarkeiten.

Die Hochzeit von Ruodliebs Neffen

der Junker und 's junge „Emanzerl"

-es passieren interessante Dinge -

1

Die Zeit vergeht so nach und nach
und Ruodlieb rüstet allgemach
zu seines Neffen Feste;
er lädt die Hochzeitsgäste,
und läßt mit höfisch art'gen Sitten,
das Fräulein und die Mutter bitten,
samt ihren Anverwandten all.
Sie kommen, und der Gäste Schwall
erfüllt den Hof. Als Wirt begrüßt
sie Ruodlieb, wie es Brauch, u. küßt
sie zum Willkomm' u. Trank und Speise,
erquickt sie nach der langen Reise.

2

Dann gehn die Frau'n in ihr Gemach;
die Ritter tragen Kissen nach
und geben ihnen das Geleit,
wie sich's geziemt, zu Dienst bereit.
Auf Ruodliebs Wort beut' einen Trank
vom Wein' man dar, zum Dank.
Ein jeder trinkt und reicht sodann
den Becher hin dem Nebenmann;
der letzte gibt zurück den leeren,
sie neigen sich, und alle kehren
zu Ruodlieb und den andern Herrn.
Der nimmt das Wort:'Ich möchte gern

3

da Gott uns hier versammelt hat
mit eurer Hilf' und eurem Rat,
heut festen einen Ehebund,
schon anverlobt mit Herz und Mund.
Die Sippen kamen überein,
nun sollt ihr alle Zeugen sein.
Beim Würfelspielen es geschah,
das Fräulein und mein Neffe da
gewannen beide lieb einand
und wollen durch der Ehe Band
sich binden nun auf Lebenszeit.'
Drauf sie: ,Wir alle sind bereit
in Rat und Tat, und helfen gern .
Nicht darf so brav und edlen Herrn
unwürd'ge Liebschaft schänden.
Nein, er muß aus der Dirne Händen;

4

Die hat verdient den Feuertod!
Und all zusammen preisen Gott,
daß er geschickt ein Weib gefunden,
das jene Hexe überwunden.
Auf steht der Junker frisch und frank
und sagt den Gästen herzlich Dank
für ihren guten Willen;
er schämte sich im stillen,
daß er in solche Schand gekommen,
,nun mag ein Eheweib mir frommen.
Helft mit, es zu vollenden.'
Ruodlieb tät nach den Frauen senden.

5

Sie treten ein, die Maid voran.
Auf steh'n die Gäste, Mann für Mann.
Dann setzen sie sich nieder
und schweigen, hin und wieder.
Drauf bittet Ruodlieb, ihm das Ohr
zu leih'n, und trägt die Sache vor,
den Anverwandten und Genossen,
wie dieser Liebesbund geschlossen.
Er fragt darauf den jungen Mann:
,Willst diese du zum Weibe han?'
Als er bejaht mit Freudigkeit,
befragt er ebenso die Maid,
ob er auch ihr zum Manne recht.
Sie lächelt: ,Ist er doch als Knecht
vordem mir worden Untertan,
derweilen ich im Spiel gewann;
er schwur ja, daß er mir gehöre,

wer auch gewönne, wer verlöre.

6
Nun meinethalb, mir ist er recht,
er sei mir als getreuer Knecht,
zu Diensten stets, bei Nacht und Tag,
je mehr, je lieber ich ihn mag!'
Und alles lacht so recht von Herzen
ob ihrem keck verliebtem Scherzen.
Auch ihrer Mutter ist er recht,
sie sind aus adligem Geschlecht,
an Hab und Gut und Ehren reich:
Sie sind fürwahr einander gleich
auf keiner Seite mag was fehlen.
Sie mögen sich mit Fug vermählen.

7
Das blanke Schwert der Junker zieht
zur Scheiden aus und fährt damit,
als wischt' er's ab wohl übern Hut;
den Goldreif an den Griff er tut,
bietet ihn so der Braut und spricht:
‚Gleich wie den Finger dir umflicht
der gold'ne Ring, so sollst du mir
die Treue halten, für und für;
sonst muß dein Haupt verfallen sein.'
Dem Fräulein leuchtet das nicht ein,
sie sagt, ‚das ziemt sich aber schlecht.
Für beide gelte gleiches Recht!
Ei sag', wie käm ich wohl dazu,
daß ich mehr Treue halt, als du?

8
Wie war's beim ersten Menschenpaar?
Die Rippe nahm aus Adams Leib
der liebe Gott und schuf das Weib
allein er hat mit Vorbedacht,
nur **eine** Eva draus gemacht.
Zu der hat Adam sich bekannt,
daß sie mit seinem Fleisch verwandt,
wo hast du je davon gelesen,
daß eine **zweite** dagewesen?
Du läßt dich selbst mit Dirnen ein,
bloß deine Frau soll keine sein.
Es gibt ja sonst noch manchen Mann,
den ich statt deiner nehmen kann.'

9
So spricht sie, läßt ihm Schwert u. Ring.
Der Junker drauf: ‚So soll dies Ding
Geliebte, wie du willst gescheh'n
Und die Geschenke, du kannst seh'n
sei'n dein. Alles ist dir zugebracht,
auch sei mein Haupt in deiner Macht.
Sie kehrt sich ihm nun lächelnd zu:
Auf die Bedingung, höre du,
wag's ich in Gottes Namen.'
Der Bräutigam sagt: ‚Amen.'
So soll es sein, er küßt die Braut.
Nun wird der Gäste Jubel laut,
sie loben Gott mit hellem Klang
und stimmen an den Brautgesang.

10
Dann bringen sie dem jungenPaar
der Reihe nach Geschenke dar.
Herr Ruodlieb schenkt dem Neffen sein,
von Zobel einen Mantel fein,
ein Prachtgewand, schön reichgesäumt,
ein Streitroß, köstlich aufgezäumt,
er bietet auch der Braut zugleich
drei Busenspangen, schön und reich,
Armspangen vier, drei Ringe, fein
geschmückt mit selt'nem Edelstein,
auch einen Mantel schön geflammt,
von Hermelin und rotem Samt.
Danach noch Hochzeitsgäste nah'n
und jeder bringt noch Gaben an.

Wie sich das Paar die Nacht vertragen-
was schert's mich, geht sie selber fragen!
Vorüber ist das Hochzeitsfest
sie sitzen nun im warmen Nest.
Und Ruodlieb sitzt zuhause,
in seiner stillen Klause
als wie zuvor, tagaus -tagein
das schafft der Mutter Sorg' und Pein.

Der Familienrat

(weil Ruodlieb nicht heiratet)

oder: wie gut doch der Mönch beobachtet hat

(und ein dreifaches ‚Vivat' der heutigen Kosmetik, Gymnastik und Zahnmedizin)

1

So darf's nicht weitergeh'n, sie sinnt
und sorgt und härmt sich: ‚Liebes Kind
Er hat ein Beispiel dir gegeben
du tätest gut, ihm nachzuleben
Des Alters Macht bezwingt den Leib.
-Auch ich war einst ein junges Weib
und bin gebrechlich nun, und alt.
Die Jung' erst hell wie Vollmond strahlt,
im Alter sieht auch sie, oh Graus,
recht wie ein alter Affe aus.
Die Stirne früher weiß und glatt
nun lauter Krähenfüße hat.

2

Einst hat ihr Aug' so hell gefunkelt,
jetzt wird es langsam trüb u. dunkelt.
Die Nase trieft, die früher straff,
gespannte Wangen hängen schlaff;
die Zähne wackeln, fallen aus,
das Wort will nicht zum Mund heraus,
als hätt sie Mehl in Halse stecken.
Spitzig das Kinn; der Leute Schrecken,
weit aufgerissen starrt der Rachen,
und mochte einst so lieblich lachen .
Der Hals einst weich, ja flaumenweich,
nun der gerupften Elster gleich.
Die Brüste hangen gar herab,
einst kugelrund, nun welk u. schlapp.

3

Lang wallt' ihr goldnes Lockenhaar
hernieder, bis zur Hüfte gar
jetzt hängt es wirr herab in grauen,
zerzausten Strähnen,wüst zu schauen
als hätt sie Haare lassen müssen,
derweilen man sie bei den Füssen
durch ein Staket hindurchgezogen,
sie geht, den Kopf nach vorn gebogen
die Schultern hoch, als wenn vom Aas
der Geier wittert reichen Fraß.
Die lang in munt'rer Jugendzeit,
zur Erde wallen ließ ihr Kleid,
hebt jetzt die Röcke, sie zu schonen
vorm Schmutz u. trampelt, als gält's Bohnen
zu Brei zu stampfen. Angegossen
saß einst der Schuh jetzt geht in großen
Pantinen sie und weiten Strümpfen,
die Stube schwimmt von ganzen Sümpfen.

4

Die Finger früher voll und fein,
müssen jetzt Haut und Knochen sein
mit Nägeln lang, voll schwarzen
und widerlichen Warzen.

5

Ein gleiches wird des Mannes Teil.
Dem Jüngling war kein Berg zu steil.
kein Roß zu wild, kein Strom zu breit;
doch bald vergeht die Herrlichkeit,
vergeht auf Nimmerwiederkehr,
er wankt an einem Stock daher,
mit Stöhnen und mit Ächzen,
mit Husten und mit Krächzen.
Man weicht ihm aus, man meidet ihn,
kommt es ihm einmal in den Sinn,
er wollt ein flottes Tänzchen wagen,
wie er es tat in jungen Tagen
So findet er nur Hohn und Spott .
Fürwahr, da wär' er lieber tot.

6

Dann wär er ledig aller Pein.
Allein, da heißt es: ‚Warte fein
geduldig, bis es Gott gefällt,
dich fortzunehmen aus der Welt.
Das ist das Los der Kreatur:
Was geht und kreucht in Wald und Flur,
was fleucht in Lüften.
Mocht's entsteh'n,
so muß es auch zugrunde geh'n.

7
‚Nun sieh' mein Sohn, **die Mutter spricht**,
auch du entgehst dem Schicksal nicht
auch du wirst solches leiden.
Drum rat ich dir beizeiten,
kommt es mit dir einmal zum Sterben
Was wird dann, hast du keinen Erben?
Ich sehe Streit und Fehde droh'n.
So kommt es, stirbst du ohne Sohn
Gern ging ich selber aus der Welt
wüßt ich das Haus nur wohlbestellt.
Mit meiner Kraft gehts schon zu Rande
derweil du fern im Mohrenlande
dich schlugst 10 volle Jahre lang.
Da war mir hier oft angst und bang.
Tagtäglich zehrt' an mir der Gram,
gab ich nicht pünktlich Acht, so nahm
man dir dein bißchen Hab und Gut.
Ja,ja, ich weiß wie Weinen tut;

8
Und kamest du nicht wieder, Kind,
schon lange wär' mein Auge blind.
Doch wurd ich wieder jung, als mir
auf einmal Kunde kam von dir
du seist zurück. Jetzt geht es so.
Ich halte mich. Doch wär' ich froh,
wärst du nur einverstanden,
daß wir die Anverwandten
und treuen Freunde lüden ein,
die sollen Ihren Beistand leih'n,
ein gutes Weib für dich zu finden,
dem du dich würdig magst verbinden,
die tugendsam und ehrenreich
ihr beide euch an Adel gleich.

9
Die schenke dir der Herr, mein Sohn.'
Herr Ruodlieb spricht mit mildem Ton
zur Mutter: ‚Solches will ich morgen
nach euerm Wunsche wohl besorgen,
die Freunde rings und Sippen laden,
sie sollen kommen mir zu raten
und wenn der Rat euch gut erscheint,
so soll geschehen was ihr meint.'

10
Als die Geladenen gekommen
und freundlich waren aufgenommen,
weist Ruodlieb einem jeden Mann
den Platz nach Rang und Würden an.
Und ordnet sie nach Paaren fein.
Den Hochsitz nimmt die Mutter ein,
so kann sie jeden seh'n genau,
und alles merkt, daß sie die Frau
vom Hause sei, weil sie allein
mag ohne Tischgenossen sein.
Und weil er so die Mutter ehrt
preist ihn das Volk.Und Gott beschert
dafür ihm droben eine Kron'
und ew'ges Leben wird sein Lohn.

Dann bittet Ruodlieb die Türen zu schließen
und es wird ganz still. Er trägt ihnen, seinen Freunden und Verwandten nun alles vor, was seit der Hochzeit seines Neffen geschehen ist und wie sich seine Mutter während seiner Abwesenheit gegrämt hat und dass sie nun fürchtet, dass es einen Streit ums Erbe, eine Fehde geben wird, wenn er nicht heiratet und eine Familie gründet.
Er bittet sie alle um ihre Beratung, **bei seiner Brautsuche**, da sie sich besser in den Familien im weiteren Umkreis auskennen, als er, da er über 10 Jahre in fremden Diensten war. Da sagen sie ihm zu, ihn gut zu beraten, **damit das Geschlecht bestehen bleibe** und durch Adel, Liebe, Kindersegen und Ehrbarkeit Bestand behalte.

1

,Wir gönnens euch, daß euch ein Erbe
nach seines Vaters Tugend werde
und eure Güter einst gewinne.'
Die Rede ist nach aller Sinne.
Steht einer auf, dem Leut' und Land
ringsum vor andern wohlbekannt;
ich weiß ein Fräulein, das euch gleicht
adelig ist und ehrenreich.
Die sollt ihr sehn; ihr werdet sagen,
die Welt mag keine zweite tragen,
die so jedweden Preis gewann:
sie ziemt gewisslich jedem Mann.'

Daraufhin scheint alles auf dem besten Weg zu sein und Ruodlieb will bald einen nahen Freund zu dieser, mit den schönsten Worten beschriebenen und gelobten Dame senden. Sein Freund soll für ihn werben und ihr, falls sie nicht abgeneigt ist das sorgsam verpackte Brautgeschenk überreichern, das er längst vorbereitet, aber nicht mehr beachtet hatte. Sein Freund verspricht ihm, den ihm übertragenen Auftrag genau nach seinen Anordnungen auszuführen. Im Haus der Erwählten wird er gut aufgenommen. So kommt es zur...

...Brautwerbung

2

Der Bote lächelt fein und spricht:
,Frau was ihr fragt, das weiß ich nicht;
nie habe ich in meinem Leben
auf all das acht gegeben,
was unsre Frauen tun und lassen,
Ich wähn' daß darauf aufzupassen
nur eines Gecken Sache sei.
Komm ich mal irgendwo vorbei
und seh' am Wege Damen stehn
so tu ich mich neigen und weitergehn.
Was Botschaft soll ich heimwärts tragen,
was soll ich Ruodlieb von euch sagen?'

1

Das Fräulein wieder tritt herein
und bringt ihm selbst vom besten Wein
in goldnem Krug auch süßen Met.
Und während sie so vor ihm steht
fragt sie nach seines Landes Frauen
ob schön ihr Angesicht zu schauen
und ob auch gut ihr Leumund wäre,
und ob auf Sittsamkeit man hält, und Ehre.

3

Drauf sie: ,Sagt ihm in treuem Mute
trüg' ich ihm alles Lieb und Gute,
soviel als Laub im Walde,
als Vöglein auf der Halde,
als Wasser lustig fließen
und Gras und Blumen sprießen.'
Genug, er sieht sie willigt ein,
es mag daran kein Zweifel sein.

4
So tät er sacht um Urlaub bitten;
doch plötzlich wird er stumm, u. mitten
stockt er im Wort mit einem Mal
und tut verlegen: ‚Ach, fatal,
daß mir dies auch geschehen muß!
Kein Mensch hätt ärgeren Verdruß.
Ich sollt euch ein geringes Zeichen.
von seiner Liebe überreichen:
Dies Kästchen ich von ihm empfing;
versiegelt ist's mit einem Ring.'

5
Sie nimmt es, tritt zum Fenster drauf
u.macht geschwind das Kästchen auf:
Ein Tüchlein, säuberlich und fein
verschnürt, versiegelt liegt darein.
Vorsichtig öffnet ihre Hand
das Bündel, schlägt es auseinand,
Begierig das Geschenk zu schauen,
allein sie findet drin -o Grauen-
das Strumpfband und die Haube,
die abends in der Laube
abhanden ihr gekommen,
als sie der Pfaff' in den Arm genommen....

6
Als sie's erkennt, und sich besinnt
auf wann und wo, ihr Blut gerinnt
zu Eis, ihr Angesicht erblaßt
ein Zittern sie am Leib erfaßt,
kein Zweifel mehr, daß mit Bedacht
er den Vergeßlichen gemacht,
daß er sich lediglich verstellt
und alles wisse. ‚Alle Welt
schwatzt davon auf den Gassen!'
Doch tät sie schnell sich fassen,
sie tritt den Boten an mit Fragen:
Er soll ihr auf der Stelle sagen,
ob ihm bewußt, welch Liebespfand
sein Herr durch ihn ihr zugesandt.

7
Ob er beim Packen zugesehn?
Der Bote kann sie nicht verstehn
und schwört ihr zu, mit hohem Eid,
er sei mitnichten eingeweiht;
dieweil das Kästchen wohlverwahrt
mit Siegeln g'wesen, rechter Art.
Drauf sie: ‚Sagt euerm Freund nur an,
und gäb es weiter keinen Mann
als einzig ihn auf dieser Erden
und sollt von ihm mir Brautschatz werden
die weite Welt, all hin und her,
ich nähm ihn dennoch nimmermehr.'
Der Bote drauf mit traur'ger Miene:
‚Sagt wie den Vorwurf ich verdiene,
daß sich das Rätsel löse.'
Da wird die Dame böse
und heißt ihn auf der Stelle gehn:
‚Kein Wort! Auf nimmerwiedersehn!'

8
So lenkt er heimwärts seinen Schritt,
zu Ruodlieb hin, als der ihn sieht
spricht er sogleich und lächelt schlau:
‚Den Anfang weiß ich selbst genau,
man bot dir reichlich Trank und Speise.
Doch sagt mir eines, welcher Weise
ward meine Werbung aufgenommen,
und war die Gabe ihr willkommen?'
So spricht er gutgelaunt und lacht.
Allein sein Freund ganz aufgebracht
erwidert: ‚Sollt es mit uns enden,
so brauchst mich nur nochmal zu senden!'

9
‚Nun Spaß beiseite' Ruodlieb spricht
‚mein lieber Freund, so gib Bericht,
was tät sie dir für Antwort sagen,
als du die Werbung vorgetragen?'
‚Als ich geendet, schwieg sie drauf,
trug reichlich mir zu essen auf
und bort mir Wein und Met genug

und als ich nach der Antwort frug
sprach sie: ‚Sag ihm in treuem Mute
trüg ich ihm alles Lieb' und Gute
soviel als Laub im Walde,
als Blumen auf der Halde,
soviel als Wasser fließen
und Gras und Blumen sprießen.'

10
Ich tat um Urlaub bitten,
da stockt ich plötzlich mitten
im Wort, und gab mir so den Schein,
als fiel es eben erst mir ein
daß ich ihr deine Gabe
noch nicht gegeben habe.'
Sie nahm sie freudig trat zur Seit'
und kam zurück nach kurzer Zeit-
in hellem Zorne: ‚Saget an,
wißt ihr was er hineingetan?'
Ich schwur ihr zu mit einem Eid,
du hättest mich nicht eingeweih't
wer denn dem Boten offenbare,
was er mit Siegeln wohl verwahre?!

11
Drauf sie: ‚Sagt euerm Freund nur an
und gäb es weiter keinen Mann
als einzig ihn allein auf Erden,...
und sollt von ihm mir Brautschatz werden
Die ganze Welt, all' hin und her,
ich nähm ihn dennoch nimmermehr.'
Herr Ruodlieb des nicht traurig schaut,
‚So werd ich eine andre Braut
wohl finden auf der weiten Welt,
die 's nicht geheim mit andern hält.'

Der eigenartige Traum von Ruodliebs Mutter

1
Doch Ruodliebs Mutter, immerfort
dient ganz getreu nach Christi Wort
den Witwen und den Waisen
und tät die Pilger speisen
nach Gottes Willen. Des zum Lohn
wird auch sein Segen ihrem Sohn.
Das läßt er sie im Traume seh'n:
Der grimmen Eber sieht sie zween
und Sauen eine große Menge
und Ruodlieb mitten im Gedränge.
Allein er schlägt mir scharfem Schwerte,
die Eber und die Sauenherde

2
Auch sieht sie ihn im selben Traum,
er schläft auf hohem Lindenbaum
und in den Zweigen steht ein Heer
von Kriegern viel in blanker Wehr,
die kampfgerüstet ihn umgeben;
und eine Taube sieht sie schweben.
Wie Schnee so weiß ist ihr Gefieder:
sie hält ein Krönlein licht und klar
in ihrem Schnabel, senkt sich nieder
u.drückt es auf des Schläfers Haar
u.schmiegt sich weich an seine Wangen,
er duldet es, von Schlaf umfangen.

3
Ob solches Traumes Deutung sinnt
sie hin und her. Daß ihrem Kind
er Ruhm und Ehren viel bedeute,
das sieht sie, doch sie bleibet still
und dankt in demutvoller Freude
ihm, der ihn so begnaden will.
Dann sagt sie's ihm nach dreien Tagen
was sie geträumt, wie er geschlagen
die beiden Eber, samt den Sauen,
wie sie ihm tät im Wipfel schauen
und in den Zweigen Mann für Mann
das Kriegervolk. Wie weiter dann
die Taube hergeflogen sacht
und ihm das güld'ne Krönlein bracht,
und während er im Schlummer liegt
sich sanft und zärtlich an ihn schmiegt.

4

Und siehe da, der Traum verschwand
und ich erwachte gleich zur Hand
und wie er dich im Kriegsgewand
heimkehren ließ ins Vaterland
an Leib und Seel gesund und heil
und reiches Gut gab dir zuteil.
Und seit ich weiß, daß er noch mehr
dir zugedacht hat, wird mir schwer
du könntest des dich überheben
und denken, daß er' uns gegeben,
weil wir getan, was ihm gefällt.
Wir haben auf der weiten Welt
je nichts als das, was er gegeben;
wie könnten wir in unserm Leben
dergleichen tun? Nimm alle Zeit
was er dir schickt in Dankbarkeit,
sei's Glück nun, oder Unglück an
und sprich: ‚Der Herr hat wohlgetan.'

Der Zwerg

Der Traum geht wohl in Erfüllung, obwohl wir die Einzelheiten nicht erfahren. Aber unsere Spannung steigert sich; denn was wir nun zu lesen bekommen, gehört ins ganz alte Sagengut oder gar ins „Heidentum". Ruodlieb überlistet nämlich einen Zwerg, bindet ihn, um ihn dann zu befragen. **Und dann bricht dieser Roman** des Geistlichen, **des Mönchs von Tegernsee** leider unvermittelt ab.

Soviel aber können wir feststellen: Der Verfasser hatte nicht nur im Sinn den Leser gut zu unterhalten, sondern er hatte gründliche Vorstellungen von einem Staat, in dem man gut und gerecht zusammenleben kann, in dem man die Sitten achtet, Freude an den Tieren und an der Natur hat und auch noch lernt, immer schön wach die Äuglein aufzumachen, damit man nicht in die ganz gewöhnlichen Fallen des ganz alltäglichen Lebens hineintappt.

1

Wohl springt und ringt und tobt der Wicht, allein es hilft ihm alles nicht,
er sinkt erschöpft zur Erde nieder
und zappelt keuchend hin und wider,
sein Müh'n ist alles vergebens
‚Oh, schonet meines Lebens,
ich biete reichen Lohn euch an,
wenn ihr mir wollt das Leben la'n
und los die Händ' mir binden.
Ich weiß euch wohl zu finden
im Walde den geheimen Platz
wo lagert zweier König Schatz;
die müssen beide mit euch streiten,
von eurer Hand den Tod erleiden,
samt Hartung seinem Sohne wert,
sinkt Immung euerm Schwert.

2

Der beiden Herrschaft weit und breit
erbt Heriburg, die schöne Maid,
die werdet ihr in Minnen
danach als Weib gewinnen.
Doch müßt ihr mich zuvor befrei'n
wenn dann ihr meines Rates tut
so wird Gefahr euch ferne sein;
sonst fließt in Strömen erst viel Blut.'

3

Drauf Ruodlieb sagt ihm: ‚Du sollst leben,
doch wag ich nicht dich freizugeben
daß ichs nicht hinterher bereue,
baut' ich zu fest auf deine Treue!
Drum bleibst du vorerst noch gefangen,
hast du mich dann nicht hintergangen,
erlös ich deiner Bande dich,
sonst läßt du mich nachher im Stich.'

4
‚Fern bleib uns Zwergen allezeit'
spricht jener, ‚Trug und Heimlichkeit
sonst würden wir ja nicht mehr alt,
wir siechten hin und stürben bald.
Ihr Menschen könnt nicht Treue wahren;
drum kommt auch keiner hoch zu Jahren;
denn so wie einer Treue hält
ist seine Lebenszeit bestellt.

5
Bei uns sind einig Herz und Mund,
auch ißt man halt nur, was gesund,
drum bleiben wohl und munter wir
viel längere Zeit, als droben ihr.
Nein, nein, ihr zweifelt ohne Grund
bald wird euch meine Treue kund;
doch wollt ihr mir nicht trauen,
so ruf ich meiner Frauen.

6
Sie soll statt meiner Geisel sein!'..
Zur Höhle ruft er flugs hinein.
Sie tritt heraus ins Tageslicht,
gar zierlich, hübsch von Angesicht
geschmückt mit prächt'gem Kleide
und köstlichem Geschmeide.

Laut jammernd fasst sie Ruodliebs Knie:
‚Oh bester Herr' so bittet sie,
löst seine Fesseln meinem Mann
und nehmet mich als Geisel an.
Bis daß er eingelöst sein Wort
und euch verschafft den Königshort.'

Ein schreibender, schwarzer Mönch

hat also in dieser Geschichte die ganze Welt des Mittelalters und auch das damalige Recht geschildert. **4000** Hexameter sollen es gewesen sein. Heute sagt man, daß **2300** Verse auf **34 Blättern** erhalten sind und nur nebenbei erfahren wir, welch hartes Schicksal diesem Sprachkunstwerk beschieden war.

Die vielen lateinischen Verse (Hexameter) hat **Paul von Winterfeld** ins Deutsche übertragen.
Erst durch die „offizielle Ausraubung" Tegernsees (1803) **tauchte der Ruodlieb aus seiner Verborgenheit auf**, weil die vielen kostbaren Bücher und Handschriften nach München in die Hof- und Staatsbibliohek gebracht wurden.
Diese Handschrift ist dann jedoch achtlos für andere Handschriften, die in ein Buch gefasst wurden, **für Falze und Einbanddeckel** verwendet worden. Damals, als die Tegernseer Buchschätze schon in München gelandet waren, und der damalige **Bücherverwalter Bernhard J. Docen** sie einzuordnen hatte, entdeckte er die zerschittenen Teile. Auch sein Nachfolger, **der Sprachforscher Schmeller** setzte diese Arbeit fort. Auch er trennte mit dem Federmesser weitere Fragmente aus den Pergamentdeckeln
Bis 1838 fand man noch andere Bruchstücke vom Ruodlieb **in Dachau** und im **Stift St. Florian** in Oberösterreich, **(nahe beim Feuerwehrmuseum)**, sodass man dann die arg vom Zahn der Zeit mitgenommenen Stücke zusammensetzen konnte. Die Verbindung zwischen den Klöstern Kremsmünster, St. Florian und Tegernsee war eng.

Im Ruodlieb wird eine erzieherische Absicht erkennbar.
Die Leser sollten vom Edelmut des Königs begeistert werden, auch wollte er zeigen, daß **die böse Tat**, die betrügerische **Lüge**, die nicht gewährte **Hilfe** nur einen fragwürdigen Erfolg bringen und daß man besser durch Sitte und Brauch den Fallgruben des Lebens entgeht. **Das Schicksal**, so will uns Ruodlieb sagen, lässt auf langen Wegen den Ursachen die Wirkung folgen, und um dieses Gesetz zu durchbrechen zeigt er uns den König, der verzeiht.
Trotz der phantastischen Abenteuer wird uns das weltliche Leben frisch, lebendig und voller Humor geschildert.

P.S. Die Annahme, **Froumund von Tegernsee** sei der Verfasser, ist nicht haltbar, da der Ruodlieb nicht vor dem Jahr **1050** entstanden ist.

Die Tegernseer Bibliothek war 1484 auf 1103 Bände angewachsen und war eine der größten in Europa. Sie übertraf damals die Bibliotheken des Vatikans und der Medicis in Florenz . Die eigene Druckerei wurde in Tegernsee 1573 eingerichtet.

Ende

Die Seeforelle ein Juwel

Im Tegernsee ist die Seeforelle vom Aussterben bedroht, aber nicht nur hier, sondern in allen bayerischen Seen. Im **Mai 2002** war eine interessante Serie von M. Bromme in der Tegernseer Zeitung, die wir hier verwenden dürfen. Als Talbewohner soll man den Fisch und das Rezept dazu kennen. Die Seeforelle, bewohnt tiefe, kühle und sauerstoffreiche Seen des Alpen-und Voralpengebietes bis etwa 1800 Meter über dem Meeresspiegel. Ihr Verbreitungsgebiet sind die bayerischen Seen wie der Königs- Walchen- Kochel- Chiem- Würm- Eib- Schlier- und Tegernsee. („Würmsee" ist der alte Name für den Starnbergersee).
Die grosse, heimische Forelle ist eine Verwandte der Meer- und Bachforelle.
Ihre Nahrung besteht in der Jugend aus Kleintieren, Insekten und Insektenlarven. Mit zunehmenden Alter entwickelt sich dieser Fisch zu einem gierigen Räuber, der fast ausschliesslich von kleineren Fischen lebt. Sein Laichgebiet sind die Zuflüsse der Seen. Ausnahmsweise werden die Eier auch im Wohngewässer selbst in der Nähe von Grundquellen abgelegt. Die Laichzeit dieses Fisches erstreckt sich von Oktober bis Dezember.
Auf kieseligen Grund werden die 5 bis 5,5 Millimeter grossen Eier abgelegt und man rechnet mit 500 bis 1000 Eiern je Kilogramm Körpergewicht. Die Entwicklungsdauer der Eier bis zum Schlüpfen beträgt ca. 400 Tagesgrade. Die Weibchen (Rogner) werden mit dem 4. oder 5. Jahr geschlechtsreif, die Männchen (Milchner) ein Jahr früher. **Durch die Verschlammung** der Kiesböden und die Verbauung der Aufstiegsmöglichkeiten ist das natürliche Laichgeschäft stark eingeschränkt, sodass die Seeforelle ohne künstliche Besatz-Massnahmen vom Aussterben bedroht ist. (sieh die **Fischbrutanstalt** an der Sollbachmündung an!)
Dieser Fisch ist ungemein schnellwüchsig. Er erreicht im vierten Jahr schon eine Länge von ca. 60 cm und ein Gewicht von 3 kg. Je nach Gewässer und Nahrungsangebot kann die Seeforelle Gewichte von über 15 Kilo erreichen.

Ein Forellen- Rezept

*Wenn man nicht in eine der **Gaststätten** rund um den See oder zu den Fischteichen beim Wildbad Kreuth gehen kann, so sei hier ein Rezept für 4 Personen angegeben:*

1 -2 grosse Forellen
150 gr. Butter; Salz und Pfeffer, 2 Bund Petersilie und Dill, sowie Saft der Zitronen. Fische ausnehmen, waschen, reinigen und trocken tupfen. Mit Zitronensaft beträufeln und mit Pfeffer und Salz würzen. Der so vorbereitete Fisch erhält nun eine würzige Füllung. Dazu mischt man 50 gr. Butter mit 3/4 von Petersilie und Dill, sowie den Saft einer Zitrone
***Den Fisch** in eine feuerfeste Form geben und mit der restlichen Butter bedecken. Die Form mit Alu-Folie abdecken und die Folie mehrmals mit einer Nadel einstechen.*
***Den Fisch** in einen auf 200 Grad Celsius (Umluft 180 Grad, Gas Stufe 2 bis 3) vor-*

geheizten Backofen schieben und etwa 35 bis 45 Minuten garen lassen. Danach den Sud abgiessen, auffangen und mit Salz und Pfeffer abschmecken.
Mit der restlichen Petersilie und Dill den fertigen Fisch garnieren und mit dem Sud servieren. Als Beilagen eignen sich Salzkartoffeln und Tomatensalat.

Guten Appetit!

Arado auf Tauchstation

Zwei Taucher in voller Ausrüstung.
Aradowerke:
Warnemünde und Brandenburg.

Georg Grassl, der vor vielen Jahren ein langjähriges Mitglied des Tauchclubs Tegernseer Tal und ein guter Bekannter von Hans Schlatter und den übrigen Aktiven war, erzählte mit seinem Taucherfreund Hans Haslinger folgende Geschichte:
1945, kurz vor Kriegsende landete auf der Wasserfläche des Chiemsees ein Wasserflugzeug vom Typ „Arado". Wochenlang dümpelte es dort in der Priener Bucht vor sich hin. Die Anwohner sahen es, wunderten sich, daß Wind und Wellengang den Standplatz nicht wesentlich veränderten und wandten sich wieder den vielfältigen Aufgaben jener Notzeit zu.
Auch den einrückenden Amerikanern war dieses Wasserflugzeug anscheinend ziemlich gleichgültig. Für sie war das Kriegsschrott. Als aber die Kampftruppe zurück nach USA ging und die Besatzungssoldaten kamen, entdeckten sie das herrliche Rasthaus neben der Autobahn und beschlagnahmten es. Und weil halt so ein Besatzerleben doch manchmal ziemlich eintönig wurde, so holten sie ihre Gewehre und nahmen die Schwimmkörper des Wasserflugzeugs aufs Korn. Sie schossen so lange, bis sie es versenkt hatten. Es war untergegangen und kaum einer erinnerte sich noch an dieses Flugzeug.

38 Jahre später. An einem ganz gewöhnlichen Tag kam ein Putzmittelvertreter an eine Schule in der Nähe des Schliersees. Schorsch, der an dieser Schule tätig war, hatte im Pausenhof einige Trofäen der Taucherei aus den Gewässern der Türkei und Griechenlands ausgestellt. Eine besonders schöne, grosse Amphore zog den Vertreter

Schulflugzeug Albatros(Arado). Mit 16 Jahren lernte man segelfliegen. Dank Herrn Dipl. Ing. Holzer im Deutschen Museum, Bereich Luft- und Raumfahrt.

ganz ausserordentlich an. Er bewunderte ihre Form und ihr Alter und machte sich Gedanken, warum dieses Gefäss, das sicher als Behälter für Öl oder Getreide gedient hatte, um es vor den Mäusen zu schützen, auf dem Meeresboden gelandet war. So entwickelte sich ein Gespräch zwischen den beiden Männern. Und das war der Anfang für die Bergung des versunkenen Wasserflugzeugs im Chiemsee.
Der Vertreter, der da in der Schule stand um seine Putzmittel zu verkaufen, war selbständiger Bauer. Er war Besitzer eines Hofes und hatte zudem ein Fischereirecht im Chiemsee. Die Erträge in der Landwirtschaft und auch in der Fischerei gingen aber immer mehr zurück, sodass er versuchte, in einem 2. Beruf dazuzuverdienen. Auch der alte Beruf der Fischerei wurde nach wie vor weiterbetrieben, nur wenn sie zum Fischen hinausfuhren und in die Priener Bucht kamen, so blieben die Netze immer an einer bestimmten Stelle hängen und erschwerten den Fischern das sowieso beschwerliche Handwerk.
Da halfen ihm die hilfsbereiten Taucher, tauchten hinunter und fanden das deutsche Wasserflugzeug.
Von der **„Arado"** war bei der ansässigen Bevölkerung nur noch eine nebelhafte Erinnerung zurückgeblieben und die neue Generation wusste nichts mehr davon.
So organisierten die Taucher Georg Grassl und Hans Haslinger mit einigen Freunden vom Tegernseer Tauchclub alles Nötige, glitten nochmal in die Fluten des Chiemsees um den „Schatz" aus 25 Meter Tiefe ans Tageslicht zu bringen. Die ziemlich unversehrte Maschine kam dann nach München, vermutlich ins Deutsche Museum in die Nähe der „Tante Ju" (Junkers) oder nach Schleißheim ins Fliegermuseum."

Aus dem Jahr 1983 gibt eine andere Geschichte:
Seit Tagen schon suchte die Mannschaft des Bergeboots „Explorer" eines international rennomierten Bergungsunternehmens aus Düsseldorf mit dem Echogerät den Grund des Starnberger Sees ab; denn sie wollten das bei einer Regatta gesunkene Segelboot eines Münchners finden und heben.

Durch verhakte Fischernetze kam ein Flugzeug aus dem II. Weltkrieg zum Vorschein. Zwei Taucher fanden es.

Als sich dann die Stahlschlinge um das gefundene Boot in 80 m Tiefe legte, das man auf dem Monitor relativ gut erkennen konnte, war es nur noch Routine, es in seichteres Gewässer zu schleppen. Als es aber an die Oberfläche gebracht wurde und sich Benzingeruch bemerkbar machte, rief einer: „Das ist kein Boot, sondern ein Flugzeug." Bald kam Licht in die Angelegenheit.

Das Wrack war ein zweisitziges Schul-und Übungsflugzeug der früheren Luftwaffe vom **Typ Arado Ar-66c.** Dieser Doppeldecker wurde ab 1936 gebaut und kam jetzt nur noch als Stahlrohrgerüst ohne Bespannung und ohne Motor ans Tageslicht. Und die Borduhr blieb um 8.30 Uhr stehen. Plötzlich erinnerten sich ältere Tutzinger an die letzten Kriegstage, als ein von amerikanischen Auffliegern abgeschossenes Flugzeug brennend in den See stürzte und andere wussten ganz genau, dass es den Goldschatz vom Reichsführer Himmler an Bord hatte und diesen zum Tegernsee bringen sollte.
Das Deutsche Museum gab noch folgende Auskünfte, für die wir Herrn Dipl. Ing. Hans Holzer herzlich danken: Konstrukteur war Walter Rethel, es hatte einen Kolbenmotor, Höchstgeschwindigkeit 210 km/h, war einstielig, verspannt und stammte aus den ARADO- Flugzeugwerken (Hauptverwaltung Potsdam)

ne/GG

Jagergeschichten

Andreas Ostler,- der Jäger von Ernst Faber

Man nannte den angesehenen Herrn, der in Tegernsee etwas erhöht in schöner Lage seinen Besitz, der **in den Wiesseer Wäldern** zwischen Ringspitz, Aueralm und Holzeralm sein Jagdgebiet hatte und acht Jagdhütten hatte bauen lassen, einfach den **„Bleistift-Faber"**. Er hieß Ernst Faber, war Inhaber der Bleistiftfabrik „Johann Faber AG in Stein bei Nürnberg. Eine seiner Hütten steht noch, zwischen Waxlmoss und Aueralm und gehört jetzt dem **Tegernseer Schneelaufverein.**

Er ließ sich zur Jagd nach Abwinkl rudern und zurück natürlich auch. In seiner **Villa auf dem Hochfeld**, die er sich 1898 auf 25000 qm (fünfundzwanzig T.) Grund von Architekt **Emanuel Seidl**, dem Bruder von Gabriel Seidl (Deutsches Museum und Nationalmuseum) bauen ließ, gab es vor 1914 viele Gäste, so auch Ludwig Thoma, Ganghofer, Leo Slezack und andere. Oft wurde Skat oder Tarock gespielt und aus demselben Grund mussten auch immer genügend Gäste oder Jäger auf den Jagdhütten sein.
Die Tochter heiratete einen Herrn von Bary und blieb in der schönen Villa wohnen, ebenso ihr Sohn **Otto von Bary.** Derzeit ist sie im Eigentum des Urenkels, Dr. Gottfried von Bary, Fürstenfeldbruck.
So ums Jahr **1884** war die Wilderei immer noch voller Blüte. Bekannte und berüchtigte Wilddiebe waren **„beim Hennerer"** in Schliersee zuhause, andere jagten in den Tegernseer Revieren, in Lenggries und Gaissach und weiter westlich im Garmischer Gebiet. **Wilderer** standen **gegen die Jäger**, die man spöttisch die **„Grünröcke"** nannte. Diese aber hatten nahezu Polizeibefugnisse, wenn es darum ging einen Wildschützen auf frischer Tat zu erwischen; denn dann brachten sie den Wilddieb ins Gefängnis und ernteten dafür natürlich abgrundtiefen Hass. Jäger waren genauso gefährdet wie die Wilderer selbst, und jeder wusste, obwohl es kaum einer aussprach: „der G'schwinder (beim schiessen) is der G'sünder", d.h. : Der Schnellere lebt länger.

Stets gab es Ärger und Aufregungen in den Revieren, oft Schießereien und auch Tote. Eine alte Geschichte sei wiedergegeben, weil so viele vergessen werden. Die Vorgeschichten sind meist dieselben: Der Jäger „spürt" einen Wilderer in seinem Revier und geht der Sache nach. Dann kommt einestages der Moment, wo er den Wilderer stellt. Auf den Jägeranruf: „Dua's G'wehr weg, oda i schiaß", machte damals der Wilderer, keine Anstalten der Aufforderung Folge zu leisten, sondern versuchte in der Dämmerung, und im Schutz der Bäume zu entkommen. Der Jäger ver-

folgte den Mann und rief nochmal:
„Halt oda i schiaß"....Als der Wilderer gestellt war und der Jäger nach seinem Namen fragte, rief der ziemlich gepresst: „da Ox"! der Jäger aber verstand „du Ox" und schoss ihm in das Bein.
Der „Wilderer" war wirklich ein Bauer, dessen ansehnlicher Hof im oberen Isartal so hieß. Er hatte selbst ein Revier, schoss aber mit Vorliebe im Tegernseer Gebiet westlich vom Roß-und Buchstein.

Der Aberglauben wurde auf beiden Seiten gepflegt und trieb eigenartige Blüten. Als es noch üblich war, die Kugeln selbst zu gießen, brüsteten sich die „Schwarzgeher" oder „Gradschauger" oft, dass sie stets ein **in Weihwasser getauchtes Kügerl** im Westentascherl dabei hätten, falls ihnen einmal unverhoffterweise ein **„Jagerknecht"** über den Weg laufen würde. Andere machten mit der Hirschfängerspitze gefühlskalt ein Kreuzl auf die liebevoll gegossene Kugel, die demselben Zweck dienen sollte.

Aber nicht nur die Isartaler Wilderer kamen in die Tegernseer Reviere, um in dem schön gehegten Bestand aufzuräumen, sondern auch **die Tiroler**; denn dort drüben gab es **Gemeindejagden**, die oft gleichzeitig von zahlreichen Jagdpächtern bejagd werden durften, die die Jagd auch erfolgreich betrieben und wenig Wild übrig ließen. Auch das Revier des Herrn Faber war keine Ausnahme und so entschloss er sich, einen Jäger anzustellen. Seine Wahl fiel auf **Andreas Ostler** aus Garmisch-Partenkirchen, der 1867 geboren war, das Schuhmacher- Handwerk erlernt und dazu in München seine Jägerprüfung abgelegt hatte. **1897** kam Ostler an den Tegernsee, und kurz darauf auch **Schorsch Porer**, ebenfalls aus Garmisch.

Die heute kaum mehr zu verstehenden Dramen Wilderer und Jäger

Wie man weiß, haben sich junge Männer, die den Beruf des Jägers ergreifen wollten, ihre Grundausbildung nicht immer ganz regulär angeeignet. Sie sind nicht alle beim **königlichen Revierjäger Hohenadl** oder seinen Nachfolgern „in die Lehre" gegangen. Oft standen sie der Wilderei nicht gänzlich fremd gegenüber. Sie kannten die Finten und Kniffe der Wilddiebe recht gut und wussten genau, dass „diese Lumpen" nach erfolgtem Schuss oft sehr lange in Deckung liegen blieben, bis

sie sicher waren, dass kein Jäger in ihrer Nähe war.
Erst dann fingen sie an, ihr geschossenes „Stuck" zu suchen, es aufzubrechen und zu zerwirken. Das taten sie wirklich erst, wenn sie sich ganz sicher fühlten.
Die kurzgefasste Lebensgeschichte des Faber-Jägers Ostler ist aufgeschrieben, weil sie uns eine Schilderung der damaligen Zeit und ihrer Entwicklung gibt.

Wolf und Bär

Sicher kennt jeder das hochinteressante Tegernseer-Tal-Museum und die Vitrine im 1. Obergeschoss, wo uns deutlich gemacht wird, dass Hohenadl **1835 am Sauries** (heute Saurüssl genannt) in den Wiesseer Wäldern den **letzten Wolf** erlegt hat.
Die nächste Geschichte ist beinahe genauso unglaublich.**1897** spürte der damals 12jährige **Herzog Ludwig Wilhelm in Bayern** (Kreuth), Sohn des berühmten Augenarztes Karl Theodor, von der Kreuther Badkirch weggehend zur Gaisalm und dem Plattenkopf, in Hörweite der Achenkirchner Glocken, **einen Bären**, der dann **1898** von dem damals 17jährigen Grafen Constantin Thun erlegt wurde (im Stanser Joch oberhalb St. Georgenberg). **Bärenbad** und **Bärenbad-Alm** sind also keine Fantasie-Namen. Andreas Ostler, (am 27.11.1869 geboren), war damals als 29jähriger bereits 1 Jahr in Fabers Diensten.
Als er einigermassen Fuß gefasst hatte, heiratete er **1900** seine Karoline aus Garmisch. Er war Oberjäger geworden und sein Hilfsjäger und späterer Gehilfe wurde der unvergessen gebliebene **Max Grassl**, ein echtes Orginal. Etwa um diese Zeit, nämlich 1902 spendete Ernst Faber für den Krankenunterstützungsverein 10 000.- Mark was damals soviel wert war, wie ein Haus.

Ostlers Hausbau

1906 hatte Ostler vom Schiffmann in Rottach ein Grundstück kaufen können. Damals gab es noch keinen Wiesseer Hof, kein Schulhaus, keinen Bäcker Schwaiger, und die Straße war noch ungeteert, war eher ein Weg, der auf beiden Seiten Strassengräben hatte.
Im Jahr **1910** baute er sein Haus und musste 10000.- Mark (zehntausend) aufbringen: Unterkellert, schlüsselfertig, mit allem drum und dran und mit einem Zuhäusl.
Frau Ostler hatte nun Zimmer zu vermieten, und zwar 12 Betten. Die Zimmer waren zwar damals nicht so groß und auch nicht alle beheizbar wie heute, aber es kamen „feine Leute", die im einfachen Landleben ihre Freude und Erholung fanden.
Ostler, der Jäger begann schon damals Felle aufzukaufen, Geweihe zu präparieren, Gamsradl und Gamsbärte anfertigen zu lassen, und Holz zu handeln, aber alles nur vereinzelt, mehr so nebenbei.
Einestages, ca. 1924, ein Jahr nach der grässlichen Inflation, die vielen Leuten alles nahm, Besitz und Geld, gab Herr Faber die Jagd auf, d.h. sie wurde ihm durch den Herzog gekündigt, weil er krank geworden war und nur noch seine Jäger auf die Jagd gingen. Das war hart für den Ostler, doch da war ja das „Fremdenheim", das seine Frau bewirtschaftete und er selbst kaufte sich ein Mietauto. Es waren die sogenann-

ten „Goldenen 20ger" Jahre, die nur dem Namen nach für eine gewisse Schicht golden waren, für all die Schieber und Kriesengewinnler der Inflation, die sich an der Not der Bevölkerung mästeten, wie selbst **Ludwig Marcuse** schreibt, der als Jude auswanderte. Er kam zurück und ist auf dem Wiesseer Bergfriedhof beerdigt. Besonders in den Städten trat der Unterschied zwischen verarmt und reich deutlich zutage.
So gab es auch damals doch genug Leute, die sich Mietautofahrten leisten konnten. Ostlers Auto war ein **Puch Steyr**, doch später fuhr er einen 6-Sitzer Packard mit Schiebedach, mit denen er nun die Gäste chauffieren konnte.

Die Fellauktionen

Die Felle von Marder, Fuchs, Iltis, Wiesel und ähnlichem, das Raubzeug, hatte er nicht vergessen. Im Dezember und Januar hatten sie den schönsten Balg und die dichtesten Haare. Ostler war vom Fach und hatte bald gute Lieferanten für die ungegerbten Felle. Er war nun Holz- und Raubzeug- Fellhändler. Er spannte diese Felle auf Bretter, und wenn sie aufgehört hatten zu stinken, nahm er sie ab, bürstete sie, klopfte sie ein wenig und schüttelte die Haare auf. Und dann kam einestages **Booch von Arkossi** aus Leipzig.
Er kam in regelmässigen Abständen und schätzte die gute Ware aus dem Oberland. Nie kam man so recht dahinter, ob er ein Kürschner, Gerber oder ein Großhändler war. Ein gutes Fuchsfell im Rohzustand kostete damals immerhin 40.- bis 45.-R. Mark und beim Alpenwildpark in Oberach gab es damals sogar eine Silberfuchsfarm, so beliebt waren damals die Pelze. Ein Rotfuchsmantel war durchaus ein Statussymbol der eleganten Großstädterinnen.
„ Wieviel Geld brauchst, Ostler", fragte Arkossi nur und dann wurde der Handel abgeschlossen. Perfekt gemacht. Arkossi reiste zurück nach Leipzig, bis zum nächsten mal.
Auch die Holzhandlung ließ sich gut an. Dazu hatte er in Altwiessee einen Holzlagerplatz, den ihm ein Bauer zur Verfügung stellte, und es gab noch gutgehende Sägewerke im Tal.
1927 starb Ernst Faber, seine Frau folgte ihm 1928 nach, die Tochter-Familie blieb in Tegernsee, bis heute.
1928 starb auch Karoline Ostler, aber seit 1927 war die 21jährige Maria Rieger als guter Geist im Haus. Sie war aus Nandlstadt in der Holledau und wurde später die 2. Frau Ostler.

1926 hatte Ostler einen Chauffeur eingestellt. Dieser Fahrer war der Schmid Seppi, der zuvor bei einem Grafen in Rosenheim in Stellung war. Ostler hielt ihn für geeignet, da er sehr gute Umgangsformen hatte. Er bot er ihm 10 Mark mehr im Monat, als er in Rosenheim bekam und ab da war er Chaufeur in Bad Wiessee. Als sie einmal in Richtung Rottach auf Fahrt gingen, sagte Ostler, als sie aus der Kurve kamen, und ungefähr beim Heilmaier waren, der Seppi solle den vor ihnen fahrenden Wagen

überholen. Da kam aber gerade wieder eine Kurve und die Brücke über den Söllbach. Da hielt der Seppi den Wagen an, blieb stehen, schaute seinen Brotgeber an und sagte ruhig: „Herr Ostler, fahren Sie oder fahr ich?" Das war und blieb die einzige Meinungsverschiedenheit in all den 13 Jahren, in denen er seinen Dienst versah.
Noch eine Sache gab es, die das Vertrauen aufzeigt, das man damals zueinander haben konnte. Als wieder die Zeit der Fellversteigerungen in Berchtesgaden und Garmisch kam und Ostler eine arge Erkältung hatte, sagte er: „Seppi, heut musst allein fahren, da hast 10 tausend Mark, du weißt ja auf was du aufpassen musst."
Der Schmid Sepp fuhr mit dem Wagen, mittlerweile ein Mercedes V 4, der noch einen Winker statt dem Blinker hatte los und machte seine Einkäufe zur Zufriedenheit seines „Herrn". Oft sagte er. „Mei, damals hätte ich verschwinden können. Die Autopapiere und sGeld hatte ich, so ein Vertrauen!"
1939 musste der Seppi mitsamt dem Mercedes einrücken. Das 2. Auto wurde auch eingezogen, für einen Arzt in der nächsten Ortschaft. Es wurde später zu einem Holzvergaser umgebaut, weils ja kein Benzin mehr gab. Als die langen 5 1/2 Jahre des Krieges vorbei waren, hätte er ihn wieder zurückbekommen, aber irgendwie hat er sich mit dem Doktor anders geeinigt. Die Amis waren gekommen, hatten ihre Jeeps und fuhren Kaugummi kauend selbst durch die schöne Gegend. Die Fremdenbetten waren voller Ausgebombter und Flüchtlinge, und es schaute nicht so aus, als könnte sich jemals noch einer eine vergnügliche Ausflugsfahrt leisten.
Im Haus Ostler war 1943 noch der jüngste Sohn Fritz zur Welt gekommen. Sein älterer Bruder Hans arbeitete schon beim Forst, und Paula, die Schwester hat nach Amerika geheiratet.

Rotfüchse sind noch beliebt (aus Tegernseer Zeitung)

Bei Kriegsende radelte der Wiesseer Bürgermeister zu seinem Dolmetscher dem Filmschauspieler Herrn Fischer ins Haus Arnoldi (heute Alpensanatorium) um ihn ins Rathaus zu holen, weil er einen Dolmetscher haben wollte, wenn die Amerikaner ins Rathaus kämen. Da Herr Fischer noch nicht angekleidet war und er warten musste, regelte er inzwischen die Sache mit dem manövrierunfähigen Panzer an der Ringsee- Böschung. Als sie dann auf der Straße vom Ringsee zum Rathaus gingen, kamen beim „Schmidhäusl" (heute Kraft) schon die ersten Ami-Soldaten der Vorhut. Einer hob sein Gewehr. Ein anderer trug den Fernsprechkasten auf dem Rücken. Als sie beim Wiesseerhof und beim Ostler vorbeigingen, kam auch wieder ein Amisoldat mit einem Fernsprechkastl auf dem Rüchen daher. Und da kam der Ostler-Dackl raus beim Tor und bellte die Soldaten mit dem Gewehr ganz fürchterlich an - er war doch ein Jagdhund und es sollte doch kein anderer ein Gewehr tragen als sein Herr und so hielt er sich an die Ami-Waden.
Da drehte sich der Amisoldat um, gab eine Salve aus seinem Gewehr ab und da kugelte der Dackl ein paarmal und blieb tot liegen.

Als sich die Zeiten ca. 1949 langsam normalisierten, fing Frau Ostler mit vielen mühevollen Vorarbeiten, wie alle damaligen Haubesitzer wieder an, den Lastenausgleich an den Staat zu bezahlen und mit einigen Zimmern der Pension anzufangen. Fritz lernte das Hotelgewerbe und kochte viele Jahre in Kaltenbrunn.
1976 wurden dann ca. 80 % vom alten Haus abgerissen und das Zuhäusl auch. Der Keller und der 1. Stock blieben, aber das Lokal und die Küche wurden drangebaut und rundherum wurde das Haus vergrößert und auf den neuesten Stand gebracht.
So hat alles seine Vorgeschichte, Ereignisse, Menschen, und auch die Häuser.

ne/rt

Marterl für den Jager Mayr im Grund bei Gmund

Das Jagerhaus in Gmund (Heimatmuseum)

Schauen wir in der Zeit noch weiter zurück so kommen wir **zum wilden Jager Johann Mayr**, dem 1. königlichen Revierjäger im Tegernseer Tal, der angestellt wurde, weil das Wilderer-Unwesen sehr überhand genommen hatte. Mayr hatte sich vorgenommen, in der Gegend ordentlich aufzuräumen, aber die Folgen seines mitleidlosen Tuns konnte er nicht voraussehen.

Der Tatkraft von Waldemar Rausch dem Lehrer, und dem Zusammenhalt der Bürger und Bürgerinnen in der Ortschaft Gmund, haben wir es zu verdanken, dass im Jagerhaus uns allen eine Rarität und Kostbarkeit im Orginal erhalten geblieben ist, die uns unterschwellig eine altbekannte, grausige Wildschützen-Geschichte in frischer Erinnerung hält. Außerdem ist da ein Heimatmuseum, in dem viele

Dinge zu sehen sind, die sonst verschwunden wären.
(Übrigens ist „Lehrer" die in Bayern übliche, beliebte Vereinfachung, die trotzdem allerhöchsten Respekt ausdrückt.)
Dieses Heimatmuseum ist nicht nur mit Schriften, Bildern und Dingen aus alten Zeiten angefüllt, die wir z. Teil noch aus eigenem vergangenem Gebrauch kennen, wie z.B. einer Waschküche, die es bis 1950 und länger in fast jedem Haus gab, (die aber mittlerweile längst von elektrischen Waschmaschinen abgelöst wurde), es birgt nicht nur **Urfunde aus der Gmunder Erde**, sondern es erinnert auch an den seinerzeit gefürchteten „wilden Jager", dem dieses Haus an der Mangfall gehörte und das er bewohnte.

Der wilde Jager von Gmund

Seine Geschichte sei hier kurz geschildert, obwohl sie bereits von **Ludwig Thoma** festgehalten und auch durch ein Kobell- Gedicht überliefert ist. Diese Geschichte zeigt uns deutlich, wie unglaublich brutal es damals zuging und wie schnell sich Mayr von seiner falschen Ansicht verleiten ließ, am unschuldigen **Menten Seppi** „sein Recht" durchzusetzen.
Jede Medaille hat 2 Seiten. Das weiß man. Wären die Wilderer nicht so aufreizerisch und z.T. so gehässig gewesen, hätten die Revier- und Bauernjäger vielleicht auch nicht so krass reagiert.

Die **„lustige Geschichte" vom Gamsbart**, den ein Wildschütz auf dem Hut trug und ihn dann auf dem Tanzboden einem „Jagerl" unter die Nase hielt und frozzelnd sagte: „Schau her, der wachst in dein'm Revier, aba „brocka" (pflücken) tua 'n i", (tu ich ihn) kennt wohl jeder, schmunzelt darüber oder auch nicht. Aber da gab es auch noch andere Gepflogenheiten, die von der Jägerschaft schwer hinzunehmen waren. Wilderer, die einen Jäger ärgern wollten, warfen ihm z.B. den Aufbruch (Innereien) des erlegten Hirsches vor die Hüttentüre und wunderten sich dann über dessen unerbittliches Verhalten. Es war ein erbittertes, stetes, gegenseitiges Belauern.
1815 wurde also in Gmund der 1. Revierjäger für die soeben errichtete **königlich bayerische Revierjägerei** gesucht. Die Wahl fiel auf den einheimischen Johann Mayr, der ein hervorragender Schütze und ein furchtloser, kräftiger Mann gewesen ist. Seine Majestät König Max I. Josef hatte ihn am 30. Oktober 1815 eingestellt, 2 Jahre bevor er Kloster Tegernsee kaufte.

Kurzes Geschichtsbild der damaligen Zeit

Werfen wir noch kurz einen Blick in die kriegerische Geschichte der damaligen Zeit; denn König Max war damals noch nicht im Besitz des 1803 enteigneten Tegernseer Klosters. Das gehörte noch dem politisch aufgeschlossenen, jungen, späteren General-Post-Direktor Baron von Drechsel.
1810 hatte Napoleon, der sich zuerst gar nicht als Franzose fühlte, sondern nur seine Heimat **Korsika** befreien wollte, sein europäisches Imperium schon soweit ausge-

dehnt, dass er Holland sein Eigen nannte, die deutsche Nordseeküste bis Lübeck kontrollierte, und nun **sein Vereintes Europa** hätte festigen können, zum Wohle der europäischen Völker, wenn Russland nicht die von ihm verhängte Kontinentalsperre, die Englands Handel unterbinden sollte, durchbrochen hätte.
So wollte, oder musste er Russland gefügig machen, indem er 1812 mit seiner 450 000 Mann starken „großen Armee" in Russland einmarschierte (und zwar ohne Kriegserklärung).
Für diese „Große Armee" musste Bayern, bzw. der ‚König' gewordene Kurfürst Max I. 30 000 Landeskinder als Soldaten mitschicken.
Mit seiner Macht hatte Napoleon im Verlauf der vergangenen 13 Jahre, **den Freiheitswillen der europäischen Völker**, die damals anscheinend kein vereintes Europa wollten, ziemlich angeheizt. Sie wären seiner Idee vielleicht gar nicht so abgeneigt gewesen, wo doch schon 1000 Jahre früher der **Charlemagne**, bzw. **Karl der Grosse** die Franken und die anderen europäischen Völker bereits vereinigt hatte. Aber dieses Tempo, das Napoleon damals an den Tag legte, das war den vielen kleinen Staaten dann vielleicht doch zu schnell.

Die napoleonischen Kriege dauerten schon viele Jahre. In Gmund waren die Franzosen bereits im Jahre 1800 aufgetaucht, als sie über den Achensee nach Tirol wollten. Sie drohten den Ortschaften mit Brandschatzung, damit die Bauern, ohne Murren die Einquartierungen hinnahmen, die Truppen willig versorgten und das Heu, das sie selbst dringend für ihre Kühe gebraucht hätten, den Soldatenpferden gaben.

Der Aufstand von Andreas Hofer war 1809 beendet. Die Tiroler hatten sich gegen die Franzosen und Bayern zur Wehr gesetzt und mussten hilflos zuschauen, wie Napoleon ihren Freiheitskämpfer **in Mantua**, ohne Gerichtsurteil erschoss.
Aber auch viele „bayerische Staatsbürger", waren damals durch die Kriegsereignisse geschädigt worden und so wollte sich doch der eine oder andere, auch wenn er kein Wilderer war, heimlich so ein Stuck, oder einen Hirsch oder eine Gams aus den Wäldern holen. Ein Hirschragout und ein Gamsbraten wurden als kleine Entschädigung oder Wiedergutmachung angeschaut.
Von 1813 an bis 1815 wurde Napoleons Herrschaft dann gründlich beseitigt. Zuerst wurde das Volk durch Napoleon von der Herrschaft der Fürsten und Geistlichen befreit (durch die Franzosische Revolution) Danach, als sich alles wieder um 180 Grad drehte, wurde das Volk von Napoleon und seinen Ideen befreit. Man nennt den damaligen napoleonischen Zusammenbruch oder Umschwung **„die Befreiungskriege"**.
Bayern wechselte damals schnell und glückbegünstigt von der napoleonischen Seite auf die **anti**napoleonische, also auf die österreichische Seite. König Max I. Josef wollte eigentlich seinen Freund, der ihn zum König gemacht hatte, nicht verraten, aber die Umstände—, die Umstände! So machte er den Schwenk heimlich: **Im Rieder Vertrag**.
Hatte er **1812** dem Napoleon über 30 000 bayerische Landeskinder, als schlecht aus-

gerüstete Soldaten, die nicht einmal ordentliche Schuhe hatten, für Napoleons große Armee zur Verfügung gestellt und sie in den kalten Winter nach Russland geschickt, so versprach er nun, ein Jahr später, **1813**, ungefähr **36 000** ebenso schlecht bewaffnete junge Bayern, **der Koalition gegen Napoleon** zur Verfügung zu stellen.
Preußen hatte schon im März 1813 seine Kräfte gesammelt. Bayern brauchte zum Entschluss ein wenig länger. Gerade 8 Tage nach der Unterschrift Bayerns fand dann am 19. Oktober 1813 die **Völkerschlacht in Leipzig** statt. Wenn man an den gemütlichen König Max I. Josef denkt, meint man, es war immer Frieden und auf den Wiesen spielten die Rehe.

Waterloo südlich von Brüssel

Aber so war es nicht. Wie bei jedem Krieg gab es auf beiden Seiten viele Verwundete, Verkrüppelte und viele Tote. Aber nach einem 5monatigen Gemetzel und Niederhauen, im März 1814, besetzten **die Verbündeten** Paris und stießen dabei Napoleon vom Thron.
„Endlich war Ruhe" könnte man denken. Den humpelnden Kriegsteilnehmern verpasste man Holzbeine, verband ihnen die eiternden Wunden, entließ sie nach Hause und dem Napoleon wies man die **Insel Elba** zu, mit Kaisertitel, problemloser Kaiserrente und Bediensteten.
Aber sein Dasein auf Elba gefiel dem Korsen nicht. Als man ihm von den Unstimmigkeiten der Siegermächte auf dem **Wiener Kongress** berichtete, verließ er Elba und kam **1815**, nochmal für **100 Tage** zurück, schlug seine letzte Schlacht, die jeder kennt: nämlich die Schlacht von **„Waterloo"** und dann nahmen die strammen Engländer die Sache selbst in die Hand, brachten ihn nach St. Helena - und dann war Ruhe.
Auch König Max bekam nun endlich Ruhe und hatte wieder Zeit für andere Dinge, wie z. B. für **die Gründung der königlichen Revier-Jägerei** in Gmund.

Dort in Gmund war schon **1797 ein Metzgerhaus an der Mangfall** gebaut worden. Das war praktisch; denn man konnte dort die Kuhhäute waschen und mit den unverwertbaren Innereien die Mangfallfische anfüttern.
Als der Revierjäger Mayr seinen Dienst schon 7 Jahre verrichtete, im Jahr 1822, als sich der Zar, Franz von Österreich und König Max am Tegernsee trafen, konnte er dieses Anwesen erwerben. Doch von Jahr zu Jahr wurde er immer schlimmer und rabiater. Als Jäger war er zum **Schrecken der Wilderer** geworden, die damals von der bäuerlichen Bevölkerung eigentlich alle Sympathien hatten. Man betrachtete sie geradezu als **Schädlingsbekämpfer**; denn das zahlreiche Wild richtete viel Schaden an. Niemand kümmerte sich um eine geordnete Reduzierung des Wildbestandes. (Die Gegensatzinteressen Wild und Wald gibt's ja bis heute)
Der Revierjäger Mayr von Gmund war bekannt dafür, dass er nicht lange zögerte, **einen Wilderer auf frischer Tat niederzuschießen**. Er war ein außerordentlich kräftiger und gewandter Mann, der wirklich in seinem Bereich mit eiserner Faust herrschte und dabei auch seinen grossen Hund „Donau", oder Donar mitleidlos einsetzte. In jenen Jahren soll er schon 11 Männer tödlich getroffen haben, doch als die Sache mit

dem 18 jährigen **„Menten Seppei"** (Seppi) aus Hausham geschah, erreichte die Verbitterung und der Zorn der Bevölkerung den Siedepunkt.
Der Mesner Anderl war ein Jagdgehilfe aus Schliersee. Er hatte **1832** auf der Reviergrenze von Schliersee- Gmund einen Hirsch geschossen, der aber ins **Gmunder Revier** hinüberflüchtete und dort zusammenbrach. Weil dieser Mesner Anderl den berüchtigten Revierjäger Mayr aus Gmund kannte und fürchtete, den Hirsch aber doch haben wollte, so deckte er den Hirsch vorsorglich mit Reisig zu, ging heim und überredete seinen Freund, **den jungen Menten- Seppi**, den Hirsch am Abend mit dem Hirsch-Schlitten zu holen. Der Menten- Seppi nickte und wollte ihm den Gefallen tun. Am Abend richtete er sein Gespann her und fuhr an jenem kalten 11. November in den Wald, um den toten Hirsch zu holen.
Als er zu der Stelle kam, wo der Hirsch lag, sah er 2 Männer dort stehen, wusste aber nicht, dass der Hirsch voll im angrenzenden Revier von Mayr lag; denn das hatte ihm „sein Freund" der Mesner Anderl nicht gesagt.

Revierjäger Mayr und sein **Jagdgehilfe Riesch**, die ‚zufällig' den zugedeckten Hirsch gefunden hatten, dachten nun, der Menten-Seppi, der da geradewegs auf sie und den Hirsch zukam, sei der **unverfrorene Wilddieb**. Sie rissen ihn vom Schlitten herunter und trotz aller Unschuldsbeteuerungen des **18jährigen** schlugen sie so brutal auf ihn ein, dass er blutend in die Knie ging. Dann nahmen sie ihn mit nach Gmund und banden ihn trotz der bitteren Kälte außen am Stiegengeländer fest.
Am andern Morgen wurde der junge, vermeintliche Wilddieb auf seinen Schlitten gebunden; denn Mayr wollte ihn selbst als Gefangenen nach Miesbach ins Gefängnis bringen.
Da **das kluge Pferd** anscheinend merkte, dass mit dem Seppi, seinem ‚Pferdeflüsterer', irgendetwas passiert war und er da hinten auf dem Schlitten lag, wollte es unter Mayr's Zügel nicht recht gehen und das Gespann nicht ziehen. Da band Mayr seinen Gefangenen los und herrschte ihn an, selbst zu fahren. Als sie an der Mangfall waren, wo das Stück Hohlweg kam, scheute das Pferd, ging durch und Mayr, sowie sein Gefangener der Seppei fielen vom Schlitten.
Ob nun Mayr dachte, dass Seppi fliehen wollte, oder ob er wütend geworden war, ließ sich nie feststellen. Jedenfalls schoss Mayr dem Seppi in den Rücken und brachte ihm eine tödliche Verletzung bei. Er ließ ihn liegen und ging nach Miesbach um einen Arzt und ein anderes Gefährt zu holen.
Kirchgänger fanden den tödlich verletzten Seppei und brachten ihn zum Arzt. Dort konnte der Sterbende noch erzählen, wie sich alles zugetragen hatte, dass er völlig unschuldig misshandelt und angeschossen worden war. Dann starb er.

Dieser junge, hilfbereite Seppi war der **einzige Sohn seiner Eltern**. Dieser tragische Tod erregte seinerzeit zwischen Isar und Inn und im gesamten Oberland riesiges Aufsehen. Viele kamen um ihm das letzte Geleit zu geben. Damals waren die Verstorbenen noch aufgebahrt und man sah den Toten offen im Sarg liegen, Sie hatten ihr bestes Gewand an, die Hände waren gefaltet und ein Rosenkranz drübergelegt, als wären sie tief im Gebet versunken. Das kleine Kreuz war deutlich zu sehen,

als sollte man sich gerade jetzt an das Opfer des unschuldig verurteilten Jesus erinnern. Man spritzte dem Aufgebahrten ein wenig Weihwasser zu, nahm in Gedanken Abschied und ging weiter.
Als sein Freund, der **Fraunhofer Hansl** an der Reihe war, blieb er stehen wie alle, gab ihm ganz ruhig die üblichen Weihwasserspritzer, aber innerlich tat er den Schwur, seinen völlig zu Unrecht erschossenen Freund zu rächen. Er wollte ihn rächen, dass noch Kinder und deren Nachkommen daran denken sollten. Das versprach er dem toten Seppei.
Nun ist es ja mit der Rache so eine Sache. Sie befriedigt vielleicht den Rächer, aber die Lehre von Jesus Christus befolgt man damit nicht. Man sollte die Rache der Zeit und Gott selbst überlassen und seinem Feind ein bisserl ein Weihwasser hinspritzen, und denken: ‚Ich segne dich'; denn das bringt man oft besser fertig, als ihm zu verzeihen. (Wir sind ja noch keine fertigen Christen, aber vielleicht werdende.)

Nach einigen Wochen kam der Ruapp. Er war **in Wiessee Jäger** und Mayr's Freund. Sie saßen im Jagerhaus beisammen, als plötzlich ein Geschrei zu hören war. Als sie zum Fenster gingen, sahen sie draußen Leute mit geschwärzten Gesichtern. Als Maschkera hatten sie sich Hirsch-und Rehgeweihe aufgebunden, auch Gamskrickerl und so tanzten sie vor dem Haus.
Dann kam die Totenbahre. Mit Schwegelpfeifen spielten sie eine bekannte Melodie und dann kam die Teufelin mit dem Gevatter Tod, dem eine Sanduhr auf den Kopf gebunden war. Er trug Pfeil und Bogen. Die Teufelin deutete auf die Zettel an der Bahre und da stand deutlich „Mayr" drauf. Da es schon dämmerte, gingen der Mayr und der Ruapp vom Haus in den Stall. Sie hatten den Zwilling, Mayrs bestes Gewehr mitgenommen und gespannt.
Die Leute wurden immer dreister, sie pumperten an die Fensterläden und an die Stalltüre und schrieen wie die Stiere. Unheimlich war's. Als sie das Haus zum 3. mal umrundeten und der Tod wieder mit gräuslichem Geschrei an die Stalltüre pochte, riss der Ruap schnell die Türe auf, packte den Tod, der damit völlig überrumpelt war und zog ihn herein. Da hatten sie ihn nun. Sie prügelten ihn, sagten, sie würden ihn nochmal freilassen, aber er solle sich nie mehr blicken lassen. Humpelnd verließ er den Stall.
In der Zwischenzeit hatten die Vermummten aber im Erdgeschoss schon alle Fenster eingeschlagen gehabt und zum Teil waren die Sprossen kaputt gegangen. Der ‚Tod' humpelte nach Finsterwald; denn dort wohnte er. Dann war wieder Ruhe in den Dörfern eingekehrt. Der Revierjäger Mayr in seiner Unerschrockenheit, der ja in seiner Position nicht nur Jäger war, sondern auch offiziell polizeiähnliche Befugnisse hatte, wurde von da an mehr gehasst, als je zuvor.
Da kam der **Martinstag des Jahres 1833** (11. November)
Der Revierförster und Jäger Johann Mayr erfuhr so nebenbei vom **Baltasar Kistler** aus Finsterwald, dass an der Miesbacher Höhe **‚im Grund'**, so nennt man den Ort heute noch, einige Wilderer und Bauernjager eine Treibjagd veranstalten wollten. Von da an war dieses Gebiet bevorzugt der Platz, an dem Mayr und seine Gehilfen Nachschau hielten. So ging Mayr in die Falle.

Als sie in die Senke kamen, sahen sie schon von weitem den **Waldhofer Hansl** mit dem Stutzen in der Hand stehen. Er war zwar ein bärenstarker Bursche, aber Mayr, mit seinen Gehilfen **Johann Probst** und **Nikolaus Riesch** schossen diesesmal nicht; denn sie dachten, sie könnten ihn leicht überwältigen. Sie hetzten Mayrs großen Hund auf ihn und der zerfetzte ihm tatsächlich nicht nur den Arm, sondern auch die Brust, sodass er sich kaum mehr wehren konnte.
Als die drei Jäger herangekommen waren um den Hund von seinem Opfer zu trennen, kamen sechs Bauernburschen aus dem Versteck hervor und nun begann ein Kampf auf Leben und Tod. Es fiel kein Schuss. Nur mit den Gewehrkolben wurde zugeschlagen. Die drei Jäger mussten erkennen, dass sie dieser Übermacht nicht gewachsen waren. Trotzdem kämpften sie verbissen weiter. Probst, einer der Jäger blieb wie tot liegen. Er stellte sich tot und gab den aussichtslosen Kampf auf. Dann erhielt **Riesch**, der 2. Jäger einen Schlag auf den Kopf, der ihm das Bewusstsein nahm und ihn ebenfalls zu Boden stürzen ließ.
Und nun tobte sich an dem ebenfalls schon zu Boden geschlagenen Förster Mayr die Wut der Wilderer in bestialischer Weise aus. Sie ließen von ihm auch nicht ab, als sie ihm schon die Schädeldecke zerschlagen hatten und er schon bewusstlos war. Auch sein Hund Donau blieb totgeschlagen liegen. Als die Leute aus dem nahegelegenen Hof herbeieilten, verschwanden die sechs Burschen lautlos im Wald.

Der totwunde Förster wurde auf einer Bahre heimgeschafft und dabei noch beschimpft, verhöhnt und verflucht. Der Jagdgehilfe Riesch, der im Grund einen schweren Schlag einstecken musste wurde ebenfalls nachhause geführt. Im Hausgang hing er sein Gewehr auf und sagte zu seiner Frau: „Heute ist es nicht gut gegangen" dann fiel er tot auf den Boden.

Der wilde Jager von Gmund, der königliche Revierförster Mayr aber starb trotz seiner fürchterlichen Schädelverletzung nicht. Dieser Mann kämpfte **4 Monate** um sein Leben. Im Februar 1834 aber machte er seine Augen für immer zu. Den Leuten in der Umgebung war das alles unerklärlich. Die einen sagten, er habe eine geweihte Hostie in die aufgeschnittenen Hand einwachsen lassen, deshalb sei er kugelfest gewesen. Andere sagten, er habe seine Seele dem Teufel verschrieben, drum hätte er nicht sterben können. Wieder andere wussten, dass ihm ein Priester erst die Hostie herausschneiden musste, damit er sterben konnte und so rankten viele Gerüchte wild durcheinander.
Was die Eltern des **Menten Seppei** zu diesem schrecklichen Drama dachten oder sagten wird uns nicht überliefert. Auf einem kleinen, dörflichen Nenner wird dem nachdenklichen Erdenbürger vor Augen geführt, was Rache auslösen kann und was sie bewirkt. Sie bewirkt nur größeres Unglück für mehr Menschen. Glücklich gehen Rachegeschichten meist nicht aus.
Der **Waldhofer Hansl** floh über Bayrischzell nach Landl in Tirol. Dort lebte ein damals recht berühmter Wundarzt, der die Wilderer wieder zusammenflickte. Er richtete auch den Hansl wieder zusammen und nach Monaten kam er wieder heim. Aber

die ‚Staatsmacht' wartete schon auf ihn und sperrte ihn ein. Letztendlich erhielt er viele Jahre Zuchthaus. Als er, der immer das Leben in der Natur gewohnt war herauskam, war er ein gebrochener, schwerkranker Mann und starb bereits zwei Wochen später.
Die anderen fünf Wilderer kamen in jahrelange ‚Untersuchungshaft'; denn sie verrieten nichts und der einzig überlebende Zeuge, der **Jagdgehilfe Probst** konnte sie nicht mit Sicherheit wiedererkennen. (Er wird sich gehütet haben)
Wenn man den Platz kennt, findet man im Gmunder Friedhof die Gräber und **„im Grund"** das Marterl mit dem kleinen Bild. Da sind die drei Jäger im grünen Rock zu erkennen, die anderen sind in Gebirglerjoppen dargestellt und auch der Hund ist dabei.
Im Tegernseer- Tal- Museum ist die alte Scheibe der Schützengesellschaft Tegernsee zu finden, die für das Logo des Heimatmuseums in Gmund als Vorlage diente. (Unterlagen von Beni Eisenburg)

Die Geschichte vom Jennerwein Girgl

Es war ein Schütz in seinen besten Jahren, der wurde weggeputzt von dieser Erd', man fand ihn erst am neunten Tage, bei Tegernsee am Peißenberg. So beginnt das Lied, das eine weitere grausige Geschichte schildert, die zum Grundstock der Heimatkunde gehört.

Sein Grab kann im Westenhofener Friedhof in Schliersee gefunden werden, auf dem kürzlich die zurückgezogen lebende, beliebte Prinzessin Sophia von Hannover, Schwester von Prinz Philipp, England, ihre letzte Ruhestätte fand. Ihre Söhne lassen für sie ein keltisches Kreuz nach alten Vorlagen anfertigen, das es dann erleichtern wird, ihre Grabstätte zu finden.
Der Jennerwein hat ein geschmiedetes Kreuz, ein bayerisches mit einem Dacherl und wegen ihm ist dieser Friedhof bekannt.
Genauso unvergessen wie die Jagerschlacht im Grund ist auch alles, was mit dem Jennerwein zu tun hat. An sich wäre er nur einer mehr, aus dem großen Heer der erschossenen Wilderer und Jäger, aber irgendwie hat er nach all den Jahren einen Sympathie- Heiligenschein bekommen, obwohl man ihn zu Lebzeiten für einen Aufschneider und Weiberhelden hielt. Die Umstände seines „Ablebens" aber waren so voller Heimtücke, dass die Bevölkerung ihm schon aus diesem Grund ein ehrendes Andenken bewahrte.
Ursprünglich war der 1848 in Holzkirchen unehelich geborene Georg Jennerwein ein Holzknecht. Als er in die Schlierseer Gegend kam entwickelte er sich zu einem verwegenen Wildschütz und wer den Prinzenweg kennt, der von Tegernsee nach Schliersee führt, wem der Hof der **„Hennerer"** und auch die Bedeutung ihres berüchtigten Namens was sagt, der kann das auf Anhieb verstehen.

Der Wildschütz Georg Jennerwein
Sein tragischer Tod ließ ein oberbayerisches Lied und Märchen entstehen. Er machte eine Verwandlung durch und löschte andere Erinnerungen aus. Er war kein Freund der geregelten Arbeit, die es damals, so wie heute, auch gar nicht gab, doch seine freien Liebschaften, sein Leben und sein Tod eigneten sich für die Bühne. Vom Tag des Todesschusses am 6. Nov. 1877 bis zum 13. Nov. als man ihn fand, wehte ihm zum Abschied der geliebte frische Bergwind noch durch seine durchlöcherte Lunge, sagte ein herzloser Spötter.
„Girgl" wurde in Westenhofen bei Schliersee beerdigt, aber bei der Friedhofs-Erweiterung kam nur sein Grabkreuz weiter nach Osten. Seine Gebeine blieben wo sie beerdigt waren und so ist sein Grab leer. Am 99. Todestag hing eine Gams mit zusammengebundenen Läufen am Grabkreuz, wovon es ein Foto gibt. Dabei wurde – makaber - makaber – angekündigt, zum 100sten wird's ein Jager sein. 1997, also 20 Jahre später hing nochmal ein waidmännisch aufgebrochener dreijähriger Gamsbock als „letzter Gruss" am schmiedeeisernen Grabkreuz.

Sein Gegenspieler war der **Jäger Pföderl** vom Revier zu Tegernsee. Ferner gab es die unverheiratete **Sennerin, die ‚Agerl'** genannt wurde.
Agerl heißt eigentlich **Agnes** oder **Agathe** und s'Agerl war mit dem Pföderl so gut wie einig, dass sie heiraten wollten.
Aber wie es halt manchmal so geht, es gelang dem schneidigen Jennerwein s'Agerl so zu umschmeicheln, dass sie einestages aufwachte und dann plötzlich der Meinung war, dass sie vom Pföderl ein Kind erwartete und obwohl sie den Jennerwein Girgl grad so gern hatte wie den Jäger Pföderl, wurde aus der Heirat nichts.

Immer noch hatte das Wildern nichts mit Romantik zu zun und immer noch konnten es die Revierjäger, Jagdaufseher und Förster nicht verkraften, wenn ihnen, das heisst ihrem „Herren" dem Herzog Karl Theodor die schönsten Hirsche weggeschossen wurden, immer noch kam es zwischen Berchtesgaden und Garmisch zu den unglaublichsten Wilderergeschichten, die oft genug mit dem Tod endeten. Es hatte sich damals sogar eingebürgert, dass sich ca. 6- 8 Wilderer zusammentaten, die dann so, als Übermacht gegen die Jäger auftraten.
‚sG'wehr weg, oda i schiass!' rief normalerweise der Jäger, der einen Wilderer, einen Schwarzgeher, auf frischer Tat überrasch-

te und die bessere Position hatte, und wartete dann, gab dem andern etwas Zeit. Nach dem 1870ger Krieg aber verfielen diese guten Sitten. Brutalität war an der Tagesordnung und so ging man auf beiden Seiten dazu über, ohne ‚Anruf ‘ zu schiessen. War der andere tot, gab es ja nicht nur das Jäger- sondern auch noch das Gerichtslatein. Richter waren auch damals auf „glaubwürdige" Aussagen angewiesen. Am **6. November 1877** ging Girgl Jennerwein in seinem Feiertagsgewand ganz früh aus dem Hof „beim Schwoaga," wo er **„Loschiener"** war, wie man damals die Leute nannte, die irgendwo ein Zimmer gemietet hatten. Er kam jedoch nicht nach Schliersee zurück. Sein Logis blieb leer. Man wusste, dass er nach Tölz zur Leonhardifahrt wollte, aber er ist auch nie in Tölz angekommen.

So ungefähr um 10 Uhr (6.11.)haben ein paar Bauern im Tegernseer Tal, ganz hinten in Enterrottach einen Schuss gehört. Sie dachten sich nichts besonderes und gingen ihrer Arbeit nach. So ungefähr um 1 Uhr, hörten sie nochmal 2 Schüsse. Dann kamen die Tage bis zum **13. November** und der Jennerwein war immer noch nicht zuhause. Aber Burschen aus Schliersee fanden eine erschossene Männerleiche an einem Felsvorsprung am Peißenberg. Er hatte einen zerschossenen Unterkiefer und überdies war alles recht seltsam, ja mysteriös. Anscheinend hatte er den Strumpf ausgezogen, die Zehe in den Abzugbügel des Gewehrs geklemmt und sich so selbst erschossen.
Alles war aber ganz anders. Der Jäger Pföderl kam aus dem Forsthaus Angermaier; denn er sollte für einen Jagdgast, den er führen sollte, einen Gamsbock aussuchen. Er stieg die Bergflanke hinauf, sah vermutlich den Jennerwein auf einem Baumstumpf sitzen und schoss ihn von hinten nieder.
Später, um einen Selbstmord vorzutäuschen zog er dem Getöteten den Strumpf aus, legte die große Zehe in den Abzug, den Lauf ans Kinn und schoss. Man fand den Jennerwein am 9. Tage, laut Tegernseer Zeitung, am 13. November und brachte ihn heim nach Schliersee. Man fand auch den Einschuss in seinem Rücken, das den Meuchelmord bewies. Die Geschichte ist kompliziert; denn es kam zuerst noch ein anderer Jäger in Verdacht und es wird davon berichtet, dass Pföderl seinem Förster Maier in Anger, bei dem er ein zuverlässiger Jagdgehilfe war, alles „gebeichtet" hatte.

Der Jäger Pföderl wurde am 25. November 1878 vor dem Münchner Schwurgericht zu 8 Monaten Gefängnis verurteilt, wobei die 4 Monate Untersuchungshaft angerechnet wurden. Eine Mordabsicht konnte ihm nicht nachgewiesen werden. Es war ein mildes Urteil.
Bald wurde der einst als Hallodri, Tagdieb und Weiberheld verschrieene Georg Jennerwein zum bewunderten Ideal.
Der Jäger Pföderl aber verlor seine gute Stellung und seinen Halt und wurde in die Valepp versetzt. Er sank immer weiter herunter; denn er wurde von allen Leuten „geschnitten" (nicht beachtet, bzw. verachtet.) Er begann zu trinken bis er im Säuferwahnsinn endete. Im Denken der Leute wurde er zum schlimmsten Verbrecher gestempelt. Er kam kurz vor seinem Tod noch ins Tegernseer Krankenhaus. Der

Tegernseer Steinmetzmeister Wackersberger berichtete folgendes:
Als damals eines jener schweren Gewitter niederging, bei dem der Donner schlagartig dem zuckenden Blitzes folgte, dachte er der Teufel wolle ihn holen und rief verzweifelt um Schutz und Hilfe. Dann sank er in die Kissen zurück und starb.
Und damit wäre diese tragische Wildergeschichte eigentlich zu Ende, die vom Wilderer Jennerwein, der Sennerin Agerl aus Reichersbeuern und dem unglücklichen, eifersüchtigen Jäger Pföderl, der einen so unseligen Tod starb, berichtet.

Aber da gibts noch zwei weitere Sachen.1.): Das Grab im Westenhofener Friedhof soll leer sein. Einige erzählen, das Grabkreuz sei einmal umgesetzt worden und der Jennerwein würde ganz woanders liegen. Andere wissen, dass hier ein Bein von einem alten haushamer Wildschützen unter der Erde liegt, der es von einem bayrischzeller Jäger so zerschossen bekam, dass es amputiert werden musste. Um seinen Anspruch auf diese Grabstelle zu bekunden, habe er so gehandelt, aber dann seien die schlierachtaler Trachtler gekommen, gegen die er sich nicht behaupten konnte.
Die 2. Geschichte kennt wohl jeder; weil sie makaber genug ist und sie ging auch durch die Presse. Zum 99. Todestag, 1977, des vom Schlawiener zum Idealbild mutierten Girgl Jennerwein hing eine Gams am Grabkreuz, just so, wie sie vom Berg heruntergetragen wird, mit zusammengebundenen Läufen. „Zum Hundertsten häng ma an Jaga hin", sollen ‚die Unbekannten' kund getan haben. 1978 ging vorüber, aber 1997, am Leonharditag lagen ein paar Kugeln im Weihwasser und nochmal ließ eine Gams beim Jennerweingrab traurig den Kopf hängen. HK

Übrigens: Die Bezeichnung Peißenberg ist auf den gängigen Wanderkarten nicht mehr eingetragen. Es gibt aber zwei Marterl auf dem Bodenschneidgebiet, den Touristen zuliebe. Jennerwein starb auf einem ca. 1100 Meter hoch gelegenen Felsvorsprung im sogenannten Schwarzholzeck, am Peißenberg.
Diese Geschichten wollen dem heutigen Leser die Situation eines Jägers der damaligen Zeit etwas näher bringen.

Im Tegernseer Tal vor 60 Jahren

- Kriegsende -

Der Krieg ist ein Massaker von Leuten, die sich nicht kennen, zugunsten von Leuten, die sich kennen,sich aber nicht gegenseitig abschlachten.
(sagte Paul Valery, franz. Schriftsteller, der im Juli 45 starb)

Allen, die ihre kostbaren Aufzeichnungen zur Verfügung gestellt haben, um einen umfassenden Überblick zu bekommen, danke ich von ganzem Herzen. Vieles ist schon vergessen worden, vieles schlummert und vieles wird von offizieller Seite anders dargestellt, als wir es erleben mussten.
Weil manches anders war, als man es heute liest und im TV hört, so schreibe ich es so, wie ich es weiß. Bei den Nachforschungen über die Zeit vom Kriegsende wurden vergessene Dinge wieder lebendig. Damals, als die Ausgebombten, Flüchtlinge und Vertriebene hier ankamen, gehörten viele bein- und arm-amputierte Verwundete zum Straßenbild. So widme ich diese Sammlung all jenen Menschen, die in gutem Glauben tapfer für ihre Heimat gekämpft haben, die als Soldat oder Schwester im Lazarett oder als Helferin an anderen Stellen ihre Pflicht taten, weil sie sie tun mussten. Auch denjenigen, die verwundet wurden, gefallen oder vermisst sind, und irgendwo fern von uns ihre letzte Ruhestätte fanden. Aber auch allen, die unschuldig gequält wurden, die aus ihrer Heimat vertrieben wurden und allen, die um ihre toten Angehörigen trauern.

Ich widme sie aber auch all denen, die durch unverantwortliche Lügen und durch die Gräuelprobaganda beschimpft, geschmäht und verleumdet wurden, denen man die Ehre nahm und oft auch die Existenzgrundlage. Ich widme sie auch denjenigen, die diesen mörderischen Krieg überlebt haben und das Zerstörte wieder aufbauten **um eine bessere Welt zu schaffen**, in der Wahrheit, Herzensgüte und uneigennützige Liebe zu Frieden und Gerechtigkeit führen, und in der Hass, Neid und Ungerechtigkeit verschwinden. (HK)

Der II. Weltkrieg begann am 1.9.39 und endete am 8.5.45
Die normale Lesart besagt heute, Deutschland ist schuld am Krieg. Manchmal liest man, Ursache am 2. Weltkrieg sei der „Versailler Vertrag" gewesen. Selbst **Stresemann**, 1923 Reichskanzler und Außenminister, der zusammen mit dem Franzosen Briand den **Friedensnobelpreis** erhielt, sagte: „Niemals Versailles anerkennen."

Ein Krieg zwischen Europäern ist ein Bürgerkrieg
sagte der französische Marschall Lyautey

Vorausgeschickt sei noch

Deutschland war mit Italien, Ungarn, Japan, Rumänien, Bulgarien, und Finnland, das ja 1939 von der Sowjetunion angegriffen wurde, verbündet. Doch **Italien, Rumänien, Bulgarien und Finnland** erklärten, wie 50! andere Staaten der Welt, **vor Kriegsende** Deutschland den Krieg.
Völlige Neutralität bewahrten:, **der Vatikanstaat, Schweiz, Irland Spanien, Schweden, Afghanistan, Jemen, Nepal und Lichtenstein.**

Ohne Wahrheit keine Gerechtigkeit-
ohne Gerechtigkeit kein Frieden.

Radio und Fernsehen

Durch **Fernseh- und Radiobeiträge** erfuhr ich bei Aktivitäten zum 60. Kriegsende-Jahrtag, dass sich **trotz guten Willens**, Fehler in die geschilderten Ereignisse einschleichen können. Deshalb muss der Bericht über die hier weilenden **„KZ-ler"** nochmal erzählt werden, weil **in der Radiosendung** bei dem Beitrag von Herrn Wandt nicht deutlich wurde, dass zwischen dem ersten Aufenthalt der KZ-Männer in Bad Wiessee, und dem zweiten, die Reise mit **Ludwig Steinwagner** an den Achensee lag. So ist das hier **eine Richtigstellung**. Der Leser möge sich dann selbst ein Urteil bilden. Alle, die diese Zeit damals miterleben mussten, waren froh, dass das gesamte Tal, durch die Vernunft der Verantwortlichen, und durch glückliche Fügungen so glimpflich davongekommen ist. .

Die Post-Resl hätte wohl nicht viel Glück gehabt, **gegen die Befehlsgewalt** der SS-Truppe, wenn es so abgelaufen wäre, wie es im **„Kriegs-und Einmarschbericht"** unseres damaligen Seelsorgers Gansler geschrieben steht, der in den hochinteressanten beiden Büchern des Erzbistums München und Freising: „Kriegsende aus der Sicht der Pfarrer", veröffentlicht ist. Pfarrer Ganslers unzählige große Verdienste um den Ort und um uns, seine Pfarrkinder, sei jedoch dadurch in keiner Weise geschmälert. Er hat nicht nur die zwei Kirchen gebaut, sondern in uns ein offenes, versöhnliches und tatkräftiges Christentum eingepflanzt.

So schnell wird man ein „Rassist"

Tatsachen spielen dabei keine Rolle. Wenn die Wirklichkeit eine andere ist, als man haben will, ist es eben bedauerlich für die Wirklichkeit und kein Grund, die eigene Meinung zu ändern, was insbesondere Jürgen Habermas als Vertreter der „Frankfurter Schule“ und ihrer Perversion der Begriffe vertrat. Für Andersdenkende, die die Wahrheit vertreten, hat man schnell ein „Totschlagwort“ wie „Rassist“, „Nazi“; „Ewiggestriger“ zur Hand, und keiner wagt dann mehr, die Wahrheit öffentlich zu vertreten. Orwell läßt grüßen!

Kollektivschuld gibt es nicht

So wie wir einfachen Leute auf dem Land bis 1945 nichts über **Auschwitz** wussten, so wissen wir auch **erst seit kurzer Zeit,** dass die Kollektivschuld, die uns aufgeladen wurde und uns jahrzehntelang seelisch schier erdrückt hat, gar nicht vorhanden ist. Es gibt nur persönliche Schuld. Die Verbrechen in den Konzentrationslagern wurden seinerzeit der deutschen Öffentlichkeit verheimlicht. Sie wurden auch nicht von ihr begangen oder geduldet. **Diese Verbrechen**, die erst nach Kriegsende der Allgemeinheit bekannt wurden **sind von einer Schar verbrecherischer Elemente**, und nicht von der Bevölkerung zu verantworten; denn eine Kollektivschuld dürfte das gewesen sein, was im **Nationalsozialismus** dem jüdischen Volk aufgebürdet wurde. Gleiches mit Gleichem **„vergelten"**, das muss gut überlegt sein und ist auf jeden Fall unchristlich.

Father Reichenbach zitiert ein Schreiben **Papst Pius XII.** an Kardinal Frings: ***Es ist unrecht**, jemanden als schuldig zu behandeln, dem nicht eine persönliche Schuld nachgewiesen ist, nur deshalb, weil er einer bestimmten Gemeinschaft angehört hat. Es heißt in die Vorrechte Gottes eingreifen, wenn man **einem ganzen Volk eine Kollektivschuld zuschreibt**, und es demgemäß behandeln will. Jeder Mensch hat ein Recht auf seine angestammte Heimat, und es ist unrecht, ihn von dort zu vertreiben, **wenn er nicht durch persönliche Schuld** sich der Heimatrechte unwürdig gemacht hat.*

Denn siehe, Finsternis bedeckt das Erdreich und Dunkel die Völker, aber über dir (ist da das Volk Israel gemeint oder die gesamte Menschheit?) geht auf der Ewige und seine Herrlichkeit erscheint über dir.(steht in Jesaia, und darauf hofft der Gläubige, der sich fragt: Wann?- oh Herr. Der aber auch herausliest, dass den Völkern irgendwann doch noch ein Licht aufgeht.) Dazu sagte neulich ein Kriegsteilnehmer:

Nicht die Völker kämpfen gegeneinander, die Regierungen sind es.

Rassist oder Freund der freien Meinung

Wenn ich mich mit etwas mulmigem Gefühl, wegen dem manchmal politisch bewerteten Recht nun doch entschließe über das Kriegsende zu berichten, das ich in dem kleinen Bereich von Bad Wiessee selbst miterlebt habe, so will ich keineswegs den Nationalsozialismus verharmlosen oder verherrlichen. **Auf gar keinen Fall**, denn meinen eigenen Vater beobachteten die „Leute aus München" (Sicherheitsdienst) damals ebenfalls, weil er im letzten Kriegsjahr **nach angestammten Rechtsempfinden** seine Entscheidungen traf und half, so gut er konnte. Die Wiesseer **Zwangsarbeiter** (Kriegsgefangenen) haben ihn, sowie seinen Vorarbeiter Maier **nach Kriegsende** zum Essen in den **Löblhof** eingeladen. Kein Zwangsarbeiter beteiligte sich an den Plünderungen, die von den Amerikanern drei Tage geduldet wurden. Ausserdem liegt es mir fern die Leiden derer, die unter dem Nationalsozialistischen Regime gelitten haben zu verkleinern, denn sebstverständlich wussten wir schon **lange vor 1945 dass es in Dachau ein KZ** gegeben hat. Unser Nachbar, der **Schreiner Sepp** war zweimal drin. Delikt? (Kommunist, Wilderer). Es hieß einmal, die Wittelsbacher würden in Dachau ein Haus bewohnen, der Herzog von Kreuth aber sei nach Kanada gegangen. Nichts wussten wir jedoch bis zum Kriegsende vom Lager Auschwitz.

Die verallgemeinernde Behauptung, dass wir damals Kenntnisse über irgendwelche grauenhaften Lager hatten, möchte ich für mein Umfeld zurückweisen und hoffe, mir dadurch keine Schuld zuzuziehen. Über Radio und Zeitung wurde nichts bekannt, **andere Informationen** hatte bei uns **der Normalbürger nicht**. Man wusste auch herzlich wenig über Dinge in den anderen Gemeinden am Tegernsee, obwohl sie doch nur ca. 6 km entfernt waren, auch wenn das heute niemand glauben kann. Auschwitz war uns damals nicht einmal dem Namen nach bekannt. Erst nach dem Krieg wurde darüber berichtet.
Ich habe meinen Vater danach gefragt und er sagte, erst als er im Hungerlager Moosburg saß, im sogenannten „Automatischen Arrest" der Amerikaner, von dem heute niemand mehr spricht und nicht einmal der Pfarrer was weiß, wurden die Inhaftierten, mit schrecklichen Filmen und Lautsprecherreden eines **Gaston Ulman „informiert".**

Er wusste, kurz bevor die Amerikaner kamen, von den wegen der weißen Fahne Erhängten in **Penzberg** und hat aus diesem Grund nicht geglaubt, das Kriegsende **lebend zu überstehen**. Auch Herrn **Engelsberger** ging es so, aber er wurde gerettet, weil er im Schweizer Konsulat versteckt worden war. Alle diese Männer, **von Konsul Dr. Frei** über **Dr. Scheid+**, **Oberleutnant Heiß**, **Dr. Winter+**, **Bürgermeister Müller**, Tegernsee bis **Major von Lüttichau** etc. haben ihr Leben riskiert und befanden sich auf einer gefährlichen Gratwanderung, als sie versuchten die Verbindung zu den Amerikanern herzustellen, um die **kampflose Übergabe der Orte zu erreichen**, die mit Verwundeten, Ausgebombten, Evakuierten, Schulen, Münchner Krankenhäuser, etc. **übervoll** belegt waren. Obwohl alle diese Bemühungen dann in letzter Minute durch die abgedrängte, verteidigungswillige SS-Einheit „Götz von Berlichingen" beinahe gescheitert wäre, kam es zum guten Ende.

Die Waage der Justitia

Jeder kennt die Figur mit den verbundenen Augen und der Waage: Es ist Justitia, die Gerechtigkeit. Wir, die so schön schweigen können, dürfen dieser blinden Dame jetzt ein bisserl was auf die andere Waagschale legen, damit sie nicht gar so einseitig in der Luft hängt. **In Gmund** gibt es in der Kirche die Figur des **Erzengels Michael**, weil diese Kirche zuerst eine Michaelskirche gewesen ist. Er steht noch beim Eingang, um uns zu mahnen. Auch er hat **eine Waage**, denn **er wiegt die Taten der Seelen**. Aber verbundene Augen hat er nicht.

In all den Jahren nach dem 8. Mai 45 wurden nach meiner Einschätzung die Waagschalen der Justizia einseitig belastet. Recht und Unrecht schienen manipulierbar zu sein. Am schwersten wog die **Kollektivschuld**, die es nicht gibt; denn jeder kann nur für das Unrecht verurteilt werden, das er selbst begangen hat. **Papst Johannes Paul II.** hat jedoch im Namen aller Christen, das **schwergeprüfte jüdische Volk in unser aller Namen um Verzeihung gebeten**, und hat damit die **Voraussetzung für eine Aussöhnung** geschaffen, falls das jüdische Volk die ausgestreckte Hand ergreift.

Persische Weisheit

Wer für das Gute dankbar ist und das Böse zu ertragen versteht, den achte.

Berthold und die Kohlen

Die Fahrkarte nach Dachau. Wie damals der Alltag ausschaute

Wenn 1944 und 1945 Kohlen für all **die Lazarette, Schulen und Kinderheime** geliefert wurden, kamen sie per Zug bis Gmund und Tegernsee. Von dort mussten sie per Lastwagen in die anderen Orte transportiert werden. Auf den Waggons standen Transparente: „Räder müssen rollen für den Sieg" und der Spediteur Berthold, der neben dem Wiesseer Rathaus sein Wohnhaus, das Kohlenlager und auch Lager und Schuppen für Kartoffeln hatte, fuhr dann schnell zum Bahnhof, belieferte die

Josef Berthold Kohlenhändler und Glockenstifter, der den Lastwagen zur Verfügung gestellt hat.

Berechtigten, die Lazarette, Schulen, Mütter-und Kinderheime etc. und so ging das hin und her, bis der Waggon leer war.
Zu den „Berechtigten" gehörten auch die evakuierten Generalsfrauen im **Haus Lindwedel**. Es ist das Haus neben dem Strandbad Grieblinger am Breitenbach. Als Berthold an jenem Tag zu Frau Neumann, Frau Baier und deren alleinstehenden Schwester Frl. Erdmann kam, nahm er ein Lichtschachtgitter heraus und leerte die Kohlensäcke in den Lichtschacht. Eine der drei Frauen bemerkte dies, kam zur Türe heraus und sagte zu Berthold, er möge doch die Kohlen in den Keller hinuntertragen, wie er es sonst immer gemacht habe.

Damit war das Unglück schon halb geschehen. Kohlensäcke tragen war nämlich Schwerstarbeit und Berthold arbeitete nicht nur mit vollem körperlichen Einsatz, sondern auch noch unter Zeitdruck. Als Geschäftsinhaber schaute er aus wie sein russiger Gehilfe und er war auch nicht mehr jung; denn sonst wäre er als Soldat eingezogen gewesen. Die Hälfte der zu liefernden Kohlen lagen schon im Lichtschacht der Generalsfrauen. Die Zeit drängte; denn es wurde schon Abend und die Waggons mussten schnellstens entleert werden.

Frau Naumann sagte nochmal: „Leeren sie die Kohlen nicht da ins Kellerfenster, sondern tragen sie die Säcke hinunter, wie sie es immer gemacht haben". Berthold sagte: „Das geht heute nicht anders"
Die „Generalin", die ja nicht wissen konnte, was Berthold für ein wohlhabender, angesehener Mann war, (siehe 1. Teg. Lesebuch S. 68) ließ nicht locker. und Berthold wiederholte: „Na, heid gehts hoid ned anders."
Da drohte die Generalin: „Wenn sie mir die Kohlen nicht in den Keller bringen, werde ich mich beim Gauleiter in München beschweren."
Und dann sagte Berthold schweratmend und verschwitzt etwas, das seine **Fahrkarte nach Dachau** werden sollte: Er sagte, Sie können mich mitsamt ihrem Gauleiter am A.... lecken."
Die Anzeige der evakuierten Generalsfrau **gegen Berthold** lag am übernächsten Tag schon im Rathaus im Bürgermeisterzimmer.

Der Bürgermeister, Jahrgang 1900, war mit all den anderen Soldaten vom Tegernsee, mitsamt dem Rittmeister Graf Schlieben und dem Dr. Jost, mit dem Sattlermeister Stieglmaier, dem Graxenberger Ferdl und anderen gleich als der Krieg begann eingezogen worden. Er kam an den Westwall, hatte den Frankreichfeldzug mitgemacht, dessen Beginn ja 29 mal verschoben worden war. Acht Monate später, am **10. Mai**

1940 fielen dann die deutschen Truppen in Holland, und Belgien ein und es hieß, diese beiden Staaten seien nicht neutral, weil sie die Engländer über ihr Gebiet fliegen liessen, ohne zu protestieren. Bereits am **22. Juni 1940**, also nach 6 Wochen wurde dieser „Blitzkrieg" mit einem deutsch- französischen Waffenstillstand beendet.
Damals ahnte man anscheinend in der „Stadt München" schon, was der Bevölkerung blühen könnte, denn der **Schrebergartenverein** versuchte alles Mögliche, und hatte schon **vor Kriegsbeginn** am Tegernsee und in anderen ländlichen Zimmereien per Vertrag **zerlegbare**, preiswerte, **bereits mit Glaswolle isolierte** und mit einem Pultdach versehene Schrebergartenhäusl zum vorgeschriebenen Festpreis bestellt. 2.30 auf 3.50 m waren die Außenmaße. Die Zimmerei in der 1938 ca.18 Leute beschäftigt waren, hatte den Bau von 100 solcher Häusl übernommen. Ein kleiner Teil war bereits nach München geliefert, dann aber stockte alles, weil der Meister und **fünf seiner Gesellen** plötzlich das Werkzeug mit dem Gewehr vertauschen mussten.

*Leider ist von Mathias Sareiter kein Bild aus der Zeit „der letzten Kriegstage zu finden.
Hier ist er (auf dem Bild links) als einfacher Soldat*

Sareiter und Josef Stiglmeier an der Westfront.

*Die kleine 8-jährige Hilde Stiglmeier, die „Muggi", starb am 15.10.40 an Diphterie. Es war das 1. Grab auf dem Wiesseer Friedhof.
Vers auf dem kleinen Grab:
„Gott lud sich ein Engelein
als erstes in den Friedhof ein."*

Die Stadt München hat dann ein Gesuch eingereicht. Nach langem hin und her ging es durch und er wurde „uk" (unabkömmlich) gestellt und kam zurück, um den Schrebergarten- Vertrag zu erfüllen.
Er war seit 1932 mit anderen Handwerksmeistern, einem Milchgeschäftsinhaber, Bäcker- und Schuhmachermeister, Gesellen der verschiedenen Handwerksberufe und anderen Freunden vom Turnverein bei der örtlichen SA und wenn es heute heißt, die Leute der SA wären Raufbolde, Trunkenbolde und Schläger gewesen, so kann das für die Städte, im Ruhrgebiet zutreffen in denen es ständig Auseinandersetzungen mit politisch entgegengesetzt eingestellten jungen Leuten gab (Kommunisten), hier auf dem Land war dies aber nicht der Fall, obwohl es sicher genügend Räusche und Wirtshausraufereien, wie sie schon Ludwig Thoma beschrieben hatte, gab.

Menschen der verschiedenen Typen gibt es in allen Staaten und Völkern, auch in allen Parteien, aber dass es nun schon zum guten Ton gehört in dieser abfälligen Art die Generation unserer Eltern und Großeltern darzustellen, ist eine böse Sache.
Die Wiesseer SA-Männer, haben zum Beispiel im Zuge des **NS-Siedlungswerks**, als (z.B.beim Söllbach) die Siedlungshäuser gebaut wurden, die die Familien später durch die Mietzahlungen als Eigentum erwerben konnten, **kostenlos**, also ohne Bezahlung als Maurer, Zimmerleute, Installateure, Helfer und Maler gearbeitet,- **vor lauter Idealismus**. (Der ihnen später aber gründlich ausgetrieben worden ist.)
Nicht so gut waren sie beim Röhmputsch, **1934**. Da musste die Wiesseer SA-Gruppe nämlich Meldung machen, dass sie **nicht in der Lage sei**, das Gelände vor dem Hotel Hanselbauer abzusperren.(Weil sie nämlich endlich wieder Arbeit hatten und alle an einem ganz normalen Wochentag die Arbeit nicht versäumen wollten)
Also, dieser Mann, Mathias Sareiter, der da von der Ehefrau des Generals die Anzeige wegen Berthold auf den Schreibtisch bekam, war zuallererst selbständiger Zimmermeister, Bürger seiner Gemeinde, Feuerwehrkommandant, „Parteigenosse" (PG), 1. Beigeordneter, und wurde am 22. April 1944, plötzlich per Anordnung, zum kommisarischen Bürgermeister (ehrenamtlich) ernannt, weil **Josef Albrecht**, der bisherige Bürgermeister und Ortsgruppenleiter, über Nacht weg war. Diese Anordnung wurde ihm nicht von Landrat Heuser aus Miesbach, auch nicht per Post, sondern vom **örtlichen Polizeimeister Egger** an einem Sonntag um 1/2 8 Uhr morgens überbracht. Für 4 -6 Wochen sollte es sein. Dann sollte der Ortsgruppenleiter von Altötting nach Bad Wiessee kommen. Damit war er einverstanden. Man kannte an ihm seine offene Art, die von den ortsansässigen Bürgern verstanden wurde, ihn aber mit seinen vorgesetzten Parteigenossen, der ideologischen Art in Konfrontation brachte.
Er war kein „heuriger Hase" mehr, wie man so sagt; denn er hatte als blutjunger Soldat mit seinem älteren Bruder schon 1918 im 1. Krieg gedient und erlebte in München den Bürgerkrieg, wie er sich zusammenbraute, wie Eisner die Monarchie durch einen „freien Volksstaat" ersetzte, **die Republik** ausrief, die Soldaten auf seine Seite brachte, sodass sie riefen: **„Nieder mit dem Massenmörder- wir brauchen keinen König mehr**. Das hatte ihn damals schon einiges gelehrt.
Eisner hatte damals, Ende November 1918 amtliche deutsche Dokumente veröffentlicht mit der Absicht, durch sie die deutsche Schuld am Ausbruch des Krieges zu beweisen. Am 12. 12. rief er bei einer **Wahlrede der USPD** triumphierend:
„Ich habe damit **jedem, der lesen kann**, jedem der **ehrlich ist** (!), bewiesen, wie eine verbrecherische Horde von Menschen diesen Krieg inszeniert hat, wie man ein Theaterstück inszeniert...." Mit der verbrecherischen Horde meinte er die Kaiserhöfe von Österreich und Preußen. (Heute meinen Andere Andere.)

Bald stellte sich jedoch heraus, dass die Dokumente **von Eisner verfälscht und verstümmelt worden waren, um Deutschland zu schaden**. Jahre später, wurde diese Fälschung festgestellt und zwar bei einer Untersuchung vor dem **Amtsgericht München**. Nach Anhörung einer grossen Zahl von Zeugen und Sachverständigen

Der „Unterstand“ an der Westfront.
v.l.: Flußbaumeister Stemmler, Holzkirchen
Ferdinand Graxenberger, Zimmerer Wiessee
Mathias Sareiter, Zimmerei Bad Wiessee

wurde die Tatsache der erfolgten Fälschung im **Urteil vom 11.5.1922** amtlich. (Quelle: Südd. Monatshefte, Mai 1922)
Auch an die Ermordung Eisners durch **Anton Graf Arco-Valley** am 21 Februar 1919 konnte er sich selbst gut erinnern und an die **Geiselmorde** vom 30. April 1919 die an Adeligen und Künstlern im Münchner **Luitpold Gynasium** verübt wurde. Später sagte dann selbst **Ernst Toller**, der als Führung der roten Räterepublik auftrat und der die „rote Armee" in München rekrutiert hatte:
*Die Räteregierung sei **ein Unheil für die Arbeiter**, da die führenden Männer nur zerstörten, ohne das Geringste aufzubauen.*

Nur in **Passau, Kempten und Garmisch** konnten sich die Bürger damals selbst durchsetzen. München brauchte die Hilfe der Reichsregierung und da wurde dann wieder an die Opferbereitschaft der Soldaten appeliert. Erst als das Freikorps unter Ritter von Epp kam, wurde am **1. und 2. Mai 1919** die **Räterepublik** in München blutig beendet.

In seinen alten Aufzeichnungen steht:
Bei Kriegsbeginn **1939** wurde auch ich zur Wehrmacht eingezogen zum 20. Infantrie-Regiment. Unser Bataillon lag in Miesbach. Vor dem Ausmarsch ins Feld hielt der Kreisleiter eine Ansprache zur Truppe und hob auch hervor, daß Mussolini (Italien) auf unserer Seite ist **und daß es gar nicht so lange dauern werde**, dann liegen **„die"** alle am Boden. Es gab ein Gespräch im engeren Kreis, darauf sagte ich, daß uns „der Italiener" schon einmal „ausgeschmiert hat", in Savoyen.
Dann ging ein Donnerwetter los. Der **Kreisleiter**, als Parteivorgesetzter der Bürgermeister und Ortsgruppenleiter sagte empört: Er würde sich das gar nicht **zu denken trauen**,geschweige denn auszusprechen. Von da an war ich beim Kreisleiter unten durch. (Meinungsfreiheit war damals Fehlanzeige).....

An anderer Stelle heißt es:
Am 2. Februar 1943 hatte die 6. deutsche Armee in Stalingrad kapituliert. Das war eine große Resonanz fürs ganze Volk. Die Parteigrössen merkten auch etwas und so wurde noch viel mehr daran gearbeitet, damit, wenigstens die Partei der NSDAP hinter der Führung stehen blieb. **Jedermann tat zwangsläufig das, was zu tun war;** denn es sah ja jeder, daß er von dem Schiff nicht runter konnte, **außer einigen Schlauen**. Für Wiessee sah es damals schon nicht so ganz gut aus, denn der ganze Ort war schon ziemlich belegt. Wiessee dürfte mit 8 -10 000 Menschen belegt gewesen sein......
Es hatte auch politisch eine Änderung gegeben; denn in München war **im April 1944 der Gauleiter Wagner gestorben** und Giesler war nachgefolgt.

Die gefährliche Anzeige aus dem Haus Lindwedel gegen Berthold

blieb einige Tage im Rathaus liegen. Aber es dauerte nicht lange, da kam wegen der nicht weitergeleiteten Anzeige aus München eine Nachfrage. Dann kam ein Brief **mit der KZ-Nummer für Berthold** und die Ankündigung seiner Verhaftung und dann kam der Gauleiter Giesler persönlich ins Wiesseer Rathaus.
Obwohl alle im Ort genau wussten, dass der Kohlenhändler als Freund des **früheren Bürgermeister Sanktjohanser** und des **Pfarrer Ganslers** und als „Sponsor" für das Wiesseer Glockengeläut nichts, aber auch schon gar nichts mit dem Nationalsozialismus am Hut hatte, vermochte der Bürgermeister, dem Gauleiter Giesler, der eigentlich Bauleiter und Architekt war und die Geschäfte des bayerischen Ministerpräsidenten in München erst vor kurzem übernommen hatte, den Kohlenhändler Berthold als einen hilfsbereiten und immer **einsatzfreudigen Volksgenossen** zu schildern, der es irgendwie immer wieder fertig brachte, all die Kohlen für die Lazarette und Kinderheime schnellstens zu entladen, damit die Züge wieder nach München zurückfahren konnten. Und das war wahr.

„Er tut für unsere Gemeinde wirklich was er kann, und wenn man ihn braucht ist er da.." Giesler hörte sich das an und schwieg weiter.
Auch Hanni, (damals Rumpl, später verheiratete Ottl) die zuverlässige, langjährige und tüchtige Bürgermeistersekretärin sagte noch: „ also ich versteh das auch nicht, so kennt man den Herrn Berthold doch gar nicht, das muss ihm halt so rausg'rutscht sein."
„Lassen Sie denn noch mehr auf ihrem Schreibtisch liegen" fragte Giesler, aber da bekam er zur Antwort, dass noch nie was Wichtiges liegengeblieben sei und immer alles so gewissenhaft und schnell wie möglich erledigt werde.
„Glauben Sie denn, Gauleiter, dass diese Generalsfrauen wissen, was bei uns auf dem Rathaus alles los ist? Um was wir uns alles kümmern müssen? Von den Kartoffeln angefangen bis zur Unterbringung der Ausgebombten aus München und bis zu den Kinderbeerdigungen?" So brach es in hartem Ton aus dem Bürgermeister heraus.
„Wieso Kinderbeerdigungen?" fragte Giesler.

„Ja mei, im „Berta-Schwarz-Heim halt". Da haben wir doch das Entbindungsheim und wenn die Kinder den Durchfall bekommen, meist wegen der Ernährung, dann sind sie nicht mehr zu retten. Dann sterben sie. Schau'n S' nauf auf'n Friedhof, dann sehn S' alle die Kinderkreuze".
Giesler sagte nichts. Die beiden Männer wussten nichts voneinander, standen beide unter starkem Druck. Jeder auf seine Weise. Beide waren Bauleute, die ja meist über einen praktischen Sinn verfügen müssen. Giesler wurde aus seinem Beruf heraus, als Gauleiter Wagner gestorben war, auf dessen Posten in München beordert.

„Sie kümmern sich ja auch um **die Feuerwehr**" sagte Giesler und schaute den Bürgermeister ernst an. „Ja" sagte der knapp: „Sie wissen ja wohl, **dass alle Wehren vom Tegernsee** schon mehrmals in München zum Einsatz waren. Diese Luftminen, Sprengbomben und Phosphorbomben auf Zivilisten sind ein Verbrechen, und den Feuerschein der Brände sieht man bis zu uns heraus. Die Leute stehen dann nachts auf dem Kirchbichl und können die Welt nicht mehr verstehen." Giesler nickte und sagte: „Ja, ich weiß es. **Ich danke Ihnen und ihren Männern**."
„Männer", dachte der Bürgermeister mit einem bitteren Zug um den Mund, **„eher Grossväter"**, er sagte aber nichts. Er war aber froh, dass vor ca. einer Woche die Nachricht gekommen war, die Orte um den Tegernsee seien **zu verschonende Lazarettorte. Er wusste, das war Giesler zu danken**.

Giesler schaute ihn schweigend an. Dann nahm er das Schreiben mit **Bertholds KZ-Nummer** vom Schreibtisch, las es aufreizend langsam durch, sagte ohne nochmal aufzuschauen: „Ich habe schon Einiges von Ihnen gehört."
Dann schwieg er wieder. Und dann kam die Erlösung. Giesler zerriss den Brief. Er grüßte kurz und ging mit seinen Begleitern die Rathaustreppe hinunter. Diese Sache war vorerst zu einem guten Ende gekommen.
Diese Geschichte muss erzählt sein; denn sie sollte, als die Gruppe der KZ-Männer bei Kriegsende nach Wiessee kam, seine Fortsetzung finden.

Kleine Episode

(Gauleiter Wagner war ein ehemaliger Bergwerksdirektor, der den gesamten 1. Weltkrieg mitgemacht hatte und mehrfach verwundet worden war. Schon vor 1933 wurde er in den Landtag gewählt. Als er verstorben war (1944), ging der berühmte **Komiker Weiß Ferdl im Münchner Platzl**, mit einem kaputten Leiterwagerl, wie man es heute nicht mehr sieht und nicht mehr in Gebrauch hat, auf die Bühne, hatte eines der 4 Räder in der Hand und sagte mit Leidensmiene: **„Wir haben keinen Wagner mehr"!** Alle Zuschauer konnten darüber so richtig herzlich lachen und konnten so Dampf ablassen. Bald wusste man davon auch auf dem Land, und lachte auch, nur etwas später.
(Albrecht/Wiessee war stets unter Wagners besonderem Schutz.)

Wer sein Leben leben will, der versehe sich mit einem Herzen, welches Leiden gewachsen ist. (Sprüche der Väter)

Ereignisse in Bad Wiessee und die drohende Bombardierung

Bereits im 1. Teg. Lesebuch sollte **die Geschichte der KZ-Männer** zu lesen sein, weil sie **ein Mosaikstein** der Gasthof zur Post- und der Resi Staudinger-Geschichte ist. Aber oft ist es besser, alte Sachen ruhen zu lassen. Da aber der Pfarrer-Gansler-Bericht, nicht stimmen kann, was die Personenzahl betrifft, sei sie veröffentlicht.
Zum 60. Jahrestag des 8. Mai 1945 passt es auch besser, zumal in der Radiosendung des Herrn Wandt, mein Bericht falsch dargestellt wurde.
Die KZ- Männer, die in Wiessee Station machen sollten kamen aus der **SS-Junker Schule Tölz**, wo sie beschäftigt waren.

Der Elendszug aus Dachau

Diese Wiesseer KZ-Gruppe, von der hier die Rede ist, und die Pfarrer Gansler mit 140 Personen beschreibt, hatte keine direkte Verbindung zu jenem **Elendszug** aus Dachau, der sich **im Wald vom Schopfloch** bei Reichersbeuern aufgelöst hat. Für jenen Elendszug sind die Gedenksteine, d.h. **die Bronzebilder** entlang des Weges aufgestellt worden, damit solches nicht wiedergeschieht. Mir ist nicht bekannt, ob sich die anrückenden Amerikaner dieser Menschen angenommen haben. Es sieht so aus, als wären sie zuerst sich selbst überlassen gewesen.Herr David, der noch in Rottach lebt, sagte, sie durften nur nachts marschieren. Bekannt und vielfach bestätigt ist, dass sie ab Dachau den langen Weg bis Tölz, Greiling, Reichersbeuern und zum **Wald von Schopfloch** kamen. Vermutlich war im Wald weniger Schnee und der Wind nicht so kalt; denn Anfang Mai 45 war der Winter nochmal zurückgekommen. Vermutlich konnte sich der Zug dort auflösen. Ein Teil von ihnen wurde von **Pfarrer Hunklinger im Pfarrhof** von Waakirchen **aufgenommen**, andere kamen bei Bauern unter.
Als **„beim Hoicha"** (Bauernhof Faschinger) die ins Haus hereingebetenen Männern von den Bewohnern gefragt wurden: „...gell, is ‘s eich recht schlecht ganga in Dachau? Hab'n s' eich recht schickaniert und g'schlag'n, die SS-ler, die Banditen", antwortete einer: „geschlagen haben uns **unsere Kapo**."
Nichts vom Schrecklichen jener Zeit soll heruntergespielt oder beschönigt werden, das liegt mir fern; denn es soll kein falsches Bild entstehen. Doch wer sich mit dem schlimmen Problem der KZs befasst, weiß wohl längst um die Problematik der **Kapo's**, die ausnahmslos charakterlich geeignete **Mithäftlinge** waren, die den schwächeren Inhaftierten zum Wolf wurden. (Lüge des Odysseus)

Leider ist der „Hoicha- Sepp", **in dessen Hof die Türe damals geöffnet wurde**, mittlerweile gestorben.
Die Gruppe der KZ-Männer in Wiessee waren 40 und nicht 140. Eine zweite Gruppe ist nicht durch Bad Wiessee gekommen, wie mir mehrfach bestätigt wurde. Man muss diese Zahl auf das Richtige zurückführen; ohne irgendjemand dabei zu kränken; denn das möchte ich keinesfalls. Die Wahrheit muss geachtet werden und es war damals für alle Beteiligten das Geschehen schwer genug.

Persische Weisheit: *Jede dunkle Nacht hat ein helles Ende* *(Jede?)*

Der Brief von Dr. med Hirschfeld - ein Zeitzeuge

Der Westerhof hoch oben über dem Tegernsee war ein sehr gut geführtes Sanatorium von Dr. Sehmer. Hier weilte einmal ein Mann und Zeuge zur Kur, dessen Brief nicht vergessen werden darf. Es war ein jüdischer Lungenfacharzt: **Dr. med Fritz Hirschfeld**, der von 1940 - 1942 eine leitende Funktion in der Berliner jüdischen Gemeinde innehatte. 1942 kam er durch das NS-Regime ins KZ Sachsenhausen. Als die Sowjetische Rote Armee dieses KZ befreite, wurde er weiterhin dort gefangengehalten. (Aber auch von den Amerikanern wurden die KZ-Lager weitergeführt, man hat sie nur umgetauft in „Internierungs-Lager")

Ein **ganz eigenartiger Zufall** wollte, dass bei uns im Kampenweg Frau Baronin von B. 21 Jahre lang wohnte, die beim Buderer in Abwinkl, nahe Schustermann- und Friedlhof ihr Geschäft mit antiken und neuen Dingen, und auch gute Verbindung zum Westerhof hatte. So erfuhr ich von den z.T. in Politik und Wirtschaft hochgestellten Patienten im Westerhof und **fand dadurch den Brief von Dr. Hirschfeld** in dem Buch: „Verheimlichte Dokumente"- (was den Deutschen verschwiegen wird) von Erich Kern ISBN 3-924309-08-6, den ich sonst wohl nicht richtig **beachtet** hätte.
Die Dinge, aus diesem Buch, müssten, da man bei uns die Wahrheit achtet, den Schülern genauso bekannt gemacht werden, wie die KZ-Lager in Dachau, Auschwitz, Buchenwald, gegen das Vergessen. Nur dann werden wirkliche Demokraten heranwachsen können.

Unsere Jugend ist seit 60 Jahren recht einseitig unterrichtet was die geschichtlichen Dinge betrifft, dass **die Wahrheiten**, die ihre Eltern und Großeltern erlebt haben und erzählen, meist geringschätzig abgetan, oder **gar nicht geglaubt werden**. So wurde die ältere Generation, die eine andere Wahrheit kennt, **mundtot gemacht**, weil es nicht mit Zeitungsberichten, TV-Sendungen etc. übereinstimmt. In einer offiziellen Buchankündung ist zu lesen: „Kaum einer weiß daß Deutschland bis heute vertraglich gebunden ist, sich an die Geschichtsversion der Siegermächte zu halten." Das wäre immerhin eine Erklärung und ein Beweis, dass wir Väter und Mütter nicht lügen.

PRIVATKLINIK UND KLINISCHES SANATORIUM
„Der Westerhof"
oberhalb
TEGERNSEE

Besitzer Dr. phil. Th. Sehmer
Chefarzt Dr. med. J. Tinschert
Facharzt für Innere Medizin

z.Zt. 818 Tegernsee, den ....

Dr med Fritz Hirschfeld z.Zt. Facharzt für Lungenkrankheiten

Telefon 3232, 3233
Bayer. Staatsbank München 211 48
Bayer. Hypoth.- u. Wechsel-Bank Tegernsee 2631
Kreissparkasse Tegernsee 1300
Postscheck München 1531 17

Konzentrationslager Sachsenhausen, ein Schandfleck des 20. Jahrhunderts, eingerichtet unter dem Naziregime, fortgeführt nach 1945 durch die Sowjets. Die Insassen während der Gewaltherrschaft Hitlers waren politisch Andersdenkende und Juden. Bei den Sowjets gab es unter den politisch Festgehaltenen wie sie sie nannten, keinerlei Gruppen, die unter politischen oder wirtschaftlichen Gesichtspunkten festgesetzt wurden, sondern [illegible] wohl nur eine willkürliche unter allen Schichten der Bevölkerung, auch dem Alter nach von 14 Jahren bis Mitte der Siebziger.

Das Leben im Lager war hart, sehr hart sowohl bis 45, wie nachher bis 1950. Jeder sehnte sich danach in ein Arbeitskommando eingeteilt zu werden, da dadurch die Verpflegung etwas besser wurde. Die Rationen waren bis 1945 etwas reichlicher. Dies verursachten infolgedessen unter den Sowjets von 45–50 vielerlei Infectionskrankheiten, vor allem die Tuberkulose breitete sich schnell aus, wie auch infectiöse Lebererkrankungen u.s.w. Die Zahl der Toten war infolgedessen von 45–50 im Lager sehr hoch, Beerdigungen in Massengräbern – Kalkgruben – ohne Kennzeichen, ohne Benachrichtigung der Angehörigen.

Zwar sind Vergleiche immer etwas relativ, eines ist aber sicher, der Aufenthalt in Sachsenhausen von 1945–50 unter den Sowjets war noch quälender und härter als unter dem Hitlerregime.

Dr med Fritz Hirschfeld
Facharzt für Lungenkrankheit

Handschriftlicher Bericht des jüdischen Arztes Dr. Fritz Hirschfeld, der von 1940—1942 eine leitende Funktion in der Berliner jüdischen Gemeinde innehatte, dann vom NS-Regime ins KZ Sachsenhausen verfrachtet und dort — als die Sowjets das KZ übernahmen — weiter gefangengehalten wurde.

Der Text des Briefes von Dr. med Hirschfeld:

Konzentrationslager Sachsenhausen, ein Schandfleck des 20. Jahrhunderts, eingerichtet unter dem Naziregime, **fortgeführt nach 1945** durch die Sowjets. Die Insassen während der Gewaltherrschaft Hitlers waren politisch Andersdenkende und Juden. Bei den Sowjets gab es unter den **politisch Festgehaltenen** wie sie sie nannten, keinerlei Gruppen, die unter politischen oder wirtschaftlichen Gesichtspunkten festgesetzt wurden sondern ....wohl nur eine willkürliche unter allen Schichten der Bevölkerung auch dem Alter nach von 14 Jahren bis Mitte der Siebziger. - -(........= unleserlich)-

Das Leben im Lager war hart, sehr hart,sowohl **bis 1945**, wie nachher **bis 1950**. Jeder sehnte sich danach in ein Arbeitskommando eingeteilt zu werden, da dadurch die Verpflegung etwas besser wurde. **Die Rationen** waren **bis 1945 etwas reichlicher**. Es herrschten infolgedessen unter den Sowjets von 45 - 50 vielmehr Infektionskrankheiten, vor allem die **Tuberkulose breitete sich schnell aus**, wie auch Infektionen, Lebererkrankungen u.s.w. **Die Zahl der Toten** war infolgedessen von 45 - 50 im Lager sehr hoch, Beerdigungen in Massengräbern- Kalkgruben- ohne Kennzeichen, ohne Benachrichtigung der Angehörigen.
Zwar sind Vergleiche immer etwas relatives, eines ist aber sicher, der Aufenthalt in Sachsenhausen von **1945 -50 unter den Sowjets war noch quälender und härter als unter dem Hitlerregime.**

Dr. med. Fritz Hirschfeld
Facharzt für Lungenkrankheiten

Ich bin mit dir und behüte dich, wohin du auch gehen wirst. (Genesis 28,15)

Die KZ-Männer in der Wiesseer Kirche (Maria Himmelfahrt)

Ebenfalls vorausschicken möchte ich zuerst die Geschichte, wie sie mir unser Weihbischof Franz Schwarzenböck erzählt hat, der damals als 22 jähriger, Angehöriger der 1. Gebirgsdivision (später 3. Gebirgsdiv.) **im Haus Hubertus** (heute Medical-Park) mit einem Armdurchschuss im Lazarett lag, aber schon gehfähig

Durchschnitts-Lastwagen

Kaufmannserholungsheim „Hubertus“, heute „Medical-Park“, im Krieg Lazarett

war und an **einem Maitag ca. 18 Uhr zur Maria Himmelfahrts-Kirche** hinaufging um dort zu beten. „Ich sah vor der Kirche etwa 6-8 Soldaten als Bewacher stehen, die nicht in die Kirche eintraten, sondern warteten“, sagte er mir.
Im Kirchenraum sah er die Gruppe der KZ-Männer in den gestreiften Drillich-Anzügen und **sie hatten eine Decke umgehängt**; denn es war ziemlich kalt.
Es wurde **keine Messe gefeiert**, aber es wurde **das Confiteor** (lat. Ich bekenne) gebetet und dann wurde die Kommunion ausgeteilt, vermutlich von Pfarrer Gansler. Schwarzenböck sagte, er hört heute noch das Klappern der Holzschuhe auf dem Kirchenboden als sie zur Kommunionbank gingen. Ich fragte ihn nach der Anzahl der Personen und er sagte: „Schätzungsweise **40-60 Leute**. Er befürchtete damals, man würde sie zum Bauer in der Au führen, um sie dort irgendwo zu erschießen.
Er konnte mit den Männern nicht sprechen, hielt sie aber für Polen und Angehörige anderer Nationalitäten.

Nochmal die Größe eines damaligen Lastwagens

Rosl Höß, die sich eingehend mit der Wiesseer Ortsgeschichte befasst hat und große Kenntnisse hatte, **schrieb von 40 KZ-Häftlingen**. Später hieß es dann auch, es seien Tiroler Geistliche gewesen. Da wären sie wohl in Tirol geblieben, als man sie hineinfuhr.
Diese Gruppe in der Maria-Himmelfahrtskirche war jene, für die der Gemeinde-Vorarbeiter „Moarä“ **Stroh in die Turnhalle brachte**. Es sollte sich jeder Leser das Bild von einem damaligen durchschnittlichen Lastwagen, wie ihn Herr Berthold hatte, anschauen und selbst überlegen, wieviel Personen mit zwei Fuhren transportiert wer-

den konnten. Nur wer die Personen **zählt**, kann sich nicht verschätzen.

Durch das Bild der Erst-Kommunion sehen wir 1 = Bau, wo die KZ-Männer untergebracht waren, 2 = das Beihäusl mit Kälberwaage und Metzgerzimmer

Bericht aus der Kurzeitung:

Am 28.4.45 traf ein von der SS bewachter Elendszug von KZ-Häftlingen (Dachau) aus Tölz abends in Wiessee ein. 40 Tiroler und französische Geistliche, die sich vom Zug gelöst hatten, kamen über Waakirchen ins Tegernseer Tal. Sie wurden von dem damaligen Wiesseer Pfarrer Johann Gansler (Math. Sareiter und Maier) in Obhut genommen und waren in dem Heustadl im Löblfeld hinterm Schulhaus untergebracht. Martina Niederhauser konnte sich noch an den Elendszug erinnern. Resi Staudinger, die Postwirtin, erklärte den SS-Bewachungsposten, nur dann für sie etwas zum Essen abzugeben, wenn auch die armen Häftlinge etwas bekommen würden. Sie ging ins Lager und holte den ganzen Zug in ihren Speisesaal und bewirtete sie. Rosl Höß

Weibischof Franz Schwarzenböck sagte noch: Auch er ist, wegen Auflösung der Lazarette durch die Amerikaner („Hubertus" wurde vom Ami beschlagnahmt), **auf der großen Sammelwiese** zwischen **Reitrain und „Grea Wasserl"** etwa 1 Woche auf der blanken Erde gelegen, ohne Zelt, ohne anderem Schutz, bis er mit anderen Kameraden nach Würzburg zur Entlassung gebracht wurde. Es sollen 20.000 Gefangene gewesen sein. HK 18.5.05

„Man kann alle Leute eine Zeitlang an der Nase herumführen, und einige Leute die ganze Zeit, -aber nicht alle Leute alle Zeit."

(Abraham Lincoln, Rede 8.9.1858)

Achenseehof-hin und zurück zum Gasthof zur Post

Das Folgende ist nur eine der vielen Geschichten vom Kriegsende am Tegernsee und ich stütze mich dabei auf die Niederschriften eines Wiesseer Bürgers.

4 = Salettl, vorne Kiosk, Gemüseladen Eberl (Scherer)

Von Bad Wiessee zum Seehof in Tirol

Am 29. und am 30. April kam am Vormittag der Stabsarzt mit einem Feldwebel vom Lazarett **Hotel Rex** ins Rathaus. Die Besprechung mit dem Bürgermeister lief darauf hinaus, dass der **Obersekretär Glötzl** und **Sekretär Spitz** aus großer Sorge um den Ort bereit waren, mit dem Stabsarzt unter größter Geheimhaltung die kampflose Übergabe vorzubereiten. Schon vor Tagen, als die Front immer näher rückte hatte der Bürgermeister mit dem spanischen Konsulat Verbindung aufgenommen, das im Haus des Herzogs von Sachsen- Altenburg untergebracht war. Es hatte sich bereit erklärt, der Gemeinde Bad Wiessee mit Rat **und Tat** zur Seite zu stehen, da das gesamte Tal **seit Mitte April 1945 „Lazarettstadt"** war und so ein rechtlicher Grund vorhanden war. (Schweizer Konsulatsbericht, Seite 4)
Neben dem neutralen spanischen Konsulat waren die 5 genannten Leute, die „Geheimnisträger". „Ich hoffe, euch allen ist der Ernst der Stunde bewusst; denn **in Penzberg** hängens alle schon an den Alleebäumen dran" sagte der Bürgermeister tiefbesorgt und mit allen meinte er diejenigen, die nach dem **Radioaufruf Gerngroß** und der FAB **(Freiheitsaktion Bayern)** mit weißen Fahnen für Penzberg und das Bergwerk eingetreten waren.

„Sobald die Amerikaner aufkreuzen bildet ihr mit dem Stabsarzt eine kleine Parlamentärsgruppe, aber das muss unauffällig gehen, sagte er." Der Stabsarzt als führender Offizier und der Feldwebel waren bereit Wehrmacht und Lazarette zu vertreten, Spitz und Glötzl wollten das für die politische Gemeinde tun.

(Hier muss erläuternd eingeflochten werden, dass das Telefon seinerzeit keineswegs die Bedeutung spielte wie heutzutage. Vieles wurde per Boten überbracht und zwar mit dem Fahrrad. Ein Zimmerergeselle verdiente seinerzeit etwa **0.95 RM in der Stunde**. Zimmerer und Mauerer waren damals die bestbezahlten Handwerker. Ein **Ortsgespräch** (Einheit) **kostete 0.20 RM**, telefonieren war teuer, für 1 Stunde Lohn konnte man 5 kurze Ortsgespräche führen)

Am 28. April 45 hatte der Rottacher Bürgermeister Engelsberger den von Wiessee, Sareiter, angerufen und ihm gesagt er habe Sorge um **Max Mayr** von der **Rainersäge**, dem Bürgermeister von Kreuth und Rottach und ob er nicht zu ihm gehen könne um auf ihn einzuwirken, dass er sich wieder auf richtige Wege konzentriert; denn seine Frau wäre vollends durchgedreht. Er, Engelsberger habe schon alles versucht, könne ihn aber zu nichts bewegen.
Max Mayr hatte mal einen Polen wegen Faulheit geschimpft und das wurde in Kriegsverliererländern schwer geandet. So fuhr er früh am **29. April** zum Maxl, weil sie sich gut kannten und weil er es dem Engelsberger versprochen hatte. Maxl stand gerade auf der Kanalbrücke im Holzlager. „Geh' halt ein paar Tage auf die Hütte" sagte er zu ihm „bis alles vorbei ist". Aber Max wollte nicht. Er war zu nichts zu bewegen. Er war wie festgefahren. „Überleg es dir, das wäre wohl das Beste und ruf mich an, wenn du mich brauchst", sagte er, dann radelte er wieder nach Wiessee zurück.
Gegen Abend wurde er von Engelsberger angerufen. Er sollte sagen, ob er sich als Vertreter der Gemeinde Bad Wiessee bereit erkläre, eine gemeinsame kampflose Übergabe des Tegernseer Tales durch das **Schweizer Konsulat** zu versuchen. Er sagte zu Engelsberger: „Du musst mir jetzt eine Stunde Zeit lassen, weil ich schon selbst was organisiert habe. Da erzählte ihm Engelsberger, die schreckliche Geschichte des Ehepaares Mayr. Frau Mayr habe erst ihren Mann und dann sich selbst erschossen. Anscheinend war sie sofort tot, Maxl starb am 30. April. Alle seine Bekannten waren erschüttert und niemand konnte es verstehen.

Der Begleitmann kam ins Rathaus

Jeder von uns weiß heute von den unmenschlichen Zuständen, die in den KZ-Lagern herrschten und jeder weiß auch, wie wenig genügte um verhaftet zu werden und hinter diesen Mauern, bzw. Stacheldrahtzäunen zu verschwinden. Äusserst gefährdet

Gemeinde-Vorarbeiter Josef Maier (mit seiner Tochter Sepherl) die Stütze des Bürgermeisters in vielen Schwierigkeiten 44/45

waren diejenigen, die gegen das NS-Regime frei ihre Meinung äusserten oder gar Kritik übten. Das Schlimmste aber waren **die Denunzianten**. Meist waren es Zugezogene. Es gab davon mehr als genug. An jenem Nachmittag kam ein Transport KZ-Häftlinge zu Fuß ca. 35 Mann, aus Bad Tölz, wo sie in der **SS-Junkerschule** beschäftigt waren hier an. **In Bad Wiessee sollten sie nur übernachten;** denn ihr Reiseziel war ein **Ort in Tirol**. Ein Begleitmann meldete sich gegen 18 Uhr im Rathaus und **wollte Quartier zugewiesen bekommen**.

Die Angestellten im Rathaus warfen sich erschreckte Blicke zu. Das war eine schwierige Situation. „Eine Nacht", überlegte der Bürgermeister. Dann suchte er seinen **Vorarbeiter, Josef Maier**, der gerade im **Löblhof** war und der ihm vor 4 Tagen berichtet hatte, dass er die Ami schon gesehen hatte, als er vom Donaumoos herauffuhr. Maier war etwas jünger als er, hatte in der Kindheit durch einen Unfall oder eine Krankheit ein kürzeres Bein, trug meist Gummistiefel und wurde **„Moarä"** oder „Gummi-Moarä" genannt. Er war **zuverlässig und geschickt** und so sagte ihm der Bürgermeister: „Bringts am besten Stroh in die **Turnhalle**, das wird das Beste sein, dann schaust, dass s' an Tee kriagn, an hoaßn."

„Ja", sagte der Moarä, und dann: „da hama a schene Gschicht beinand." Sie schauten sich ernst an. Alles in allem war es eine Express-Versorgung. **Diese Geschichte beunruhigte beide sehr.**

Der Bürgermeister fuhr nochmal zur Turnhalle um nach dem Rechten zu sehen, sprach dabei auch mit einigen KZ-Männern um ein ungefähres Bild zu bekommen, von der Mischung, die da beisammen war. „Also Gute und weniger Gute, wie halt immer" dachte er .

Die Begleitmannschaft der Gruppe waren einfache junge Soldaten, und natürlich bewaffnet. Sie waren irgendwie mal der SS zugeteilt worden und einer dieser Männer ging zum Bürgermeister hin und sagte sachlich, dass mit diesen Leuten **niemand reden dürfe**. Da sagte der zu ihm, er solle bedenken, dass die Möglichkeit bestehe den Trupp in Bad Wiessee versorgen zu müssen, da sie bei dieser Kälte und den momentanen Straßen-Verhältnissen nicht mehr recht weit kommen würden.

Zum Andenken im Gebete

an Herrn

Josef Maier

Vorarbeiter im gemeindlichen Bauhof
in Bad Wiessee

welcher am 28. Juni 1960

unerwartet schnell im 59. Lebensjahr verschieden ist.

Mein Jesus Barmherzigkeit!

A. Boemmel Tegernsee

Als er schon gegangen war, kehrte er nochmal um und ging zu einem der Begleitsoldaten hin, um ihn nach dem Ziel seines Marsches zu fragen. Der zog seinen Marschbefehl aus der Tasche und da war als Marschziel der **Seehof in Tirol** angegeben. Weder eine Verpflegungsanordnung, noch ein Unteroffizier, überhaupt nichts in dieser Richtung war vorhanden. Es schaute nach einer regelrechten **überstürzten Auflösung** aus.

Der Ortsvorstand betrachtete das voller Sorge und überlegte sich diese Sache; denn er selbst hatte im Krieg viel mit **Gefangenentransporten in Frankreich** zu tun und so kannte er sich aus mit all den Schwierigkeiten die da entstehen. Diese Sache beschäftigte ihn die ganze Nacht, und er wälzte die Gedanken hin und her. An ihm hing alle Verantwortung. Zu all den üblichen Aufregungen und Sorgen kam nun noch diese völlig überraschende Schwierigkeit mit dem Häftlingstransport. Am anderen Morgen fuhr er sofort wieder zur Turnhalle (mit dem Radl) und sagte den Leuten, sie sollen noch nicht sofort abmarschieren, sondern warten bis er wiederkäme. In der Zwischenzeit wurde vom **Bäcker Schwaiger etwas Brot** in die Turnhalle gebracht und **die Hausmeisterin** kochte nochmal Tee aus den Heilkräutern, die **Hauptlehrer König** von den Schulkindern im Sommer hatte sammeln lassen und die säuberlich auf Betttüchern ausgebreitet auf dem Schulhausspeicher getrocknet worden waren.

In dieser Zeit versuchte der Bürgermeister **bei Berthold** einen Lastwagen mit dem **Fahrer Steinwagner** zu organisieren, und als er den **Herrn Berthold** endlich gefunden hatte und mit ihm verhandelte, gab dieser zu bedenken, dass das nicht so einfach zu machen wäre. „Da brauch' ma an Fahrer und einen Kilometerschein vom Landratsamt." Er wollte sich verständlicherweise herauswinden; denn es war keineswegs sicher, ob sein Lastwagen, samt Steinwagner wieder zurückkäme. Sein Lastwagen war aber auch die Grundlage seiner Existenz. „Mein Gott" dachte der Bürgermeister, will denn keiner sehen was hier los ist".
Da sagte er kurzentschlossen: „Du hast doch den Steinwagner Ludwig als Fahrer, und deinen Kilometerschein bekommst du von mir und jetzt gibst uns deinen Lastwagen." Sehr eindringlich redete der Bürgermeister auf ihn ein und erinnerte ihn an die Sache mit den **„Generalsweibern"**, die ihn kalten Blutes ins KZ gebracht hätten, wenn Gauleiter Giesler damals anders reagiert hätte. „Berthold," sagte der Ortsvorstand mit Nachdruck, „Berthold das bist'd mir jetzt schuldig."

So bekam er den Lastwagen mit **Holzvergaserantrieb**, aber Ludwig Steinwagner konnte den Lastwagen tatsächlich nicht fahren, weil er nie den Lastwagenführerschein gemacht hatte, aber bei Berthold war ein **kriegsgefangener Franzose**, der fuhr dann schließlich mit dem Holzgaser und **Steinwagner** war als „Beifahrer" im Führerhaus, und auf ihm lag alle Verantwortung, für diese riskante Fahrt.

Auf dem Lastwagen hatte nur die Hälfte der KZ-Männer Platz, so wollte man die Männer auf zweimal fahren, um sie möglichst schnell zum **Achenseehof** zu bringen, doch weil der Winter zurückgekommen war und die Straße zum Achensee von Fahrzeugen der Wehrmacht und der SS zum Teil mit Pferden völlig verstopft war, konnte die 2. Fuhre erst am anderen Tag gefahren werden, aber das sollte nun wirklich in aller Frühe passieren. Am andern Morgen fuhren sie die 2. Gruppe zum Seehof am Achensee, aber diesmal kamen sie nur bis zum **„Wachtl"** (Kaiserwacht), und sie staunten nicht schlecht, als sie dort einen Trupp Leute in grau-weiss gestreiftem Drillich zu Fuss daherkommen sahen. Es waren die gleichen Leute, die sie am Tag zuvor hineingefahren hatten, aber ohne Bewachung. Sie marschierten wieder in Richtung Bad Wiessee zurück. **(siehe Straßenkarte.)**

Beim Kaiserwachtl in Tirol war Steinwagner gezwungen mit dem Lastwagen kehrt zu machen und seine Fuhre wieder nach Wiessee zurück zu fahren. Es waren **noch keine Kampftruppen** im Tegernseer Tal. Doch schon beizeiten hatte der Bürgermeister mit dem **spanischen Konsulat** Verbindung aufgenommen, das aus München nach Wiessee evakuiert worden war. Verbindung um Beistand zu erbitten, wegen der Zeit, die daherkam und über die man sich Sorgen machte. Besondere Verdienste aber fallen in diesem Hinblick dem Landrat Ernst Heuser zu; denn die harten Schicksalsfragen haben auch ihn bewogen oft halbe Nächte damit zuzubringen, mit den Bürgermeistern die Lage zu besprechen, wie der rechte Weg zu finden sei, um die Orte kampflos zu übergeben. Das war äuerst schwierig. Es war bekannt, dass Leute, die die weiße Fahne zeigten, dem Standrecht unterworfen wurden. Aber ohne weiße Fahnen ging es nicht.

Bürgermeister Josef Engelsberger

Engelsberger und der Schweizer Konsul

Über den Rottacher Bürgermeister Engelsberger, der mit dem dort evakuierten Schweizer Konsulat in Verbindung getreten war, wurde vereinbart, dass die Bürgermeister der Gemeinden Rottach, Tegernsee und Wiessee gemeinsam den Amerikanern die kampflose Übergabe bekannt geben werden. **Konsul Dr. Paul Frei** erklärte sich bereit, mit seinem Wagen diese Botschaft zu den Amerikanern zu bringen. Die **Gemeinde Gmund** wurde zu dieser Gemeinschaftsaktion nicht einbezogen, da Himmler in Gmund ein Haus hatte und der dortige **Bürgermeister Hiltl**, ein geachteter Bürger und

Imker, ehrenhalber in die SS aufgenommen worden war. Man fürchtete dass diese Tatsache das Wohlwollen der Amerikaner hätte gefährden können. In eine Zwickmühle wollte niemand geraten.
Aber man saß schon mitten drin; denn als Frei zu den Amerikanern fuhr, schaute alles noch recht einfach aus, als er aber zurückkam, **hatte sich die Lage völlig verändert**, weil in der kurzen Zeit, am selben Tag, deutsche Wehrmachtseinheiten, Pferdegespanne, Autos und die Division der SS-Panzergrenadiere völlig überraschend ins Tegernseer Tal hereinströmten. Eigentlich, von Tölz kommend, wollten sie über die Autobahn zum **Obersalzberg** (Berchtesgaden). Dieser **direkte Weg** war ihnen jedoch abgeschnitten, da die Amerikaner bereits bei Holzkirchen standen. So wählten sie die Möglichkeit über das Tegernseer Tal, Achensee, Inntal nach Berchtesgaden zu kommen, über diese Strecke wollten sie ihr Ziel doch noch erreichen, das in den Köpfen auch unter dem Namen **„Alpenfestung"** herumgeisterte. Dabei sollten sie das Tegernseer Tal **„hinhaltend verteidigen"**.

> ***„Es liegt ein gut Stück Wahrheit in den Vorwürfen***
> ***in bezug auf die gegen die Achsenmächte gerichtete Einkreisung.***
> ***Es ist gegenwärtig nicht mehr nötig, die***
> ***Wahrheit zu verbergen."***
>
> Winston Churchill am 21. Juni 1939
> (zit. in Bolko Frhr. von Richthofen. *Kriegsschuld 1939/41,* 1968, S. 61)

Geöffnete Archive (nach 2 x 30 Jahren)

Manches darf dem Volk nach 30 Jahren bekannt gegeben werden, manches nach 60 Jahren, manches überhaupt nicht.
„Hinhaltend" bedeutete wohl, es sollte „Zeit gewonnen werden", weil jetzt, nach Öffnung der Archive in 2005, bekannt wurde, dass tatsächlich **von einem Teil der amerikanischen Armeeführung** (Patton) Bestrebungen im Gange waren, mit den **in den russischen Sümpfen erprobten, tapferen Einheiten der SS (!)**, verbunden mit der guten Ausrüstung der Amerikaner, gegen die **Sowjetmacht** loszuschlagen um die **westlichen Werte** nicht zu opfern. Damals wurde zwar etwas in der Art bei den Soldaten und Teilen der Bevölkerung gemunkelt, aber man hielt es für ein Gerücht. Genau wie das Gerede von der **„Wunderwaffe"**. **General Patton soll gesagt haben:** „Wir müssen mit den Deutschen nach Moskau marschieren und wir werden **jede erdenkliche Hilfe Gottes** brauchen, um diesen Stalin mitsamt seinen mordenden Horden vom Planeten zu jagen." (**Eisenhower** und **Truman** verfolgten andere Ziele)
Wer sich ausführlicher informieren will, sei auf das hervorragende Tegernseer-Tal Heft Nr. 141 und Nr. 142 verwiesen, das es in jeder Buchhandlung gibt. **Auf Seite 62**, kommt Patton leider in ein schlechtes Licht. Man erschrickt hier beinahe so, wie im NT. bei Johannes 8: 39-45.

Der **Kreisbrandmeister Kriegele** rief damals-(wie es ausgemacht war) seinen Freund und Feuerwehrkollegen mittags kurz im Wiesseer Rathaus an und sagte: „Hier Kriegele - Mathias jetzt kemans! „ und schon hatte er wieder eingehängt, aber das reichte. Er meinte die Ami's kommen. Sofort wurde ein Rundschreiben an die Bevölkerung herausgeschickt, auf dem stand, dass für den Zeitpunkt, **wenn die Amerikaner einrücken**, weiße Tücher bereit zu halten seien um bei den Amerikanern keine Nervosität aufkommen zu lassen.
Die SS-Soldaten waren ziemlich schnell im Besitz eines dieser Bekanntmachungszettel. Das war gefährlich und hatte auch noch Folgen. **Obersekretär Glötzl**, sollte von seinem Haus aus trotzdem vorsichtig aufpassen, wann die Amerikaner in den Ort einrollen und dann sollte er ihnen mit der weißen Fahne entgegengehen und die Kunde von der kampflosen Übergabe mitteilen. (**Glötzl sprach kaum englisch.**)
Aber da stellte sich dann durch **einen Holzer Bauern** heraus, dass die Waffen-SS gar nicht zum Achensee weiterzog, sondern dass sie begann die **Hauptkampflinie aufzubauen**, und zwar von der Ortschaft Holz/Wiessee aus, über Gmund nach Seeglas. Die Gemeinde-Verwaltung erfuhr davon durch die Tatsache, dass sich Soldaten Deckungslöcher gruben. Die **Auffanglinie ging am Söllbach entlang** mit der Gefechtstelle Heilmaier (heute Gehrke, Bettenhaus-Niedermaier). Ein Beobachtungsposten kam ins Haus Karg-Sigl. Der Kurier von Konsul Frei kam mit seinem Fahrrad von da an nicht mehr ins Rathaus, sondern brachte die Botschaften ins Haus des Bürgermeisters neben Haus Karg, denn in dieser Zeit war doch alles voller lüsterner „Spitzel" und Denunzianten. (Wenn das stabile, fremde, schwarzlackierte Herrenfahrrad an der Hauswand lehnte, durfte niemand ins Haus, „weil der Konsul da ist", hieß es. Es war aber der Bevollmächtigte vom Konsul Frei./ d.V.)

(**Die genaue Übersicht dieser Tage** werden wir dem Bericht von Geistlichem Rat **Dr. Lorenz Radlmaier** entnehmen, der die Sache objektiv beschrieb und sicher kein Freund der Nazionalsozialisten war, da er 1938 vom seinem **Direktorenposten in Neuburg a.d. Donau** entbunden wurde und sich damals in sein Pfarrerhaus am Kirchbichl zurückzog. Erwähnt sei, dass diese beiden Seiten, nämlich **Seite 236 und 237 aus der Wiesseer Radlmaier Chronik**, die im Rathaus liegt **von „unbekannt" entfernt wurden**. Vielleicht sollten die damals verantwortlich handelnden Bürgermeister Engelsberger, Müller, Hiltl und Sareiter, die ja alle der Nationalsozialistischen Deutschen Arbeiter Partei angehörten, nicht offen gewürdigt werden um die Zeitdarstellungen und die **Umerziehung** nicht zu stören. - Wer weiß. Durch Zufall blieben sie aber doch erhalten.

Laßt das Volk die Wahrheit wissen, und das Land ist sicher."

(A. Lincoln)

Wir wenden uns wieder dem Schicksal der KZ-Männer zu, die Ludwig Steinwagner wieder nach Wiessee zurückgebracht hatte. Man brachte sie nun provisorisch ins **Beihäusl (Zuhäusl) vom Gasthof Post**, das dem **Kolmheiss**, dem Steinwagneranwesen nahe lag. (siehe kleiner Lageplan)

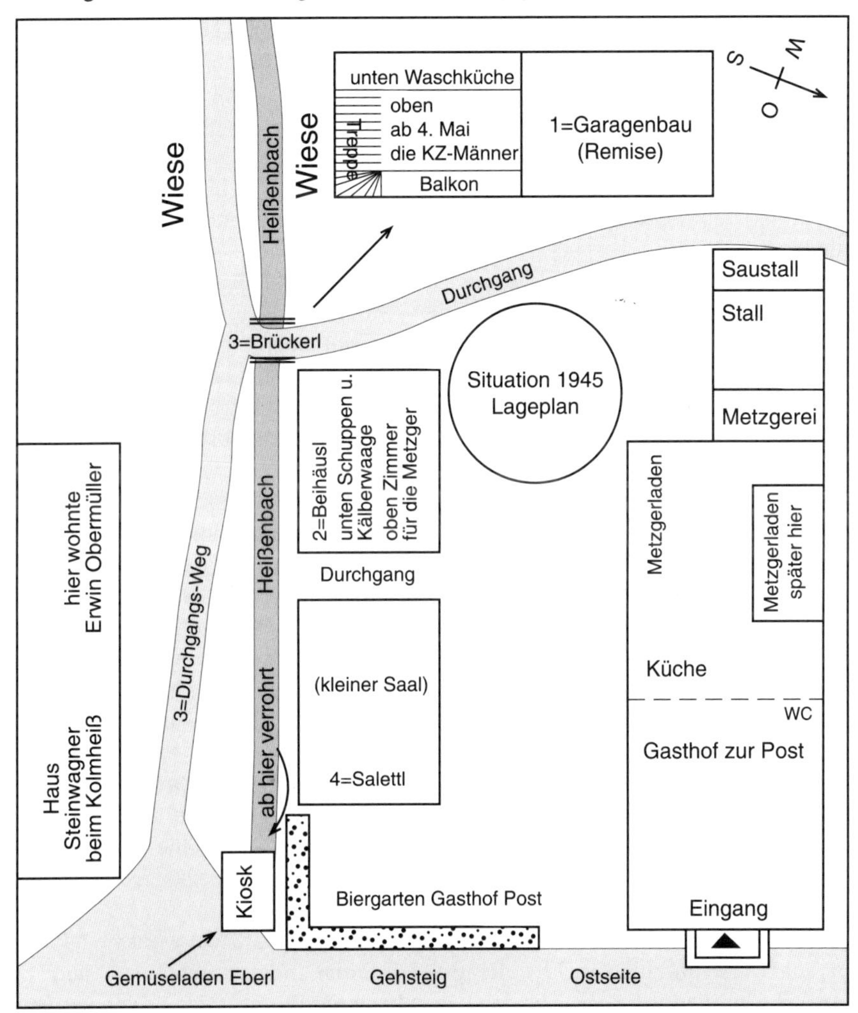

Von Erwin Obermüller aus dem Gedächtnis gezeichneter Lageplan
Er entspricht nicht den tatsächlichen Maßen, führt aber alle Nebenhäuser vom Gasthof zur Post auf, mit deren Nutzung.
Frau Steinwagner und die Mutter von Erwin waren Schwestern.
Erwin erledigte bei Kriegsende unerschrocken noch Botengänge (Radl) und grüßte im Bürgermeisteramt in Aufregung und alter Gewohnheit den Colonell West mit „deutschem Gruß“.

Da Moarä und der Scheurer

Wiessee's damaliger **Gemeinde-Vorarbeiter** war ein eigenständig denkender Mann, der manche Notlösung fand. So gelang es dem Bürgermeister, durch ihn, von Oktober bis Ende April mehrmals **mit Brennholzfuhren** zu seinen Verwandten in die Nähe von Schrobenhausen zu fahren um mit den eingetauschten Kartoffeln wieder nach Wiessee zu kommen. Ihm war es seinerzeit zu danken, dass hier wenigstens keine Kartoffel- Knappheit herrschte.

Der Scheurer sen., der seinen schönen Hof beim Rathaus hat, erzählte einmal, dass er einige Ster Holz am Hof hatte und der Bürgermeister sei ganz aufgeregt zu ihm gekommen und habe gesagt: „Scheurer, bittschön **gib mir dein Holz**, damit wir ins Donaumoos obifahrn kenna, gib mas. Verkaaf ma's, sonst muass i' s da beschlagnahmen."

Niemand weiß heute noch, was die Leute damals in der Not für die Allgemeinheit getan haben, so wie der Scheurer und der „Moarä". Letzterer hatte auch einige Kriegsgefangenen zu betreuen, die im **Robognerhof** untergebacht waren. Ein eingezäuntes „Lager" für die Gefangenen gab es hier bei uns nicht; denn die anderen wohnten im **Löblhof**, der 1946 abbrannte.

Ihre Mahlzeiten bekamen diese **Franzosen**, **Polen** oder **Ukrainer** meist bei den Bauern, denen sie zur Arbeit zugeteilt waren. Zwei einzelne Franzosen waren oft im **Friedhof**, der damals angelegt wurde. Ganz alleine, ohne Aufsicht waren sie da. Sie hatten meist eine Zigarette im Mundwinkel, die ihnen auch beim Lächeln nicht herausfiel, denn wir 12jährige Schulkinder gingen öfter über den Kirchbichl heim um sie zu sehen und mussten lachen, weil wir ja nur „le böff" der Ochs und „la Wasch" die Kuh wussten und die Franzosen sagten dann lachend auch irgendwas, was wir lustig fanden. Dort klopften sie an den Bruchsteinen herum, die heute noch als Begrenzung der Wege zu sehen sind. Geschunden worden sind sie hier nicht. Zu diesen Kriegsgefangenen waren nun auch noch die KZ-Männer in die Obhut des Gemeinde-Vorarbeiters gegeben, aber nicht sehr lange.

Am 1.oder 2.Mai 45 bekam der Bürgermeister einen **anonymen Anruf**, wegen dem Zettel, mit dem er die Bevölkerung auf die **weiße Tücher** hinwies. Das erzählte er, als er mittags zum essen heimkam. Wir ahnten es nicht, dass dies **eine Warnung** war. (Das fiel unter die Rubrik „Zersetzung der Wehrkraft" siehe Penzberg, wo sie aufgehängt wurden).

Jedenfalls war er schon wieder aus dem Haus, weil ihm gemeldet wurde, ein Panzer sei manövrierunfähig an der Ringseeböschung liegen geblieben und der **Panzerkommandant** wolle sich das Leben nehmen. Wir erfuhren es von der **Frau Erlacher**. Die hatte Ziegen wie wir und wenn es bei uns Probleme gab, half sie uns mit ihrem Wissen aus. Erlachers wohnten nahe beim Haus Arnoldi, (Defreggerweg) wo **Herr Fischer**, der Intendant vom Gärnterplatz-Theater wohnte. Frau Erlachers Mann war der **„Langer Hardl"**, weil er vom „Langer" stammte, das ist ein Hausname in **Kreuth-Riedlern**.

Ab hier muss ich nun aus persönlicher Sicht schreiben, weil ich es nicht anders kann. Vater war immer nur noch kurz zuhause. Er war mit seinem Rad weggefahren, über

Beim Kolmheiß (Heiß) Familie Steinwanger
(Bild von Elisabeth Krones)

unsere Wildnis runter zum schmalen Kirchenweg und zur kleinen Söllbachbrücke. Er vermied die Hauptstrasse. Auch nachts.
Da klingelte es an der Haustüre und ich machte sie auf, wie immer. Da stand ein großer einzelner Soldat im Mantel vor mir, drückte mir seine Pistole an den Oberkörper, sagte: „Wo Sareiter", schob mich dabei energisch auf die Seite und ging so, mit der Pistole durch die offenstehende Türe in die Küche. Da stand Mutter. „Mein Mann ist nicht da" sagte sie und dieser schlecht deutsch sprechende Hüne schaute ins kleine Büro und ins Schlafzimmer und verschwand mit den Worten „krieg ich schon". Vater musste ihn kennen, denn er sagte später: „das war der **Balte von der SS**." In der Zimmerei suchte er ihn nicht und im kleinen Stall auch nicht. Er hatte wohl auch nicht viel Zeit.

Im Rathaus, 1. Stock dem Bürgermeisterzimmer gegenüber, war ein Fenster von dem man einen Teil vom Berthold-Hof sah. Sareiter bemerkte, dass dort immer mehr Sodaten mit Fahrzeugen zusammenkamen, bekam aber keinerlei Informationen, was da los ist. **Im Rathaus** tauchten zunehmend **völlig fremde Leute auf**, die hier ein und aus gingen, als wären sie hier zuhause. Da ging er zur Seitentüre hinaus und hinüber. Er tat so, als würde er Herrn Berthold suchen. Da entdeckte er, dass da im Innenhof geballte Sprengsätze gebastelt wurden und erfuhr auch, dass die SS-Soldaten die **Breitenbachbrücke** schon zur Sprengung präpariert hatten. Das war keine gute Neuigkeit.

Eilig suchte er seinen Kurier, den er noch mit dem Kleinmotorrad nach Miesbach schickte, um im Landratsamt eine **Schlachtschein-Genehmigung** zu holen; denn

wegen der Versorgung der Bevölkerung drückten ihn nun plötzlich große Sorgen. Wenn die Brücken alle in die Luft fliegen, dachte er, und von aussen keine Nahrungsmittel mehr gebracht werden können, so wollte er wenigstens in dieser Richtung unabhängig sein. Das Telefonat mit dem Landrat **Heuser** funktionierte, der stimmte zu, wollte alles vorbereiten, damit Herr Bramberger (Kurier) nicht warten brauchte und sofort wieder zurückfahren könne. Bramberger kam aber nicht mehr nach Miesbach, sondern nur noch **bis Müller am Baum**. Dort wurde er angehalten und sofort zurückgeschickt; denn da war alles schon verstopft und voller amerikanischer Truppen und Lastwagen. Die Amerikaner ließen ihn nicht weiterfahren. Da hieß es dann, dass in Tölz die Isarbrücke gesprengt worden sei.
Sareiter ging wieder hinüber zu Berthold, sah wie ein Unteroffizier und zwei Mann 4 Kabel zusammenmachten, einen Klebestreifen herum wickelten, aber da kam auch schon ein Feldwebel und verwies ihn des Platzes. Er versuchte noch auf die Kommandoführung einzuwirken, bekam aber keine Antwort. Ein anderer trat herzu und sagte:**"Kümmern Sie sich nicht um diese Sachen, wir führen nur Befehle aus."**
Als man um 15.30 Uhr den ersten Geschützdonner von Gmund hörte, dauerte es nicht lange und jemand brachte die Botschaft, dass es **beim Gundischhof, in Holz oben,** (Schwarzenböck) brennt.
Die Ortsfeuerwehr war technisch sehr gut ausgerüstet, sodass der Brand eingedämmt werden konnte und **nur der Querstadl** niederbrannte. Der Schaden war sehr hoch, da hochwertigen Maschinen und Motoren dort untergebacht waren. Als Sareiter in den **Gasthof Post** kam, machte ihm **die Postwirtin** einen höllischen Krach, was er sich denn überhaupt vorstelle, „mit **was** sie die **Kz-ler** füttern soll", die Vorräte seien alle aufgebraucht und außerdem wolle sie diese Leute überhaupt nicht haben. „Schaug dassd weidakimst", sagte sie barsch.
Er konnte ihr Verhalten nicht verstehen. Sie, die immer mit ihren „markenfreien" Eintöpfen, in ihrer resoluten Art und den guten Worten, den Leuten half; auch so manchem der Verwundeten, die bei ihr einkehrten, **plötzlich war sie ganz anders**.
Sie hatte viele Seiten, gab sich mal mütterlich, munterte die Deprimierten auf, schaute dass ihr Haus trotz der schlimmen Zeiten „die Post" blieb. Und jetzt, plötzlich, war sie wie ausgewechselt. Sie stellte sich ihm massiv quer, obwohl sie sich gut kannten, denn seine Frau war mit ihr „in Stellung" gewesen.
Da wurde er lauter als sie. Er fragte sie, was sie sich überhaupt vorstelle und ob sie denn noch nicht gemerkt habe, was los ist und dann ließ er ihr einen Schlachtschein ausstellen, den er kurzerhand selbst unterschrieb und den sie beim **Quercher** (Ignazhof) mit einem Stück Großvieh einlösen konnte. Kartoffeln bekam sie aus den Gemeinde-Vorräten vom Donaumoos. Ein weiteres Stück Grossvieh bekam auch der Metzger Müller für die Bevölkerung.
Die Schießerei ging weiter und dann hieß es gerüchteweise, die SS-Soldaten würden abziehen, obwohl es nicht so aussah.

Am Abend ging die **Frau Knott**, die mit ihren 5 Kindern im **Winnerhof** wohnte, heim und kam ganz entsetzt wieder zurück ins Rathaus und sagte, im **Winnerhof sei**

alles voller Amerikaner und ein Ami-Panzer stünde gerade vor der Haustüre. Dazu muss man wissen, dass die alte Straße seinerzeit noch weit oben verlief, hoch oben, wo das Fundament des Hofes war, und dort, direkt am Hof, führte sie vorbei. Der Hofeingang war mit schönen Natursteinen gemacht, ähnlich wie es heute beim Moar in Altwiessee noch zu sehen ist.. Der Amerikaner brauchte nur einen Sprung zu machen, vom Panzer aus ins Haus.
(Die Trasse der jetzigen Straße wurde bereits ab 1937 samt Stützmauern angelegt, auch die Schotterung, die Anschlüsse und die Teerdecke wurden nicht mehr ferrtig. Es kam der Krieg.)

Um 1/2 12 nachts, war ein monotones Geräusch zu hören und so ging Sareiter zur Rathaustüre, schaute vorsichtig hinaus und war völlig überrascht, was er da sah: Da zog nämlich mindestens eine Kompanie vollkommen ausgerüstet auf der Hauptstrasse in Richtung Gmund, mit geschulterten Panzerfäusten. Dem Bürgermeister gruselte, denn die Botschaft, die er von 2 Soldaten gehört hatte, dass **das Tal hinhaltend verteidigt werden sollte**, war gleichbedeutend mit schweren amerikanischen Angriffen; weil dann niemand mehr behaupten konnte, dass das Tal „Lazarettstadt" sei. Diese Soldaten hatten auch noch gesagt: **Das sei der neue Befehl.**

Am andern Morgen um 1/2 5 Uhr, es war der **3. Mai**, ging Sareiter über den Söllbachdammweg zum Sonnenfeldweg. Es hatte nachts ca. 10 cm Neuschnee gemacht und es war kalt. Beim **Haus Ostmark** des Ehepaars Neck (heute Schneider) neben **Manhard** (heute Fritz) schauten drei Frauen heraus, die dort mit ihren Kindern wohnten und sie riefen: „ Herr Sareiter, kommen Sie bitte." Als er näher kam rief Frau Heim aufgeregt, „bitte kommen sie, kommen Sie, mein Mann!" Er ging zu ihnen und wunderte sich, weil er gar nicht wusste, dass Michel Heim, den er sehr gut kannte, überhaupt da war.

Heim war durch seine Art überall beliebt und zudem übern Bach hinüber Nachbar. Er fuhr vor dem Krieg die Gäste in seinem Taxi z. B. nach Bayrischzell, in die Valepp und auch zur neuen Mangfallbrücke, nahm sie auch mit, wenn beim Sapplkeller auf den kleinen Festen die Leute tanzten und sich freuten; denn beim Schuhplatteln zuschauen und sich unterhalten war damals echte Freude. Wie lange lag das zurück! Alles war auseinandergerissen durch den Ruf zu den Soldaten. Jetzt, am Ende des Krieges war er mit einer Einheit wohl hier in die Nähe gekommen, wollte seiner Familie Bescheid sagen und dann ganz früh zurück zu seiner Einheit. So dachte er.

Eine Kurzinformation bekam er von **Frau Wolf**:
Wo die Hochspannungsleitung zum See nach Tegernsee führt, hingen die abgeschossenen Drähte runter, die aber z.T. unter dem Neuschnee verborgen lagen. Da müssen der Soldat und auch Heim draufgetreten sein. Bei dem nassen Schnee bedeutete das höchste Lebensgefahr. Ein Luftwaffen-Soldat, hatte einen Schlag bekommen und hatte über die Stirn und runter über die Brust eine blutige Schramme. Der Rucksack, den sie noch wegziehen wollten, war wohl der Auslöser dieser Tragödie.

Die Leitung wurde sofort abgeschaltet. Heim war schon ins Haus getragen und auf eine Couch gelegt worden. Frau Heim schaute mit bangen Augen auf den Bürgermeister der Heims Brust abhorchte und dann den Puls fühlte. Aber er fühlte nichts. Leise fragte sie ihn, ob er glaube, dass ihr Mann tot sei. Sareiter hob den Kopf damit er sie anschauen konnte und nickte ein stummes „Ja". Frau Heim hatte 3 kleine Söhne. Der älteste war gerade 8 Jahre alt. Dann sagte er zu ihr, sie soll **zum Zimmermeister Wiedenbauer** gehen, dass er ihr einen Sarg zusammenmacht. Er wolle den Arzt und den Totengräber verständigen.

Die toten Frauen auf der Zeiselbachbrücke

Er ging nun auf dem geplanten Seitenweg zum Rathaus und obwohl er kaum 2 Stunden geschlafen hatte, war er durch das tragische Geschick der Familie Heim in eine niedergedrückte Wachheit gekommen. Er wusste, dass der einst so lebensfrohe und tüchtige Heim Michel **praktisch den ganzen Krieg mitgemacht hatte**, durch alle Gefährdungen durchgekommen war, und jetzt, kurz vor dem Ende dieser schrecklichen 5 1/2 Jahre musste er auf solche Art und Weise seine Frau und seine Kinder verlassen. So ein Schicksal war einfach unfassbar.
Das Artilleriefeuer, das die ganze Nacht über zu hören war, hatte beinahe ganz aufgehört. Er ging durch **Altwiessee** in Richtung Zeiselbach und von dort zum Rathaus. Als er an die Brücke kam, lagen da zwei hochschwangere Frauen. Tot. Eine auf dem Rücken, mit ausgetreckten Armen und die andere lag seitlich und hatte die Beine angezogen. Er schaute sie genauer an. Ja, tot. **Frau Flossmann**, die Hausmeisterin vom Rathaus kam und hielt sich voller Entsetzen die Hand an den Mund. Sie wusste es schon und hatte auf ihn gewartet. Auf der anderen Seite der Brücke lag an der Böschung zum Steinwagner rüber noch eine dritte Frau, auch hochschwanger. Möglicherweise wollten sie ins **Haus Mosandl** an der Seepromenade, oder ins **Haus Kulmay**, die dem **Berta-Schwarz-Heim** angegliedert waren. (Diese dritte werdende Mutter soll überlebt haben.)

Beim Bertold im Hof waren **die Soldaten** schon emsig tätig und so sagte der Bürgermeister zu ihnen, die Frauen müssen wir sofort wegbringen... aber er konnte den Satz gar nicht zu Ende reden, da sagte einer der Soldaten laut und energisch: „Die bleiben liegen." Frau Floßmann ging zurück ins Rathaus und er ging in Richtung Gasthof zur Post. Es war kurz vor 6 Uhr morgens. Beim **Haus Ursula** sah er die alte **Frau Seitz** und **Frl. Auth** von der Drogerie stehen. Beide schauten zum Haus Sanktjohanser hinüber und redeten und deuteten. So ging er zu ihnen hin.
Da sah er auf der Nordseite vom **Haus Sanktjohanser** ein ca. 2 x 2 Meter großes Loch in der Mauer und man sah die Mehlsäcke stehen.
Die Straße war voller Neuschnee und da kam ihm vor, dass etwas rötliches durch den Schnee durchschimmerte. Er wischte mit seinem Schuh hin und her und da kam ein **amerikanischer Wimpel** zum Vorschein. „Also waren sie doch schon im Ort" sagte er zu den beiden Frauen- „und nirgends ein Mensch zu sehen, das ist doch komisch."

Da sagte Frau Seitz: „Ja, die sind alle abgehauen, wissen Sie das gar nicht?"
Er wusste es nicht. Er ging wieder zur Bäckerei Sanktjohanser (heute Hauser) hinüber. Die Seitentüre war auf. Da schaute er in die Backstube. Alles war ruhig und still. Es war niemand da. Es hätte ihm für diesem Morgen schon gereicht, aber der Tag fing ja erst an. Nun wollte er schauen, was im Gasthof zur Post los war und ging hinüber. In der Küche hörte er das Klappern von Küchengeschirr und da war er froh. **„Wenigstens in der Post ist wer da"** dachte er erleichtert und öffnete die Küchentüre und da dampfte es und es roch recht appetitlich. Aber die Köche und die Gäste waren alles die KZ-Männer und sie waren frohen Mutes. Er schaute sich um, sagte auf bayrisch: „Gibts was Guats?" dann ging er wieder hinaus. Keine Wirtin, kein Hausmeister , kein Garniemand von den Leuten, die da dasein sollten.

Jetzt wurde ihm eigenartig zumute und als er die Straße betrat kam auf der anderen Straßenseite gerade **Pfarrer Gansler** daher und rief: „Hast schon übergeben?" Er kam herüber und wollte wissen, ob er den Ort schon an die Amerikaner übergeben habe. Aber da waren keine Amerikaner, da war keine Bevölkerung und der Bürgermeister sagte sarkastisch: „Ja, schon lang." Auch Pfarrer Gansler versuchte irgendwie mit den Amerikanern in Verbindung zu kommen.
Gansler wusste, dass das **Freihaus**, der **Sonnenbichl**, die beiden **Bucherhöfe**, der **Bauer in der Au**, und die **Söllbachau** vollgestopft waren mit Leuten aus Wiessee, und zwar die Bevölkerung und diejenigen Insassen der Lazarette, die gehfähig waren. Die anderen saßen vermutlich in den Kellern. Auch die **Schwarzentenn-Almen** wurden zu Zufluchtstätten. Das Artilleriefeuer und die Angst vor dem Unbekannten trieb die Leute in die Berge.

Pfarrer und Bürgermeister trennten sich wieder und als er zum Rathaus kam sah er, dass die Frauen von der Brücke nicht mehr dalagen. „Der Moarä wird es fertiggebracht haben" dachte er. Plötzlich stand der Steinwagner Ludwig da und als er ihn fragte, ob er wisse, wo der Sanktjohanser sei. (Sanktjohanser war bis **1934** der tüchtige, langjährige Bürgermeister von Wiessee) Steinwagner sagte: „Die sind alle aufs Freihaus nauf." So konnte er dort anrufen und dem Sanktjohanser sagen, er müsse kommen, damit unter seiner Aufsicht das Brot und das Mehl zum Bäcker Schwaiger gebracht werden kann. Nach einiger Zeit kam er.
Da waren aber **schon die Soldaten** der „Götz von Berlichingen-Einheit" im Haus und hatten die Bäckerei besetzt. Jetzt war guter Rat teuer. Steinwagner und der Ortsvorstand organisierten nun einige KZ-ler und einen Zweiräder-Karren und so gingen sie zurück zum Sanktjohanser. Sie kamen jedoch nicht ins Haus; denn da war ein ganz junger Soldat, der sie nicht passieren ließ.
Nach einigen Augenblicken, sagte der Bürgermeister: „Die SS hat hier kein Recht zu requirieren. Ich stehe hier **als Ortspolizei** vor Ihnen und muss für meine Gemeinde sorgen." Damit drängte er ihn zur Seite, was nun plötzlich ganz leicht ging und sie zählten die Brote auf den Karren und dann fuhr Steinwagner mit seinen **„getreiften Gehilfen"** zum Bäcker Schwaiger. Sanktjohanser bekam noch seinen

Schein, also die Quittung. Schwaiger bestätigte den Empfang. Nun gings noch um das kostbare Mehl.
Als er bei Schwaiger hinten in die Backstube kam zogen gerade vier Soldaten mit zwei Zeltplanen voll Brot ab zur **Gefechtstelle Heimaier**. „Laut Befehl", erklärten sie. Da sagte er: Dieses Brot ist Eigentum der Gemeinde zur Versorgung der Einwohner und sie müssten das Brot wieder zurückgeben.
Das taten sie aber nicht. Sie blieben stehen. Es kam zu einem heftigen Wortwechsel. Die Soldaten hatten Schusswaffen, der Bürgermeister nicht, die Situation war nicht recht gemütlich. Dann kam es zu einem Übereinkommen, jeder bekam die Hälfte der Brote. Die Soldaten unterschrieben sogar eine Quittung, dann gingen sie.

„Schon im August 1938 hatte Churchill zu dem ehemaligen deutschen Reichskanzler und Zentrumspolitiker Heinrich Brüning erklärt: »Was wir wollen, ist die restlose Vernichtung der deutschen Wirtschaft."

Dietrich Aigner: »Winston Churchill, Ruhm und Legende«.
Musterschmidt, Göttingen, 1975, S. 141

Beim Furtwängler

(Dr.Walter, Bruder des Dirigenten Wilhelm)

Im Rathaus zurück hatte ihm **Inspektor Spitz** schon eine ganze Litanei von Anrufern aufgeschrieben. Ganz schlimm musste das Haus vom Furtwängler ausschauen. Zuerst tätigte er die wichtigsten Sachen, gab Spitz seine Anweisungen und fuhr mit dem Rad zu **Furtwängler hinaus**.
Dieser Weg wurde ihm schwer. Nicht nur, weil an diesem Tag schon so vieles geschehen war, sondern auch deshalb weil Dr. Furtwängler schon seine beiden ältesten Söhne im Krieg verloren hatte und jetzt noch bei Kriegsende, wo es doch wirklich nur noch kurze Zeit dauern konnte, bis die Amerikaner einrückten, wurde ihm das Haus zerstört, durch **die Artillerie**.
Frau Furtwängler hatte ihn schon kommen sehen und begrüßte ihn mit Teilnahmeworten, als wüsste sie, was an diesem Tag schon geschehen war. Sie nickte dann mit dem Kopf nach oben und so ging er zum Treppenhaus. Aber da war keine Treppe mehr vorhanden. Da waren Drahtmatratzen zusammengebunden und auf diesen erreichten sie das Obergeschoss. Die Türen waren alle kaputt und Dr. Furtwängler saß da mitten in dem Zeug, das alles wirr durcheinanderlag. Beide sagten nicht viel und gaben sich die Hand. Der Bürgermeister war erleichtert; denn er erinnerte sich an den letzten Kodolenzbesuch, als er die Nachricht vom Tod des 2. Sohnes überbringen musste. Da warf ihn Dr. Furtwängler hinaus, bevor er zu Ende sprechen konnte.
Und er verstand es; denn obwohl der Dirigent auch im 3. Reich die **Berliner Philharmoniker** dirigierte, und zwar bei Konzerten in der ganzen Welt (!- auch in Amerika) waren die Furtwänglers doch durch ihre Familientradition und durch die

verwandtschaftlichen Bande mit dem berühmten Schriftsteller **John Knittel** aus der Schweiz alle keine politischen Menschen. Dr. Furtwängler hatte offiziell den „Volkssturm" unter sich, aber den gabs im Ort gar nicht.

Furtwängler sagte ungemein ruhig: „Jetzt wird dann hoffentlich Schluss sein. Heute Nacht sind eine Menge SS-Soldaten gekommen, haben sich im Nebenhaus (Waldhaus) und bei uns im Keller eingenistet. Von hier aus sahen sie direkt **zum Winnerhof** hinauf, wo zwei amerikanische Panzer auf der Straße standen. Herr Sareiter, das hätten sie sehen müssen mit welchem Mut und mit welcher Umsicht diese Männer vorgegangen sind. Ich war einfach innerlich gerührt, und auch da oben hat noch ein junger deutscher Soldat sein Leben gelassen. Ich weiß, dass sie es gut meinen, Herr Sareiter. Wenigstens haben sie mich besucht in unserer schlimmen Lage—- wollen wir wieder die alten sein."
Der Bürgermeister, der ja nicht wissen konnte, wie sich der Tag des Friedens auswirken würde, versicherte dem Ehepaar Furtwängler mit ihren Söhnen Bernhard, Florian und Eckehard, dass den gesamten Schaden die Gemeinde übernehmen wird und ihnen keinerlei Kosten entstehen werden.
Es kam aber alles ganz anders.

„Wenn Hitler fehlschlägt, wird sein Nachfolger der Bolschewismus sein; wenn er Erfolg hat, wird er innerhalb von fünf Jahren einen europäischen Krieg bekommen.“

Der britische Politiker Lord Robert G. Vansittart
(*Even now,* London 1933, S. 69)

Frau Heim bekam vom Zimmermeister **Leonhard Wiedenbauer** (heute Ringbergstrasse 5, Gonitianer) den Sarg für ihren Mann. Dann musste sie selbst mit dem Totengräber **Michl Feller** ihren Mann auf einen Zweiräder- Karren zum kleinen Leichenhaus schieben. Das war am 3. Mai und die Soldaten ließen sie noch über die Söllbachbrücke fahren, obwohl schon alles zur Sprengung vorbereitet war.

Was bleibt, ist die Liebe

Die Geschichte von Michael Heim

Ehepaar Heim

Michael Heim, geboren am 5. Aug.1900, war bis 1939 in Bad Wiessee Taxi- und Fuhrunternehmer. Er machte den gesamten Krieg, vom Polenfeldzug über Frankreich und Russland als Kraftfahrer mit, zeitweise mit dem **Hauser Alois** und dem **Pavlicek Franz** vom Cafe Bauer. Aus gesundheitlichen Gründen kam er 1944 zum Reichsautozug, einer Spezialeinheit, die mit ihren großen Lastwagen nach den Bomben-Angriffen in die brennenden deutschen Städte und Orte fuhren um erste Hilfe zu leisten. Auf diesen Lastwagen waren Trinkwasseraufbereitungs-Anlagen, auch eine Druckerei um die ersten Bekanntmachungszettel zu vervielfältigen.
Sie hatten Notstrom-Agregate und Werkzeuge dabei. Heims Speziallastwagen war meist auf dem Grundstück der Gebrüder **Karrer**, Münchner Strasse geparkt, aber am 2. Mai hatte er ihn, weil die Amerikaner immer näher kamen und Noteinsätze in München und Umgebung nicht mehr möglich waren, mit seinem 8jährigen Sohn zum Steinbruch in Brunnbichl gefahren um ihn dort abzustellen. Zu seiner Frau sagte er am Abend noch: „Weiwi, jetz fangt bald ein neues Leben an."
Im Haus Ostmark am Söllbachdammweg wohnte Frau Heim mit ihren drei Söhnen, **Frau Wolf** mit Tochter Evi, und die Familie vom Künlenz Sepp, dem Kupferschmied. Wie alle Leute sehnten sie das Ende der Kriegstage herbei.
In der Nacht vom 2. auf den 3. Mai klopfte es um halb 4 frühmorgens an die Haustüre und da stand ein Soldat draussen und sagte: Helfts uns bittschön, da drauß'n liegt mein Kamerad."
Michael Heim ging hinaus auf den Söllbachdammweg, wo es in den Ästen einer Fichte merkwürdig sprühte, als wären dort Reste einer Phosphor-Granate hängengeblieben. Die Frauen kamen nach. Sie trugen den Soldat ins Haus. Er war bewusstlos, aber er lebte. Er war einer jener **gehfähigen Verwundeten** vom Lazarett „Haus Hubertus", denen man gesagt hatte, sie sollten Wiessee verlassen und zum „Bauer in der Au" gehen, da mit dem Schlimmsten zu rechnen sei. Der Bauer in der Au hatte Gasträume und eine große Tenne.
Als der Bewusstlose versorgt war, ging Michael Heim nochmals hinaus auf den Söllbachdammweg, um den Tornister des Soldaten zu holen. Wie sich später herausstellte, hing an der Stelle, wo der Soldat zusammengebrochen war, ein von der Artillerie zerschossenes Stromkabel in den Ästen. Am Boden lag der frisch gefallenen Schnee. Der Soldat vom Hubertus hatte es wohl berührt und einen Stromschlag erhalten. Als Michael Heim an der gleichen Stelle den Tornister aufheben wollte, er-

kannte er die Gefahr nicht und muss gleichfalls mit dem zerschossene Kabel, in Kontakt gekommen sein. Als man nach ihm schaute, weil er nicht zurückkam, fand man ihn draußen liegen. Er wurde ins Haus getragen. Alle hofften, dass er nur bewusstlos sei, aber er war doch tot.
Sein Sohn erinnert sich daran, dass er nur ein kleines blaues Brandmal an der Wange hatte. Der Arzt schrieb: **Zeit des eingetretenen Todes: 3. Mai 1945 4 Uhr.** Der gerettete Soldat hatte (nach Aufzeichnungen meines Vaters) eine auffällige Schramme über Stirne und Brust, aber er überlebte.)
(Ein Arzt meinte: Der Verwundete vom Hubertus war „herzmässig" in einer besseren Situation im Gegensatz zu Heim, der all die Kriegsjahre einem Dauerstress ausgesetzt war.)

Michl Heim
Lastfuhr- u. Mietautounternehmen
Bad Wiessee
Fernspr. 8406

Michael Heim
Bad Wiessee
geb.
5. Aug. 1900

Indem er einen Verwundeten rettete, verlor er sein Leben.

Die Amerikaner beschlagnahmten das Haus Ostmark, das solide gebaut und mit Zentralheizung ausgestattet war. Familie Heim wohnte dann in der Wiesseer Freihausstrasse bei **Familie Schneidermeier**. Es stand in dem kleinen Haus nur ein einziges Zimmer zur Verfügung, aber das Zusammenleben mit Familie Schneidermeier - daran erinnert sich Heims Sohn besonders lebhaft, verlief trotz der räumlichen Enge ohne jegliche Spannungen. So haben sich die Menschen damals, in der schweren Zeit, gegenseitig geholfen.
Nikolaus Bernlochner hatte „beim Bauern" in Abwinkl sein Baugeschäft. Er errichtete dann für Familie Heim auf deren Grund ein Behelfsheim, in dem Frau Heim einen **Kindergarten** eröffnete und bis 20 Kinder betreute und so für ihren und ihrer Kinder Lebensunterhalt sorgte. Ab 1950 wurde diese tüchtige, tapfere Frau für lange Zeit **Gemeinderätin in Bad Wiessee**. Am Grab der Familie Heim auf dem Wiesseer Bergfriedhof stehend, erinnern wir uns, dass Michael Heim einem unbekannten Kameraden das Leben rettete, und dabei sein eigenes verlor, einen Tag bevor die Amerikaner einrückten.
PS. Heute hätte Frau Heim wohl keine Möglichkeit, so tatkräftig für sich selbst zu sorgen; denn heute würden ihr die Behörden mitteilen, dass ihre Idee zwar gut sei, aber......., dass wohl die Raumhöhe um 15 cm zu niedrig sei, oder die Toiletten nicht ausreichend vorhanden, wie es heute bei Steh-Cafe's, Massage- oder Arzträumen der Fall ist. Vermutlich waren damals die Vorschriften anders. (HK)

Das kleine Leichenhaus von Bad Wiessee; 1944 als Notbehelf erbaut. Hierher musste Frau Heim selbst den Sarg ihres so tragisch verstorbenen Mannes bringen.

Was wir bergen in den Särgen ist das Erdenkleid,
Was wir lieben ist geblieben, bleibt in Ewigkeit.

Bericht von Dr. Lorenz Radlmaier (Geistlicher Rat)

Dr. Lorenz Radlmaier, der Verfasser der Ortschronik von Bad Wiessee, (1876-1954) studierte in Freising, im Priesterseminar. Seine 1. Anstellung brachte ihn nach Ruhpolding; danach wurde er in Landshut Internatserzieher; 1909 wurde er Seminardirektor in Aschaffenburg und **1914 Seminardirektor in Neuburg a.d.Donau**, das grosse Wäldereien und auch Landwirtschaft hatte. Mit 62 Jahren wurde er durch den Nationalsozialismus frühpensioniert und zog in sein kleines Haus, das bei den „vier Pfarrerhäusern" (nähe Friedhof) zu finden ist. Hier ist sein damaliger Bericht aus der Tegernseer Zeitung:

In diesen Tagen jährt sich das dramatische Geschehen, mit dem der 2. Weltkrieg im Tegernseer Tal zu Ende ging. München war bereits gefallen und die amerikanischen Panzer rollten südwärts. Es konnte sich nur um wenige Tage handeln, bis sie auch an den Tegernsee kamen.
Verantwortungsbewußte Männer berieten sich da und dort in treuer Sorge um die liebe, schwer bedrohte Heimat, wie eine kampflose Übergabe möglich wäre. Es sei hier besonders genannt: der Stabsarzt **Dr. Fritz Scheid** in Egern, Oberleutnant **Franz Heiß** in Tegernsee, der stellvertretende **Bürgermeister Josef Engelsberger** in Egern

Die drei Parlamentäre: Dr. Scheid, Oberleutnant Heiß, Dr. Winter

und die Bürgermeister von Tegernsee Müller aus Bayrischzell und Mathias Sareiter, Bad Wiessee.
Es sollen hier vornehmlich die **Übergabeverhandlungen** der drei Gemeinden Rottach-Egern, Tegernsee und Bad Wiessee geschildert werden, **die nach einem glücklichen Anfang** durch den Einmarsch der Waffen-SS jäh gestört wurden, aber schließlich **in letzter Stunde** von Erfolg gekrönt waren.

Der Schweizer Konsul Dr. Paul Frei

Am 30. April 1945 wandte sich Engelsberger an das Schweizer Generalkonsulat, das wegen der ständigen Fliegerangriffe von München nach Rottach übergesiedelt war, mit der Bitte um Vermittlung, die bereitwillig zugesagt wurde. Noch am gleichen Tag überbrachte Engelsberger dem Konsul Dr. Paul Frei die schriftliche Ermächtigung, mit den Amerikanern über die Übergabe der drei Gemeinden zu verhandeln.
Am Dienstag 1. Mai kam von Holzkirchen bereits die Meldung, dass amerikanische Panzer bis zum Ortseingang vorgedrungen seien. Der Generalkonsul fuhr mit zwei Mitarbeitern unverzüglich los, um die Amerikaner am Gasthaus an der Kreuzstraße, wo sie durchkommen mußten, zu erwarten. Aber die Amerikaner kamen nicht und der Konsul mußte unverrichteter Dinge wieder zurückfahren.
Am Mittwoch, 2.Mai unternahm Konsul Frei die zweite Fahrt, diesmal aber weiter, bis er kurz vor Holzkirchen auf amerikanische Sicherungen stieß. Er kam alsbald zum amerikanischen **Kommandeur Major W. Evans** und überreichte ihm seine Botschaft. Evans gab schriftliche Empfangsbestätigung und war mit der kampfloser Übergabe einverstanden. Damit schien alles in Ordnung und die Gefahr für die drei Gemeinden gebannt zu sein.

Konsul Frei
Archiv: Schwarz-Engelsberger

Aber es kam anders. Während der Abwesenheit des Konsuls hatte sich die Lage am Tegernsee **völlig geändert**. Was war geschehen? Am Abend des 1. Mai wurde in Tölz die **Isarbrücke** gesprengt, es folgte ein kurzer, schwerer Kampf; (doch Tölz wurde von den deutschen Einheiten als **„offene Stadt"** erklärt, demnach nach der Haager Landkriegsordnung weder angegriffen, weder verteidigt, noch beschossen. z.B. wie Rom. Anm.d.H.) Die SS-Einheiten gingen zurück und Tölz wurde übergeben.

Die SS-Division „Götz von Berlichingen" (konnte nicht über die Autobahn nach Berchtesgaden abziehen, wie beabsichtigt, da die Amerikaner schon in Holzkirchen waren) wurde in das Tegernseer Tal abgedrängt und erhielt nunmehr die Aufgabe, das Tegernseer Tal abzuriegeln und zu verteidigen. Die SS bezog an der Nordseite des Sees und im Tegernseer Tal Stellung.- Die Hauptkampflinie wurde auf der Linie Finsterwald- Kaltenbrunn- Gmund (Gasse) aufgebaut und eine 2. Linie (Auffanglinie) ging in Bad Wiessee südlich des Kirchbichls den Söllbach entlang bis zum See.

Die Bevölkerung erfaßte angesichts dieser Ereignisse Sorge, Angst und Schrecken und als am Nachmittag etwa 16 Uhr bei Holz und Finsterwald das Schießen anfing und unaufhörlich die Geschütze krachten, entschlossen sich viele Menschen in den Bergen Zuflucht zu suchen. Die Schießerei dauerte die ganze Nacht an.

Das Haus des evakuierten Schweizer Konsulats
Lage: Ecke Überfahrt-Schorn, vorm. „Haus Wedekind"
(Emblem am Balkon, altes Überfahrerschiff im Vordergrund) *(Foto: Schwarz-Engelsberger)*

Die neue Lage erforderte ein Zweifaches. Einmal mußte bei den Amerikanern unbedingt der Sachverhalt aufgeklärt werden, damit sie die veränderte Lage akzeptieren konnten. Das geschah in dankenswerter Weise über Bürgermeister Sareiter durch das **Spanische Konsulat** in Bad Wiessee, das ebenfalls vor den Bombenangriffen aus München nach Bad Wiessee kam und dem das Haus des Herzogs von Sachsen Altenburg (Furtwänglerstr.) zur Verfügung gestellt worden war.
Das spanische Konsulat hat nach vergeblichen Bemühungen, die SS von der Absicht zu kämpfen abzubringen, noch am **Mittwoch, 2. 5.** den **Sekretär Geisenhofer** mit dem Konsulatsauto zu den Amerikanern geschickt, um ihnen von der neuen Lage Kenntnis zu geben. Er kam durch, und das amerikanische Kommando versprach in loyalster Weise, soweit möglich, die Lazarette, Mütter- und Kinderheime, wie auch die Zivilbevölkerung zu verschonen.
Schwieriger war die zweite Aufgabe, nämlich alles zu versuchen, um die SS-Verbände zum Abzug zu bewegen. Von den Gemeinde-Vorständen und anderen Persönlichkeiten wurde wiederum der Schweizer Konsul bestürmt, zu helfen. Dr. Frei übernahm auch diese schwierige Mission. Zuerst liess er sich von dem erfolgreichen, in **Wiessee weilenden**, deutschen **Jagdflieger General Galland** ein Empfehlungsschreiben ausstellen, um dann den Kommandeur der SS-Truppen aufzusuchen.
Aber erst nach längerem Bemühen gelang es ihm festzustellen, daß die SS-Truppen unter dem Befehl des Oberführers der Waffen-SS **Bochmann** standen, der in der Glashütte seinen **Befehlsstand** hatte. Dr. Paul Frei fuhr nun am Morgen des **3. Mai** mit einem Rot-Kreuz-Wagen zur Glashütte, aber **3 km vor der Glashütte** blieb er im Schnee stecken, mußte nach Rottach zurückkehren und fuhr dann mittags mit einem schweren Wagen zum 2. Male dorthin.
Er wurde von Bochmann empfangen und durch energische Vorstellungen Konsul Freis erreichte er eine Vereinbarung, nach der sich Bochmann verpflichtete, seine Truppen binnen einiger Stunden hinter die Weißach, d.h. auf eine Linie zurückzuziehen, die eine unmittelbare Gefährdung der drei Gemeinden ausschloß.
Nach Rottach zurückgekehrt (es war Donnerstag **3. 5. Nachmittag**) wurde das Ergebnis sofort den Bürgermeistern und den anderen beteiligten Persönlichkeiten mitgeteilt und die Kunde davon verbreitete sich wie ein Lauffeuer durch die Ortschaften. Alles atmete auf.
Doch schon in der nächsten Stunde änderte sich das Bild von neuem! **3.Mai 45**: Gegen **19 Uhr** brachte der Adjutant Bochmanns

SS-Oberführer G. Bochmann
aus : Ritterkreuzträger/Kretschmer

eine Meldung, worin dieser mitteilte, daß er nunmehr die Absetzung der Truppen beginnen wolle, aber zugleich verlangte er, daß die Amerikaner während des Abzugs der SS, **das Feuer einstellen sollten**.

Fast gleichzeitig, also 19 Uhr, brachte ein von den Amerikanern **freigelassener, deutscher Kriegsgefangener ein Ultimatum** folgenden knappen Inhalts: **Wenn bis 21 Uhr** keine Rückzugsbewegungen der SS-Truppen erkennbar sind, **wird das Tal in Schutt und Asche gelegt**. Nun stand wieder alles auf des Messers Schneide und **es war höchste Gefahr in Verzug**. (Hervorhebungen d. Herausg.)

Die Parlamentäre (eingefügt Anfang)
Dr. Scheid und der Zeuge Heiß ***begaben sich daraufhin*** *zu Generalkonsul Dr. Frei und baten diesen, sie in seinem Wagen zu den amerikanischen Truppen nach Holz bei Gmund zu fahren. Dr. Frei lehnte dies jedoch unter Hinweis auf seine frühere erfolglose Mission ab.*

Nun erklärte sich aber der im Schweizer Konsulat zufällig anwesende ehemalige Wehrmachtangehörige ***Dr. Fritz Winter*** *bereit,* ***Dr. Scheid*** *und* ***Zeuge Heiß*** *als Dolmetscher zu begleiten.*
Dieser eingefügte (fehlende) Text stammt aus dem **Ermittlungsverfahren** gegen Unbekannt wegen Verdacht des Mordes (NSG)an 2 Parlamentären am **3.5.1945** aus dem Jahr 71: 117 u Js 23/ 71 StA München. Das Ermittlungsverfahren wurde nach § 170 Absatz 2 StPO eingestellt. (Ende der Einfügung)

Fortsetzung des Radlmaier Orginals:

In diesem **überaus kritischen Moment** erboten sich **Stabsarzt Dr. Scheid**, der im Stuferhof in Egern wohnte, Oberleutnant **Franz Heiß** und ein Zivilist aus dem **Hause Slezak**, **Dr. Winter** (als Dolmetscher), die Fahrt zu den Amerikanern zu unternehmen. Sie fuhren mit einem Rotkreuzauto mit der **Rot-Kreuz-Flagge** und **weißer Parlamentärs-Flagge** in Richtung Wiessee den Amerikanern entgegen. Infolge der Sprengung der Breitenbachbrücke in Wiessee waren sie gezwungen, das Auto zu verlassen und zu Fuß weiterzugehen. Die Entfernung zwischen dem SS-Posten, der sie auf Grund des Schreibens von Bochmann **passieren ließ**, und den Amerikanern, die bereits am Franzosenhölzl standen, betrug nur etwa 300 Meter. Aber **nach 200 Meter** wurden die Parlamentäre von rückwarts mit MG (Maschinen Gewehr) beschossen.: **Dr.Scheid** und **Dr. Winter** erhielten beide einen Schuß in den Rücken, **Heiß** einen Beinschuß. Trotzdem schleppten sie sich kriechend weiter, bis zu den amerikanischen Posten, wo sie zunächst verbunden und gestärkt wurden.

Dann konnte Dr. Scheid noch die Meldung mit der Erklärung Bochmanns dem

General und Inspektor der Jagdflieger Adolf Galland war auch Träger des Spanien-Kreuzes in Gold mit Brillianten. Von 48-54 Berater der argentinischen Luftwaffe, später in dt. Luftfahrtindustrie tätig.

aus : Ritterkreuzträger/Kretschmer

Kommandeur Evans übergeben und eingehend über die Lage berichten. Die Meldung war noch **rechtzeitig angekommen**. Aber von den Überbringern haben **zwei ihre edle Tat mit dem Leben bezahlt**. Dr. Scheid erlag seiner schweren Verwundung (Lungenschuß) in der Nacht vom 5. zum 6. Mai in einem amerikanischen Lazarett in Tölz. Dr. Winter wurde ebenfalls von den Amerikanern nach rückwärts gebracht, blieb aber von da an trotz aller Nachforschungen verschollen.

Die SS zog am Abend des **3. Mai** samt den Geschützen über die Söllbachbrücke auf der Kreuther Straße ab. Etwa um **22.30 Uhr** wurde die Brücke gesprengt. Das Artilleriefeuer dauerte noch die ganze Nacht an.

Da die Parlamentäre nicht mehr zurückkehrten und es ungewiß war, ob sie ihren Auftrag ausführen konnten, wurde in der Nacht um 2 Uhr im Schweizer Konsulat in Rottach, abermals eine Konferenz abgehalten und es wurde eine weitere Delegation, bestehend aus dem **Major von Lüttichau**, dem **Bürgermeister Müller** von Tegernsee und einem Dolmetscher (**Herrn Neudorfer** A.d.H.) abgeordnet, um die Amerikaner über die nunmehrige Lage zu unterrichten. (Sie trafen die Amerikaner bereits in **St. Quirin**.A.d.H)

Am Freitag **4. Mai** erfolgte dann der Einmarsch der Amerikaner. Kampflos zogen die US-Panzer in die drei Gemeinden ein. **Die bereits angeforderten Kampfbomber**, die das Tal **am 4. Mai bombardieren sollten**, wurden frühmorgens um **3 Uhr** abbestellt.

Wie würde es wohl am Tegernsee aussehen, **wenn die amerikanischen Bomber** wirklich zum Einsatz gekommen wären ? Wenn das größte Unheil, **die Bombardierung** verhütet wurde, so danken wir es den Bemühungen der heimattreuen Männern, die die Aktion für kampflose Übergabe vorbereitet haben, sowie der großherzigen und tatkräftigen Unterstützung und Vermittlung des schweizerischen und **spanischen Konsulates** und wohl auch der Loyalität des **amerikanischen Kommandeurs**, der zur möglichsten Schonung der Bevölkerung bereit war und **2 Tage zuwartete**, ohne die Entscheidung zu erzwingen.

(Dr. Lorenz Radlmaier, Geistl. Rat)

Das von Dr. Radlmaier erwähnte Ultimatum lief nicht über das Schweizer Konsulat und so ist dort kein Schriftstück darüber auffindbar. Infolgedessen ist das Ultimatum mit „Androhung der Bombardierung", später einmal, wenn nur noch der Bericht des Konsul Dr. Frei gilt, „historisch nicht nachweisbar".

Die Kräfte des Guten

(J. W. von Goethe)

Stille ruhn oben die Sterne und unten die Gräber.
Betracht sie genauer und siehe, es melden im Busen
der Helden sich wandelnde Schauer und edle Gefühle.

Doch rufen von drüben die Stimmen der Geister,
die Stimmen der Meister: „Versäumt nicht zu üben
die Kräfte des Guten! Hier winden sich Kronen in
ewiger Stille, sie sollen mit Fülle die Tätigen lohnen."

Ein „Pimpf" grüßt den Colonel West

Die Bürgermeister übergaben im jeweiligen Bürgermeisterzimmer des Rathauses den **amerikanischen Truppenführern**, ihre Ortschaften. (In Wiessee kam bei dieser förmlichen Zeremonie nach kurzem anklopfen **ein „Pimpf"** (Hitlerjunge), der als Kurier unterwegs war, ins Zimmer. Erwin stand stramm, streckte den rechten Arm vor und sagte aus alter Gewohnheit Heil Hitler. **Colonel West** schaute ihn amüsiert an und sagte „o.key!"

Am 6.Mai bekam Mathias Sareiter, der einzige PG in ganz Deutschland, wie Colonel West seinerzeit sagte, ein „Permit", das ihm erlaubte sich außerhalb der strikten Ausgangssperre im gesamten Ort zu bewegen. Es war kurz, auf einem Blatt, in Englisch und Deutsch: Aber es schützte ihn nicht wirklich. Nur 14 Tage. Ab Pfingstmontag 1945 wurde er, wie viele andere, darunter **Sanitätsrat Dr. May**, Kreuth; **Monsignore Mayerhofer**; **Hauptlehrer König**; **Postmeister Wiesberger**; **Herr Max Hagg**, Tegernsee, der bereits 1944 sein Bürgermeisteramt niedergelegt hatte, **Bürgermeister Engelsberger**; wie viele andere angesehene, unbescholtene Bürger, nach **Garmisch**, **Moosburg**, **Dachau**, **Hammelburg** etc. gebracht und blieb 2 1/2 Jahre (mit 14 Tagen Unterbrechung kurz vor dem Tod Pattons), eingesperrt.
Über die z.T. unbeschreibliche Behandlung, besonders bei den Vernehmungen, beim **„Spießrutenlaufen"**, wo von 2 Seiten auf sie eingeprügelt wurde, über die Hungerzeiten, während zugleich die amerikanischen Bewacher ganze Töpfe voll Reis, Fleisch, etc. in Tonnen ausleerten, die neben dem Stachedrahtzaun standen, **mussten sie Stillschweigen halten** - wie einst der Schreiner Sepp, der als Kommunist und Wilddieb wiederholt in Dachau war. Er durfte nicht sagen, wie er seine vorderen Zähne verloren hatte, tat es auch nicht, weil er trotz Entlassung einfach Angst hatte.

Bad Reichenhall erlitt Luftangriff am 25.4.45
Wie hätte das Tegernseer Tal ausgesehen? *(Bild: DMZ)*

Im Automatic-Arrest:
Ernst von Salomon über seine US-Vernehmung 1945, aaO. (Anm. 2, S. 561ff.): „Ich lief und spürte den Kolbenhieb nur halb, der mich ins Kreuz hatte treffen sollen. Der Sergeant packte mich am Arm, wie er alle am Arm gepackt hatte dicht vor der Schwelle, er riß mich zur Tür hinein, er stieß mich gleichzeitig dabei vor, so daß ich stolperte, dann trat er mich mächtig in den Hintern... Der Offizier brüllte mich an: „You are Nazi!" Ich sagte: „Nein". im selben Augenblick knallte er mir eine Ohrfeige auf die rechte Backe...
Der Offizier schrie auf deutsch: „Schuhe ausziehen!" Ich bückte mich, um die Schuhe auszuziehen, dabei nahm ich natürlich die Hände wieder herunter. Im gleichen Augenblick fielen sie über mich her...Jetzt spürte ich Zähne im Mund, sie hatten sich ganz leicht gelöst, sie schwammen wohl im Blut...
Ich wurde hochgerissen, ich lag und wurde von ihnen sogar hochgerissen, ich taumelte, ich stand, ich wurde sogar gestützt, höchst liebereich gestützt, rechts und links...
Ich wischte mir das Blut aus dem Mundwinkel, die Zähne hatte ich ausgespuckt, ich tastete mit der Zunge die Löcher im Kiefer ab...Ich sagte langsam und deutlich: „You are no Gentelman!"
Der Offizier lachte schallend los. Er knallte sich auf die Schenkel vor Vergnügen und schrie: „No, no, no! We are Mississippi-Boys!"

„Der Mensch besteht in der Wahrheit.
Gibt er die Wahrheit preis, so gibt er sich selbst preis.
Wer die Wahrheit verrät, verrät sich selbst.
Es ist hier nicht die Rede vom Lügen, sondern vom Handeln gegen Überzeugung.“

Novalis

Fair gekämpft (Div. Befehl 223)

Als sich die Div. „G.v.B" ins Achental zurückgezogen hatte stellten die Amerikaner ein **weiteres Ultimatum, das Achental zu bombardieren**, falls die Truppe Widerstand leisten würde. Offensichtlich blieben einige Einheiten der Amerikaner ohne Information weil am 5. Mai das Achental laufend durch die amerikanische Luftwaffe angegriffen wurde.

Bei der Kapitulation erklärte der **amerikanische Major O Brian**:
„....Ich weiß, daß die 17. SS-Panzer Grenadier Division „Götz von Berlichingen" die tapferste SS-Division im Westen war, die immer sauber und fair gemäß den internationalen Bestimmungen gekämpft hat.“ (Max Wind, München)

Major O Brian

Die Amerikaner bescheinigten der 17. Panzer Gren. Div. „Götz von Berlichingen" **eine makellose Geschichte**. Sie wurden keiner Verbrechen beschuldigt, die Division der SS hat ohne Kriegsgräuel gekämpft, trotz der Tatsache, daß eine Reihe von Scheußlichkeiten gegen die Division verübt wurden. So wurden in Tölz beim Abzug der deutschen Soldaten, die zwischen Amerikanern und Deutschen ausgehandelten Vereinbarungen **von den Amerikanern nicht eingehalten**, dabei wurden sechs Kameraden der „Götz von Berlichingen" getötet. **(Max Wind, München)** Als sie in Gefangenschaft gingen sagte der amerikanische **Major O Brian**, (Major der Infanterie USA, **Commander der 10. amerikanischen Panzerdivision**) zum ehem. SS-Sturmbannführer Krehnke:
„**Ich ersuche Sie**, auf ihre Männer so einzuwirken, daß sie sich in Gefangenschaft genau so diszipliniert benehmen, wie während ihres Kampfes...." und: „ Letztlich verdienen zwei Waffen-SS-Divisonen den Ruf als würdige Gegner, **die 6. SS-Gebirgs-Jäger-Division-Nord und die 17. Panzergrenadierdiv. „G.v.B."**. Diese Soldaten waren **‚Peopled by Weary'** gewöhnliche Soldaten, gut ausgebildet und ausgerüstet, aber sie waren keine fanatischen Nazi's. Diese Männer schützten ihre Heimat, ertrugen Kälte und Entbehrungen und waren ein harter aber fairer Gegner. Es täte mir leid, wenn ich gegen ihre Männer vorgehen müßte. Bleiben sie so diszipliniert, dann wird es ihnen gut in Gefangenschaft gehen."

Junge Besatzungssoldaten *DM2 Nr. 44*

O Brian mag an seine Worte geglaubt haben, aber die Kampftruppe der Amerikaner zog 14 Tage nach der bedingungslosen Kapitulation ab. Zur Besatzung kamen andere Amerikaner. Sie konnten wohl nicht klären, welcher ihrer Zeugen die Wahrheit sagte und wer nicht.

Das, was die Soldaten der Waffen-SS in Gefangenschaft (z.B. **Dachau** und **Landsberg**) erleben mußten, glaubt man heute. Man hörte inzwischen im TV von den Gefängnissen in **Abu Ghraib**, **Bagdad** und **Guantanamo Bay**.

O Brian sollte nach der deutschen Kapitulation mit seiner Einheit nach **Japan** versetzt werden. Auch verschiedenen SS-Soldaten wurde ein Angebot gemacht mit den Amerikanern noch gegen Japan zu kämpfen. Falls sie den Krieg überleben sollten, würden sie die Amerikanische Staatsbürgerschaft erhalten. Kaum einer ging. Auch nicht in die Fremdenlegion nach französisch Indochina, (Vietnam).

50 Jahre und länger konnten sich nur wenige Menschen um die Wahrheit der damaligen Zeiten bemühen. Viele wollen nichts mehr wissen; denn es schmerzt zu sehr, es ist immer noch zu gefährlich, etwas zu sagen, was nicht **„politisch korrekt"** ist. Man hat Angst ebenfalls in „Mühlen" zu geraten.

Um **einen unparteiischen Zeugen** in dieser Sache zu Wort kommen zu lassen, sei zitiert:

Monsignore Karl Morgenschweis. Er war der katholischen Gefängnis-Seelsorger in Landberg, der schon den **Pater Rupert Mayer** während seiner 6-monatigen Haft betreute.

Er sagte:

Man hat sie (die Gefangenen) in überhitzte Zellen eingesperrt (Heißluft), ihnen nichts zu zu trinken gegeben, und sie dann mit kaltem Wasser übergossen.

(Im berüchtigten Lager Schwäbisch Hall bekamen sie noch Salzheringe und Alkohol um den Durst unerträglich zu machen, wie mir ein Gast erzählte. Anm.d.V.)

Sie mußten den Amerikanern die Stiefel ablecken.
Man hat ihnen durch die Zellenklappe, durch die die Kost gegeben wurde mit Zigaretten die Augenbrauen verbrannt.

Manchen Gefangenen wurden im Verlauf der Verhöre die Hoden durch Schläge gequetscht. (Wenn sie z.B.eine Tat, die sie nicht begangen hatten, nicht gestehen wollten. Eidesstattliche Erklärung des Joh. Heilmeyer und 3 Zeugen vom Aug. 1949)

Man hat Gefangene urinieren und den Urin aufschlecken lassen.
Der Nachlass von Monsign.
Morgenschweis wird vom Ordinariat unter Verschluss gehalten.

(aus Dokumentation von H. Pflanz, Landsberg „Der Spöttinger Friedhof")

„Es ist nichts Großes dabei, wenn ein Volk seine Krieger ehrt, die da siegreich heimkehren. Aber wie groß und edel muß ein Volk sein, das seinen Männern, die geschlagen zurückkommen, noch Kränze flicht."

Ernst von Dombrowski

Die deutschen Kriegsgefangenen

Urs Bernetti, Schweiz, schreibt zum **30.1.1945**:
Die Möglichkeit der besiegten Deutschen sich auf die „Haager Konvention" zu berufen, sollte damit vereitelt werden, dass das US-State War-Coordination-Committee beschloss, die **Haager Landkriegsordnung sei nicht anwendbar, weil und soweit sie den alliierten Kriegszielen widerspricht**.
Am **8.5.1945** wurde der **Schweizer Gesandte** in Washington als Interessen-Vertreter des deutschen Reiches ins US-Außenamt einbestellt. Die US-Regierung halte die Wahrnehmung der deutschen Interessen **nicht mehr für nötig**. Die Behandlung der deutschen Kriegsgefangen nach der Genfer Konvention sei sichergestellt. (S.10)
Eisenhower hatte aber bereits befohlen, dass die gefangenen deutschen (SS) Soldaten eben **nicht als „Kriegsgefangene"** (Prisoners of war) zu bezeichnen seien, sondern als „Entwaffnete Feind- Streitkräfte." **Damit waren sie dem Schutz der Genfer Konvention entzogen.**
Der gute alte **Karl May** würde seine Indianerhäuptlinge sagen lassen: „...sie reden mit gespaltener Zunge."

(Quellen:)

Teil - Bericht des schweizerischen Generalkonsulats

liegt vor, kann gerne eingesehen werden., 7 Seiten, mit Deckblatt.
Anschrift : Herrn Bürgermeister Sanktjohanser.. für Ihr Archiv.... 3.Juli 1945

Hier die 7. Seite:

Ich nahm das Anerbieten des Stabsarztes Dr.Scheid, des Oberleutnants Heiß und eines Zivilisten Dr. Winter, welcher letzterer als Dolmetscher dienen wollte, dankbar an, die Amerikaner von meiner Vereinbarung mit Borchmann jetzt schon in Kenntnis zu setzen. Wiewohl der vorderste Gefechtsstand der Waffen-SS von der Absicht verständigt worden war, wurden die Parlamentäre von einem deutschen Posten mit Maschinengewehrfeuer belegt, als sie wegen einer Brückensprengung ihren Rotkreuzwagen verlassen und mit ihrer weissen Fahne zu Fuss weitergehen mussten. Die drei Parlamentäre wurden getroffen. Dr. Scheid starb an den Folgen eines Lungenschusses in einer amerikanischen Feldambulanz. Dr. Winter ist verschollen und der Oberleutnant erlitt einen Beinschuss.

Da die Schießerei weiterging, machte sich nach einer Konferenz im Generalkonsulat nachts 2 Uhr eine weitere Delegation, bestehend aus dem Major Lüttichau, dem Bürgermeister von Tegernsee, Müller und Herrn Neudorfer als Dolmetscher auf den Weg. Diese Abordnung erreichte die amerikanischen Panzertruppen und konnte sie verständigen.

Am Freitag den 4.Mai morgens 9 Uhr zogen die amerikanischen Panzer kampflos in drei Gemeinden ein. Dem das Kommando führenden Major ließ ich unverzüglich den englischen Text meiner Abmachung mit Oberführer Borchmann überreichen und ersuchte ihn, sich daran zu halten, was denn auch geschah. **Der Major bestätigte mir, dass die amerikanische Luftwaffe eingesetzt worden wäre**, falls der Widerstand auch noch am Freitag angedauert hätte.

Der schweizer Vizekonsul Dr. Paul Frei

Konsul Frei erwähnt in den letzten Zeilen seines ausführlichen Berichts, dass ihm die Amerikaner **die Bombardierung bestätigten**. Die ganze Dramatik dieses Geschehens kommt dabei jedoch nicht deutlich herüber. Da sich aber nun seit 60 Jahren alle Journalisten meist mit diesem 7-Seiten Bericht befassten, wird später einmal **nur noch diese Sicht** der Dinge, (**ohne das Ultimatum, dass die Orte am Tegernsee in Schutt und Asche gelegt werden, wenn....**) als historische Wahrheit Gültigkeit haben, obwohl vieles andere im 7-Seiten Bericht gar **nicht erfasst** wurde.

Vor allem wusste damals **niemand etwas** von den Verhandlungen im Hinter-grund, die auch im **Amannhaus in St. Quirin**, wo General Patton sein Quartier hatte, vonstatten gingen. Dadurch kann man verstehen, warum die SS-Truppen „hinhaltend kämpfend" den Ausgang dieser Verhandlungen abwarten sollten. **Dr. med Poeck**

sollte die Lazarette organisieren, wenn Amerikaner und Deutsche nochmal gegen den Russen antreten sollten. (Siehe Teg.Tal. Nr. 141 Seite 62.)
Niemand am Tegernsee sprach bisher öffentlich über diese ernsten Meinungsverschiedenheiten zwischen **Eisenhower und Patton**. Davon drang nichts nach aussen. Wir wussten absolut nichts, obwohl alles vor unserer Nase geschah. **Durch den Vortrag des Herrn RA Wrba, mit dem Zeugen Poeck**, anlässlich des 60. Jahrestag zum 8.Mai 45, wurde dies offiziell. Uns einfachen Bürgern wäre es nie möglich gewesen, diese Dinge zu einem Gesamtergebnis zu bringen.

Madame de Staël (1766-1817) in ihrem Buch ***Über Deutschland:***
„Wenn den Deutschen noch so großes Unrecht angetan wird, findet sich immer ein obskurer deutscher Professor, der so lange an der Objektivität herumbastelt, bis er bewiesen hat, daß die Deutschen Unrecht getan haben.“

(Quellen:)

Der Bericht des spanischen Konsulats

An den Bürgermeister der Gemeinde Bad Wiessee, 12. 5.1945
Der spanische Konsul in München grüsst den Bürgermeister von Bad Wiessee und gibt sich die Ehre mitzuteilen, dass das spanische Konsulat sich ebenfalls eingesetzt hat für den Versuch ein Blutvergießen in der Zone des Tegernseer Tales zu vermeiden. Am Mittwoch **2.5.45** früh unternahm der Schweizer Vizekonsul Herr Dr.Frei die Aufgabe **mit der Erklärung der Gemeinden** Bad Wiessee, Tegernsee und Rottach-Egern bei den amerikanischen Truppen zu erreichen, daß die Lazarettzone ohne Kampf verbleiben möge. Nachdem die Gemeinden erklärten, dass ihrerseits keine Kampfhandlungen zu erwarten sind, hat die amerikanische Truppenführung zugesagt, das Gebiet des Tegernseer Tales ohne Kampf zu durchrollen. Um 9 h gab mir mein Sekretär Nachricht, dass die SS-Truppen **unter allen Umständen** den Kampf mit dem amerikanischen Gegner aufnehmen wollen.
Da sich die SS in keiner Weise davon überzeugen liess, dass mit ihrer Absicht zu kämpfen, für die Lazarette, Entbindungs- Mütter- und Kinderheime, sowie für die übrige Bevölkerung die grosse Gefahr besteht, dass sich durch den Widerstand grössere **Kampfhandlungen** entwickeln werden, gab ich meinem **Sekretär Geisenhofer** und dem **Chauffeur Gerlitz** Order sofort mit dem Konsulatsauto das Kommando der Amerikaner aufzusuchen um von der neuen Lage Kenntnis zu geben, dies unter Gefahr von der SS mit Waffengewalt daran verhindert zu werden. Nach kurzer Lageerklärung im Quartier des amerikanischen Vorauskommandos im Gasthof Kreuzstrasse fuhr mein Beauftragter zum Kommando nach Holzkirchen und benachrichtigte den Kommandanten davon, dass die SS abgeschlagen hatte, die neutrale Lazarettzone zu achten und demnach die amerikanischen Truppen nicht ohne Vorsichtsmassregeln einrücken könnten. **Daraufhin trafen die amerikanischen Truppen die weiteren Massregeln;** zur gleichen Zeit versprechen sie, so weit als

möglich die Lazarette, Entbindungs- Mütter- und Kinderheime der Umgebung, die Konsulate und das **Schloss Ringberg**, von deren Lage das spanische Konsulat die amerikanischen Truppen benachrichtigt hatte und die Zivilbevölkerung von den Kampfhandlungen zu verschonen.
Die USA-Truppenführung hat nach dieser von uns unternommenen Fürsprache mit der grösstmöglichen Rücksicht gehandelt, welche in Anbetracht der Kampfhandlung genommen werden konnte und **verdient für diese Loyalität die Dankbarkeit der Bewohner** von Bad Wiessee, Rottach-Egern und Tegernsee.
Ich hielt es für angemessen, diese angegebene Tatsachen anzuführen, dass das Unternehmen des Schweizer Vizekonsuls von dem des Spanischen Konsulats gefolgt war und **im Zusammenwirken dieser** beiden Konsulate weitere Schwierigkeiten vermieden werden konnten.

Mit dem Ausdruck meiner vorzüglichen Hoachachtung

Der spanische Konsul
Alvaro de Silvela de la Viescay Casado
Marques del Castaner

Dazu muss erläuternd angefügt werden, dass der Satz: „Daraufhin trafen die amerikanische Truppen die weiteren Massregeln" wohl der Hinweis auf das **Ultimatum** mit der angedrohten **Bombardierung** war, das nicht den Amtsweg über die Konsulate gegangen ist und somit nicht schriftlich belegbar ist. **Für wissenschaftliche Arbeiten** steht diese Sache deshalb nicht zur Verfügung und ist somit „nicht passiert".

Der Eräuterung bedarf auch, dass dem Spanischen Konsulat nicht dieselbe Achtung von Seiten der USA entgegengebracht wurde, wie dem Schweizer, da **51 (!) Staaten der Welt** Deutschland den Krieg erklärt hatten. **Spanien (Franco)** blieb neutral, doch Freiwillige Spanier kämpften an deutscher Seite. Wegen dem spanischen Bürgerkrieg (1936-39) in dem „republikanisch/kommunistische" und „konservative/christliche" Kräfte gegeneinander kämpften, wurde Spanien dem Faschismus zugerechnet. General Franco hatte Hitler gebeten, ihm mit der **Legion Condor** zu Hilfe zu kommen. (Die **UdSSR** leistete auf der Gegenseite Waffenhilfe). Spanien hatte unter Franco eine 40jährige Diktatur, war aber sowohl für Juden als auch für Nazis Zufluchtsland und Sprungbrett nach Südamerika.

Richtigstellung: General Galland war Jagdflieger, nicht Kampfflieger und war bei Kriegsende mit seinen Kameraden Hartmann und anderen, im Jagdflieger-Heim Florida in Bad Wiessee. Er wurde 1941 aufgrund besonderer Leistungen, **29jährig**, zum **Inspekteuer der Jagdflieger** ernannt und trug die Verantwortung für Entwicklung und Produktion. Er stand im Rang höher als Bochmann.

„Deutschland wird zu stark, wir müssen es zerschlagen.“
Winston Churchill im November 1936 zu US-General Robert E. Wood
(zit. in Peter H. Nicoll,. *Englands Krieg gegen Deutschland,*
Verlag der deutschen Hochschullehrerzeitung, Tübingen 1963, S. 82)

Die Rathausbrücke blieb unversehrt

Die Soldaten der „Götz von Berlichingen" hatten sich in der gefrorenen Höß- Wiese, wo jetzt der Getränkemarkt gebaut wird, an der ursprünglichen Söllbachböschung, die den Bach begrenzte, bevor er in sein künstliches Bett gelegt wurde, Deckungslöcher gegraben und machten Anstalten die anrückenden Amerikaner mit Maschinengewehrfeuer in Empfang zu nehmen.
Beim Berthold im Innenhof herrschte nach wie vor emsige Betriebsamkeit und man wusste schon, dass die Brücke zur Sprengung präpariert worden war. Lange Jahre wusste man nicht, wie es kam, dass diese Brücke nicht in die Luft geflogen ist und man dankte es im stillen dem **Nieder Beni** und seinem Freund, dem **Lackerschmied Willi**, der als gehfähiger Verwundeter in einem Lazarett lag. Man dachte, diese beiden seien es gewesen, die die Kabel abgezwickt hatten. Jetzt erst, 2005, kommt folgende Geschichte, durch die Geschichte mit den KZ-Männern, ans Licht.

Die Dynamit-Sprengrollen waren in Munitionskisten gepackt und bereits unter der Brücke verstaut worden. Zur Bewachung stand einer der jungen SS- Soldaten dort, sodass sich keine Möglichkeit ergab unbemerkt an die Sprengladung heranzukommen.

Im Ort lebten die **Familien Staudinger**, die durch den Kirchenbau nach Wiessee gekommen waren und zwar waren es die Brüder Thomas, Georg und Hans (1.Teg.Leseb. S.73). Sie alle waren konservativ eingestellt. Als sie 1935 als örtliches Baugeschäft den Auftrag für den **Bau des neuen Schulhauses** bekamen, und dabei auch Leute auf die Baustelle kamen, die ganz modern mit „Heil Hitler" grüssten, sagten sie: „Grüaß God, für die Andersgäubigen". **Hans Staudinger** war am **10. Februar 1888** geboren, war im 1. Weltkrieg bei den Pionieren, ebenso **Hardl Floßmann** vom Rathaus. Sie kannten sich also mit den Sprengladungen aus.
Als im Haus Staudinger, das am Weg zum **Freihaus**, **Haus Grisson** und zum **Wiesbauern** liegt, die Küche übervoll mit Verwandten und Evakuierten war und sich alle gemeinsam anschickten, mit den vielen vorbeiziehenden Einheimischen und Fremden in die Berge zu gehen um dort Zuflucht zu suchen, sagte Hans Staudinger: **„Nix da, ihr bleibts da."** So blieben sie eben da.
Er selbst aber ging zum Rathaus. Irgendwie war er voller Unruhe und Sorge. **Josef Berthold**, der Kohlengeschäftinhaber aber hatte noch mehr Grund sich Sorgen zu machen; denn da er mit seiner Familie im Haus neben dem Rathaus wohnte, hatte er alles beobachten können. Und wer sich die Sachlage betrachtet, wird verstehen, dass die Brückensprengung das „Frisörhäusl" am Bach und auch das Wohn- und

Geschäftshaus stark in Mitleidenschaft gezogen hätte.
Es war sehr kalt. Die Soldaten hatten keine Häuser beschlagnahmt. Wo sie schliefen weiß ich nicht. Berthold lud die Soldaten bei der Brücke auf ein Stamperl Schnaps ein. Auf ziemlich leeren Magen. Und goss nochmal nach. Und außerdem bot er an, ihnen einige Stücke Zivilkleidung zu überlassen, damit sie wenigstens die SS-Kluft ausziehen könnten.
Staudinger, Floßmann und der 62jährige Berthold, die sich ja, wie alle Leute, in einem so kleinen Ort persönlich kannten, verständigten sich ohne viele Worte. Es war nicht schwer zu erkennen um was es da ging, aber **das Tun** war eine riskante Sache. Staudinger ging zur Brücke, kam mit dem Bewacher der Brücke ins Gespräch, und wie es genau kam weiß niemand, aber er bekam die Erlaubnis, dass er sich **die Tragegriffe der Munitionskisten** abschrauben durfte, die er so gut für sein Frühbeetfenster brauchen konnte. Für kurze Zeit ging der Soldat zu Berthold ins Haus.
Als er wiederkam waren die Kabel aus der vorbereiteten Ladung, herausgezogen. Als **„die alten Pioniere"** weggingen zeigte man dem Bewacher noch die abgeschraubten Griffe und dankte ihm.

Hans Staudinger und Frau Therese geb. Glonner

So kam es, dass zwar großes Unverständnis herrschte bei der abziehenden Truppe, als die Dynamitstangen nicht zündeten, aber niemand nahm sich am **3. Mai 45** abends mehr Zeit, nochmal unter die Brücke zu gehen um nachzuschauen, was los war und warum die Brücke unzerstört blieb. **Staudinger Hans** war damals 57 Jahre alt. Sein Sohn war gerade 15, seine Tochter Maria (Nöcker) 10. Der ältere Sohn, den seine Frau Therese, die aus dem Manglhof stammte, mit in die Ehe gebracht hatte, war seit Stalingrad vermisst.
Diese mutige, unentdeckte Tat, die die standrechtliche Erschießung nach sich gezogen hätte, wenn der Wachsoldat bemerkt hätte, was da mit der Sprengladung geschehen ist, ist eines der vielen Mosaiksteinchen, aus denen das Gesamtbild vom Kriegsende am Tegernsee besteht. Offiziell gedankt wurde weder dem Staudinger noch dem Floßmann und auch dem Berthold nicht, weil sie darüber Stillschweigen bewahrten.
Die Munitionskisten wurden noch bevor die Amerikaner einrückten mit einem klei-

nen Handkarren zum See hinuntergefahren und vorne beim Zeiselbach ließ man sie in den See gleiten.
(Zeitzeugen: **Erwin Obermüller; Hansjörg Bohn; Hans Stoib** sen. u. **Maria Nöcker**, geb. Staudinger.)

„Sie [die Presse] hat in Erfüllung dieser Aufgabe die Pflicht zu wahrheitsgemäßer Berichterstattung und das Recht, ungehindert Nachrichten und Informationen einzuholen, zu berichten und Kritik zu üben.“

Bayer. Pressegesetz § 3, Absatz 2
aus: Wendig, Grabertverl. 72006 Tübingen PF 1629

Orginalbericht von B. Eisenburg sen. Dürnbach
Kriegsende 1945

Zu diesem Thema möchte auch ich einen kleinen Beitrag beisteuern. Als sich kurz vor Kriegsende unsere abgekämpften Truppen mit ihren armseligen Pferdefuhrwerken von München kommend, verfolgt von den Amerikanern, ins Tegernseertal und zur Landesgrenze zurückzogen, war auch die Stimmung bei der Bevölkerung bis auf den Nullpunkt gesunken. Man erkannte ja, dass ein Aufhalten der Amerikaner bei dem Zustand unserer Truppen und der Lebensmittelnot, nicht mehr lange möglich war. Aber trotzdem gingen SS-Truppen am Ortsrand von **Dürnbach** nach **Festenbach** am Moosweg draussen, wo heute die **Freiberger-Säge** steht, geschützt durch eine Fichtenhecke mit einigen Geschützen in Stellung.
Auch beim **Soldatenbauer** (Zellermair) patroullierten ganz junge Soldaten, bewaffnet mit Panzerfäusten am Haus entlang.

Da wir durch dieses Vorgehen Schlimmes befürchteten, ging ich mit meinem Freund **Gstöttenbauer**, dem späteren Bürgermeister von Dürnbach (und mit Sohn **Josef Eisenburg**, dem Bruder von Beni Eisenburg, der heute als Professor und Leberspezialist bekannt ist) hinaus zur Geschützstellung und baten den SS-Offizier, ihre Geschütze hier auf diesem Platz doch nicht mehr zum Einsatz zu bringen. Wir erklärten ihm, dass genau hinter uns eine **Louisentaler Siedlung** steht, von Leuten, die sich ihre Häuser durch Fleiß und mühselige Arbeit aufgebaut haben. Sollten sie ihre Geschütze zum Einsatz bringen, dann bestünde die Gefahr, dass auch diese Siedlung, neben vielem anderem von den Amerikanern vernichtet würde. Auf unser Bitten schrie uns der SS-Offizier an. „Schaut dass ihr weiter kommt, diese Ortschaft ist morgen früh sowieso ein Friedhof”. Uns lief es eiskalt über den Rücken. Was wollten wir tun. Nur zurückgehen in unsere Behausung und zuwarten, was sich noch alles ereignen wird.

Bald darauf hörten wir auf der Straße von **Kreuzstrasse** nach Miesbach die amerikanischen Panzer hinunter rollen, auch kleinere Einschläge durch Geschützfeuer richtete kleinere Schäden an. Draußen beim Moosmeier schlug ein Volltreffer das Vordach vom Haus herunter und einige Bauernhöfe in der weiteren Umgebung gingen in Flammen auf. Es folgte eine unruhige Nacht, die wir meist im Keller verbrachten.
Am folgenden Morgen, wir trauten unseren Augen nicht, kamen die Amerikaner, das Gewehr unter dem Arm und Handgranaten umgehängt herein durch die Siedlung zur Miesbacherstraße vorbei an unseren Häusern ohne einen Schuss abgegeben zu haben. Was war geschehen? Der Geschützführer und alle Infanteristen hatten sich weiter ins Tegernseer Tal abgesetzt. Um den Amerikanern das Nachrücken zu erschweren, wurden noch bis zur Landesgrenze nahezu alle Brücken gesprengt, sogar die kleinsten Bachbrücken. Aber auch dadurch konnten die feindlichen Truppen nicht mehr aufgehalten werden. Es kam wohl eine schwere Zeit, aber der Krieg, der so viel Elend und Unheil brachte, war beendet und alles war heilfroh und zufrieden.

(gez. Eisenburg sen.)

„Niemand schafft größeres Unrecht als der, der es in Formen des Rechts begeht."
Platon

Die Stunden von Louisenthal sind nicht vergessen

In den letzten Apriltagen des Jahres 1945 hat sich auch in Louisenthal noch eine kaum fassbare Tragödie abgespielt, in der drei Menschen ihr Leben lassen mussten. Wie es dazu kam, will ich nun schildern.
In der **Papierfabrik Haug** Louisenthal wurden im letzten Kriegsjahr wie auch überall, soviel Arbeiter zu den Waffen gerufen, dass zu Arbeiten im Aussenbereich Kriegsgefangene angefordert werden mussten. Man war mit ihnen auch sehr zufrieden. Als aber in den letzten Wochen vor Kriegsschluss die feindlichen Truppen immer näher rückten, und jeder merkte, dass dieser furchtbare Krieg verloren ist, wurden auch diese Gefangenen (es waren Franzosen) immer frecher.
Es kam einmal zu einer kleinen Auseinandersetzung zwischen Herrn Haug und einem Gefangenen. Bei Kriegsende lief der Gefangene weg in Richtung Murnau, Weilheim, von wo französische Truppen von Westen her im Anmarsch waren. Er wusste das.

Obwohl bei uns von München her amerikanische Truppen immer näher rückten, kam dieser Franzose mit einem französischen Kommando nach Louisenthal zurück. Dort angekommen holten sie alle Arbeiter der Fabrik, die in Louisenthal wohnten, aus den Wohnungen, auch die beiden Fabrikherren **Kommerzienrat Dr. Arthur Haug** und **Dipl.Ing. Hans Förderreuther** (Schwiegersohn). Alle mussten sich auf der Brücke aufstellen und nachdem sie allen Anwesenden Armband und Taschenuhren abgenommen hatten, rissen sie die zwei Fabrikherren heraus aus Reih und Glied, führten sie hinter die Wirtschaft, wo sie dann unweit der Stallung niedergeschossen wurden. Auch ein SS-Soldat, der bei **Steinmüller** übernachtete, erlitt das gleiche Schicksal. Dann zogen die Franzosen mit ihren Panzern wieder ab und noch am gleichen Tag kamen die Amerikaner, beste Truppenteile, ins Tegernseer Tal. Soche Kriegserinnerungen vergisst man nie mehr im Leben.

(Für die Richtigkeit zeichnet Benno Eisenburg sen. Dürnbach-Gmund)

Ergänzung einer damaligen Hausangestellten, die in München verheiratet ist: Ab 1944 wurde die **Papierherstellung** eingestellt und nach Lousenthal kam ein Teil eines Münchner Betriebes, (Ausweichbetrieb) der Teile für Flugzeugmotoren herstellte. Es war ein **kriegswichtiger Betrieb**. Die beiden Leiter der stillgelegten Papierfabrik, **Herr Commerzienrat Haug** und sein Schwiegersohn **Dipl. Ing. Hans Förderreuther**, die am Tag vorher noch die sinnlose **Sprengung der Louisenthaler Mangfallbrücke** abwenden konnten und mit der Führung des evakuierten Betriebes nichts zu tun hatten, sondern „Hausbesitzer" waren, wurden von den Alliierten (in diesem Fall ein Trupp Franzosen, die bei Bichl standen) gezwungen aus den Wohnungen zu kommen um sich zu den anderen Leuten zu stellen.

Die Kapelle in Louisenthal erinnert an die am 03.05.1945 erschossenen Fabrikbesitzer Herrn Haug und Dipl. Ing. Förderreuther

Als der 16jährige Sohn Karli (geb 1928) mit seinem Vater mitgehen wollte, rief seine Mutter höchst aufgeregt: **„Karli, bleib da, geh nicht mit."** Er versteckte sich daraufhin und blieb unentdeckt. Die beiden Herren, Haug und Förderreuther, und ein deutscher Soldat wurden vor den Garagentoren erschossen. (Vernehmung? Urteil? Nichts.) Das war am **3. Mai 45**. Nachdem die Mangfallbrücken (Straßen- und Eisenbahn) bereits am 2. Mai gegen 17.30 gesprengt worden waren, konnte man mit den Toten nicht zum Friedhof und so durften sie bei der Kapelle beerdigt werden.

(Im Bericht der **Frau Erna Seestaller** wird von 3 gesprengten Brücken berichtet. (Siehe **Gmunder Hefte** Nr.6, S 119) (HK)

„Herr, wussten sie wirklich nicht was sie tun?"

Ähnlich aufschlussreich im Hinblick auf das Kriegsende, wie das beeindruckende Tegernseer Tal Heft 141 ist auch **das Buch der Gmunder Heimatfreunde Nr. 6, das Herrn Waldemar Rausch** zu verdanken ist, dem Initiator und Betreuer des Gmunder Heimatmuseums. Buch-Titel: **Gmund im 3. Reich**. Außerdem sei auf die beiden Bücher des Erzbistums über das Kriegsende hingewiesen.

„Die Seelengröße eines Volkes erkennt man daran, wie es nach einem verlorenen Krieg seine gefallenen und besiegten Soldaten behandelt!"

CHARLES DE GAULLE

Gmund in den letzten 2 Apriltagen:

Auf den Straßen, die ins Tal führten und im Tal selbst herrschte wildes Durcheinander. Einzeln und in Gruppen zogen die deutschen Soldaten müde, abgerissen und verschmutzt zu Fuß durch das Tal. Täglich kamen neue Scharen aus den verschiedensten Teilen Deutschlands mit dem Nötigstens und suchten Nachtlager. Autos, vollbeladen mit Menschen und Material, versperrten die Wege.
Halbverhungerte Pferde bemühten sich, die Wagen zu ziehen. Alles drängte durch das Dorf. Im Schulhof errichteten Flüchtlinge Feuerstellen, auf denen gekocht und sich gewärmt wurde. Deutsche Soldaten stellten sich gegenseitig Entlassungspapiere aus. Alles floh in Richtung Süden (Kreuth) den Bergen und Tirol zu.
Noch am 1. Mai stauten sich vor der Gmunder Mangfallbrücke Lastwagen mit Geschützen und anderen Wagen. **Wo kein Benzin oder Pferde** zur Verfügung standen, zogen mit großer Anstrengung die Soldaten selbst die Wagen.
Am 2. Mai baute die aus Tölz kommende Division „Götz von Berlichingen" in Gmund eine Verteidigungsstellung auf. Am Osterberg, in der Gasse und in Seeglas **wurde Artillerie in Stellung gebracht**. Der Befehlsstand wurde im Haus Himmler und im Gasthof Maximilian errichtet. Die Situation im Tal, das erst seit **Mitte April 1945** vom Generalkommando München zu unverteidigten Städten im Sinne der Genfer Konvention erklärt worden war, im Sprachgebrauch hieß das: **„Lazarettorte"**, war ziemlich gefährlich geworden.
Etwa 370 deutsche Soldaten waren bereits in den Lazaretten verstorben und bitteres Leid war in alle Familien eingezogen, die Söhne, Brüder, Ehemänner und Väter im Krieg verloren hatten oder die vermisst waren.

Abschied von den Kameraden

Im Gmunder Pfarrbereich gab es bei den letzten Kämpfen noch 12 Opfer. Dies waren Soldaten der SS und Angehörige des Arbeitsdienstes. Sie fielen in Holz, Ostin und St. Quirin, als sich die vorgehenden Panzer der Amerikaner und die SS ein Artillerie Duell lieferten.

Pfarrer Heichele, Gmund schrieb: „...die in Holz gefallenen fünf jungen Soldaten wurden in wenig geziemender Art an Ort und Stelle begraben, Die anderen konnten im Bergfriedhof gemeinsam kirchlich beerdigt werden.

Artillerie, also ein Geschütz, stand auch vor dem **Haus Engelsberger in Rottach**. Auch in Tegernsee und Rottach wurden Schäden an Häusern verursacht und in **Wildbad Kreuth** wurde das Sudhaus, das hinter den Gebäuden stand zerschossen. Es gäbe noch viel zu berichten, aber nur eins soll noch erwähnt werden. Als die Amerikaner die Orte eingenommen hatten, wurde drei Tage Plünderungsrecht gegeben. Dies nahmen auch einige Einheimische wahr,schreibt **Pfarrer Heichele**, Gmund, aber schlimmer waren die **Plünderungen** durch die KZ-Männer, die nun plötzlich **aus ihren Verstecken auftauchten**. Besonders die leer stehenden Wohnungen und Häuser wurden heimgesucht, deren Familien aus Sorge vor der **Bombardierung** in die Berge oder zu Bekannten geflüchtet waren. Schlimm und zwar **wochenlang** wurde auch die Fabrik in Louisenthal **(heute Giesecke und Devrient)** ausgeraubt. (**Quelle: Heft 6 von W. Rausch** und der Heimatfreunde Gmund)

ne/rt

Ich glaube, daß wenn der Tod unsere Augen schließt, wir in einem Licht stehn, von welchem unser Sonnenlicht nur der Schatten ist.

(Arthur Schopenhauer)

Der Herzog und der Soldatenfriedhof in Gmund.

Seine königl. Hoheit, **Herzog Ludwig Wilhelm** in Bayern stellte später, das Grundstück am Hang, nahe der Strasse nach Finsterwald für einen **Soldatenfriedhof** zur Verfügung. Daran erinnert sich die Bevölkerung mit Dankbarkeit. Durch diese

Der Spöttinger Friedhof in Landberg aus den ganz frühen Anfängen Bayerns wurde durch Bürgerinitiative gerettet.

hochherzige Gabe für die gefallen Kämpfer konnten in Verbindung mit den Gemeinden und dem **„Volksbund Deutsche Kriegsgräberfürsorge"** alle Soldaten, die im Tegernseer Tal gefallen oder verstorben waren, in diesen Friedhof umgebettet werden und ihre letzte Ruhe in geweihter Erde finden. Die **Wittelsbacher** zeigten damit wieder einmal die alte enge Verbundenheit zum Bayerischen Volk, das sie 738 Jahre lang, bis 1918, volksnah regierten.

Die Zensur ist die jüngere von zwei schändlichen Schwestern. Die ältere heißt Inquisition. Die Zensur ist das lebendige Eingeständnis der Herrschenden, dass sie nur verdummte Sklaven treten können. Freie Völker regieren können sie nicht.
(Johann Nestroy,österr. Dichter und Schauspieler 1801-1861)

Ein unverfälschtes Zeitbild

Um der jungen Generation den Kriegsbeginn ein wenig zu schildern und um „den Geist"zu schildern, mit dem diese damaligen jungen Leute für **unser Land** in den Krieg zogen, sei hier ein kleiner Abschnitt eines aus altem deutschen Adel stammenden Kirchenmannes mitgeteilt, **der gegen den Nationalsozialismus** stand.

Er wurde **„Der Löwe von Münster"** genannt und war der **Bischof (Graf) Galen von Münster**. Er schrieb zwei Wochen **nach** Kriegsausbruch, am 14.9.39: „Was vor 8 Tagen wohl in der Hoffnung auf eine schnelle Wiederherstellung des Friedens noch nicht ausgesprochen werden sollte, ist inzwischen allgemein anerkannte Tatsache. Der Krieg, der 1919 durch einen erzwungenen **Gewaltfrieden** äusserlich beendet wurde, ist aufs neue ausgebrochen und hat unser Volk und Vaterland in seinen Bann gezogen.
Wiederum sind unsere Männer und Jungmänner zum großenTeil zu den Waffen gerufen und stehen in blutigem Kampf oder in ernster Entschlossenheit an den Grenzen auf der Wacht um das Vaterland zu schirmen und unter Einsatz des Lebens **einen Frieden der Freiheit und Gerechtigkeit für unser Volk zu erkämpfen**.
Und die Daheimgebliebenen sind aufgerufen und gewillt, -ein jeder an seinem Platz - in selbstlosem Einsatz seiner Person, seiner Kraft und aller Hilfsmittel mitzuwirken, daß unser Volk die Prüfung bestehe und bald die Früchte des Friedens wieder genießen möge".

Bischof Galen, war wohl der einzige Kirchenmann, der öffentlich, so, wie er gegen die Auswüchse der Nationalsozialisten wetterte, **auch den Besatzern** in deutlicher Sprache sein Denken kundtat. Besonders die Besatzer-Anordnung : **Verbot der Fronleichnamsprozession;** die Verlegung hoher kirchlicher Feiertage auf den folgenden Sonntag, Verbot der **Bekenntnisschule** etc. prangerte er an, und seine Predigten waren bald in Schreibmaschine geschrieben von seinen Christen mitgenommen worden und kamen ins Umland bis Düsseldorf! Da wagte er doch zu predigen, dass die Besatzungsmacht insofern nicht besser als die „Nazis" seien, weil sie **Konzentrationslager** unterhielten und zwar für Männer und Frauen, die irgendwann eine Parteifunktion übernommen hatten. Er legte den Finger in die Wunde und teilte mit, dass diese Menschen, die in diesen Lagern saßen, monatelang nicht einmal vernommen wurden, keine Gelegenheit bekamen, sich zu verteidigen und er nannte dies: **Methoden der Rechtlosigkeit**. Das Gefühl von Befreiung hatte er bei Kriegsende wohl nicht so wirklich.

Er schrieb auch einmal: „Warum erklärt man es uns nicht!"
Aber das ist wohl ein vergebliches Hoffen. Auf Anfragen bekommt **ein fragender Christ heute noch** ziemlich nichtsagende Antworten zugeschickt. Von den Hirten. Im Unrecht alleingelassen wuchs damals bei vielen die Gleichgültigkeit über die Kirchen, nicht aber über den ererbten christlichen Glauben.
Viele hatten KLV-Kinder im Haus, die aus Münster waren. So wurden auch bei uns Galens „Bittgänge" zur Militärregierung beachtet, der er deutlich sagte, wie die Zustände im Münsterland sind: Galen teilte den Siegern höflich aber deutlich mit: „Sie sind in ein christliches Land gekommen und wir werden der Obrigkeit gehor-

around the Achen Pass and Lake Achen, to the northeast of Innsbruck. On 5 May, the Division veered back northwards across the present Austro-German border near Kreuth as a component once again of the XIIIth Army Corps (not SS)[39].

"G.v.B." capitulated to the Americans on 7 May 1945 and two days later marched under SS-Obersturmbannführer Rudolf Klaphake[40] into a temporary POW camp at Rottach-Egern on Tegernsee. On 12 May, the survivors were organized into two infantry and one transport regiment and on 21 May were sent to Munich. During May and the first part of June 1945, the former 17th Waffen-SS Division was kept in the area southeast of Munich-Baldham and only on 11 June was it finally disbanded when its men were dispersed to various POW camps.

The 17th SS-Panzer-Grenadier-Division "Götz von Berlichingen" had existed for 17 months and had fought without respite for 11 of them. It was the only SS division to have fought exclusively on the western front and its name and deservedly earned tough reputation do not appear to have been tarnished by any involment in war crimes.

Kriegsende aus einer amerikanischen Zeitung

Roger James Bender and Hugh Page Taylor

chen, aber die hat mit der Macht auch die Pflicht übernommen die Bevölkerung vor Übergriffen zu schützen: Vergewaltigung und Plünderungen durch die alliierten Soldaten, bei denen so wenig Zucht und Ordnung herrscht, müssen aufhören."
Einestages kam der **amerikanische Gouverneur** und der **amerikanische Ortskommandant** zu ihm zu Besuch. Im Sommer wurden die Amerikaner durch Engländer und Belgier abgelöst. Die Plünderungen seitens der Russen und Polen blieben im katholischen Münsterland weiterhin der Schrecken der Bevölkerung. Unsere kinderlandverschickten Schüler der **Wasserturmschule** (heute Hittorf-Gymnasium) sind bis auf einen, vollzählig ins zerstörte Münster heimgekehrt.
Am 5. Juni 1945 stellte sich Bischof Galen von Münster in seinem eindrucksvollen Hirtenbrief vor die deutschen Soldaten:
Wir wollen auch unseren **christlichen Soldaten** innig danken, die in gutem Glauben, das Rechte zu tun ihr Leben eingesetzt haben für Volk und Vaterland, die auch im Kriegsgetümmel Herz und Hand rein bewahrt haben von Haß, Plünderung und ungerechter Gewalttat.
Gott der Herr, der Herz und Nieren durchforscht, richtet nicht nach dem äußeren Erfolg, sondern nach der inneren Gesinnung und Gewissenhaftigkeit, er wird das Gute belohnen und das Böse bestrafen je nach Verdienst. (Aus: Schwinge: Bilanz der Kriegsgeneration, Marburg)

Georg Bochmann (geb.18.9.1913 in Albernau/ Sachsen)

Doch immer schreibt der Sieger
die Geschichte des Besiegten.
Dem Erschlagenen entstellt der Schläger die Züge.
Aus der Welt geht der Schwächere,
und zurück bleibt die Lüge.

Berthold Brecht (1898 - 1956)

In allen auffindbaren journalistischen Arbeiten über das Kriegsende am Tegernsee (ausser RAWrba) steht seit 60 Jahren stets der Name **„Borchmann"**, wie er im 7-Seiten-Bericht des Schweizer Konsulats steht. „Abschreiber" schreiben auch Fehler ab! Hiermit sei sein Name berichtigt. Auch soll sein kurzer Lebensbericht festgehalten werden. Ich bitte diesen Bericht sachlich, also ohne Vorurteile aufzunehmen; denn auch diese SS-Soldaten kamen aus ganz normalen Familien.

Einer unter vielen

Als der 20jährige Schorsch Bochmann im April 1934 zu den Totenkopf-Verbänden kam, ahnte er nichts von seinem soldatischen Werdegang, und dass er einmal

Stellvertretend für viele Andere 1938: Eine Mutter mit ihrem Sohn: Hans Meßner

Truppenführer würde. Er war Sohn eines Fabrikarbeiters, hatte die Reifeprüfung am Realgymnasium abgelegt und stand nun als Freiwilliger in den Reihen seiner Kameraden.
1936 wurde er Untersturmführer, Standarte „Oberbayern". Im Winter 1938/39 wurden die Verbände motorisiert und 1939 mit schweren Waffen ausgerüstet.
Schorsch Bochmann übernahm die 14. Panzerjägerkompanie. Hier sei eingeflochten, dass die SS-Verbände stets der Wehrmacht unterstanden und meist als „Feuerwehr" dort eingesetzt wurden, wo schwere Kämpfe waren.
Am 1.9.39 begann der Polenkrieg, Drei Tage später erklärten Frankreich und England uns Deutschen den Krieg. Man hoffte **8 Monate lang**, es möge nicht zum Äußersten kommen. Am 1o. Mai 1940 begann der Westfeldzug, **dessen Angriffstag** immer wieder verschoben worden ist. Am 22. Juni 1940, praktisch nach 6 Wochen, wurde das **Waffenstillstandsabkommen** (Frankr./ Deutschl.) abgeschlossen. Bochmann bekam zwei Auszeichnungen.
Im Russlandkrieg war er Kommandeur der Panzerjägerabteilung 3 und dabei bewährte er sich in vielen Einsätzen. In der Abwehrschlacht bei **Lushno** redete man von den Meisterleistungen der Schule Bochmann. Einer seiner Männer war damals der jüngste Ritterkreuzträger, worüber er sehr stolz war. Heute erinnert sich niemand mehr an die erbitterte, winterliche Abwehrschlacht im **Kessel von Demjansk 1942**. 5 Sowjetarmeen hatten 6 Divisionen des deutschen 2. Armeekorps eingeschlossen. Württembergische, schlesische und mecklenburgisch-pommersche Jäger und Infanteriedivisionen wurden aus der Westfront nach Russland beordert wo die Temperaturen bei 30 Grad Minus lagen. Dann aber begann es zu tauen und das Gelände war völlig verschlammt. Obwohl die „Gruppe Seydlitz" den Lowatübergang nicht mehr schaffte, gelang es Bochmann mit seinen Stosskompanien die eigenen Kameraden in harten Nahkämpfen herauszuhauen. Er wurde dabei verwundet, blieb aber trotzdem auf seinem Posten. Er und seine Männer hatten den Kessel von Demjansk aufgebrochen **und vielen deutsche Soldaten das harte Los der russischen Gefangenschaft erspart**.
1944, als schon die ersten Gräueltaten der Russen an deutschen Mädchen und Frauen offiziell bekannt wurden, stellte er sich dem Massenansturm aus dem Osten entgegen. Das war auf beinahe aussichtslosem Posten. Bochmann, hatte nie **einen Schreibtischposten** sondern stand stets an der Front. Er lernte die Unberechenbarkeiten kennen und wollte seine Soldaten nie mehr als nötig gefährden. So **verwei-**

Kriegsende auf der Point in Tegernsee. Später wurden die Gefallenen nach Gmund umgebettet.

gerte er nicht durchführbare Angriffsbefehle. Seine Soldaten dankten es ihm, aber **Feldmarschall Schörner** setzte ihn ab. Von da an war er „Oberführer Bochmann". Als solcher musste er zur Berichterstattung ins Führerhauptquartier. Dort wurde er vom obersten Befehlshaber als 140. Soldat mit dem Eichenlaub mit Schwertern zum Ritterkreuz des Eisernen Kreuzes ausgezeichnet. **(30. März 1945)** Zugleich wurde er mit der Führung der 17. Panzergrenadierdivision „Götz von Berlichingen" beauftragt.

Über Crailsheim und Ansbach, wurde die Division vom überlegenen und brutal kämpfenden Amerikanischen Gegner zurückgedrängt. Sie verteidigten Nürnberg und warfen den Feind wieder aus der Stadt Neumarkt. Hinhaltend kämpfend drehte er dann seine Division nach Süden ein, um in die Alpen auszuweichen. Die Donaustellung konnte nicht gehalten werden und so setzten sie sich über München - Bad Tölz ab und wurden in das Tegernseer Tal abgedrängt.

Die 17. SS-Panzergrenadierdivision „Götz von Berlichingen" bestand 17 Monate und stand mit ihren jungen Soldaten elf Monate in pausenlosem Einsatz. Bochmann war ihr Kommandeur bis zur **bedingungslosen** Kapitulation **am 8. Mai 1945**. Stets hatte er die Division umsichtig unter Schonung der Zivilbevölkerung und der Wohnorte geführt. Die Soldaten der Division legten auf Befehl des XIII. **Armeekorps** die Waffen nieder und gingen diszipliniert in Gefangenschaft. Sie wurden in das mit insgesamt ca. 20 000 Soldaten belegte grosse Auffanglager zwischen „Grea-Wasserl" und Weissachau gebracht und dort lebten sie 1 - 2 Wochen **auf blanken Boden** bis sie weggebracht wurden. An dem kleinen Heustadl gegenüber der Riedsäge hing ein Schild. **„Take it easy"**, Nimms leicht. Von der Straße aus konnte man es lesen. Das Haus von **Familie- Baier** und Aldi sowie die „Mayr-Siedlung" gab es damals noch nicht, nur die **Rainer Säge** mit Wohnhaus, in dem sich 8 Tage zuvor das Drama der Eheleute Mayr abgespielt hatte. Der spätere Weihbischof Schwarzenböck lag auch hier, bis er nach Ochsenfurt bei Würzburg zur Entlassung kam. Es war ein kalter Winter, Anfang Mai 1945.

900 Soldaten der Division werden vermisst, davon 400 im Süddeutschen Raum. Der ehemalige Gegner (Ami) bedauerte nach dem Krieg, dass auf dem Vormarsch einzelne Einheiten seiner (amerikanischen) Truppen grobe Verstösse **gegen die**

Haager Landkriegsordnung begangen hatten, denn die 17. SS-Division habe zwar zäh, aber **stets sauber und fair**, gemäß den internationalen Bestimmungen gekämpft. Vielleicht wurde mancher Bruder, Sohn oder Mann von Bochmanns „Feuerwehr" herausgehauen.
Bei den Kämpfen um Nürnberg waren in Gefangenschaft geratene „G.v.B."-Angehörige **erschossen oder erschlagen** worden. Auf dem Straßenkreuz **Höhenkirchen-Brunntal** wurde ein versprengter Unterscharführer, **der sich ergeben hatte**, niedergeschossen. In Oberpframmern und in der Umgebung von Haar und an anderen Orten wurden Divisionsangehörige, die schon in Gefangenschaft waren, widerrechtlich exekutiert. In Eberstetten wurden 17 Soldaten, die sich schon ergeben hatten, vor den Augen der Dorfbewohner erschossen.

Es ist eine traurige geschichtliche Tatsache, dass keine Armee der Welt in einem Krieg ihren Schild fleckenlos gehalten hat.

In den Sumpfgebieten Russlands hatte sich Schorsch Bochmann, wie viele andere Russlandsoldaten, das **Wolhynische Fieber** zugezogen. Diese schwere Erkrankung führt später meist zur Leber-zirrhose. (z.B. auch Lackerschmied Willi) An den Folgen dieses schweren Kriegsleidens ist dieser tapfere, aufrichtige Kommandeur am 8. 6.1973, 6ojährig in Offenbach gestorben.

(gek.aus: Ritterkreuzträger der Waffen-SS)

...denn es gibt keinen Menschen, der nicht seine Zukunft hätte

(aus der Bibel: Sprüche)

Was immer damit gemeint ist, — ich meine die Unsterblichkeit ihrer Seelen.

Eberstetten bei Pfaffenhofen

Der 28. April 1945 war ein Samstag. Bei **Pfaffenhofen** an der Ilm, nördlich von München. erreichten gegen 14 Uhr amerikanische Panzerspitzen, denen sich der Ort bereits am Vormittag um 10 Uhr kampflos ergeben hatte, das naheliegende **Dorf Eberstetten**. In diesem Ort befanden sich Wehrmachtsangehörige und an diesem Tag waren auch etwa 20 junge SS-Männer hierhergekommen. **Alle hatten die Waffen niedergelegt.**
Als die Amerikaner einrückten flohen 5 SS-Leute. Die restlichen 15, die auf dem Bauernhof, **„beim Daniel"** waren, ergaben sich **waffenlos** und mit erhobenen Händen den Amerikanern. Kurz darauf wurden die SS-Männer auf die Panzer gela-

Es ist bestimmt in Gottes Rat, daß man vo
Liebsten, was man hat, muß scheiden.

Zur frommen Erinnerung
im Gebete an

Hans Meßner

Gefreiter in einem Gebirgs-Jäger-Regimen
gefallen für seine geliebte Bergheimat a
18. Mai 1942 im Alter von 22 Jahren.

Du hast ihn uns geliehen, o Herr, und er war unser Glück. Du hast ihn zurückgefordert und wir geben ihn Dir, o Gott, ohne Murren, nur das Herz voll Wehmut. (St. Hieronymus.)

Barmherziger Jesu, gib ihm die ewige Ruh

1942: Hans Meßner gefallen, 22 Jahre alt

den, die mit ihnen wieder rückwärts aus dem Dorf fuhren. Etwa 100 Meter vom Ortsrand entfernt mussten sie absitzen und in die anliegende Wiese gehen. Als sie etwa 5o Meter gegangen waren, wurden sie von 3 oder 4 weissen Amerikanern mit Maschinenpistolen zusammengeschossen und liegengelassen.
Schreinermeister Georg Walter aus Eberstetten berichtete über diesen Meuchelmord:
„Ich befand mich mit einem anderen Pfaffenhofener Bürger, der seinen Sohn bei sich hatte, auf dem Dachboden meines Anwesens und beobachtete wie plötzlich amerikanische Fahrzeuge mit aufsitzenden deutschen Soldaten zurückfuhren und am Ortsrand etwa 100 Meter von mir anhielten.
Die Amis befahlen mit Gebärden abzusitzen und nach links in die Wiese zu laufen. Daraufhin eröffneten sie mit Maschinenpistolen von hinten das Feuer auf die deutschen Soldaten.

Nach geraumer Zeit kam nochmal ein Jeep angefahren, auf dem sich noch 3 Gefangene befanden. Diese wurden von den Amerikanern nach rechts in die Wiese geschickt und ebenfallsmit einer MP-Salve von hinten getötet. Darunter befand sich auch ein gehbehinderter, etwa 40jähriger verwundeter Soldat aus einem Lazarett, der in Eberstetten von einem Sanka abgeholt werden sollte. Gestützt auf seine 2 Kameraden wurde er zum Hinrichtungsort geführt.
Ein angeschossener Soldat rief noch eine Stunde lang um Wasser und um Hilfe, doch kein Eberstettener durfte Hilfe bringen. Nach einer weiteren Stunde passierte ein nachfolgender amerikanischer Verband die Stätte des Grauens. Ein weisser Amerikaner hörte das Wimmern des letzten Überlebenden. Er beendete es kurzerhand mit einem Kopfschuss aus seiner Pistole.
Erst am 3. Tag durften wir auf Geheiß eines amerikanischen Kommandeurs die Toten begraben. Zuvor sammelte ich die Soldbücher, Brieftaschen und Wertsachen ein. Die Toten beerdigten wir in einem naheliegenden Aushub, der von einem deutschen Funkwagen stammte. Ich übergab die Soldbücher, Brieftaschen und Uhren dem Bürgermeister Sebald."
Als **Bgm. Sebald** wenige Tage danach **wegen seiner Parteizugehörigkeit als Bürgermeister** von den Amerikanern abgesetzt wurde, übergab er die Sachen der Ermordeten seinem Nachfolger **Josef Walter** in einer Kiste, die dieser aufbewahrte. Etwa 8 Tage später erschien ein amerikanischer Offizier („Käpten"), der nach Waffen suchte, dabei die Kiste sah und nach dem Inhalt fragte. Als ihm dieser mitgeteilt wurde, nahm er die Kiste mit und lehnte die Bitte, sie zur Benachrichtigung der Hinterbliebenen zurückzulassen, kategorisch ab. Seitdem fehlt von dieser Kiste und dem Inhalt jede Spur, sodass niemand weiss, wer die Ermordeten waren.

(HW3 = H. Wendig Heft Nr.3, Grabert Verlag, Tübingen)

Der Name der schuldigen US-Einheit, die schnell weiterzog, konnte nicht ermittelt werden. **Die Anordnung** zur Beerdigung kam von einem anderen US-Verband. Am 25.Jan.1952 wurden die in dem Massengrab ohne Särge bestattenten Soldaten vom **Volksbund Deutscher Kriegsgräber-Fürsorge** auf einem Soldatenfriedhof bei Regensburg überführt. Bei der Exhumierung fand man 2 Eheringe, aus deren Gravierung sich offenbar ergab, dass es sich bei den Überführten um SS-Unterscharführer August Kleber, SS-Rottenführer Wanitzke und 13 unbekannte Tote handelte, die zur **SS-Division „Götz von Berlichingen"** gehörten. Auf dem **Steinkreuz, das in Pfaffenhofen** aufgestellt wurde, (s.Bild) ist von 17 Erschossenen die Rede. Pressebericht mit Foto vom Steinkreuz vom 6. 5.1980 im Stadtarchiv Pfaffenhofen wurde mir auf Anfrage versprochen, aber nicht geschickt. Der Archivar ist vermutlich beim „geschichtlichen Beschönigungsverein." HK

1. Richtigstellung zur Zeitgeschichte
Präsident Roosevelt meinte:
„Wir müssen mit den Deutschen hart sein.
Das heißt, mit dem deutschen Volk, nicht nur mit den Nazis.
Wir müssen sie entweder kastrieren, oder so mit ihnen verfahren,
daß sie nicht länger Menschen erzeugen,
die so wie bisher weitermachen."

John Morton Blum: *From the Morgenthau Diaries,* Bd. 3
Years of the War 1941-1945, Boston 1967, S. 215.

Die Ortsübergabe

Dem Wiesseer Bürgermeister wurde am 4. Mai 45 bei der Ortsübergabe von **Colonel West** mitgeteilt, dass er und alle Angestellten des Rathauses ihre Arbeit weiterzumachen haben. Daraufhin sagte der Ortvorstand, dass das nicht möglich sei, weil er „Parteigenosse" **(PG)** gewesen sei. Colonel West und sein **Adjutant Widmann**, der eine Augsburger Grossmutter hatte, und leidlich deutsch konnte, erwiderte ohne ihn anzuschauen:
„... das ist aber interessant, Sie waren wohl **der einzige PG in ganz Deutschland**. Wir haben bisher noch keinen gefunden. Die Deutschen, mit denen wir gesprochen haben, waren alle dagegen. Aber glauben Sie mir, wir kennen ihren Leumund. Sie sind der geeignete Mann."
Zur gleichen Zeit hatten **andere Amerikaner** in seinem Haus eine Haussuchung gemacht. Sie haben alles durchsucht und durchstöbert. Im Schlafzimmer rissen sie den

selbstgezimmerten Kleiderschrank auf. Da hing eine gute Trachtenjoppe, eine geflickte, zwei Stoffhosen und
die Feuerwehr-Uniform mit den roten Biesen. Einer nahm mit strahlendem Gesicht diese Feuerwehr-Uniform mitsamt dem Kleiderbügel heraus, hielt sie hoch und rief etwas auf englisch. Wir verstanden nichts.
Zwei andere Ami-Soldaten brachten sofort ihre Gewehre in Anschlag, und der mit der **Feuerwehruniform** rannte durchs Zimmer und schrie aufgeregt: „Eiss- eiss". wir wussten erst gar nicht was er meinte, aber es sollte „SS" bedeuten. Er dachte, er habe die SS-Uniform des Hauswohners gefunden. Da wäre er dann wohl fällig gewesen, der „Türquäler" vom Rottacher Skihüttenbau (weil er die schwere Türe hinauftrug und sich im Nebel verlaufen hatte), der „Wallberger" (Trachtenverein Rottach) und der „Architekt und Bauleiter" der Wiesseer Skihütte bei den Neuhütten-Almen. Der Irrtum des Ami klärte sich bald auf und wir **vertrauten auf das Recht**, an das sich auch die Amerikaner halten werden. So dachten wir damals. Niemand in unserer Familie verstand oder sprach englisch.
Am 6. Mai 45 hat **Colonel West** „seinem Burgomaster" ein „Permit" ausgestellt. Damit konnte er sogar ins Söllbachtal, das beim Haus Rumpl (Ottl) streng abgesperrt war, weil in den Bergen **„Werwölfe"** vermutetet wurden, die es aber nicht gab. Diese Angst der Ami fanden wir dann doch etwas komisch. Was wird man ihnen alles über „Nazideutschland" und die „Nazibestien" erzählt haben?
Das „Permit" war in englisch und deutsch ausgestellt und hiess:

Bad Wiessee, Deutschland, 6.Mai 1945

An: Wen es betrifft
Der Bürgermeister von Bad Wiessee, Herr Mathias Sareiter hat sich in der Zusammenarbeit zur Aufrechterhaltung von Ruhe und Ordnung in seiner Gemeinde seit der Ankunft meines Bataillon bestens bewährt.
Herr Mathias Sareiter war am 5. Mai besonders tüchtig und arbeitete bestens zusammen in der Durchführung seiner Pflichten als Bürgermeister der Gemeinde Bad Wiessee, Deutschland. Trotz schwieriger Verhältnisse, hielt er Ruhe und Ordnung aufrecht und stellte eine besondere Polizei zu diesem Zwecke auf.
Er führte seine Pflichten promptest aus und fraglos sofort auf meine Anweisungen hin. Er erwies sich als der führende Bürger seiner Gemeinde.

gez. sg. R. West

Von da an kamen Col. West und sein Adjutant Wiedmann mit ihrem Jeep öfter zu Besprechungen in die kleine Holzveranda, in der einige Tage vorher der Konsul-Kurier vom Schweizer Konsulat in Egern die nötigen Papiere gebracht und geholt hatte. Anscheinend gefiel ihnen dieser einfache Holzanbau mit dem grünen Efeu besser, als das Dienstzimmer im Rathaus. Nie aber gaben sie ihm die Hand; nie haben sie ihm eine Zigarette angeboten, denn es gab da das strenge **„Anti-Fraternisierungsgesetz"**. Aber einmal als sie gingen, lag auf dem Tisch ein „ver-

Headqarters Eleventh Engineer Combat Battalion
Office ot he Battalion Comander

Bad Wiessee, Germany, 6 th May 1945

TO WHOM IT MAY CONCERN

The Burgomeister, Herr Mathias Sareiter, of Bad Wissee has been most cooperative in main taining order and discipline sinse the arrival of this Battalion in his town.

Herr Mathias Sareiter was on May 5 th 1945 exception=ally efficient and coperative in the execution of his duties as the Burgomeister of Bad Wiessee, Germany. He meinetained law and order despite difficult circumstances, appointing spezial police for this purpose. He perfomed these duties promptly and unquestionably imme=diately upon my directions. He demonstradet himself to be the leadin citizen of his community.

sg. R. West
R.P. West, Lt.Col. 11th Engr.Combat.Bn,
Commanding

Amerikanisches Orginal-Permit

gessenes" halbvolles Zigarettenpäckchen „Lucky Strike".
Als es ihnen nachgetragen wurde, weil sie es vergessen hatten, und es nicht uns gehörte, winkten sie ab und fuhren weg.
Nun kam die Frage, wer das Bürgermeisteramt weiterführen sollte. Es bewarben sich z.B. der Schreiner Sepp, der Herr Schmitt vom Haus in der Sonne, und andere, auch ganz Unbekannte mit Verbindungen zu den Amerikanern. Der frühere langjährige **Bürgermeister Sanktjohanser**, dem Wiessee soviel zu verdanken hat, war nicht zu bewegen, das Amt wieder zu übernehmen.

„Es gibt zwei Arten von Weltgeschichte: Die eine ist die offizielle, für den Schulunterricht bestimmt; die andere ist die geheime Geschichte, welche die wahren Ursachen der Ereignisse in sich birgt.“

Honoré de Balzac

zit. von Léon Degrelle, *Hitler – geboren in Versailles,*
Grabert-Verlag, Tübingen 1992, S.9

Colonel West in Bad Wiessee

General Patton verunglückte im Dezember '45 tödlich
Galland, Eisenhower, Patton DMZ Nr. 42/04

Der Colonel West war ein Amerikaner der Kampftruppe und sah ziemlich schnell was wesentlich war im Ort. Außerdem war diese Kampftruppe über alle wichtigen Dinge **genauestens informiert**. Diejenigen Mitbürger, die für sie spionierten, hatten gute Arbeit geleistet. Als der Colonel nach Tagen sah, dass sich im Postamt ein landfremder Mann, den das Kriegsende hergebracht hatte, **eine „Bürgermeisterei"** eingerichtet hatte, ließ er ihn gewähren. Dieser von der Bevölkerung **„roter Iwan"** genannte Mann, hatte auch das Recht genutzt, zu plündern. Woher er und seine Freunde wussten in welchen Häusern was zu holen war, blieb allen ein Rätsel. Da wurde z.B., wie man später erfuhr, auch ein Keller ausgeräumt, in dem die Vorräte an Spirituosen einer Münchner Gaststätte eingelagert waren. Daneben war der kleine Konsum, der auch noch Lebensmittel hatte. Frau Herzinger, die Verantwortliche, die ja noch lebt und damals protestierte, bekam dann von einem der „Gestreiften" eine Bestätigung, über das, was sie geholt hatten. „Ordnung muss sein."

Zurück zum „Postamt-Bürgermeister". Er wurde gefürchtet. Es können sich noch Leute an ihn erinnern. Man sah in ihm einen Verbrechertyp, obwohl man dem Menschen normalerweise Verbrechen nicht ansehen kann. Man hielt ihn, weil er sich „so selbstherrlich" aufführte für „einen von der übelsten Sorte". Er hatte eine Gruppe von „Freunden" um sich geschart, die anscheinend das ausführten, was er sagte. Er hieß **„Terschan"**. Das kann man ja jetzt ruhig sagen; denn er lebt nicht mehr. Seine Freundin mit dem bayrischen Namen Gerg hatte kurze rote Haare und wohnte im Ortszentrum. Sie war Bedienung in der Königslinde, das ziemlich schnell ein amerikanisches Vergnügungs-Lokal wurde wo die **„Fräuleins"** zu später Stunde auch schon mal auf den Tischen tanzten, und einen grundanständigen, züchtigen Striptease probierten, denn bei den Ami's gab's dafür Zigaretten-und-Seifen-Währung, und später mit den Amerikanern manche dauerhafte Liebschaft.

Auch Terschan hatte noch eine andere Seite. An den 3 Tagen, die zur Plünderung freigegeben waren, ging er zu den Hausleuten seiner Freundin und sagte, sie sollten am Abend die Haustüre zusperren, „weil sie heut Nacht kämen." Vermutlich fiel das Gewährenlassen unters Kriegsrecht.

Diese drei Tage waren, sieht man einmal von der **Plünderung der Wandelhalle** ab, die voll von eingelagertem, ärztlichem Zubehör war: voller Verbandsmaterial, Operationsbestecken, Verbandsscheren, bis hin zu Medizinschränken, Mikroskopen etc., sicher eine unergiebige Sache, was die Privathäuser betraf; denn in Wiessee wa-

Rechts: Dwigh D. Eisenhower, der Gegenspieler von General Patton, wurde nach seiner Militärkarriere 1952 Präsident der USA.
Links: Sein Nachfolger John F. Kennedy (1961). Heute liest man, dass er als Präsident dem amerikanischen Kongress das in der amerikanischen Verfassung (Artikel 1, Abschnitt 1 u. 8) verankerte alleinige Recht, Münzen zu prägen und Banknoten zu drucken und diese in Umlauf zu bringen, wieder zurückgeben wollte. Dieses Recht hatte sich 1913 die „Federal reserve", FED (private Zentralbank), angeeignet. Als Kennedy das diesbezügliche Gesetz eingebracht hatte, starb er eines plötzlichen Todes. (UN 7/05) (Unabhängige Nachrichten PF 101706, D-46017 Oberhausen)

---

ren keine reichen Leute. Selbst **Dr. Leitmayer** und **Dr. Schlagintweit**, die als **„gutsituiert"** galten, hatten eine äusserst bescheidene Praxis- und Wohnzimmereinrichtung. Man muss schon bedenken, dass 1923 sogar die Leute mit Vermögen infolge der Inflation sehr arm geworden waren und von 1929 -33 gabs die gallopierende Arbeitslosigkeit. Was sollte von ca. 1934-39 groß aufgebaut werden können, von Leuten, die nur Ihren Fleiß, ihren Mut und ihre Sparsamkeit hatten. Nur das bitter Nötigste.

Schnaps und Wein gabs für normale Leute schon lange nicht mehr und die Speisekammern waren mager bestückt. In manchen **Kleinviehställen** wurden nach dem Kriegsende die Hühner weniger, aber sonst gab es für die „Schlauen", bald andere Möglichkeiten um an lebensnotwendige, und andere Schacher-Sachen zu kommen. Angeblich wurden jetzt viele der herrenlos gewordenen Pferde der Wehrmacht heimlich geschlachtet. Wo? Das wusste niemand. Schon bevor die Besatzer im Ort waren, hieß es: Im Stadl hinter dem Schulhaus sei der „Handel". Wir mieden damals den Weg, der da vorbeiführte, weil wir uns fürchteten. Was in der Metzgerei vom Gasthof Post passierte, erfuhr niemand, aber man konnte ab und zu ohne Marken „Greimerl" bekommen: Ausgelassene Fettstückchen. Nur, fett waren die Wehrmachtspferde nicht.

Immer wieder wurde mit **Leonhard Sanktjohanser** verhandelt. „Schau doch was da

für Anwärter da sind" sagte der bisherige Bürgermeister, „da kannst doch ned ruhig zuaschaun." Als er davon überzeugt worden war, dass ein Neuling oder Ortsfremder in dieser Zeit der Auflösung dem überfremdeten Ort Wiessee und den ansässigen Bürgern nur schaden könne, weil er überhaupt nichts über die Zusammenhänge wisse, und auch **Pfarrer Gansler** in diesem Sinn auf ihn einwirkte, willigte er endlich ein. Leonhard Sanktjohanser übernahm ab **12. Mai** (?) offiziell wieder die Amtsgeschäfte. Der vorherige assistierte ihm, bis er in den **Automatic Arrest** der Amerikaner kam.
Ca. zwei Wochen nach dem Kriegsende, es war kurz vor **Pfingsten 1945**, kam Colonel West und sein Adjutant Widmann mit einem weiteren Amerikaner in unsere kleine Holzveranda, um sich zu verabschieden. Sie sagten knapp: **„Die Kampftruppe zieht jetzt ab, Herr „Säriter."**
Gerüchtweise hatten wir schon gehört, dass das, was zur Besatzung kommen sollte, nicht gerade das Beste sei, was Amerika zu bieten hatte.

> ***„Schon im August 1938 hatte Churchill zu dem ehemaligen deutschen Reichskanzler und Zentrumspolitiker Heinrich Brüning erklärt: »Was wir wollen, ist die restlose Vernichtung der deutschen Wirtschaft.“***
>
> Dietrich Aigner: »Winston Churchill, Ruhm und Legende«.
> Musterschmidt, Göttingen, 1975, S. 141

Gehört ist noch lange nicht verstanden, sagt man. Auch ich, als 14jährige hörte es, merkte es mir, aber verstand es nicht. Doch noch jetzt im Alter denke ich darüber nach. Ich denke, die „Oberen" der Kampftruppe ahnten oder wussten vielleicht schon etwas **von der Rechtsauffassung** ihrer Nachfolger.
Am Pfingstmontag, als **Colonel West** anscheinend nicht mehr da war, kam ein Jeep vor die Haustüre. Sie suchten den „Burgomaster". Als sie ihn gefunden hatten sagten sie zu ihm, er soll sich ein paar Socken und ein Taschentuch mitnehmen, er müsse zur Vernehmung mitkommen. Er zog **seinen Trachten-Anzug** und seine geputzten Schuhe an und stieg auf den offenen Jeep.
Er ist nicht mehr zurückgekommen. Er verschwand. Niemand erfuhr wo er war. Seine Frau fuhr unter schwierigsten Verhältnissen vom Lager Moosburg nach Garmisch ohne ihn zu finden. Nach Hammelburg zu fahren, war nicht möglich. (Da war der Sekretär Christl Spitz, vom Rathaus inhaftiert) Nach 1/2 Jahr schickte eine mutige, barmherzige Seele aus Moosburg in einem Briefkuvert einen Fetzen Papier mit der Wiesseer Adresse und einem Lebenszeichen. Viel, viel später erfuhren wir, dass sie **Frau Pilarz** hiess. Nie konnten wir es ihr so recht danken. Unsere Zimmerei wurde uns genommen. Ein Zwangsverwalter wirtschaftete. (Jahre später bekamen wir sie dann wieder.)
Dann ging das Beschlagnahmen der Privathäuser los. Die KLV-Buben aus Münster

v.l. Sepp Wundshammer, hier als Altbürgermeister; Max Engelsberger, Bürgermeister; Josef Engelsberger, Altbürgermeister; Dr. med. Reiner, 2. Bürgermeister.
Josef Engelsberger setzte sein Leben ein um das Tal zu retten. Sein Sohn Max wurde Ehrenbürger von Rottach-Egern, Josef Engelsberger hätte diese Ehre eigentlich verdient.

---

hatten sich ca. 12. Mai auf den Heimweg gemacht. Ohne Lebensmittel, ohne Geld. Unser Haus war leer. Da zogen aber sofort Ausgebombte aus München ein. Als sie merkten, dass das Haus von den Amerikanern beschlagnahmt werden soll, waren sie auf einen Schlag wieder weg. Wir durften unsere einzige Kostbarkeit, eine hölzerne Miele-Waschmaschine mit Motor zur Fichtnerin, Hagnbauer in Altwiessee über dem Stall verstecken.
Dann wollten die Ami unser Häusl nicht, weil es nur einen Herd hatte und einen Kachelofen. Sie beschlagnahmten das Haus vom Nachbar für viele Jahre.

Nach 7 Monaten, Anfang Dezember 45 kamen die Inhaftierten, mitsamt dem „Sani" Dr. May, Kreuth, schrecklich abgemagert, in **alten Klamotten**, ohne Taschenuhr etc., aus Garmisch und Moosburg heim, gerade so, wie die Kriegsgefangenen aus Russland und leider auch aus Frankreich nachhause kamen. Seelisch gebeugt, nahezu gebrochen. Kraftlos. Wie gelähmt. Sie wussten nicht, dass diese Freiheit nur 14 Tage dauern sollte.
Man hatte ihnen Im Lager Moosburg fürchterliche Filme von KZ- Leichenbergen, die skelettähnlich waren, vorgeführt und sie, **die nie mit solchen Dingen zu tun hatten** und nichts von Gasanlagen in Ausschwitz je gehört hatten, dadurch zu Kollektiv-Angeklagten gemacht, wohl um sie zu bestrafen oder sie seelisch zu brandmarken. Die eigenen Gedanken hierzu auszuführen wagt man auch heute noch nicht, denn zu

schnell wird etwas falsch ausgelegt. Über Lautsprecher wurden sie in den Lagern von einem **„Gaston Ulman"** mit pauschalen Anklagereden beschallt. Übrigens fuhr dieser Gaston Ulman bei **Frau von Blomberg** vor, die im Haus unter dem Sonnenbichl wohnte, ging da aus und ein, während ihr Mann **in Nürnberg als Zeuge** saß. Oft, wenn wir um Beeren oder um Tannenzapfen gingen, hatten wir sie im offenen Auto vorbeifahren sehen. Zuletzt klaute er ihr den (materiell kostbaren) **Marschallstab** ihres Mannes. So erzählte es das Hausmädchen.

> ***„Das Gespenstische an der Potsdamer Konferenz lag darin, daß hier ein Kriegsverbrechergericht von Siegern beschlossen wurde, die nach den Maßstäben des späteren Nürnberger Prozesses allesamt hätten hängen müssen. Stalin zumindest für Katyn, wenn nicht überhaupt, Truman für die überflüssige Bombardierung von Nagasaki, wenn nicht schon von Hiroshima, und Churchill zumindest als Ober-Bomber von Dresden, zu einem Zeitpunkt, als Deutschland schon erledigt war.“***
>
> Rudolf Augstein
> in DER SPIEGEL vom 7. Januar 1985

Bei uns wusste man damals **nichts** von den Meinungsverschiedenheiten zwischen General Eisenhower und **General Patton**. Als jedoch dann der deutschfreundliche General Patton durch einen Autounfall starb, (21.12 45) wurden die freigelassenen Väter, Männer, Brüder etc. um 1/2 5 in der Früh wieder abgeholt. Ein Lastwagen fuhr vors Haus. Es war Dezember und stockdunkel. Sie wurden auf die Ladefläche verfrachtet und schwerbewacht wieder weggebracht.
Postmeister Wiesberger, dessen Familie in unseren Dachzimmern eine Bleibe gefunden hatten, als seine Familie damals zu Terschans Zeiten nachts die Dienstwohnung im Postamt Wiessee schnellstens räumen musste, (praktisch ohne Ankündigung hinausgeworfen wurden), wurde dabei von seinen kleinen Töchtern Ingrid und Anschie **sehr grob** weggerissen, die ihn an den Beinen und der Hüfte umschlungen hatten und weinend schrieen: „Pappi Pappi nicht fort, nicht fort....!"
Einer der blassen jungen Amerikaner lachte vom Lastwagen herunter, machte mit dem gestreckten Zeigefinger die Geste des „Kehle durchschneidens" und ein anderer rief in akzentfreiem Deutsch: „Die kommen jetzt alle nach Sibirien." Diese einwandfreie Deutsche Sprache sagte man uns dann, habe sie verraten, dass sie als jüdische Menschen aus Deutschland und Österreich vor den Nazi geflüchtet waren. Das leuchtete uns ein. Allein hätten wir es nicht einordnen können. Das hat man unbewusst in sich aufgenommen. So war das.

Wenn aber jeder Mensch für jedes erlittene Unrecht,
seinerseits an einem Unschuldigen Rache nimmt,
wird der Frieden wohl nicht gedeihen können.

Bild 38 Bad Wiessee 1944-45, Haus Lindwedel, am Strandbad Nr. 10. Hier lieferte Josef Berthold die Kohlen zu den evakuierten Familien zweier Generäle.

Bild 39 Haus Lindwedel (vormals) vom See aus. Hier hat der langjährige Bürgermeister Paul Krones die Seepromenade unkonventionell, bzw. auf unübliche Weise, nach Norden hin verlängert.

Zu: **Die Geschichte von Michael Heim**

Bild 40 Michael Heim als Soldat

Bild 41 Das Wiesseer Rathaus *(aus: Aquarell von Reinhard Schönagl)*

Bild 42 Zimmermeister Leonhard Wiedenbauer mit seiner Frau, der am 3. Mai 45 für Frau Heims Ehemann einen Sarg zimmerte. Die Soldaten ließen sie noch über die Sölbachbrücke, bevor sie sprengten. Frau Heim schob den Sarg selber zum Friedhof mit Hilfe von Michl Feller, der das Grab schaufelte. Viele Bürger waren in die Berge geflüchtet.

Bild 43 Michael Heims Grab

Bild 44 Auf dem Kirchenfriedhof in Egern am Grab von Dr. Scheid
v.l. Bürgermeister K. Niedermeier, Frau Heiß, Dr. Paul Frei (Otto Lederer)

Bild 45 Bauernhof in Bad Wiessee

Bild 46
„Marterl“ für 17 Soldaten der „Götz v. Berlichingen“, die hier in Eberstetten nach der Gefangennahme von Amerikanern ermordet wurden. Das Wort „Wirren“ ist eine Lüge.

(Bild von Max Wind, München)

Bild 47
Der Krieg war aus.

(Kunstverlag Rottach, Bild: Hans Geissler)

Bild 48 Eine von den künstlerischen Feldpostkarten: Gebirgsjäger mit Mul (Bekommen von Emilie Schwarz-Engelsberger)

Bild 49 Kurienkardinal Josef Ratzinger beim Festzug in Rottach Egern. Seit 19.04.05 ist er der Papst Benedikt XVI. Er kennt die Kirchen seiner Heimat, die mit dem Glauben der Bevölkerung eng verbunden bleiben und sagte in seiner Predigt, „wenn der Glaube erlischt, wird die Welt dunkel und leer."
Neben Kardinal Ratzinger geht Pfarrer Gröppmeier von Rottach Egern. (Foto von Baier)

Bild 50 Eintrag ins Goldene Buch der Gemeinde Rottach-Egern am 20. Mai 2004.
v.l. Fred Baier, Hauptmann der Gebirgsschützen; Bürgermeister Franz Hafner;
Jakob Kreidl, CSU-Abgeordneter(MdL) sowie stellvertr. Landrat; Frau Monika Baier.

Bild 51 Alter Stich von Egern am Tegernsee.

Ergänzend sei noch berichtet, **dass Terschan**, der **„rote Iwan"** eine grosse Leidenschaft hatte und zwar war das ein Motorrad. Als das **Wildbad Kreuth** schon voller **„Displaced Persons"** war, die **die UNRRA** dorthin gebracht hatte, als der Herzog Ludwig Wilhelm noch nicht aus Amerika zurück war, die sich dann in diesem fürstlichen Haus nicht gerade wie die Fürsten benommen haben, fuhr Terschan einestages, mit seiner Freundin auf dem Sozius, vermutlich schon längere Zeit unnüchtern, beim Haus der Schneider Alice, an einen Alleebaum. Er war tot, seine Freundin schwer verletzt. Sie wurde wieder gesund, behielt aber ein entstelltes, vernarbtes Gesicht, mit dem sie weiterhin als Bedienung in der **Königslinde** arbeitete. Wo Terschan beerdigt wurde, ist niemandem bekannt. (HK)

Politisch Lied, ein garstig Lied.

Nur für starke Nerven.

UNRRA, das hiess **U**nited **N**ations **R**elief and **R**ehabilitation **A**dministration (Unterstützungsfond für Resozialisierung der Vereinten Nationen.)
Das galt aber nur für **nicht**deutsche, also für ausländische, landfremde Menschen; denn den hungernden und frierenden, vertriebenen Deutschen **durfte** von den **Vereinten Nationen nicht geholfen werden**. Bitter, aber wahr. Da gibt es ja heute für jedermann die Vorstellungen zu lesen, wie sie von **Roosevelt**, **Trumann**, **Eisenhower**, von Finanzminister **Henry Morgenthau** und **Nathan Kaufman** entwickelt wurden: **„Germany must perish"** (Deutschland muss ausgelöscht werden.)
Irgendwo muss bei mir eine Denkkurve vorhanden sein, die ich nicht richtig meistern kann; denn ich frage mich öfter, wie es denn sein kann, dass wir damals befreit worden sind, und dann so in der Not sitzen gelassen wurden. Wenn ich einen aus dem Gefängnis befreie, dann muss ich mich doch auch ein wenig um ihn kümmern, sollte man meinen,
Der Gedanke daran ist heute noch aufwühlend, denn bald kamen die deutschen Flüchtlinge in unser Haus. In jedes Gästezimmer kam eine 4-5köpfige Familie. Erbarmungswürdig. Jammervoll. Zum Weinen. Einen Rucksack durften sie zuhause einpacken, innerhalb einer halben Stunde. Sonst hatten sie nichts. Eine Flüchtlingsfrau schenkte noch einem Kind das Leben, und siechte dahin bis sie starb. Eine amerikanische Journalistin schrieb damals über die brutal vertriebenen Deutschen: (**Freda Utley** in „Kostspielige Rache")

„Die neuen Parias wurden nach Deutschland hineingestossen, mochten sie sterben, oder falls sie am Leben blieben, zusehen, wie sie als Bettler und noch ärmere Teufel als **die Menschen der ausgebombten Städte** in den elenden Notunterkünften zurechtkamen, —die Lager für die **diplaced** (verschleppten) **Persons** waren ihnen verschlossen."

Diese Journalistin fiel damals in Ungnade. Auf Erden. Weil sie so schrieb, wie sie es sah. Sie schrieb auch noch: „Man wird es nie genau erfahren, wieviele Menschen von einer Gesamtzahl von 12 oder 13 Millionen (Deutschen) damals ermordet wurden oder starben, die das Verbrechen begangen hatten, Deutsche zu sein". Kann man das verstehen?
4 oder 5 Millionen Deutsche seien verschollen. Ihre Anklage geht noch weiter und man sollte wirklich in Brüssel darum bitten, zum Wohl des gemeinsamen Europas, **die Benesch-Dekrete** zu untersuchen, wie weit sie mit den ganz normalen **Menschenrechten** vereinbar sind, auf die wir alle so vertrauen. (Was sind sie eigentlich?)

Vertreibung war vor 1918 geplant!

„Was wir schon 1918 durchführen wollten, erledigen wir jetzt. Damals schon wollten wir alle Deutschen abschieben. Deutschland war aber noch nicht vernichtet, und England hielt uns die Hände. Der Öffentlichkeit wegen muß ich zwar noch bei den »Großen Drei« die Bewilligung einholen, aber das ändert an all dem nichts mehr, denn es ist alles schon beschlossen."

E. Benesch am 3.6.1945 auf einer Kundgebung in Tábor
aus: Wendig Heft 10, Grabertverl. 72006 Tübingen PF 1629

Natürlich schrieb nicht nur diese Amerikanerin so ätzend wahrheitsliebend. Am 13. März 1949 predigte in der Schweiz der **wallisische Pfarrer Dr. Elfan Rees**, (S.232) der immerhin Leiter des Flüchtlingsamtes des **Weltkirchenrates** war, und sagte dabei:
Durch den Frieden der Alliierten sind mehr Menschen heimatlos geworden, als **durch den Krieg der Nationalsozialisten**.
Damals sagte diese Amerikanerin, (ihr Mann war jüdischer Abstammung) die **Zahl der Flüchtlinge** in Rumpfdeutschland betrage 8 oder 9 Millionen, aber für die **IRO** zählen sie nicht: Der **IRO** wurde durch Kongressakte **ausdrücklich jede Hilfeleistung verboten**. (IRO = International Refuge Organisation) **Refuge camp** heißt „Flüchtlingslager". Dies gehört auch zum Thema Kriegsende. ne/BD

Die oft zitierten Benesch-Dekrete (Gesetz vom **8.Mai 1946**) besagen:
§1, **jede Handlung**, die zwischen dem 30.Sept.1938 und dem 28. Oktober 1945 **vollbracht** wurde (....) **ist auch dann nicht widerrechtlich, wenn sie sonst laut den geltenden Vorschriften strafbar wäre.**
Das bedeutet einen nachträglichen Freibrief für alle Ausschreitungen, die bei der Vertreibung geschehen sind.
(Aus: Unabhängige Nachrichten PF 101706 D-46017 Oberhausen, Stundenplan 41)

„Obwohl eindeutig auf dokumentarischer Grundlage bewiesen worden ist, daß Hitler nicht verantwortlicher – wenn überhaupt verantwortlich – für den Krieg von 1939 gewesen ist, als der Kaiser es 1914 war, stützte man sich nach 1945 in Deutschland auf das Verdikt der deutschen Alleinschuld, das von der Wahrheit genauso weit entfernt liegt wie die Kriegsschuldklausel des Versailler Vertrages. – Das Kriegsschuldbewußtsein (nach 1945) stellt einen Fall von geradezu unbegreiflicher Selbstbezichtigungssucht ohnegleichen in der Geschichte der Menschheit dar. Ich jedenfalls kenne kein anderes Beispiel in der Geschichte dafür, daß ein Volk diese nahezu wahnwitzige Sucht zeigt, die dunklen Schatten der Schuld auf sich zu nehmen an einem politischen Verbrechen, das es nicht beging – es sei denn jenes Verbrechen, sich selbst die Schuld am Zweiten Weltkrieg aufzubürden.“

US-Historiker Harry Elmer Barnes, **Columbia Universität New York**,
zitiert von Hellmut Diwald in *Deutschland – einig Vaterland,*
Ullstein-Verlag, Frankfurt-Berlin 1990, S. 78f

Die 1. Anordnungen der amerikanischen Militärregierung in Bad Wiessee 4.Mai 1945

1. Jeder Einwohner hat sich fortlaufend über die neuesten Verordnungen (Maueranschläge) der Militärregierung zu unterrichten. **Nichtbeachtung der ergangenen Befehle kann die Todesfolge zur Folge haben.** Die Maueranschläge befinden sich auf alle Fälle auf einer Tafel in der Vorhalle vor dem Rathauseingang, ausserdem an verschiedenen Stellen. Es ist ganz besonders auch die Verordnung 1 über den Schutz der amerikanischen Wehrmacht und die öffentliche Ruhe und Ordnung zu beachten.
2. Von 7 Uhr abends bis 6 Uhr früh darf niemand das Haus verlassen. Wer während dieser Zeit von Posten der amerikanischen Wehrmacht angetroffen wird, **wird erschossen**.
3. **Niemand darf die Gemeinde Bad Wiessee verlassen**, bevor andere Anordnungen der Militärregierung ergehen.
4. Es müssen **sofort** im Rathaus Bad Wiessee **angemeldet** werden: Im Quartieramt, (im Erdgeschoss des Rathauses) alle Radio = Empfangsgeräte.
   Es müssen dort **sofort abgeliefert** werden alle Radio = Sendegeräte mit Zubehör.
5. Im Rathaus (Quartieramt) müssen auch sofort alle Brieftauben abgegeben werden.
6. **Die Verdunkelung bleibt weiter bestehen.**

Die amerikanische Wehrmacht legt Wert darauf, dass die Bevölkerung von Bad Wiessee davon Kenntnis nimmt, dass die Beschiessung durch Artillerie nicht durch amerikanische Truppen geschah.

Die Truppen der amerikanische Wehrmacht benahmen sich korrekt. Es ist jeder Einwohner der Gemeinde zur gleichermassen disziplinvollen Haltung verpflichtet gegenüber den Bezatzungsbehörden und den Truppen der amerikanische Wehrmacht.

Der Bürgermeister der Gemeinde Bad Wiessee, 4.5.45
1. Beigeordneter. (gez.Sareiter)
(PS.Orginal kann eingesehen werden.)

Zu den letzten 7 Zeilen soll, der späten Erkenntnis halber, angemerkt sein, dass am 3. Mai 45 die **SS in Kreuth verlangte**, die Amerikaner sollten während des Abzugs der „G.v.B." **das Artillerie-Feuer einstellen**. Da musste wohl **jener Amerikaner**, der schriftlich die Beschiessung der Zivilbevölkerung unserer Wehrmacht in die Schuhe schob, zum Beichten gehen, **wegen dem 8. Gebot**; denn die braven Amerikaner fühlen sich ja als **„Krieger Christi"**, ja mehr noch, als Kreuzritter: **„Crusader"**, baptistische, wer hätte sich das je gedacht, als unsere armen Deutschen und Bayern ins Land der unbegrenzten Möglichkeiten ausgewandert sind.

Die beiden Häuser, das von Glötzl, heute **„Schmalznudl"**, und **Reichl**, Eichendorfweg sind von **dem amerikanischen Panzer** beschossen worden, der vor dem Winnerhof stand, also von Norden. Es wurde ziemlicher Schaden an **Aussen- und Innenmauern** angerichtet. Landhaus Eiche der **Familie Esterl**, wurde auch von Norden beschossen, aber vermutlich von der Artillerie, die in Gmund war. **Haus Mosandl** wurde von Süden her getroffen und diese Granate sollte wohl weiter gehn, zum Amerikaner am Winnerhof. (BD / HK)

Ich habe den Standpunkt vertreten, dass jeder Mensch das Recht hat, eine falsche Meinung zu haben, aber kein Mensch darf Tatsachen falsch darstellen.

(Bernard M. Baruch: Die Jahre des Dienens, Seite 512)

Das Archiv-Foto zeigt von links nach rechts: Peter Schwägerl, Kaplan; Pfarrer Johann Gansler; amerikanischer Feldgeistlicher Jesuitenpater Schenk; Geistlicher Rat Dr. Lorenz Radlmaier, Direktor Hermann Mayer, Geistlicher Rat Friedrich Hauser.
Die drei letztgenannten geistlichen Herren wurden vom „3. Reich“ frühzeitig in Pension geschickt.

Aus:

Bewegte Jahre im Landkreis Tölz

(1933-1946)

von **Anton Wiedemann** · Seite 53

Die einrückende amerikanische Truppe beanspruchte sofort zahlreiche Gebäude als Unterkunft. **Patton** schlug sein Hauptquartier in der Junkerschule auf, wohnte aber im **Amannhaus in St. Quirin**. Tölzer Gaststätten und Fremdenverkehrsbetriebe, aber auch zahlreiche Privathäuser wurden besetzt. Die Wohnungsinhaber mussten sich mit Nebenräumen abfinden oder das Haus verlassen. dabei wurde häufig mitgenommen was nicht niet- und nagelfest war. Aber auch öffentliche Gebäude wurden belegt. Das Landratsamt blieb ca. 10 Tage besetzt, der Betrieb wurde behelfsmässig im Kreisamtsgebäude in der Marktstrasse weitergeführt.
In den von den Amerikanern besetzten Wohnungen wurde Mobiliar jeder Art, in den beanspruchten Ämtern wurden **Büroeinrichtungen** willkürlich beschädigt, wichtige Akten und Bücher verbrannt. In den von den amerikanischen Truppen be-

legten Schulen wurden ganze **Klasseneinrichtungen zum Fenster hinausgeworfen** und zerstört. Aus den Beständen der **SS-Junkerschule** landeten Lastwagenweise Möbel aller Art bei einem Weiher der **Gemeinde Greiling** oder wurden auf einem Haufen verbrannt. Alles was einzelne der Truppe und andere benötigten oder haben wollten, Einrichtungsgegenstände, Bilder, Silberbestecke, Schreibmaschinen u.s.w wurde willkürlich weggenommen. (bedeutet Plünderung der Junkerschule) Besonders begehrt waren **Fotoapparate** und **Ferngläser**. Allerdings gab es auch rühmliche Ausnahmen. In meinem eigenen Haus waren ca. 50 Soldaten einquartiert, die sich mit kleinen Andenken, darunter eine Zieharmonika, begnügten. Häufig wurden harmlosen Passanten auf der Straße Uhren, Ringe und Fahrräder abgenommen. Mitte Mai ging die vollziehende Gewalt von der **Kampftruppe** auf die **Militärregierung** über. Diese war für den ganzen Bezirk zuständig und hatte ihren Sitz im **Vermessungsamt** in der Bahnhofstraße. In den einzelnen Gemeinden befanden sich **Ortskommandanturen**. Die Kampftruppen wurden gleichzeitig durch Besatzungssoldaten abgelöst. Unter diesen Soldaten befanden sich Negereinheiten, die im Schloss **Reichersbeuern** und später in der jetzigen Gewerkschaftsschule in Kochel untergebracht waren. das Erscheinen der Negereinheiten löste bei der Bevölkerung Angst und Schrecken aus.

Und das Sinken geschieht um des Steigens willen

(Sohar)

DEN ZWÖLF TAPFEREN
SÖHNEN FRANKREICHS
DIE AM 8. MAI 1945
IN KARLSTEIN ALS
GEFANGENE DER SIEGER
OHNE URTEIL
HINGERICHTET WURDEN
Der Fall
Karlstein

Die Franzosen von Karlstein

Auf deutscher Seite kämpften ungefähr 12.000 junge Franzosen, 22.000 Flamen, 16.000Wallonen, 40.000 Holländer, die spanische **Blaue Division** (Azul) und man könnte die Liste noch beliebig fortsetzen. Wenn diese Dinge nicht schon in Büchern veröffentlicht wären, würde man es nicht wagen, darüber zu schreiben

Am 6.Mai 45 gerieten 12 Angehörige der Waffen-Grenadier-Division der SS **„Charlemagne"** (französische Nr.1) in Bad Reichenhall in amerikanische Gefangenschaft. Sie haben sich ergeben. Später, als sie schon Gefangene waren und unter dem Schutz der internationalen Genfer Konvention standen, wurden **diese waffenlosen 12 Franzosen** der 2. gaullistischen Panzer Divison übergeben, und von **General Leclerc** verhört . Das war in der Nähe von

Hier starben am 8.5.1945
12 Soldaten
Der Division Charlemagne

Franzosen und Deutsche
haben sich über die Gräber
Ihrer Toten versöhnt.
Mögen die Völker der Welt
sich niemals als Feinde begegnen.

Veteranen u. Kriegsverein 1840
Bad Reichenhall

Karlstein. Die Gefangenen wurden zum **Kugelbach** in eine aufgelassene Kiesgrube gebracht und dort, **kurz vor der generellen Kapitulation am 8.Mai1945 auf Leclerc's Befehl von ihren eigenen Landsleuten erschossen**.
Für sie wurde ein Gedenkstein aufgestellt, auf dem unter der **Bourbonenlilie** zu lesen ist: Den zwölf tapferen Söhnen Frankreichs, die am 8.Mai 1945 in Karlstein als Gefangene der Sieger **ohne Urteil** hingerichtet wurden.
Alle hatten sich geweigert ihre Augen verbinden zu lassen, mehrere wollten für ihre Familien keine Nachricht abgeben;(sie fürchteten für sie die Rache ihrer Landsleute) mehrere erklärten, ihre Familien mögen **ihren Mördern** verzeihen. In den Tod gehend riefen sie: „Es lebe Frankreich". Die Leichen blieben liegen. Später wurden sie von amerikanische Soldaten bestattet. (HW13)

„Mag auch das Böse sich noch so sehr vervielfachen, niemals vermag es das Gute ganz aufzuzehren."

(Thomas von Aquin)

Bundeskanzler Adenauer
schrieb am 17.12.1952

an den Generaloberst a.D. Hauser: ....teile ich Ihnen mit, dass die von mir in meiner Rede vom 3.12.52 vor dem Deutschen Bundestag abgegebene **Ehrenerklärung** für die Soldaten der früheren Wehrmacht auch die Angehörigen der **Waffen-SS umfasst**, soweit sie ausschließlich als Soldaten ehrenvoll für Deutschland gekämpft haben. ——Ihr Adenauer——
(Aus: Verheimlichte Dokumente · ISBN 3-924309-08-6), lies: O Brian

Macht man den grossen gedanklichen Sprung in die Gegenwart und denkt man an das **Pfingsttreffen der Gebirgsjäger** auf dem **hohen Brenten**, so weiß man, dass sich dort Menschen treffen, die noch selbst an den verschiedenen Fronten als Soldat gegen die Alliierten kämpften, die sich um ihre Jugend betrogen fühlen, oder solche, die Gefallene in der eigenen Familie zu betrauern haben. Die Deutschen Soldaten wollten und sollten **die russische Front unter allen Umständen** halten, besonders seit der **Rückeroberung von Nemmersdorf**, weil sich durch dieses grausige Ereignis, die Angst vor den Bolschewisten doch **nicht** als deutsche Probagandalüge sondern als bittere Wahrheit herausgestellt hatte.
(Ilja Ehrenburgs Hassaufrufe gehören hierher. **Lev Kopelev** und **Solschenizyn**, beide Rotarmisten, versuchten dagegen einzuschreiten und kamen ins Lager. (Verheimlichte Dokumente). Auch sie sollten nicht vergessen sein.

Späte Einsicht

Eingeständnis eines britischen Abgeortneten

Der Labourabgeordnete **Mc Covern**, Mitglied des **Parlaments für Glasgow**, sagte im **Berliner Rathaus** bei einer Pressekonferenz:
„Ich entschuldige mich dafür, was England gegen Deutschland zwischen 1914 und 1939 getan hat. Mein Land ist für viele gewaltige Irrtümer verantwortlich, die gegenüber Deutschland begangen wurden, insbesondere für den Versailler Friedensvertrag und die Behandlung der Weimarer Republik. Wir und Frankreich halfen, Deutschland in den Weg zum Zweiten Weltkrieg zu treiben. Viele von uns wollen diesen Fehler nicht wiederholen. Wir sind beunruhigt über gewisse Anzeichen bei Persönlichkeiten und Zeitungen, die versuchen, allen Haß und alle Mißgunst wieder auszugraben.“ (UN-Archiv 8832)

Gedenken und Ehrung:

Im normalen Empfinden eines einfachen Menschen wird die **Menschenwürde** mit Füßen getreten, wenn, wie es 1939 war, Bürger eines Staates Soldaten werden **müssen**, die sodann ihre Pflicht tun ohne eine Wahl zu haben, und dann, wenn der Krieg verloren ist, als Verbrecher bezeichnet werden. Die meisten Familien hatten „Soldaten” ziehen lassen müssen und die meisten hatten nahe Angehörige als Gefallene oder Vermisste zu beklagen. Die Zurückgekehrten hatten eine verlorene Jugend zu beklagen und **mussten den Makel**, den **andere ihnen auferlegten**, durchs Leben tragen. Nur wenige standen Ihnen bei, weil sie um die eigene Karriere fürchteten.
Wenn heute **„zugereiste” Demonstranten** aus **Wuppertal**, **Frankfurt**, **Berlin** und **Bremen** usw. in unsere bayerische Heimat kommen **(Brenten)**, sollte gefragt werden dürfen, **was sie dazu antreibt**, unsere guten **christlichen Bräuche des Toten- und Gefallenengedenkens** in so übler Weise zu stören, da die Totenehrung ja keine politischen Gründe hat, sondern einzig mit unserem christlichen Glauben in Verbindung steht. Wir beten für unsere Verstorbenen und wollen mit unseren Gebeten ihre Zeit der Läuterung, falls sie einer solchen unterworfen sind, mildern oder kürzen, da wir an die Unsterblichkeit der Seele und die Gerechtigkeit Gottes glauben. Was haben diese Demonstranten wohl selbst erlitten? Kennen sie das jüdische **Jobeljahr**, das im 50. Jahr Schuldenerlass, Freilassen der israelitischen

»Sunday Correspondent: = englische Zeitung

›Wir müssen jetzt ehrlich über die deutsche Frage sein, so unbequem sie auch für die Deutschen, für unsere internationalen Partner und uns selbst sein mag... Die Frage bleibt in der Essenz die gleiche. Nicht, wie wir es verhindern, daß deutsche Panzer über die Oder oder Marne rollen, sondern wie Europa mit einem Volk fertig wird, dessen Zahl, Talent und Effizienz es zu unserer regionalen Supermacht werden läßt. Wir sind 1939 nicht in den Krieg eingetreten, um Deutschland vor Hitler oder die Juden vor Auschwitz oder den Kontinent vor dem Faschismus zu retten. Wie 1914 sind wir für den nicht weniger edlen Grund in den Krieg eingetreten, daß wir eine deutsche Vorherrschaft in Europa nicht akzeptieren konnten.‹«

In *FAZ*, 17. 9. 1989, »Stimmen der anderen«

Entnommen aus: Dr. Heinrich Wendig: Richtigstellungen zur Zeitgeschichte, Hefte 1-13; Grabert Verlag 72006 Tübingen, PF 1629

Sklaven etc. verkündet und damit einen möglichen Neuanfang begründet, auf dass der Weg zum ehrlichen Frieden beschritten werden kann? Wir sind schon 10 Jahre drüber.
Wenn sie zu uns kommen, sollte nicht die Polizei ausrücken müssen, da die Staatsfinanzen sowieso schon arg strapaziert sind. Sie sollten mit uns **Gott für 6o Jahre Frieden danken** und um die weitere **Aussöhnung der Völker** und **um Frieden** beten: Vergib uns unsere Schuld, wie auch wir vergeben.
Die Veteranen, die ehemaligen Kriegsteilnehmer, aus Deutschland, Frankreich, Italien, Neuseeland etc. haben das im Wiesseer Bergfriedhof am Grab des geachteten **FM Kesselring** längst in aller Öffentlichkeit getan. **Versöhnt** stehen sie heute zusammen.

Deutsche Soldaten:
Im Ausland rehabilitiert,
in Deutschland verleumdet

Drei vergebliche Leserbriefe

In grosser Sorge und Anteilnahme schrieb eine Bayrische Landfrau nacheinander drei Briefe an die Zeitung, die wiederholt berichtete, dass **in Berlin 19000 qm** Boden (Platz für 38 Einfamilienhäuser) **zubetoniert** werden sollen, um für die Versöhnung zwischen Deutschen und Juden zu werben und **das Vergessen** zu verhindern. Wir hier würden sagen, **um das Andenken an die Toten zu bewahren**. **Beton ist tot**, dachte sich die Frau, falls man nicht gerade die Sicht der **Buddhisten** für wahr hält.

Die Aussöhnung ist im privaten Bereich ohne Schwierigkeiten durchzuführen, und das ist gut. **Ihr** Vorschlag war: Nicht zubetonieren, sondern **einen grünen Park** mit Wegen, mit einem Brunnen oder Goldfischteich anzulegen. Ein Park grünt, er **bedeutet Leben** und gefällt allen Menschen und auch den Tieren viel besser, die es doch in Berlin, dieser grossen Stadt etwas schwierig haben. Sie hoffte ihr Vorschlag würde Gefallen finden. Vermutlich sind aber **nur Politiker** gefragt worden. Die stehen halt auf den Schultern des **Souveräns** und sehen weiter. Wäre ein Park nicht eine feine Sache gewesen? **„Friedenspark mit Bäumen der Zaddikim"** (hebr.= Mehrzahl von „Gerechter"). Das hätte Sauerstoff und Vogelgezwitscher mitten nach Berlin gebracht. Und jetzt??
Kennt **Lea Rosh** die **36 Gerechten**, die die jüdische Tradition überliefert. Alle Menschen sollten davon Kenntnis haben; denn sie sind verborgen auf dieser Welt, doch wenn nur einer ausfällt, „geht die Welt unter", weil dann das Fundament schwankt. Einer dieser Gerechten kann uns **unerkannt** ganz nahe sein, unser Mitmensch, unser Nachbar vielleicht, es kann sogar ein Heide sein, (jüd. Midrash) dessen wahre innere Natur uns verborgen bleibt. Ja einer davon soll der Messias sein. Der ersehnte, verheißene **Messias** aber wird erst kommen, wenn **die Tränen Esaus** versiegt sein werden.
Wer diese Geschichte wissen will, lese **1 Mose 27,Vers 38**. **Esau** wurde von Jakob um seinen Erstgeburtsegen betrogen und vergoss bittere Tränen darüber. Es war ihm nicht gleichgültig, wie uns die kluge **Frau Ruth Lapide** in **Bayern Alpha** sagte. Nur das „Volk Israel" sind Jakobs Nachkommen, wir anderen sind die Nachkommen Esaus und werden, allerdings nur als Freunde Israels, wie **Vater Isaak versprach**, **Jakobs Joch** vom Halse reißen und auch frei sein, wie in 1 Mose 27, 38-40 verheissen ist. Und das Berliner Beton-Denkmal? Das erinnert an Versöhnung.
Schalom, Ade, Pfüagood, Salemaleikum. BD

Friede ist nicht Abwesenheit vom Krieg. Friede ist eine Tugend, eine Geisteshaltung, eine Neigung zu Güte, Vertrauen und Gerechtigkeit.

(Spinoza)

Wenn du denkst es geht nicht mehr

Vorausgeschickt muss folgendes werden.
Grosse Aufregung gab es in der Presse, als **Kardinal Meisner** in seiner Dreikönigs-Dom-Predigt sagte:
„Mein Leben, mein Herz, mein Leib gehört nicht mir. Es ist Gottes Eigentum. Ich kann über mein eigenes Leben und über das Leben anderer nicht verfügen.Ich kann es immer nur dankend empfangen. Es ist bezeichnend: Wo der Mensch sich nicht relativieren oder eingrenzen lässt, dort verfehlt er sich immer am Leben: **zuerst Herodes, der die Kinder von Bethlehem umbringen lässt, dann unter anderem Hitler und Stalin, die Millionen Menschen vernichten ließen, und heute, in unserer Zeit, werden ungeborene Kinder millionenfach umgebracht.**

Oberrabbiner von Wien setzt sich ein. Auch für Frieden mit den Palästinensern.

Abtreibung und Euthanasie heißen die Folgen dieses anmaßenden Aufbegehrens gegenüber Gott. Das sind nicht soziale Probleme, sondern theologische." Unterstrichen ist der vom „Spiegel" kritisierte Text.

Das Schreiberlein verstand die Aufregung nicht und schrieb mehrere Briefe, an die Zeitung, an den Kardinal und an einen Bundestagsabgeorneten **mit der Bitte, kurz mitzuteilen, was da** an dem Satz **„strafbar"** ist.

Nichts kam. Keine Erklärung. Wie soll sich **der Normalbürger** da auskennen, was man sagen darf und was nicht.

Doch dann kam ein Brief vom **Erzbistum Köln**: **Stellungnahme** zur **Dompredigt**: „Wenn ich geahnt hätte, dass mein Verweis auf Hitler missverstanden hätte werden können, hätte ich die Erwähnung unterlassen. Es tut mir leid, dass es dazu gekommen ist. In der Dokumentation meiner Predigt werde ich darum auch den Hinweis auf Hitler **tilgen** lassen" ...."Stark, cool, ätzend" würden moderne Ministranten wohl sagen. (und Stalin?)

Doch da kam von irgendwo ein Lichtlein her und zwar kam der mittlerweile weithin bekannte **Brief des Rabbiners von Wien**. In der FAZ wurde er am 19.1.05 als Leserbrief veröffentlicht, und bringt Hoffnung auf Aussöhnung: Er schreibt:

Als Oberrabbiner der strenggläubigen orthodoxen antizionistischen jüdischen Gemeinde Wiens und Rabbiner mit jahrhundertealten Wurzeln in Deutschland bin ich sehr berührt über die **von Kardinal Meisner** in seinen Festtagspredigten geäußerten historischen und theologischen Wahrheiten und seinen Mut, diese mit festem Mut zu äußern. Gestatten Sie mir auch als Leser der FAZ und echter Freund Deutschlands, dem deutschen Volk und der katholischen Kirche alles Gute für das Neue Jahr 2005 zu wünschen. Für eine in jeder Hinsicht erfolgreiche Zukunft, von der ich mir **insbesondere Frieden und Gerechtigkeit für das Heilige Land erhoffe**, für ein vom Zionismus befreites **Jerusalem** und die Rückkehr aller palästinensischer Flüchtlinge in ihre Heimat.

Andererseits bin ich sehr empört und entsetzt über die verbalen Angriffe gegen Kardinal Meisner und alle Deutschen anlässlich seiner Predigt zum Dreikönigstag. Dazu möchte ich folgendes klarstellen:

Die, die den sogenannten **Holocoust** herbeigeführt haben, waren gerade die Gottlosen, weshalb es besonders wichtig ist, den **Gottesbezug in der europäischen Verfassung einzubinden**. Heute scheint sich aber fast niemand mehr ernsthaft um die Lehren aus den Verbrechen der Vergangenheit zu kümmern. **Bolschewismus** und **Stalin**, der viel mehr unschuldige Menschen und **Juden** umgebracht hat als **Hitler** im Zweiten Weltkrieg, scheinen fast vergessen, wohl weil sich diese Verbrechen nur schlecht instrumentalisieren lassen,um mit ihnen Geschäfte zu machen.

Auf die problematischen Teile der deutschen Vergangenheit sollte auch nicht nur zu zwielichtigen Zwecken hingewiesen werden, sondern um daraus **das Richtige zu lernen**, die rechten Schlüsse zu ziehen - und können nur in einer echten und intensiven Rückkehr zu den guten nationalen Traditionen des Deutschtums und zum aufrichtigen und tiefen Glauben an Gott gehören. Die heutige feierliche Probaganda zielt aber auf eine Erniedrigung des deutschen Volkes und bewirkt so das Gegenteil des eben Gesagten- mit katastrophalen Konsequenzen.
Die Behauptung, daß die Groß- und Urgroßväter der heutigen jungen Deutschen durch die Bank Verbrecher waren, führt zu einer **Entwurzelung und Selbstunterschätzung** und letztlich zum Versuch, sich von der eigenen nationalen Identität abzuwenden. Diese Entwicklung ist eine grosse Gefahr für die Zukunft Deutschlands.

Wenn Kardinal Meisner
einen Zusammenhang zwischen Herodes, Stalin, Hitler und den heutigen Abtreibungen herstellt, ist dies hingegen aus unserer religiösen Sicht völlig legitim und richtig. Die verbalen Attacken dagegen und die ungeheuren Methoden, mit denen versucht wird, den **mutigen Prediger mundtot zu machen**, stellen eine grobe Verletzung der **Menschenrechtskonvention** der Europäischen Union des **Artikel 9 (Glaubensfreiheit)** und auch **Artikel 10 (Meinungsfreiheit)** dar!

Ich schäme mich, daß solches Unrecht im Namen des Judentums und durch Leute, die den gleichen Namen wie ich tragen, begangen wird.
Darüber hinaus ist es hoch an der Zeit, daß das deutsche Volk einen recht verstandenen Nationalstolz wiederentdeckt, sich zur in so vielen, guten und **großartigen Geschichte Deutschlands** bekennt und zu seinem **überlieferten Glauben zurückfindet**.
Nur auf diesem Weg entsteht wieder jenes geistige Klima, das für ausreichenden Nachwuchs nötig ist. Als Vater von sieben Kindern wünsche ich auch dem deutschen Volk herzlichst, daß es zu einem solchen geistigen Klima finden möge, um sich vor einer **Überfremdung** zu schützen, die eigene Identität auch in Zukunft zu bewahren und der eigenen Jugend eine unbelastete und hoffnungsfrohe Zukunftsperspektive zu ermöglichen. **gez. Oberrabbiner Moishe Arye Friedmann, Wien**

Dieser Brief muss echt sein. Gott schütze den Herrn Oberrabbiner und seine Familie in Wien, und uns ebenso.
(Ob er wohl politisch wahrgenommen wird?)

Oberrabbiner Friedmann, Wien, ruft zum Schlußstrich auf.
„Ewige Schuld?" wie Bundespräsident H. Köhler die deutsche Identität denkt, ist nicht sein Bestreben.

(aus Kärntner Heimatdienst, überparteilich, PF.183 9010 Klagenfurt)
www.khd.at

Kein Zweifel an der Macht des Guten

„Vertraut der Macht des Guten, die zutiefst im deutschen Volk lebendig wirkt; vertraut der deutschen Seele fernerhin und zweifelt in eurer eigenen keinen Augenblick am Wunderwerk, das sie still und im Verborgenen gestaltet."

(Dietrich Eckhart)

In Waakirchen trafen sich zum 60. Jahrestag des Kriegsendes am 3.6.05 die Mitglieder des **Veteranen** und Reservistenvereins von 1866 v.V.. am Kriegerdenkmal im Friedhof. Nach der hl. Messe wurde zur Ehrung der Gefallenen ein Kranz niedergelegt. Die Ansprache hielt das Ehrenmitglied **Franz Grodl**, Tegernsee

Liebe Kameraden
Bruder, ich gab mein Leben für Dich!
Bruder denkst du auch an mich ?
Hast du unterdessen
deinen Schwur vielleicht vergessen?
Bruder, Du kehrtest heim, hast keine Not.
Ich aber bin tot.

Die Schicksalsschläge, die mit dem Ende des 2. Weltkrieges zusammenhingen, betrafen die überwiegende Mehrheit der Deutschen: „Besatzung, Vertreibung, Vergewaltigung, Verschleppung, Plünderung, Hungersnot und Kriegsgefangenschaft." Die Erinnerung daran haben spätere und bessere Zeiten überlagert und verdrängt. Zur ganzen Wirklichkeit des 8.Mai 1945 zählt aber auch, was viele Deutsche heute nicht mehr wissen wollen!

Liebe Kameraden, zum Gedenken an den 8.Mai 2005, 60 Jahre nach Kriegsende war für viele von uns ein langer, auch steiniger Weg mit Höhen und Tiefen. Oft sind wir schon zusammengekommen mit großer Wiedersehensfreude, aber auch im Gedenken an unsere Kameraden, die draussen bleiben mussten oder hier von uns gegangen sind.

Bei allen Treffen haben wir weder durch Reden noch durch Aufrufe irgend eine fragwürdige **Vergangenheitsbewältigung** betrieben. Im Vordergrund stand und steht unsere kameradschaftliche Verbundenheit unter ehemaligen Frontsoldaten. Wir treten jetzt nach und nach von der Lebensbühne ab.

Wir sind eine Generation, die zwischen einer bürgerlichen Epoche und einer weithin traditionslosen Gesellschaft ihre Wertvorstellungen über die gegenwärtige Zeit zu retten versucht. Der heutige Zeitgeist ist gegen uns alte Soldaten, nennt uns Mörder und Verbrecher, weil mit Absicht oder in Unkenntnis die Wahrheit geleugnet wird. Die Jugend wird nicht mehr ehrlich unterrichtet und aufgeklärt, wie alles wirklich war, sonst würden sie ein gerechteres Urteil über ihre Väter und Grossväter fällen.

Wir haben nach schweren Schicksalsjahren an unser Vaterland geglaubt! Der Wiederaufbau unserer zerstörten Heimat ist uns gelungen! **Heimatvertriebene** Landsleute haben mitangepackt unser zerbombtes und geschrumpftes Deutschland neu mitzugestalten. Heute ist gottlob West- und Mitteldeutschland wieder vereint und frei.

Liebe Kameraden, uns bläst der Wind ins Gesicht und wir sollten uns gegen den Zeitgeist wehren! Wir sollten standhaft sein, zusammenstehen, einander die Treue halten in kameradschaftlicher Verbundenheit und soldatischer Treue.

> ***„Die höchste Erkenntnis, zu der man gelangen kann, ist Sehnsucht nach Frieden."***
>
> (Albert Schweitzer)

Das Gute zuletzt

Papst Benedikt XVI. aus Bayern

Im Jahre 2002 fuhren die Tegernseer **Gebirgsschützen nach Rom** um dem **Kardinal Josef Ratzinger** zu seinem 75. Geburtstag zu gratulieren. Zwei Jahre später, am Christi Himmelfahrtstag kam der Kardinal, der früher unser **Erzbischof von München-Freising** war, und schon zu Firmungen hier war, zum Gegenbesuch ins Tegernseer Tal. Er schritt mit vielen Gläubigen durch die Seestrasse zum Kurpark in Rottach Egern um dort unter strahlend blauem Himmel einen Festgottesdienst zu feiern.

Ohne Heimat, sagte er, fehlt der menschlichen Existenz ein Grundelement und näher befragt sagte er: „**Heimat** ist das Land und die Landschaft, Heimat sind alle die Menschen, die dieses Land beseelen und es sind auch die gemeinsamen Erlebnisse mit diesen Menschen."

Sicher hat er bei **seiner Namenswahl** an seine bayerische Heimat gedacht, an das schöne, feierliche Fest am Tegernsee unter tausenden von dankbaren, frohen Menschen, die seine Predigt hörten und mit ihm den Festgottesdienst feierten; auch

an den Heiligen Benedikt, durch den aus **Montecassino** ganz früh diese **benediktinische Segenskraft über ganz Europa** hinausstrahlte und den Klöstern seinen Namen gab.
Auf das Wirken jener Benediktiner, die das Land kultivierten und es zu dem machten, was es immer noch ist, die Geistiges und Gutes in die Menschen einpflanzten, auf sie geht der zweite Name unseres Landes zurück, **„Terra benedictina"**, (gesegnete Erde).

Möge Papst Benedikt XVI., wie sein Vorgänger **Johannes Paul II.**
ein Segen sein für alle Menschen und für unsere schwierige Zeit.

Am **2. April 2005** starb **Papst Johannes Paul II.** im Vatikan. Jetzt haben wir einen Papst, der ein bayerisches, versöhnliches Gemüt hat. Als ich unseren Volkscharakter aufschrieb, dachte ich, so einer wäre gut für die Vereinten Nationen, die UNO, aber an den Vatikan denken? Das hätte wohl niemand gewagt. **Papst Benedikt ist der 265. Papst** der Kirchengeschichte und seit **482 Jahren** wieder der 1. Papst aus Deutschland. Der **Staatspräsident von Israel**, **Moshe Katzav** hat bereits Benedikt XVI. **als Versöhner** zwischen den Religionen gewürdigt.

Auf der anderen, westlichen Seite heißt es in der Presse jedoch etwas krass: Der neue Papst ein Hitlerjunge!.....und man sieht ihn abgebildet in der Uniform der Hitlerjugend. -Ja schlimmer noch - er war ein Flak-Helfer! Man sieht ihn als jungen Wehrmachtsoldat. Und noch eins drauf: Sie nannten ihn in Zeitungs-Schlagzeilen **Pappa Ratzi**.
Die israelische Zeitung „Yediot Achronot" schreibt gar: „Nazi-Jugend im Vatikan." Oh- oh. Das müsste nicht sein, da sollte der böse „Spaß" aufhören. Dann wird beschrieben, dass jene Flieger-Abwehrkanone, die er mit bedienen half, eine BMW-Fabrik beschützen sollte, in der Zwangsarbeiter aus Dachau Flugzeug-Motoren montierten. -
Aber in Israels Medien wurde auch erwähnt, dass Ratzingers Vater, ein bayerischer Polizei-Offizier, als Nazi-Gegner bezeichnet werden könne. „Die Welt" kann es einfach nicht fassen. Es heißt aber auch: „Eine Mitgliedschaft in der Hitlerjugend disqualifiziert nicht für das Amt des Papstes."

Es gibt auch **Stimmen, die uns Gutes** verheißen: Zwar nicht gerade **das Jobeljahr**, das „dem Nächsten" nach 49 Jahren den Schuldenerlass bringt, das die Freilassung der israelitischen Sklaven bewirkt und Boden zurückgibt, das wohl nicht, aber der frühere Chefredakteur des Londoner **„Daily Telegraph"** schrieb einen Kommentar mit dem Titel: **„Die Erlösung der Deutschen"**.
Was meint er damit wohl? **Den Esau-Segen?**
Er schreibt u.a.:
.....Indem die Weltkirche einen deutschen Papst an ihre Spitze wählt, wird auch Deutschlands Sühneleistung (=Wiedergutmachung) anerkannt und seine Ehre unter den Nationen wieder hergestellt. (Charles Moore)

Malachias- Weissagung

Noch etwas soll noch mal ins Bewusstsein gehoben werden, und zwar ist es die Malachias-Weissagung über die Päpste. Da gab es einmal einen heiligen Malachias, der war in Irland Erzbischof von Armagh.
Da die alte irische Kirche, die durch den hl.Patrick anders organisiert war, starken Widerstand leistete, bekam Malachias von Papst Innozenz II. den Auftrag für die römische Reform zu wirken. (Jesus, was sagte der?)
Auf einer Romreise lernte der hl. Malachias Bernhard von Clairveaux kennen und führte danach die Zisterzienser nach Irland. Aus einer Stelle einer von Bernhard verfassten Vita entstand um 1590 die sogenannte „Weissagung des Malachias" mit 112 Sinnsprüche, die man jedoch als „Fälschung" bezeichnet.
Demnach hiess

103. Pius X. 1903-1914, (Beginn des 1.Weltkriegs) Brennendes Feuer
104. Benedikt XV. 1914-22 , Entvölkerte Religion
105. Pius XI. 1922-39, Unerschrockener Glaube
106. Pius XII. 1939-58; Engelsgleicher Hirte
107. Johannes XXIII. 1958-63; Hirte und Schiffer
108. Paul VI. ; 1963 -78 ; Blume der Blumen
109. Johannes Paul I. 1978 Von der Hälfte des Mondes (Luna- sein Familienname war Albino **Lu**ciani)
110. Johannes Paul II. 1978 - 2005; Von der Bedrängnis der Sonne
111. Benedikt XVI. 2005 - (Gloria Oliviae) Ruhm des Ölbaums
112. In persecutione extrema S.R. Da heisst es ausführlicher:

Während der letzten Verfolgung der Heiligen Römischen Kirche wird Petrus II. der Römer regieren. Er wird die Herde unter vielen Bedrängnissen weiden, nach deren Überwindung die Siebenhügelstadt zerstört werden und der furchtbare Richter sein Volk richten wird.

„Mein Verzeichnis von Bösewichtern wird mit jedem Tag, den ich älter werde, kürzer, und mein Register von Toren vollzähliger und länger.“

(Friedrich Schiller)
(Toren, die nicht wissen was sie zu tun haben)

Die Weihnachtsgeschichte für jeden Tag
Es war einmal ein kleines Licht. Weil es Angst hatte zu verlöschen, machte es sich auf die Suche nach einem grossen Licht, das bleibt. Bald traf es ein anderes kleines Licht. - „Wohin gehst du?"-
„Ich habe Angst vor dem Verlöschen und suche ein Licht,
das bleibt."
So gingen sie miteinander. Unterwegs kam noch ein Licht dazu, und noch eines- zuletzt waren es viele und sie wanderten den ganzen Tag
Es wurde Abend. Es wurde Nacht. Die kleinen Lichter waren sehr müde, doch auf einmal sahen sie einen Stein, der im Dunkeln leuchtete.
„Stein, woher hast du dein Leuchten?"
„Geht weiter und ihr werdet es sehen."
Dann begegneten sie einem Schmetterling und einem Blütenbaum.
Alle die sie fragten, sagten dasselbe: „Geht weiter und ihr werdet es sehen" So gingen sie mit letzter Kraft. Plötzlich standen sie vor einem grossen, hellen Licht. Das strahlte um ein Kind, das in der Krippe lag. Den kleinen Lichtern klopfte das Herz vor Aufregung.
„Fürchtet euch nicht" sagte das Kind, **„ich bin das Licht der Welt. Wer zu mir kommt, wird nicht im Finstern leben."** Bei seinem Anblick erkannten sie, dass sie dieses Licht schon immer in sich trugen, sie hatten es nur vergessen und so hielten sie ihre kleine Flamme in dieses Licht unvergänglicher Liebe. Da wurden sie stark und still und wurden zu Lichtträgern für die Welt. (A.Schneidermaier, Frauenbund)

Herr, du bist die Geborgenheit, die Ruhe,
die Fröhlichkeit und die Freude.
(Franz von Assisi)

Als am 19. April, 3 Tage nach seinem Geburtstag **der weiße Rauch** im Vatikan aufstieg, was soviel heißt: Wir haben einen neuen Papst gewählt, und als verkündet wurde, dass die Wahl auf Kardinal Ratzinger gefallen ist, sagten die Freunde vom Stammtisch: „Jetzt wurde immer davon gesprochen, dass es diesmal ein Schwarzer wird." Der andere sagte: „Stimmt ja! - Nur ist er nicht aus Afrika."

Verzeichnis der benutzten Literatur

Besonderer Dank!
Viele Hinweise, die in Rahmen sind, stammen aus dem **Institut für Nachkriegsgeschichte**
aus den Heften: Richtigstellung zur Zeitgeschichte 1-15 von Heinrich Wendig,
Grabert Verlag PF 1629, 72006 Tübingen

außerdem verweisen wir auf die Angaben im 1. Tegernseer Lesebuch;
auf die Angaben bei den einzelnen Artikeln,
auf die Vorträge des Dr. Roland Götz,
auf die Vorträge des RA Wrba

Richtigstellung:
Im Ersten Tegernseer Lesebuch Seite 40, statt Pöcking – Pocking (Pöcking ist am Starnberger See)

Ebenfalls Seite 40
Rott: Die Darstellung stimmt, aber der name „Rott" kommt vom keltischen „Sruttu", d.h. Fluss und fließen.
Das „S" fiel weg, aus „U" wurde „O". Rottach heißt fließendes Wasser (Ache). Eine andere Rott fließt bei Raisting in den südlichen Ammersee.

(Dr Karl Englert)

Ergänzung:
Die Seitenangabe (232) auf Seite 274, Mitte, bezieht sich auf das Buch von Freda Utley: „Kostspielige Rache". Verlag für ganzheitliche Forschung, 25884 Viöl, PF 1.

Register - Suchverzeichnis:

C

D

E

F

G

H

I

J

K

L

M

N

O

P

Q

R

S

T

U

V

W

NOTIZEN:

NOTIZEN:

Anschrift:

Hermine Kaiser
Kampenweg 12
83707 Bad Wiessee
Telefon 0 80 22/8 35 54